上海合作组织20年发展报告

[2021]

主　编 · 王海燕

时 事 出 版 社
北 京

图书在版编目（CIP）数据

上海合作组织20年发展报告．2021．/王海燕主编．—北京：时事出版社，2022.1

ISBN 978-7-5195-0463-2

Ⅰ．①上…　Ⅱ．①王…　Ⅲ．①上海合作组织—研究报告—2021　Ⅳ．①D814.1②F114.46

中国版本图书馆CIP数据核字（2021）第265126号

出版发行：时事出版社
地　　址：北京市海淀区彰化路138号西荣阁B座G2层
邮　　编：100097
发行热线：（010）88869831　88869832
传　　真：（010）88869875
电子邮箱：shishichubanshe@sina.com
网　　址：www.shishishe.com
印　　刷：北京良义印刷科技有限公司

开本：787×1092　1/16　印张：23.75　字数：430千字
2022年1月第1版　2022年1月第1次印刷
定价：98.00元

书名：上海合作组织 20 年发展报告（2021）
ANNUAL REPORT ON 20 – YEAR DEVELOPMENT OF SCO（2021）

主编：王海燕
本书为 2011 年教育部哲学社会科学发展报告项目（培育）《上海合作组织发展报告》（项目号：11JBGP031）的阶段性成果

出版单位：教育部人文社会科学重点研究基地华东师范大学俄罗斯研究中心

内容简介

2021 年是上海合作组织成立 20 周年，也是 2011 年起每年由教育部人文社会科学重点研究基地华东师范大学俄罗斯研究中心推出的教育部哲学社会科学发展报告项目（培育）《上海合作组织发展报告》（11JBGP031）出品 10 周年。

2021 年度发展报告汇聚了业内资深人士对上海合作组织 20 年发展历程的回顾和总结，共分五个部分。“序言”部分分析了 20 年来上海合作组织所处的欧亚大陆国际格局的变迁、发展趋势与前景。“总论”部分对 20 年来上海合作组织政治、信息安全、经济与人文合作进行了回顾和总结；“机制建设与发展”部分分别从哈萨克斯坦、俄罗斯、美国和欧洲视角分析了其对上海合作组织发展历程及面临挑战的看法，并探讨了上海合作组织公共卫生合作的国际议程设置；“区域合作”部分回顾了 20 年来上海合作组织在反恐、金融、能源与农业等重点领域的合作并进行了前景展望。“附录”部分记录了 20 年来上海合作组织发生的大事。

序　　言

冯绍雷*

对于上海合作组织而言，可以从各个角度切入，来展开对于这一个已经有了二十多年宝贵实践的重要区域组织的观察与研究。从世纪之交开始，人们逐渐发现，随着全球化、各国转型，以及大国关系的深入演进，区域、全球秩序构建正在发生深刻变化。这二十多年来的基本格局是：欧亚区域秩序、中美俄博弈和全球转型三者紧密纠缠在一起，深刻影响着世界发展进程。全球转型，指的是在经济科技推动下，以制度、观念和力量对比变化为基础，国际秩序、关键国家的内部体制与发展态势、关键国家间的相互关系这三者在相互紧密关联中所发生的总体性变化。中美俄博弈，是世纪之交的全球转型进入新阶段以来最引人注目的大国间互动。欧亚区域秩序构建虽远未成形，却聚合着全球转型与大国博弈之间的张力，透露着未来全球转型的若干重要信息。上海合作组织，就是这样一个宏大变化的缩影。

一、变动中的中美俄三边关系折射全球转型的“去中心化”

全球转型，是近年来国际学术界为探究当代国际格局变迁所提出的一个概念。这一概念看似平常，但含有新意。其基本思想是从19世纪以来开始的全球转型深刻、持续而全面地改变了国际关系。起初，全球转型造成

---

* 冯绍雷，华东师范大学终身教授，华东师范大学国际关系与地区发展研究院原院长、教育部人文社会科学重点研究基地俄罗斯研究中心主任，上海市智库—周边合作与发展协同创新中心主任。

了一个高度不平等、中心与边缘分化的国际秩序。但随着全球现代性的不断增强，中心与边缘的差距日益缩小。变化的趋向，是从19世纪和20世纪“有中心的全球化”逐步转向今天的“去中心的全球化”。18世纪末到1945年西方殖民式的全球转型是这一过程的第一阶段；1945年到21世纪头10年以西方为中心的全球转型是第二阶段；21世纪第二个10年“去中心化的”的全球转型则是第三阶段。提出这一理论的学者认为，2008年的全球金融危机是从“中心化”转向“去中心化”的全球转型的转折点。这种改变不仅是全球和地区层面以及国家之间的，而且不可避免地发生在主要大国内部。

面对国际态势的高度不确定性，虽然很难预言全球转型的未来走向，但是2021年8月中下旬美国等北约盟国的“喀布尔大撤退”还是被国际舆论广泛地视为西方衰落的另一个重要转折点。如果说，2008年全球金融危机还仅是以西方为中心的国际体制危机在经济领域所露出的冰山一角；那么，2021年的“喀布尔大撤退”则揭示出以美国为首的西方的总体性制度弊端。他们不仅无力应对这场持续了20年的安全危机，甚至也无法彰显任何战略成熟与政治优势，无法掌控美军撤离喀布尔之际的乱局。

与之形成对比的是，20年前“9·11”事件发生前后，中美俄三大国围绕反恐这一共同目标所呈现的合作态势。“9·11”事件发生的前两天，阿富汗北方联盟领导人马苏德遭恐怖分子袭击身亡，俄罗斯总统普京曾致电提醒时任美国总统小布什：“我有一种预感，可能要发生什么事情，发生什么策划已久的事情。”“9·11”事件爆发后，普京第一个与小布什通话，表明俄方立场：“我希望你能明白，在这场斗争中，我们将并作战。”时任美国国务卿赖斯则公开表示：“俄罗斯已经成为我国最好的盟友之一。”“9·11”事件发生后的两天内，中美两国元首两度通话，双方均表达了加强合作、提供相互支持、共同打击恐怖主义的立场。中美俄三边关系中的中美、中俄、俄美关系都同时趋于相向而行、互相合作。

事过20年，阿富汗战争以美军“喀布尔大撤退”的乱象告终，从中已看不到中美俄之间的互相支持与合作，连西方盟国也纷纷谴责美国的自私、虚伪与无能。可以预料，“喀布尔大撤退”这一幕场景将会给转型中的世界留下深深的烙印：不仅西方盟国会不断反思其追随美国而陷入困境的严重教训，而且非欧美国家也会在自主选择发展道路的问题上获得更多宝贵经验。无疑，这是对美国“9·11”事件后迅速地转向借反恐之名、行军事占领之实、罔顾阿富汗国情推行西式民主的一次清算。这次重要的历史性转折，无论在多大程度上意味着“去中心化”的态势，都将推动原来以西方为模板的全球转型进一步转向观念形态多元化、发展道路多样化、力量结构多极化的新转型范式。在这个范式中，国际社会的多边主义从霸权秩序中脱离了出来，而这一新转型范式也势必将作用于未来欧亚区域秩序的构建。早在“9.11”之前就已经问世的上海合作组织，乃是这一深刻历史变化过程的见证者和构建者。

二、化解欧亚大陆地缘政治对抗的路径

从全球转型视角来观察当代国际秩序变迁，不可忽略地缘政治因素。在百年未有之大变局下，地理、文明等长时段因素越来越浮出水面，与制度变迁因素紧密交织，产生前所未有的复杂效应。大陆性地缘政治与海洋性地缘政治的较量又一次历史性地跃上台面。大陆性地缘政治力量倾向于维护欧亚大陆内部的相互关联与稳定互动，寻求向海外拓展的机会；而海洋性地缘政治力量则侧重于遏制、围堵以及分化瓦解大陆内部合作，力求避免出现对海洋性地缘政治利益的挑战者。

近年来，“五眼联盟”的卷土重来、印太联盟的重新活跃、英国“脱欧”后与美国的密切勾连，充分显示出海洋性地缘政治力量正在重新集结的趋势。尤其是美国总统拜登执政以来，以恢复美国作为全球事务领导者角色为宗旨，以“美国回来了”为口号，先是接待日韩元首的首访，紧接着激活 G7 和北约功能，然后力图拉拢欧盟，进而又走马灯似地连续派高官出访东盟国家，拜登本人甚至毫不掩饰借恢复美俄关系公开离间中俄关系的企图。一幅十分清晰的地缘政治图卷正在渐渐展开，中国首当其冲是被合围的对象，而俄罗斯也依然是美国地缘政治战略谋划的不二打击对象。一时间黑云压城，来势凶猛，大有不可一世之势。

然而，地缘政治作为大国力量空间配置的一种方式不仅离不开实力，也离不开对于公平、正义等合法性因素的维系。物质性力量再强大，也不能不关注基辛格所总结出的“实力与合法性相均衡”这一重要原则。在欧亚地缘政治枢纽地带的中亚，当年美国发起阿富汗战争的地缘政治考量，仍可作为案例来加以讨论。2001 年“9·11”事件之前，中亚地区并不是美国战略利益重点关注的地域。但“9·11”事件后，情况顿时改变，中

亚成了事关美国最核心利益的战略要地。2006 年后，时任美国国务卿赖斯对美国国务院部门设置加以调整，把中亚与南亚连成一片，而处在中亚与南亚之间的阿富汗则成了关键枢纽。显然，通过此次调整，当时美国的一个重要战略意图逐渐变得清晰了：通过占领阿富汗，不仅打击恐怖主义，而且也依托战争推行西式民主；同时把南亚与中亚连成一片，直逼欧亚枢纽要地，威慑中国和俄罗斯。

如今，美军撤离阿富汗固然是为了将其战略目标聚焦于主要对手——中国，但同时也给大陆国家留下了一个可以反其道而行之、推动合作发展的广阔空间。

总之，在当代全球转型进程中，不仅有“兵来将挡、水来土掩”式传统对抗性地缘政治反应，也有超越对抗、互联互通、化敌为友、以合作寻求出路的基于地理政治经济逻辑的构思与实验。上海合作组织的创立以及 2013 年“一带一路”倡议的提出，就是后者的典型例证。

21 世纪以来的欧亚大陆历史进程表明，国家间、区域间发生冲突的原因，往往并不仅在于各国、各地区之间存在相异的制度模式。相反，即使制度相似，但若地缘政治经济利益相悖，国家间依然会产生冲突。当今欧亚大陆各主体间的交往，需尽可能避免意识形态和安全利益方面的排他性构建，并以新的跨文明、跨意识形态的交往模式为未来区域秩序构建作铺垫。就此而言，上海合作组织与“一带一路”倡议都是以务实的项目合作为导向、以基础设施建设合作为引领、以真正的多边主义为基础，为欧亚大陆区域秩序构建提供了极其重要的思想与实践的参照。

三、新时代中俄合作的新向度

21 世纪以来的新一轮全球转型中，中国和俄罗斯发挥了关键作用，但也经历了大国博弈的风霜雨雪考验。20 多年来，几乎每一任美国总统上台，都有类似的“美俄关系重启”进程，而所谓“重启”的背景之一，就是不同程度上企图推进“联俄制华”。一直到拜登当选，美国合围中国的战略图谋逐渐明朗化，中美俄三边互动关系的走向又一次成为舆论的焦点。

从全球转型的视角来看：其一，中美俄等大国国内制度结构与观念形态发生了什么变化？其二，这一变化对区域与世界秩序产生何种影响？其三，调节上述两者间关系的外交战略与政策随之如何发生变迁？换言之，对于这三个问题的回答，有助于解释如下现象：为什么 20 多年来始终没有出现美国所期待的“逆转尼克松进程”，即所谓美俄联手打压中国的态势。

近三四十年的国际转型进程表明，中俄与以美国为首的西方阵营之间存在着一个根本性区别。中俄经过艰难的实践和反思，越来越趋于奉行基于主权、抵制霸权、遵循国情、兼收并蓄的内外治理原则，实现了不同程度的深刻自我改革；而以美国为首的西方阵营则固步自封，坚持将排他性制度强加于人，难以摆脱僵化意识形态教条的禁锢，难有自我改革的进取意愿与动力。与之相反，中俄的历史性选择，既不同于西方“民主一专制”两分法式的排他性意识形态，又努力尝试把市场、民主等共同价值结合于本国实践；既不主张不合时宜地彻底推倒既存国际秩序，又主张对之进行完善和改革。无论观念取向，还是实际治理能力，中俄比西方呈现出更符合实际、更具远见的发展趋势。上海合作组织的建立就是中俄合作的一个典范。这表明，中俄合作之所以难以被西方离间的根本性理念与体制的基础。

应该注意的是，近来西方战略家中也有人提出不以“专制”理由来打压俄罗斯，转而主张通过提供高技术作为利诱、传播中俄之间的“历史恩怨”、煽动远东西伯利亚与中国东北地区的相互恐惧与敌视、利用中俄之间经济发展水平差距、鼓吹从中俄印和中俄欧等三边关系中寻租等伎俩来分化中俄关系。2021 年 8 月 4 日，美国外交关系委员会资深专家、乔治城大学教授查尔斯·库普乾在《外交事务》网站上以《离间中俄的有效方法》为题发表的文章所散布的正是这方面的言论。

然而，这种论调忽略了世纪之交全球转型范式发生转变的一个客观动因，即正是在以美国为首的西方盟国所挑起的一系列重大冲突与危机的压迫之下，中俄两国才开始逐步接近，形成如今的新时代全面战略协作伙伴关系：在世纪之交，出现了 20 世纪末北约东扩、1997—1998 年国际金融危机、1999 年南斯拉夫—科索沃冲突；进入 21 世纪后，出现了伊拉克战争、一连串的“颜色革命”、俄罗斯与格鲁吉亚间的“五日战争”、2008 年全球金融危机；直到 21 世纪第二个 10 年，又发生了“阿拉伯之春”与中东动乱、叙利亚战争、乌克兰冲突，以及几乎同时发生在“亚太再平衡战略”背景下的南海、东海对华挑衅。正是这些国际冲突推动着中俄两国一步步地走近。

从 2019 年 6 月中俄元首签署《中华人民共和国和俄罗斯联邦关于发展

新时代全面战略协作伙伴关系的联合声明》到 2021 年 3 月中俄外长桂林会晤，再到 6 月《中俄睦邻友好合作条约签署 20 周年联合声明》，双方将合作推向新的高度。

第一，《中华人民共和国和俄罗斯联邦关于发展新时代全面战略协作伙伴关系的联合声明》开头部分就强调："中俄关系牢固、稳定，不受外部环境干扰而改变，具有巨大的内生动力和广阔发展前景。"这说明中俄双方充分认识到，具有超大体量、历经数百年交往，又紧密比邻的中俄两国有着自身独特的历史积累、现实需求、发展潜能，不可能也不应该为外部干扰所动，而是需要进一步推动双边关系从"外在性"向"内生性"提升，充分挖掘"内生动力"，开拓发展空间。换言之，中俄合作既要不冲突、不对抗、不针对第三者，又要深挖自身潜能，应对内外挑战。

第二，2021 年 3 月 21 日《中华人民共和国和俄罗斯联邦外交部长关于当前全球治理若干问题的联合声明》的签署表明，经过疫情下内外局势的艰难考验，中俄两国不仅就双边关系的战略与政策加强协调，而且就人权、民主、国际法和开放、平等、非意识形态化的多边主义等重要理念原则阐明了共同立场。随后，《中俄睦邻友好合作条约签署 20 周年联合声明》又进一步提出，双方共同倡导国际社会维护并弘扬和平、发展、公平、正义、民主、自由的共同价值观。这表明中俄不仅主张"和而不同"，而且力求达到"异中求同"。

第三，阿富汗形势激变以来，中俄元首今年第三次通话，表达了反对外来干涉、鼓励各方沟通协调、建立开放包容的政治构架、推动局势平稳过渡的共同利益关切与相似立场。这不仅展现了中俄在重大国家安全问题上的密切沟通和协调配合，而且彰显了双方维护地区安全的决心。上海合作组织本身的进展，也充分地证明了这一点。

四、欧亚大陆版图上的"新中立"趋势

面对美国所挑起的对抗性形势，在大国纷争间主张新"中立"的取向正在逐渐普遍化。不仅原来有不结盟传统的国家多以不选边自保，而且一些美国紧密盟友（如德、法等欧洲国家，新加坡、韩国等亚洲国家）也在保持既有"盟友"的意识形态立场的前提下，不同程度、不同领域与来自美国的选边要求保持距离。作为世界性大国的俄罗斯，虽然冷战结束后并

未重复当年的结盟路线，但是面临大国纷争的乱局，一些重要学者也在重申中俄合作重要性的同时，明确地提出了“新不结盟”的主张。传统意义上，仅有中小国家才会诉诸“中立”，而如今俄罗斯明确提出的“新不结盟”路线，还蕴含着拓展自主空间的考量。按照普京前私人顾问谢尔盖·卡拉加诺夫的说明，俄罗斯所提倡的“新不结盟”立场乃是指维护主权，支持各国自由选择政治和经济发展模式；主张文化多样性，反对任何一种思想、政治和价值观的“霸权主义”。而俄罗斯则要成为“新不结盟”原则的保障者。

卡拉加诺夫进一步指出：“捍卫和平以及各国选择发展模式的自由，契合俄罗斯在国际事务中实际上已经在做的事情，也符合近10年来其外交惯例；将其作为俄罗斯的世界使命公之于世，可为俄罗斯在国际事务中发挥作用积累资本，同时不会增加外交支出。”

细细品读这位俄罗斯资深智囊的阐释，我们可以发现：第一，至少这个世界的大多数成员都不喜欢漫无节制和拉帮结派的对抗。第二，无论是对“中立”还是对“不结盟”的探索，都包含一种对共同意愿的追求，即各国、各民族自主选择自己的道路。这何尝不是在更加广义上的对于自由价值的诉求呢？第三，卡拉加诺夫坦率地承认，奉行“新不结盟”的路线还有着非常务实的利益考量，即无论是对于富裕国家还是发展中国家，节省有限的外交资源都是当务之急。可以清楚地看到，一方面，是中俄高度和紧密推进合作，而另一方面，包括俄罗斯在内的诸多国家不愿意在高度对抗的国际格局下选边。上海合作组织正是一个在如此复杂局面之下最大限度地团结反霸、维持世界稳定的地区中坚力量。

五、上合组织与欧亚秩序构建的未来前景

从上述全球转型、大国关系的背景来看，欧亚区域秩序构建是一个需长期探索才能实现的目标。

从安全领域来看，无论北约、集体安全条约组织还是重新由哈萨克斯坦担纲的亚信会议，都无法承担处理整个欧亚地区安全事务的重任。从政治与经济领域来看，尽管有着欧盟、欧亚经济联盟、阿拉伯国家联盟、南亚区域合作联盟等区域和次区域组织，但是，总体来看还没有一个现存组织能够协调和安排覆盖整个欧亚大陆的政治经济事务。在全球转型的前景

高度不确定之下，大规模区域秩序构建尚需时日。然而，力量格局的迅速转换，以及在此基础上出现的若干次区域的合作尝试，又使人对于未来秩序构建寄予期待。

第一，对于未来的全球秩序，虽然无法勾画具体轮廓，但是，近年来有学者提倡借鉴1814年维亚纳体系的"大国协调"模式，主张不论内部制度差异如何，要以互相尊重、包容中立的程序性安排，推动大国间合作。赞同者中不仅有俄罗斯的精英，而且包括理查德哈斯、查尔斯·库普乾等多年参与国家决策的美国资深专家。虽然，这还远远不是处于动荡中的西方世界的主流，但是从逻辑上说，这一重构全球秩序的构想，肯定会在欧亚大陆地区层面得到不同程度的体现。而上海合作组织，正可谓是得风气之先的一次极其重要的实践。

第二，从2018年起，艾伯特基金会等欧洲知名智库在欧盟、俄罗斯与中亚相关方的支持下，多次举行欧盟、中国、俄罗斯与中亚诸国关系的多边研讨会，探讨在上述四方之间共同合作的可能性。笔者作为参与者，感受到了各方学者期待四方之间发展合作的热切愿景。在这一图景之下，上海合作组织完全可以发挥进一步的重要作用。

第三，阿富汗局势的变化为欧亚大陆进一步深化合作提供了新契机。阿富汗是中国、伊朗、巴基斯坦、中亚诸国的直接邻国。上合组织以及其他相关地区组织对阿富汗局势都十分关注。尤其是在喀布尔机场爆炸案之后，上述各方与欧美在反恐问题上，显现出未来开展合作的可能性。包括新近举行的以"中美俄+"的方式探讨阿富汗问题解决途径的平台也都已出现。这充分说明，类似于阿富汗问题这样的严峻难题有可能找到一条不以武力解决争端的路径。在这一背景下，上海合作组织和"一带一路"倡议所提倡的非排他性制度构建，以务实互利的项目切入，通过互联互通，塑造和平、稳定区域秩序的思路，有可能是欧亚大陆未来深化次区域合作最具潜能的通途。

目　录

附　录

Contents

Part III Regional Cooperation in the Past 20 Years

Appendices

第一部分

总　　论

报告一

上海合作组织20年政治合作综述*

邓　浩**

【内容提要】政治合作一直是上海合作组织合作的重中之重，发挥着领航定向作用。上合组织20年政治合作在理念创新、制度建设、扩大国际合作上取得长足进展，树立了创新、合作、开放的崭新形象，彰显负责任国际组织作用。上合组织政治合作的成功得益于“上海五国”提供的理念和经验借鉴、中俄战略协作给予的强劲推动、成员国互信创造的良好氛围和外部压力加大造成的倒逼效应。异质性凸显、共同体意识薄弱和外部阻力加剧是当前上合组织政治合作面临的主要挑战。未来，应切实做好“顶层设计”，积极塑造和培育“上合意识”，确立明确的共同奋斗目标，不断提高合作效率，推动构建上合组织命运共同体稳步前行。

【关键词】上海合作组织；上海五国；中俄战略协作；上合组织命运共同体

2021年是上海合作组织（以下简称上合组织）成立二十周年华诞。经历20载风雨磨砺，上合组织探索出一条顺应时代潮流、契合本地区实际需要、符合成员国根本利益的合作之路，成为欧亚地区的“稳定器”，树立起负责任新型国际组织的形象。上合组织的成功经验集中体现在提出并始终践行“互信、互利、平等、协商、尊重多样文明、谋求共同发展”的“上海精神”，不仅为上合组织发展提供了强劲动力和根本保障，也为全球治理贡献了“上合智慧”和“上合方案”，彰显政治合作在上合组织发展进程中的重

---

* 本文系国家社科基金重大项目“上海合作组织命运共同体构建研究”（19ZDA130）的阶段性成果。

** 邓浩，中国国际问题研究院研究员、中国上合组织研究中心秘书长。

要地位和作用。20年来，政治合作一直是上合组织合作的重中之重，决定着上合组织的大政方针，堪称上合组织的“顶层设计”，为上合组织发展发挥了领航定向作用。当前世界正经历百年未有之大变局，上合组织处在第三个十年的新起点上，面临新的形势和任务。总结分析上合组织20年政治合作的经验，揭示面临的困难和挑战，指明未来发展的基本路径，无疑有助于推动构建上合组织命运共同体行稳致远，也将对建立公正合理的地区和国际新秩序产生积极作用。

一、政治合作取得的主要进展

从2001年成立至今，上合组织已走过20年峥嵘岁月。20年来，上合组织政治合作不断提质升级，成为该组织最有成效的合作领域之一，对上合组织发展发挥了战略引领作用，塑造了上合组织创新、合作、开放的崭新形象。20年来上合组织政治合作取得的进展主要表现在以下四大方面。

（一）始终保持先进理念

2001年6月15日，上合组织6个创始成员国签署《上合组织成立宣言》，首次庄严推出了“上海精神”①，并将其作为成员国相互关系准则。“上海精神”是在冷战结束后新旧国际秩序处于转换的关键时刻提出的，其源于“上海五国”的成功实践，为成员国提供了一个完全不同于冷战时期的相处合作之道，超越冷战思维、零和游戏、文明冲突的窠臼，开创了结伴而不结盟、合作而不对抗的新型国家关系模式，为探索一条符合成员国和地区实际的新型区域合作之路提供了新理念、新方案，成为上合组织核心理念和行动指南。20年来，在“上海精神”指引下，面对成员国在政治制度、经济发展和文化传统上的巨大差异和国际形势复杂变化，上合组织经受住风雨考验，实现了成员国在一个多元复杂地区的共存共荣。可以说，提出和践行“上海精神”是上合组织20年政治合作的最大亮点，凝结着成员国政治理念创新实践的智慧结晶。“上海精神”为建立公正合理的国际新秩序提供了重

---

① “上海合作组织成立宣言”，外交部网站，2002年3月20日，http：//www.fmprc.gov.cn/web/ziliao_674904/1179_674909/t4499.shtml。

要借鉴。正如习近平主席所说："上海合作组织始终保持旺盛生命力、强劲合作动力，根本原因在于它创造性地提出并始终践行'上海精神'，主张互信、互利、平等、协商、尊重多样文明，谋求共同发展。"①

"上海精神"是上合组织先进政治理念的集大成者，为上合组织理念创新提供了不竭之源。在上合组织20年发展过程中，以"上海精神"为核心的政治理念体系得到不断丰富和发展，从而为上合组织发展提供了与时俱进、引领时代的理论指导，确保上合组织始终保持先进理念。20年来，上合组织提出践行了一系列体现"上海精神"的新理念、新主张，大大丰富完善了上合组织价值体系。

一是倡导和实施新型安全观，主张摒弃冷战思维、集团对抗，反对以牺牲别国安全换取绝对安全的做法，实现普遍安全。在2002年初召开的上合组织外长会议上，成员国外长呼吁国际社会树立以互信、互利、平等、协作为原则的新型安全观。② 同年6月，上合组织圣彼得堡峰会宣言指出："国际社会需建立以互信、互利、平等和相互协作为基础的新型安全观。这有利于彻底消除安全破坏因素和新威胁的根源。"③ 这是上合组织峰会文件首次提出并诠释新型安全观内涵。随后，这一新型安全观被多次写进上合组织峰会宣言，成为成员国共同认可和普遍遵循的先进合作理念。2014年上合组织第十四次元首峰会宣言呼吁："建立一个没有战争、没有冲突、没有暴力和压迫的世界，发展全面平等互利的国际合作，实现共同、综合、合作和可持续安全。"④ 2018年青岛上合组织第十八次元首峰会宣言进一步指出："致力于以平等、共同、综合、合作、可持续安全为基础构建更加公正、平衡的国际秩

① "习近平在上海合作组织成员国元首理事会第十八次会议上的讲话（全文）"，新华网，2018年6月10日，http：//www. xinhuanet. com/world/2018－06/10/c_129891245. htm。

② "上海合作组织成员国外长联合声明"，外交部网站，2002年1月7日，https：//www. fmprc. gov. cn/web/ gjhdq _ 676201/gjhdqzz _ 681964/lhg _ 683094/zywj _ 683106/t10641. shtml。

③ "上海合作组织成员国元首宣言"，外交部网站，2002年6月8日，https：//www. fmprc. gov. cn/web/ gjhdq _ 676201/gjhdqzz _ 681964/lhg _ 683094/zywj _ 683106/t4509. shtml。

④ "上海合作组织成员国元首杜尚别宣言（全文）"，外交部网站，2014年9月13日，https：//www. fmprc. gov. cn/web/gjhdq _ 676201/gjhdqzz _ 681964/lhg _ 683094/zywj _ 683106/t1190849. shtml。

序，根据国际法准则和原则维护所有国家和每个国家的利益。”① 这是上合组织对新型安全观的新发展，进一步丰富了其时代内涵，指明了新形势下上合组织政治安全合作的目标和方向。

二是主张和践行新合作观，强调平等协商，坚持大小国家一律平等、协商一致，以合作促和平，以合作谋发展，维护成员国核心利益，以平等方式推动区域合作，实现合作共赢。2002 年《上海合作组织宪章》指出：“在平等伙伴关系基础上，通过联合行动，促进地区经济、社会、文化的全面均衡发展”，“所有成员国一律平等，在相互理解及尊重每一个成员国意见的基础上寻求共识”。② 2006 年上合组织元首峰会五周年宣言强调，要尊重各国独立自主选择发展道路和制定内外政策的权利，尊重各国平等参与国际事务的权利，促进成员国合作，建立和平、协作、开放、繁荣与和谐的地区。③ 2015 年《上海合作组织至 2025 年发展战略》明确表示：“成员国平等是上海合作组织活动的一贯原则，其具体体现是通过协商一致原则作出决定。”④

三是倡导和秉持新文明观，主张多元包容，充分尊重文明多样性和彼此自主选择，倡导在求同存异中兼容并蓄，推动文明间交流对话。2003 年上合组织第三次元首峰会宣言指出：“要尊重和促进人类文明的多样性。各种文明应该求同存异，取长补短，共同发展。”⑤ 2006 年上合组织峰会五周年宣言强调：“应互相尊重文明差异，各种文明应平等交流，取长补短，和谐发展。”⑥ 2012 年上合组织第十二次峰会关于构建持久和平、共同繁荣地区的宣言呼吁：“国际社会实现多种文明和平共存与对话，谋求共识，协同可持续发展，尊重各国传统和文化价值，在公认的国际法准则和原则基础上巩固

① “上海合作组织成员国元首理事会青岛宣言（全文）”，新华网，2018 年 6 月 11 日，http：//www. xinhuanet. com/2018 - 06/11/c_1122964988. htm。

② “上海合作组织宪章”，中国人大网，http：//www. npc. gov. cn/wxzl/wxzl/2002 - 10/22/content_301223. htm。

③ “上海合作组织五周年宣言”，中国政府网，http：//www. gov. cn/gongbao/content/2006/content_346287. htm。

④ “上海合作组织至 2025 年发展战略”，新浪网，2015 年 7 月 10 日，https：//k. sina. cn/article_1726918143_66eeadff02000bdfn. html? from = news&subch = onews。

⑤ “上海合作组织成员国六国元首宣言（全文）”，新浪网，2003 年 5 月 30 日，http：//news. sina. com. cn/ c/2003 - 05 - 30/0607170230s. shtml。

⑥ 上海合作组织五周年宣言。

国家间关系。”①

四是倡议构建新型国际关系和人类命运共同体。2017年上合组织峰会阿斯塔纳宣言首次提出要构建人类命运共同体。② 2018年上合组织元首峰会青岛宣言指出，要“推动建设相互尊重、公平正义、合作共赢的新型国际关系，确立构建人类命运共同体的共同理念”。③ 2019年上合组织峰会比什凯克宣言强调：“倡议推动建设相互尊重、公平正义、合作共赢的新型国际关系，形成构建人类命运共同体的共同理念十分重要。”④ 2020年上合组织峰会莫斯科宣言重申：“倡议推动建设相互尊重、公平正义、合作共赢的新型国际关系，形成构建人类命运共同体的共同理念具有重要现实意义。”⑤

（二）制度建设不断深化

上合组织一直高度重视并不断深化政治制度建设，从法律上确立上合组织政治合作基本规范和准则，指明上合组织政治合作的根本遵循，确保上合组织始终保持初心本色。

在上合组织初创阶段，上合组织颁布了《上海合作组织成立宣言》（2001年）和《上海合作组织宪章》（2002年）这两部基础性、纲领性文件，宣示了上合组织的宗旨、原则、目标、任务和合作方向，为上合组织政治合作奠定了基石，确立了“初心”。《上海合作组织成立宣言》强调要加强友好合作，致力于发展各领域合作，维护和保障地区安全与稳定，推动建立民主、公正、合理的国际政治经济新秩序，首次推出了“上海精神”。《上海合作组织宪章》强调要加强成员国之间相互信任和睦邻友好，尊重国家主权、独立、领土完整及边界不可破坏、互不侵犯、互不干涉内政，所有成员国一律

---

① “上海合作组织成员国元首关于构建持久和平、共同繁荣地区的宣言（全文）”，网易新闻，2012年6月8日，https://news.163.com/12/0608/00/83EFU92R00014JB5.html。

② “上海合作组织成员国元首阿斯塔纳宣言（全文）”，人民网，2017年6月9日，http://politics.people.com.cn/n1/2017/0609/c1001-29330638.html。

③ “上海合作组织成员国元首理事会青岛宣言（全文）”，新华网，2018年6月11日，http://www.xinhuanet.com/2018-06/11/c_1122964988.htm?agt=5757。

④ “上海合作组织成员国元首理事会比什凯克宣言（全文）”，新华网，2019年6月15日，http://www.xinhuanet.com/world/2019-06/15/c_1124625929.htm。

⑤ “上海合作组织成员国元首理事会莫斯科宣言”，新华网，2020年11月11日，http://www.xinhuanet.com/2020-11/11/c_1126723429.htm。

平等，和平解决成员国分歧，不针对其他国家和国际组织，不采取有悖于本组织利益的任何违法行动。

2007年，成员国元首在比什凯克峰会上签署《上海合作组织成员国长期睦邻友好合作条约》。这是在《上海合作组织宪章》签署五周年后成员国新签的又一基础性、纲领性法律文件，是上合组织政治合作中具有里程碑意义的重大事件，集中反映了上合组织政治合作的新成果、新进展，确立了成员国相互关系和上合组织与外界关系准则，将各国在政治文化上的认同和全球问题上的共识法律化，标志着上合组织政治合作提升到了制度规范新水平。该条约进一步阐明了上合组织政治合作的宗旨原则，把世代友好、和平发展的思想以法律形式固定下来，巩固了成员国的平等地位和合作共识，开辟了上合地区国家发展长期睦邻、友好与合作关系的新天地，在国际上树立了新型国家关系典范。①

2015年，成员国元首在乌法峰会上签署《上海合作组织至2025年发展战略》。这是上合组织作出的第一个十年规划，代表着上合组织全面系统的"顶层设计"，标志着组织政治合作进入战略合作新阶段。《上海合作组织至2025年发展战略》强调"上海精神"的原则今后仍然是上合组织成员国关系的基础，重申协商一致作出决定的原则，坚持政治外交手段解决彼此间分歧，不针对第三方和国家间组织，不谋求建立拥有超国家管理机构的军事政治联盟或经济集团，明确了上合组织至2025年的发展方向和战略目标，对上合组织的政治、安全、经济、人文、国际合作等进行了方向性和战略性的规划，确定了开展政治协作的任务和目标。②

2018年，成员国元首在青岛峰会上签署《上海合作组织成员国元首理事会青岛宣言》，这是上合组织扩员后出台的一个全面体现上合组织新理念、新使命的战略性文件。宣言庄严宣布，上合组织要推动建立相互尊重、公平正义、合作共赢的新型国际关系，确立构建人类命运共同体的共同理念。这为新时期上合组织指明了发展方向，鲜明地回答了上合组织向何处去这一时代之问。该宣言还强调，上合组织将以平等、共同、综合、合作、可持续安全为基础，推动国际秩序走向更加公正、平衡。这是成员国基于共同需要达

---

① "上海合作组织成员国长期睦邻友好合作条约"，中国人大网，2008年12月24日，http：//www. npc. gov. cn/wxzl/gongbao/2008 - 12/24/content_1467393. htm。

② "上海合作组织至2025年发展战略"。

成的政治共识，为完善全球治理贡献了上合智慧。

（三）成功完成首次扩员

对外开放是上合组织一贯奉行的基本原则。上合组织成立宣言明确宣示："上合组织奉行不结盟、不针对其他国家和地区及对外开放的原则，愿与其他国家及有关国际和地区组织开展各种形式的对话、交流与合作，在协商一致的基础上吸收认同该组织框架内合作宗旨和任务、本宣言第六条①阐述的原则及其他各项条款，其加入能促进这一合作的国家为该组织新成员。"上合组织宪章明确规定："本组织对承诺遵守本宪章和原则及本组织框架内通过的其他国际条约和文件规定的本地区其他国家实行开放，接纳其为成员国。"这清楚地表明，上合组织坚决摒弃冷战思维、零和游戏的旧时国际组织模式，开放性、包容性和合作性成为上合组织的显著特点。正是秉持开放性原则，上合组织在20年发展过程中始终顺应时代潮流，积极回应有关国家加入上合组织大家庭的诉求，不断扩大"朋友圈"，于2017年6月9日接纳印度、巴基斯坦为新成员而完成首次扩员，形成由8个成员国、4个观察员国、6个对话伙伴共18个国家组成的三位一体的伙伴关系网络。首次扩员成功是上合组织政治合作取得的重大成果，开启中亚和南亚两大区域融合发展新征程，将上合组织政治合作推向一个崭新阶段。

首次扩员是上合组织成员国团结互信的产物，标志着上合组织政治合作达到新高度。上合组织扩大进程走过了13年历程，先后通过《上合组织观察员条例》（2004年）、《上合组织对话伙伴条例》（2008年）、《关于申请国加入上合组织义务的备忘录范本》（2010年）、《给予上合组织成员国地位程序》（2014年）和《关于申请国加入上合组织义务的备忘录范本》修订案（2015年）等一整套关于扩大进程的法律文件，为上合组织首次扩员打下坚实法律基础。首次扩员成功彰显上合组织政治合作的成效，堪称上合组织政治合作的里程碑事件。

完成首次扩员对上合组织发展具有多重意义。首先，扩员是上合组织强大感召力、吸引力的集中展示，彰显"上海精神"的生命力和影响力，有助

① 第六条系指"上海五国"在1996年和1997年分别于上海和莫斯科签署的关于在边界地区加强军事领域信任和关于在边界地区相互裁减军事力量的协议。

于扩大“上海精神”的辐射面和认可度，为上合组织先进理念在更大范围传播和发挥更大作用创造有利条件。上合组织接纳印度和巴基斯坦表明，上合组织是真正践行不结盟、不对抗、不针对第三方原则的，与作为冷战遗产的“北约”具有本质区别。其次，首次扩员使上合组织整体实力和影响大幅上升，成为名副其实的全球最大的区域性国际组织，为其在地区和全球事务中发挥更大作用提供可能。扩员后上合组织成员国中的有核国家增加到4个，新兴市场国家增加到3个，有助于上合组织在应对地区和全球挑战、维护地区和全球稳定上发挥更大作用。最后，扩员拓展了上合组织经济空间，形成巨大的消费市场和互联互通投资空间，有利于上合组织在更大空间内发挥成员国各自特长，形成优势互补，加快区域资源整合，推动成员国和整个区域经济快速发展。

（四）国际合作日益密切

加强国际合作是上合组织“初心”之一。上合组织成立宣言明确表示，成员国将加强在地区和国际事务中的磋商与协调行动，在重大国际和地区问题上相互支持和密切合作，共同促进和巩固本地区及世界的和平与稳定。上合组织宪章也指出，上合组织的一个重要合作方向是“就共同关心的国际问题，包括在国际组织和国际论坛上寻求共识”。20年来，上合组织成员国之间的国际合作步伐不断加大，力度日益增强，大大扩大了上合组织的影响力，树立起负责任国际组织的正义形象。

对重大地区和国际问题立场及时发声，捍卫成员国核心利益是上合组织开展国际合作的重要方式。在初创时期，上合组织即开始主动对地区和国际重大事件发声，产生了积极影响。2001年“9·11”事件发生不久，上合组织总理会议即于9月14日发表专门联合声明，表示坚决反对一切恐怖主义。① 2005年11月，上合组织与阿富汗宣布建立上合组织—阿富汗联络小组，共同促进阿富汗和平进程。② 2006年上合峰会提出在组织框架内建立防

① 《顺应时代潮流，弘扬“上海精神”——上海合作组织文献汇编》，世界知识出版社2020年版，第133页。

② “上海合作组织与阿富汗伊斯兰共和国关于建立上海合作组织—阿富汗联络小组的议定书”，央视网，2012年5月25日，http：//news. cntv. cn/20120525/106434. shtml。

御地区冲突和应急反应机制，以预防应对类似吉尔吉斯斯坦非正常政权更迭事件。①

随着内部建设基本完成，上合组织进一步加强在成员国以及地区、国际重大问题上的相互支持和立场协调。2010年塔什干峰会积极声援再次经历政治动荡的吉尔吉斯斯坦，表示支持吉尔吉斯斯坦自主的政治选择，将给予吉尔吉斯斯坦必要的支持与帮助。② 2009年，上合组织发表阿富汗问题特别会议宣言，支持阿富汗与巴基斯坦两国开展政府间对话，增进邻国互信，推进反恐合作。③ 2012年北京峰会宣示反对在西亚北非地区进行武力干预和强行推动政权更迭，认为任何以武力解决伊朗问题的企图都是不可接受的，反对个别国家或国家集团单方面不受限制地加强反导系统。④ 2014年塔什干峰会就阿富汗、叙利亚、乌克兰等热点问题表达了共同立场。⑤ 上合组织还积极维护联合国在全球问题上的主导地位，支持其合理、必要的改革，比如2010年塔什干峰会宣言表示："应继续进行公开、全面的协调，争取找到凝聚最广泛共识的一揽子改革方案。"⑥

2017年扩员后，随着印度、巴基斯坦加入和上合组织将构建人类命运共同体确立为组织的共同理念，上合组织开始加大参与全球治理进程。2018年青岛峰会专门就贸易便利化发表联合声明，发出积极参与全球化、坚决维护多边贸易体制的上合强音。同时，青岛峰会宣言宣布，要推动建立相互尊重、公平正义、合作共赢的新型国际关系，确立构建人类命运共同体的共同理念，为上合组织加大参与地区和全球治理提供强有力的理念支撑和方向指引。2021年上合组织峰会宣言倡导，在公认的国际法准则、多边主义、平等和不可分割的安全、反对冲突和对抗的基础上构建多极化世界秩序，巩固全球和地区安全与稳定。⑦

---

① "上海合作组织五周年宣言"。

② "上海合作组织成员国元首理事会第十次会议宣言"，中国政府网，2010年6月11日，http：//www. gov. cn/jrzg/2010 –06/11/content_1625891. htm。

③ "上海合作组织发表阿富汗问题特别会议宣言"，新浪网，2009年3月30日，http：//news. sina. com. cn/c/ 2009 –03 –30/162917512967. shtml。

④ "上海合作组织成员国元首关于构建持久和平、共同繁荣地区的宣言"。

⑤ "上海合作组织成员国元首杜尚别宣言（全文）"。

⑥ "上海合作组织成员国元首理事会第十次会议宣言"。

⑦ "上海合作组织成员国莫斯科峰会元首宣言（全文）"，华夏经纬网，2021年4月26日，http：//www. huaxia. com/zt/2003 –13/150174. html。

建立与联合国等国际和地区组织的联系与协作是上合组织参与国际合作和全球治理的重要途径。2004 年，上合组织获得联合国观察员地位，拉开上合组织与联合国及其分支机构密切协作的序幕，标志着上合组织获得世界上最具权威的全球治理机构的认可，为上合组织参与全球治理提供了平台保障。与此同时，上合组织积极与相邻相近的地区组织建立合作关系，陆续与东盟、独联体、集安组织、中西亚经合组织、亚信会议建立起协作关系。2018 年以来，上合组织对外合作步伐明显加快，上合组织秘书处、上合组织地区反恐怖机构先后与联合国教科文组织、联合国安理会反恐委员会执行局签署合作文件。上合组织与联合国开发计划署、联合国预防外交中心、国际货币基金组织、世界银行也开展了交流与对话。2020 年，上合组织秘书处与世界卫生组织、联合国亚太经社理事会秘书处、欧亚经济委员会签署合作备忘录。日益密切的国际合作为上合组织参与地区和全球治理提供了有利平台，展现了上合组织自信、开放的积极形象。

二、政治合作推进的动因

上合组织 20 年政治合作取得长足进展不是偶然的，是内外多种因素综合作用的结果。

（一）“上海五国”提供重要理念来源和经验借鉴

1996—2001 年运行五年的“上海五国”是上合组织的前身，其成功实践为上合组织政治合作提供了得天独厚的重要借鉴。《上海合作组织成立宣言》明确指出：“上海精神”是在“上海五国”进程中形成的。① 2000 年 7 月 15 日，时任中国国家主席江泽民在“上海五国”机制最后一次元首会晤上发表讲话时指出：“‘上海五国’的发展历程体现了一种具有鲜明时代特征的精神，这就是：睦邻互信、平等互利、团结协作、共同发展。”② 这是对“上海精神”的最初概括。“上海精神”最终就是在总结“上海五国”进程经验基

① 《顺应时代潮流，弘扬“上海精神”——上海合作组织文献汇编》，第 88 页。
② 《顺应时代潮流，弘扬“上海精神”——上海合作组织文献汇编》，第 256 页。

础上，根据国际形势发展变化和本地区国家关系特征反复推敲、提炼出来的。[①] 新型安全观亦来源于“上海五国”机制的成功实践。正是秉持着一种完全不同于冷战时期的新理念，“上海五国”成功地解决了中国与俄罗斯、哈萨克斯坦、吉尔吉斯斯坦、塔吉克斯坦四国边界安全问题，为世界其他地区解决类似问题提供了典范，并孕育出具有示范意义的新型安全观。江泽民主席1996年在“上海五国”关于在边境地区加强军事信任协定签字仪式上指出：“签署这一协定，对亚太地区各国之间增进相互信任、发展睦邻友好关系也是一个很有意义的启示、探索和创举。”[②] 江泽民主席高度评价“上海五国”关于在边境地区裁减军事力量协定，称它“对维护亚太地区乃至世界的和平、安全与稳定提供了一种不同于冷战思维的安全模式，为增进国家间的信任开辟了一条有益的途径”。[③] 2001年6月，江泽民主席在上合组织成立大会上发言指出：“‘上海五国’进程，是当代国际关系中一次重要的外交实践。它首倡了以相互信任、裁军与合作安全为内涵的新型安全观，丰富了由中俄两国始创的以结伴而不结盟为核心的新型国家关系，提供了以大小国共同倡导、安全先行、互利协作为特征的新型区域合作模式。”[④]

（二）中俄战略协作提供强劲动力

中俄是公认的促进上合组织发展的“双引擎”，双方合作不断加强为上合组织政治合作提供了先行范例，成为上合组织政治合作的有力推进器。闻名于世的不结盟、不对抗、不针对第三方原则是上合组织秉持的基本理念，最初就是从总结中苏关系历史经验和教训得出的结论，开创了中俄结伴而不结盟、合作而不对抗的新型国家关系模式。这一创新理念为上合组织政治合作提供了重要借鉴，成为上合组织的一个基本原则。“上海五国”签署的关于在边境地区建立军事信任和裁减军事力量协议也受到中苏处理相关问题的

① 刘古昌：《“上海精神”是新时代的普世价值》，《公共外交季刊》2011年秋季号（总第7期）。

② 《顺应时代潮流，弘扬“上海精神”——上海合作组织文献汇编》，第233页。

③ 《顺应时代潮流，弘扬“上海精神”——上海合作组织文献汇编》，第237页。

④ “江泽民主席在‘上海合作组织’成立大会上的讲话”，外交部网站，2001年6月22日，https：//www.fmprc.gov.cn/web/gjhdq_676201/gjhdqzz_681964/lhg_683094/zyjh_683104/t4637.shtml。

启发。苏联解体后，中苏就这两个问题的谈判变成了中国与俄、哈、吉、塔四国之间的谈判。谈判的结果不仅确定了相应条约，而且形成了“上海五国”机制，并在此基础上，加上乌兹别克斯坦，最终成立了上合组织。2001年7月16日，中俄签署了对两国关系具有里程碑意义的《中俄睦邻友好合作条约》，成为中国与上合组织成员国签署的第一个类似条约，不仅确立了中俄两国关系的基本准则，也为制定《上海合作组织成员国长期睦邻友好合作条约》提供了有益借鉴。对比《中俄睦邻友好合作条约》和《上海合作组织宪章》（2002年）、《上海合作组织成员国长期睦邻友好合作条约》（2007年），可以清楚地看到相互之间在基本政治理念和原则上是一脉相通的，充分反映了中俄战略协作对上合组织政治合作的重要作用。近年来，中俄战略协作日益密切，推动上合组织政治合作不断升高。2015年以来，中俄加强“一带一盟”对接合作，中俄完成关于欧亚经贸合作伙伴关系协定可行性研究，中俄与欧亚经济联盟正式签署经贸合作协定，中俄决定加强“一带一路”倡议与大欧亚伙伴关系计划协同发展等，为上合组织政治合作提质升级，促进上合组织参与全球治理进入快车道。①

需要特别指出的是，作为上合组织发祥地，中国20年来一直是上合组织政治合作的开拓者、引领者、贡献者，对推动上合组织政治合作发挥了独特而重要的作用，一是不断提出新的先进理念，积极打造上合组织价值体系。从倡导发展新安全观，到总结提炼“上海精神”；从提出建立“和谐地区”理念，到倡建以“新五观”“四个典范”“四个共同体”② 为内涵的上合组织命运共同体，中国始终积极促进上合组织保持先进理念。二是高度重视机制和制度建设，确保政治合作有序运行。2000年7月5日，江泽民主席在杜尚别“上海五国”会晤讲话时提出倡议，要逐步将五国会晤机制发展成为五国

① 邓浩：《新时期上合组织与全球治理》，《国际问题研究》2020年第3期。

② “新五观”是指：习近平主席在上合组织青岛峰会上的重要讲话中提出要倡导创新、协调、绿色、开放、共享的发展观，践行共同、综合、合作、可持续的安全观，秉持开放、融通、互利、共赢的合作观，树立平等、互鉴、对话、包容的文明观，坚持共商共建共享的全球治理观。“四个典范”是指：习近平主席在上合组织比什凯克峰会上的重要讲话中提出要把上合组织打造成团结互信、安危共担、互利共赢、包容互鉴的典范。“四个共同体”是指：习近平主席在上合组织成员国第二十次元首峰会上的重要讲话中提出要携手构建卫生健康共同体、安全共同体、发展共同体、人文共同体。

合作机制。① 在 2003 年上合组织第三次元首峰会上，胡锦涛主席宣布："作为组织秘书处的东道主，中国政府决定免费向秘书处提供办公馆舍。"② 2017 年，习近平主席在阿斯塔纳上合组织第十七次峰会上宣布，中方决定向上合组织秘书处追加 1000 万元人民币，用于改善工作条件和开展活动。③ 在政治制度建设上，2006 年，胡锦涛主席在上合组织第六次峰会上郑重提议，为巩固成员国政治互信和团结协作的基础，确保上合组织的持久生命力，缔结上合组织长期睦邻友好合作条约。④ 2014 年，为促进成员国打击极端主义，习近平主席在杜尚别上合组织第十四次峰会上郑重提议商签上合组织反极端主义公约。⑤ 三是积极谋划组织长远发展战略，推进成员国战略合作。2012 年是上合组织第二个十年的开局之年，中方从战略高度和长远角度提议制定未来十年上合组织发展战略规划。在中方力推下，上合组织第十二次峰会批准了《上海合作组织中期发展战略规划》，并在该战略规划基础上于 2015 年推出了《上海合作组织至 2025 年发展战略》。

（三）成员国政治互信水平不断提高平添助力

上合组织成立后，中俄关系发展顺利，中俄战略协作伙伴关系得到不断充实和提高。2001 年，中俄签署《中俄睦邻友好合作条约》，为新时期中俄关系发展奠定坚实法律基础。2011 年，中俄关系上升为"全面战略协作伙伴关系"。2019 年，中俄关系升级为"新时代中俄全面战略协作伙伴关系"。中国与中亚成员国关系也在 20 年中不断升级。2013 年，中国与塔吉克斯坦、

---

① 《顺应时代潮流，弘扬"上海精神"——上海合作组织文献汇编》，第 256 页。

② "承前启后，继往开来　努力开创上海合作组织事业新局面——在上海合作组织成员国元首莫斯科会议上的讲话"，外交部网站，2003 年 5 月 30 日，https：//www. fmprc. gov. cn/web/gjhdq_676201/gjhdqzz_ 681964/lhg_683094/zyjh_683104/t24657. shtml。

③ "习近平主席在上海合作组织成员国元首理事会第十七次会议上的讲话（全文）"，新华网，2017 年 6 月 10 日，http：//www. xinhuanet. com/world/2017 – 06/10/c_1121118817. htm。

④ "胡锦涛在上海合作组织成员国元首理事会第六次会议上的讲话（全文）"，中国政府网，2006 年 6 月 15 日，http：//www. gov. cn/ldhd/2006 – 06/15/content_310825. htm。

⑤ "凝心聚力　精诚协作　推动上海合作组织再上新台阶——在上海合作组织成员国元首理事会第十四次会议上的讲话"，人民网，2014 年 9 月 13 日，http：//politics. people. com. cn/n/2014/0913/c1024 – 25653631. html。

吉尔吉斯斯坦的关系由“睦邻友好合作关系”升级为战略伙伴关系，加之2011 年与哈萨克斯坦已建立“全面战略伙伴关系”，2012 年与乌兹别克斯坦建立“战略伙伴关系”，中亚成员国全部成为中国战略伙伴。目前中哈已升级为“永久性全面战略伙伴关系”，中乌、中塔、中吉升级为全面战略伙伴关系。俄罗斯与中亚成员国均已建立战略伙伴关系。哈萨克斯坦也与其他中亚国家是“战略伙伴”。2018 年中亚国家领导人在时隔 13 年后再次聚首，并在 2019 年再次会晤，相互信任明显增强。显而易见，成员国之间政治互信、团结协作不断增强，为上合组织政治合作创造了良好氛围，提供了强大助推力。

（四）地区形势变化凸显现实需要

上合组织成立以来，国际和地区局势波诡云谲，变幻莫测，不确定、不稳定因素明显增加，对成员国构成严峻考验，凸显加强上合组织政治合作的必要性、重要性和紧迫性。近年来，上合地区大国博弈空前加剧，呈现日趋白热化之势。美国对中俄实施双重遏制，在上合地区明显加大对中俄战略围堵，竭力拉拢分化上合成员国，力图重构排除中俄新机制、新秩序，侵蚀削弱上合组织根基。同时，地区形势不稳定、不确定因素明显增加。新冠肺炎疫情暴发以来，地区安全风险处于历史新高，欧亚国家转型进入风险升高期，上合维护地区稳定发展大局面临更为严峻的挑战。严酷的现实要求上合组织必须挺身而出，加大政治合作，担负起一个负责任国际组织的重任，为地区增添更多的正能量和确定性。国务委员兼外长王毅在 2020 年上合组织外长理事会上明确指出：“上合组织应始终站在多边主义一边，站在公平正义一边，站在历史前进的一边，坚定捍卫联合国核心地位，坚定维护国际法权威，坚定防止强权政治将这个世界拉回到弱肉强食的丛林时代，坚决遏制单边霸凌行径阻挡国际关系民主化的步伐。”① 这是时代赋予上合组织的崇高使命，也是国际社会对上合组织的殷切期待。

① “王毅出席上海合作组织成员国外长理事会会议”，中国政府网，2020 年 9 月 10 日，http：//www. gov. cn/xinwen/2020 －09/10/content_5542456. htm。

三、政治合作面临的主要挑战

经历 20 年的高速发展和持续扩张，当前上合组织进入发展攻坚期，政治合作面临多重瓶颈式压力。

（一）上合内部异质性凸显

异质性一直是上合组织政治合作面临的重大难题。随着扩员，上合组织成员国之间的多样性和差异性更加明显，利益诉求和政策取向更加多元，客观上加大了组织内部协调难度，对组织政治合作挑战陡增。当前，上合组织内部构成日趋复杂，除中小成员国外，还拥有中俄印这样的新兴大国。大小国家并存共处，多元异质，加之个别成员国之间存在领土之争，矛盾难解，冲突时起，给组织内部团结互信投下阴影，不利于成员国在政治合作上形成共识。同时，随着印巴加入，成员国地区归属更加多样，除中亚国家外，增添了南亚国家，印巴同时还是南亚区域合作联盟成员，印度甚至加入了美国主导的所谓印太四国机制，这使上合组织政治合作更加困难。

（二）共同体意识薄弱

上合组织成员国都是发展中国家，中亚成员国皆是苏联解体后刚刚走上独立的新生国家，处在建国立制发展阶段，十分珍视来之不易的独立主权地位，始终把维护本国利益看得高于一切，并无意愿也不准备向上合组织让渡更多权利，这些都不利于建立上合组织集体身份认同和确立共同目标。当前，上合组织实行的仍是“协商一致”决策方式，严格遵循大小国家一律平等和“不干涉内政”原则，以确保各成员国权利平等，利益得到充分尊重。但随着时间推移，这一决策方式已越来越难以适应形势和组织自身发展的需要，客观上对组织合作形成制约。在这一决策机制下，上合组织的决策效率和行动力大为受限，很难对成员国和地区重大政治事件作出及时有力反应，不利于维护上合组织威信和声望。同时，受制于这一决策方式，上合组织很难通过具有约束力的合作文件，导致上合组织至今未能实现从会议机制向合作机制的真正转变。在上合组织成立至今通过的政治合作文件中，真正对成员国具有约束力的很少，大部分都是软性制度，没有约束力或者约束力不强，对成员国不是刚性要求，往往造成通过的文件得不到有效执行和落实。即便是具有约束力的条约，也因缺乏相应有力的监督落实机制而处于空转。《上海合作组织成员国长期睦邻友好合作条约》明文规定，缔约各方将恪守国界，彼此尊重各自国家主权和领土完整，致力于加强边境地区军事领域的信任，使相互间的边界成为永久友好与和平的边界。但违背上述条约精神的行为却在成员国中不时发生，对此，上合组织缺乏相应的警示和惩戒措施，导致该条约形同虚设，严重影响上合组织政治法律制度的严肃性和权威性。如何兼顾公平和效率，平衡责任和义务是上合组织政治合作不可回避的重大挑战。

（三）外部阻力加剧

近年来，美国陆续推出所谓“印太战略”、阿富汗新战略、新中亚战略，并强化与中亚国家的“C5 +1”机制，积极打造覆盖大里海地区的“8 +1”机制，加剧制度秩序之争。美国执意挑起和加剧上合地区大国竞争，大大恶化了上合组织外部环境，使上合组织政治合作面临前所未有的地缘政治压力。与此同时，上合地区处在全球动荡带上，阿富汗内乱不止，美国和伊朗矛盾难以调和，中东乱局此起彼伏，独联体地区不稳定因素加剧，加之地区治理碎片化加剧，上合组织政治合作面临险峻的外部环境，任重道远。

四、未来政治合作的基本路径

总体上看，未来5—10年仍是上合组织的发展机遇期，有利于上合组织政治合作的积极因素依然大于消极因素。应从战略高度和长远角度做好“顶层设计”，积极塑造和培育“上合意识”，确立明确的共同奋斗目标，不断提高合作效率，推动构建上合组织命运共同体稳步前行。

（一）积极塑造培育“上合意识”

共同意识是上合组织赖以生存和确保可持续发展的基本条件，关系到组织的凝聚力和精神面貌。应把塑造和培育以“上海精神”为核心的“上合意识”作为未来上合组织政治合作的优先任务。

一要明确组织定位，强化集体认同，为形成“上合意识”创造必要前提。从区域定位看，随着扩员，上合组织已经从中亚延伸至南亚，可将上合组织区域定位为以中亚地区为中心、以中亚周边为外延的欧亚地区组织，这既符合上合组织扩员后现状，也为未来上合组织继续扩员预留了空间，对形成和培育“上合意识”大有裨益。从功能定位看，上合组织是一个安全先行、安全优先的国际组织，着眼于凝聚共识，培育“上合意识”，未来上合组织仍应将发展重心放在安全领域，这是成员国最易达成合作共识并采取共同行动的领域，经济和人文合作应将重心放在为安全稳定大局服务上。同时，上合组织成员国虽然政治制度不同，但地缘相近、历史相连、文化相通，都是发展中国家和新兴市场国家，在诸多国际和地区问题上立场相同或相近，均面临发展、振兴本国经济的共同任务，具有开展政治合作的先天优势。从构建上合组织命运共同体视角，应把政治合作放在与安全合作同等重要位置，确保上合组织始终保持正确的政治方向。

二要总结、提炼出一套以“上海精神”为核心的共同价值，为“上合意识”提供价值和理念支持。本着求同存异、协商一致的原则，从构建上合组织命运共同体视角出发，对上合组织蕴藏的以“上海精神”为核心的共同价值进行认真整理归纳，使之形成一个具有内在联系、结构完整、逻辑清晰、表述明确的上合组织价值体系，为塑造和培育“上合意识”提供一套清晰的共同规范和准则。真正建立起为成员国广泛认同的系统化的共同价值体系。

三要将以“上海精神”为核心的共同价值制度化，为“上合意识”奠定法律基础。应根据扩员后的新形势、新要求，适时修订完善上合组织基础性法律制度，将得到各方一致认同的共同价值，通过逻辑清晰、言简意赅的语言文字，明确写进正式的条约文本，彰显其应有的严肃性和权威性。同时，有必要对违背组织共同价值的行为明确作出处罚惩戒规定，强化共同价值的约束力和强制力，使建立在共同价值基础之上的“上合意识”具备法律效力，真正成为成员国严格遵循的共同行为规范和集体意识。

四要大力普及宣传落实以“上海精神”为核心的共同价值，积极培育推广“上合意识”。应通过多种方式和渠道向成员国积极宣传以“上海精神”为核心的共同价值，使其真正内化为成员国集体意识。同时，积极推动成员国对上合组织共同价值的认同从国家层面向社会、民间层面延伸扩展，形成成员国各界别、各阶层对其的认同和归属，促进“上合意识”深入民心。

（二）确立共同奋斗目标

共同目标关系着上合组织的组织定位和合作方向。应加大宣传构建上合组织命运共同体重大倡议，努力推动使之成为未来上合组织共同奋斗的目标。

一要在充分研究成员国对上合组织目标定位基础上，在坚持大小国家一律平等、成员国协商一致原则前提下，加大成员国之间的政治协调，积极求同存异，寻求在目标方向上的最大合作公约数。首先，加大中俄之间的政治协调。以中俄关于新时代全面战略伙伴关系的联合声明为契机，争取做到中俄共推共建上合组织命运共同体。其次，要加强中俄印之间的政治协调。积极考虑在中俄印机制框架下建立三方关于上合组织合作磋商机制，加强战略沟通，最大限度凝聚共识，力争在上合组织共同目标问题上三国相向而行。最后，加强与中小成员国沟通协调，推动其积极响应并加入到构建上合组织命运共同体行动中，共推构建上合组织命运共同体在上合组织落地生根。

二要努力推动上合组织制定推出构建上合组织命运共同体专门文件，使共同目标具有法律效力。应积极协调，努力形成上合组织关于构建上合组织命运共同体法律文件，明确将其确定为上合组织共同目标，阐明其宗旨、原则、目标、任务、构建方式、实施机制等，强调其与“上海精神”的传承性，并作出分阶段、分领域实施规划，确定具体路线图。与此同时，有必要对上合组织既有法律文件进行全面梳理，将上合组织命运共同体理念和目标充实到新的上合组织宪章、长期睦邻友好合作条约中，并把是否承认和遵循命运共同体原则和理念作为接纳新成员的重要标准。

（三）提高合作效率

合作效率是上合组织的生命线，应保持忧患意识，把提高合作效率作为未来上合组织政治合作的重要议题，实现上合组织从会议机制向合作机制的真正转变。

一要与时俱进修订完善相关法律文件，使之更具约束性和操作性。根据扩员后的新情况，对《上海合作组织宪章》《上海合作组织成员国长期睦邻友好合作条约》作出适当补充和修改，增加近年来各方达成的新的政治共识和认知，将其明确写进正式的条约文本中，对成员国应承担的责任和义务作出更加明确、清晰的界定。

二要加大刚性制度建设，提升制度可操作性。完善决策表决方式、建立相应的监督落实和争端解决机制，使上合组织拥有从决策、执行、监督到争端解决的一系列完整的组织机构体系。可考虑设立惩戒、退出制度机制，出台对违反组织共同价值行为处罚惩戒规定，增强组织制度的约束力和强制力。

三要认真总结首次扩员经验，进一步完善扩员制度。确立更加严格、规范、长期、可操作的扩员制度，并对观察员国、对话伙伴条例适当修订补充，增加其灵活性和弹性。

四要适时制定出台上合组织各领域合作法律文件。明确规定各领域合作理念、宗旨、原则、任务、目标和方向，考虑到成员国在地区和国际问题上存在广泛共识，可以着手制定成员国国际合作文件，以形成共同立场。

五要创新性运用“协商一致”原则。可以考虑在国家元首会议、政府首脑会议、外长会议和地区反恐怖理事会上采取协商一致原则，以平等方式决定组织发展的原则性、方向性问题。在各部门领导人会议、国家协调员理事会上可采取多数通过原则，避免僵化、教条地运用“协商一致”原则，最大限度释放其灵活性。

六要提升和明确秘书长地位和权限。为切实提高组织运行效率，应赋予秘书长更大权限，使其成为上合组织的行政首长，而不仅仅是上合组织秘书处的行政首长。短期内如果就此无法达成一致，成员国可协商修改宪章相关条款，明确规定授权秘书长对外代表权，以提高上合组织在处理对外事务方面的及时性和有效性。

报告二

上海合作组织20年信息合作综述*

王海燕**

【内容提要】随着通信和信息科学技术的加速发展，信息合作对上合区域各国的政治稳定、经济发展和社会安全意义越来越重要，成为上合组织致力推动的一个重要合作领域。上海合作组织成立20年来，成员国间制度建设不断完善，法律基础逐步建立，多领域合作日益密切，信息技术合作逐步增加，在多领域全方位取得了重要进展。基于合作共识更多、互信程度不断提高、地区形势变化及合作的内在动力增强等动因，上合组织区域信息合作越来越密切。但还面临信息合作机制化程度需进一步提高，信息合作规则需要统一，信息安全的挑战越来越大，信息技术革命带来巨大冲击等严峻挑战。亟需在上合区域共建更加系统有效的信息合作机制，夯实规则和法制基础，筑起保障区域信息安全的屏障，提高区域信息技术水平，共建上合组织信息空间命运共同体。

【关键词】上海合作组织；信息合作；平台建设；上合组织信息空间命运共同体

信息合作是上海合作组织务实合作的一个重要方面，上合组织也是较

* 本文系华东师范大学人文社会科学海外中国研究、国别和地域研究项目“上海合作组织信息安全合作研究”（批准号：2021HWJ008）的阶段性成果。

** 王海燕，华东师范大学政治与国际关系学院、教育部人文社会科学重点研究基地俄罗斯研究中心副研究员，哈萨克斯坦研究中心主任，中亚研究中心副主任。

早开始国际信息合作的综合性区域组织。[①] 20年来，随着信息通信技术的发展以及合作的深入，信息合作对上合组织区域安全、经济发展和社会稳定意义越来越重要，成员国间信息合作内容更加丰富和深入。由于上合区域安全形势风云变幻和区域信息环境的不断复杂化，上合组织成员国对信息合作形成了高度共识，在政治、安全、经济、人文四大支柱领域都展开了信息合作。其发展历程表现在机制保障、法制建设、拓宽合作领域、信息技术合作等方面，它们几乎平行发展，相互促进，逐渐夯实了上合组织信息合作的基础，获得了多方面进展和开创性成果。面临百年未有之大变局、新冠肺炎疫情和信息技术发展日新月异相互交织叠加的复杂形势，在迈向第三个十年的新征程时，上合组织信息合作也面临多方挑战，需要进一步构建多元化的合作路径。

一、信息合作取得的主要进展

上合组织从2001年成立至今，从建章立制到逐步构建起多轨多边信息合作的机制框架，相关系列文件的签署为信息合作提供了重要的法律保障，政治、安全、经济和人文多领域的信息合作为本地区的安全、稳定和发展提供了重要助力，信息技术合作强化了区域信息能力建设。

（一）制度建设不断完善

上合组织成立伊始就开始探讨建立信息安全的多轨多边合作机制，逐步探索建立起上合组织信息合作的框架，多领域多渠道层层推进，为上合组织信息合作搭建了多层次多领域合作平台。

首先，多领域的双边和多边机制为信息合作提供了机制保障。20年来，上合组织与时俱进，不断发展完善，已经相继建立了国家元首、总理、总检察长、安全会议秘书、外交部长、国防部长、经贸部长、文化部长、交通部长、紧急救灾部门领导人、边防部门领导人、国家协调员等会议机制和电子商务、能源、投资促进、海关、质检、发展过境潜力等专业工作

---

① Сергей Бойко："Проблематика международной информационной безопасности на площадках ШОС и БРИКС"，23. 01. 2019，https：//interaffairs. ru/news/show/21480.

组等多层次多专业的机制。元首会晤机制为上合组织发展进行顶层设计，其他机制通过适时的信息交流和沟通为上合组织规划具体合作方向和工作重点，为实现上合组织各领域信息合作提供了坚实的机制保障。此外，已举办的中俄信息安全技术高峰论坛、中哈跨境电商合作论坛、[①] 俄罗斯举办的国家信息安全论坛[②]以及由中国倡导主办的信息安全论坛、世界互联网大会、世界人工智能大会、中国国际智能产业博览会、数字中国建设峰会等多个专业论坛为上合国家的多边和双边信息合作搭建了多个交流平台。

其次，常设机构搭建起信息交流渠道。上合组织设有秘书处和地区反恐怖机构执行委员会两个常设机构，为信息合作提供了稳定畅通的渠道。秘书处于2004年1月15日在北京正式成立，承担本组织框架内开展活动的组织技术保障，确保上合组织的有效运转，其信息方面的主要职能包括为本组织的活动提供信息分析及必要的参考资料；制作和发行秘书处通讯，维持秘书处网站运作，并保障其与本组织反恐机构网站和本组织区域经济合作网站的协调；招聘学术专家完成本组织感兴趣的课题的研究工作，并举办各种学术研讨会。[③] 地区反恐怖机构执委会于2004年1月在乌兹别克斯坦首都塔什干正式启动，通过反恐信息交流对保障地区安全发挥重要作用，信息方面的主要职能包括收集并分析反恐机构从成员国获取的信息，建立及补充反恐机构资料库；参与建立应对全球挑战与威胁的有效机制；准备及举行相关学术会议、研讨会；协助就打击“三股势力”问题交换信息，协调成员国打击“三股势力”的活动。

再次，专业工作组和机构具体实施信息合作。上合组织现代信息与电信技术专业工作组是上合组织进行信息合作的直接机构。2006年8月，上海合作组织成员国经贸部长会议机制下的现代信息和电信技术专业工作组

① “2018中哈跨境电商合作论坛在阿拉木图成功举办”，商务部网站，2018年5月22日，http：//tdb. mofcom. gov. cn/article/d/201805/20180502746869. shtml。

② 国家信息安全论坛（Infoforum）由俄罗斯联邦安全理事会机构和俄罗斯联邦国家杜马安全委员会自2001年发起举办，是俄罗斯联邦最重要的信息安全和信息技术活动。

③ “上海合作组织秘书处简介”，上海合作组织网站，http：//chn. sectsco. org/secretariat/。

（以下简称“电信工作组”）在北京成立并召开了第一次会议，[①] 确定了吉尔吉斯共和国为电信工作组牵头方，并根据《〈上海合作组织多边经贸合作纲要〉实施措施计划》关于“信息和电信技术领域合作”的相关内容，确定了电信工作组的优先合作方向。2006年上合组织成员国政府首脑（总理）理事会会议联合公报特别指出，建立和启动现代信息和电信技术工作组具有重要意义。[②] 在上合组织电信工作组框架下，我国信息产业部不断加强与上合组织成员国信息通信主管部门的沟通，积极参与上合组织电信工作组确定的优先合作领域项目，就实施共同项目提出建议并积极推动具体合作项目。

最后，联合国框架下的合作及相关决议和文件保障了上合区域信息合作的权威性和有效性。上合组织主张在以联合国为核心的国际体系和国际法为基础的国际秩序下开展信息合作，呼吁国际社会在信息领域紧密协作，共同构建网络空间命运共同体。20年来，上合组织就国际信息合作发出了一致声音：一是信息安全方面，2006年在《上海合作组织成员国元首关于国际信息安全的声明》中，元首们对在第60届联合国大会2005年12月8日通过的第60/45号决议《从国际安全的角度来看信息和电信领域的发展》表示欢迎，愿推动实施决议中包含的各项建议。[③] 二是信息空间规则和标准方面，上合组织成员国欢迎第73届联合国大会通过的《在国际安全背景下的信息和电信领域发展》及《反对将信息通信技术用于犯罪》两项决议，支持并呼吁所有联合国会员国进一步推动制定信息空间负责任国家行为规则，[④] 支持在国际专业机构框架内制定信息安全领域的公认技术标准。[⑤] 三是法律保障方面，上合组织成员国一再重申发展和利用信息通信技术及开展国际和地区合作应

① “上海合作组织现代信息和电信技术专业工作组”，工业和信息化部网站，2008年2月21日，https://www.miit.gov.cn/xwdt/dwjl/art/2020/art_f4960d01f7b44ebfafa53024a3c0c7c3.html。

② “上海合作组织成员国政府首脑（总理）理事会会议联合公报”，外交部网站，2006年9月16日，https://www.fmprc.gov.cn/web/ziliao_674904/1179_674909/t346573.shtml。

③ “上海合作组织成员国元首关于国际信息安全的声明”，外交部网站，2006年6月15日，https://www.fmprc.gov.cn/web/ziliao_674904/1179_674909/t346576.shtml。

④ “上海合作组织成员国元首理事会比什凯克宣言（全文）”，新华网，2019年6月15日，http://www.xinhuanet.com/world/2019-06/15/c_1124625929.htm。

⑤ “上海合作组织成员国元首理事会关于保障国际信息安全领域合作的声明”，新华网，2020年11月11日，http://www.xinhuanet.com/world/2020-11/11/c_1126723436.htm。

基于包括《联合国宪章》在内的国际法公认原则，并呼吁应在联合国主导下制定维护国际信息安全和打击信息犯罪的通用法律文书，如制定关于反对将信息通信技术用于犯罪目的的全面国际公约。为坚决反对公开宣传和教唆“三股势力”思想，上合组织还呼吁有序履行联合国安理会第 1624 号和 2354 号决议。四是全球信息和网络安全治理方面，上合组织成员国提出应在联合国和其他国际平台加强相互协调，维护各国平等参与网络发展和治理的权利，提升国际电信联盟的作用；互联网核心资源的管理架构应当国际化、更具代表性和更加民主。①

（二）法律基础逐步建立

20 年来，上合组织就区域信息合作签署了一系列相关文件，为实施信息合作提供了重要的法律保障。

首先，先后在信息安全与数字合作领域推出多项合作协议。2006 年 6 月，上合组织成立五周年之际首次签署《上海合作组织成员国元首关于国际信息安全的声明》；2007 年六国元首批准了为落实该声明而制定的《上海合作组织成员国保障国际信息安全行动计划》。之后，相继签署《上合组织成员国保障国际信息安全政府间合作协定》（2009 年）、《上合组织成员国关于数字化和信息通信技术领域合作的构想》（2019 年）、《上海合作组织成员国元首理事会关于保障国际信息安全领域合作的声明》（2020 年）、《上海合作组织成员国元首理事会关于数字经济领域合作的声明》（2020 年）等。明确本组织框架内开展信息安全与数字合作的准则与重点领域，为具体合作奠定了法律基础。

其次，在技术标准和规则信息合作领域通过多项举措。上合组织相关工作组通过了一系列措施，以落实关于执行《（上海合作组织成员国多边经贸合作纲要）落实措施计划》第三部分《采用技术规则、标准和评定合格程序领域合作》条款，明确了各项目的执行阶段、期限和执行单位。② 电子商务工作组筹备了《上海合作组织成员国合作运营和维护区域经济合作网站协定

① “上海合作组织成员国元首理事会关于保障国际信息安全领域合作的声明”。

② ［俄］维克多 · 特里福诺夫：《上海合作组织成员国多边经贸合作现状与前景》，《海外投资与出口信贷》2006 年第 4 期。

书》，“上合组织”等合作网站在该区域信息合作中起到了权威信息发布与引领的重要作用。2010年签署的《上海合作组织成员国保障国际信息安全政府间合作协定》等多项协议文件对上合组织信息合作中的基本原则、主要方向、方式和机制、信息保护、费用、争议解决、工作语言等作出了明确规定，对信息资源、信息安全、信息恐怖主义等相关术语进行了统一界定，并对国际信息安全领域的威胁种类列出了具体清单。① 2011年9月，中国、俄罗斯、塔吉克斯坦、乌兹别克斯坦等国将共同起草的“信息安全国际行为准则”作为第66届联大正式文件（A/66/359）分发，后来，吉尔吉斯斯坦和哈萨克斯坦加入成为共同提案国。② 这是全球信息领域第一个规范文本，将为全球制定网络安全国际公约提供范例，具有极其重要的意义。

再次，非传统安全③领域的信息合作成为重中之重。20年来，上合组织重点在事关地区基本安全的反恐和跨国犯罪等方面开展了信息合作。2001年6月15日，上海合作组织成立之日即签署《打击恐怖主义、分裂主义和极端主义（以下简称“三股势力”）上海公约》，在国际上首次对“三股势力”作了明确定义，提出了合作打击“三股势力”的具体方向、方式及原则，成为最早鲜明提出打击“三股势力”的国际组织。2002年签署《上海合作组织成员国关于地区反恐怖机构的协定》，特别规定了上合地区反恐怖机构执行委员会在信息合作中的基本任务和职能。2010年签署《上海合作组织成员国政府间合作打击犯罪协定》确定联手打击非法移民、人口贩运、洗钱、资助恐怖主义和经济犯罪等跨国有组织犯罪和现代信息技术犯罪，巩固边境安全，仍是上合组织的迫切议题。2020年签署《上海合作组织成员国元首理事会关于打击利用互联网等渠道传播恐怖主义、分裂主义和极端主义思想的声明》提出共同打击和阻止“三股势力”思想传播，有效防范和反宣传活动。这些为上合组织双边和多边联合反恐及信息合作构建了完善的法律基础。

最后，海关领域的信息合作协议使合作更有成效。2001年以来上合组织

---

① “上海合作组织成员国保障国际信息安全政府间合作协定”，公约网，2011年6月2日，http：//www. worldlii. org/chi/hk/treaties/hkts/2011/2. html。

② “信息安全国际行为准则”，外交部网站，2015年3月5日，https：//www. fmprc. gov. cn/ web/ziliao_ 674904/tytj_674911/zcwj_674915/t858317. shtml。

③ 上合区域的非传统安全主要包括经济安全、金融安全、生态环境安全、信息安全、资源安全、恐怖主义、武器扩散、疾病蔓延、跨国犯罪、走私贩毒、非法移民、洗钱等。

先后签署《上海合作组织成员国政府海关合作和互助协定》（2007年）、《上海合作组织成员国海关对能源监管信息交换议定书》（2008年）、《上海合作组织成员国海关知识产权保护合作备忘录》（2012年）、《上海合作组织成员国海关关于交换跨境运输消耗臭氧层物质信息合作的备忘录》（2018年）等一系列专门领域的信息合作文件，为成员国间海关实施具体信息合作提供有效的法律保障。尤其是《上海合作组织成员国海关关于利用莫斯科地区情报联络中心案件数据库执法平台渠道全天候联络站开展信息互助的规程》（2018年）旨在全天候联络站开展信息合作，通过世界海关组织莫斯科RILO海关执法通信网络业务平台发现和制止上合成员国海关职权范围内的刑事和行政违法活动。这些协议有助于上合成员国海关相互交换监管信息，有效履行职责，从而为提高区域贸易便利化、保护成员国安全和生态环境保护提供保障。

（三）多领域合作日益密切

首先，政治和安全领域的信息合作对保障上合区域安全功不可没。上合组织政治和安全领域的信息合作重点是打击“三股势力”，保障地区安全，防范和抵御西方“颜色革命”。一是建立有效的执法部门信息交换机制，执法部门和军事部门建立各层级定期会晤机制。从2004年起，上合组织成员国定期举行执法和军事部门的会晤；发展成员国边境地区检察机关的直接合作机制；建立有效的司法信息交换机制；加强检察机关之间的交流。军事领域包括国防部长会议、总参谋长会议、国防部国际军事合作部门领导人会议、禁毒部门领导人会议、边防部门领导人会议和边境互察制度等。这些机制促进了上合组织成员国间的信息交流和执法合作与军事安全合作，通过密切的情报和信息交流、联合执法抓捕恐怖分子等行动，原来在中亚费尔干纳地区十分活跃的恐怖势力被削弱，中东圣战分子回流中亚的势头被有效遏制。二是防范和打击信息恐怖主义成为上合组织信息合作的重中之重。上合组织2007年就通过了《上海合作组织保障国际信息安全行动计划》，深化打击信息通信领域犯罪合作，打击利用公共信息技术达到恐怖主义目的的网络犯罪。2015年以来每两年在中国福建省厦门市举行一次上合组织框架下的网络联合反恐演习，进一步提高了各成员国在上合组织地区反恐怖机构执委会的协调下共同打击地区性恐怖组织的能力。[①] 三是通过信息合作打击各种犯罪。上合组织成立至今，为保护和发展关键基础设施、交通设施，预防和消除已成为新威胁的各种技术性灾难，对可能发生的灾难及其后果进行监测、交换分析性信息，为进行联合救援行动创造必要的法律和组织条件。20 年来，上合组织国家举行了多轮、双边或多边的联合军演，搭建了情报信息交流网络和网络安全合作平台，建立了行之有效的成员国大型活动联合安保机制，抓获了大批国际恐怖组织成员，制止了数百起恐怖事件，缴获了大量枪支弹药、爆炸物、毒品等，摧毁了很多本地区内的武装分子培训基地。[②] 四是开展网络反恐合作，建立包含参与国际“三股势力”活动人员信息的地区反恐怖机构数据库，定期交流反恐信息，举行多边反恐研讨会。[③] 近年来根据联合国安理会相关决议互通信息，重点打击国际恐怖分子在上合地区的跨国流动与跨国有组织犯罪、互联网传播分裂主义和极端主义及现代信息技术犯罪等。[④] 通过多管齐下，维护了地区乃至全球的和平与稳定。

其次，经济和人文领域的信息合作助力区域稳定发展。20 年来，中国同成员国各方推动区域网络型基础设施建设，形成连接本地区各国的油气、电力、交通和电信网络，并将能源、信息技术和交通领域确定为上海合作组织的优先合作方向。不断推进科技创新，提高经济信息化和数字化建设，推动包括电子口岸等在内的信息领域合作，形成“大通关、大物流、大经贸”格局；携手打造电子商务完整产业链和经济信息一体化平台，共建空间综合信息网络。通过工作组会晤、各国相关部门网站、各国商会和行业协会、纸质媒体和网络媒体、电子商务网站、企业等，及时交流有关跨境运输、相互投资、过境贸易和相互贸易、出入境检验检疫、海关统计等领域的合作信息，部分地实现了以下目标：一是在现代化的组织和技术水平上建立和发展经贸投资的信息空间，发挥成员国经济的互补性，确定共同感兴趣的经贸合作优

---

① “第三届上合组织网络反恐联合演习在中国举行”，新华网，2019 年 12 月 12 日，http：//www. xinhuanet. com/2019 – 12/12/c_1125340396. htm。

② 罗铮、任旭：“上合组织安全合作取得重要成果”，国防部网，2018 年 6 月 8 日，http：//www. mod. gov. cn/ jmsd/2018 – 06/08/content_4816382. htm。

③ “上合组织今年将创建恐怖组织公用数据库”，广西纪检监察网，2007 年 3 月 29 日，http：//www. gxjjw. gov. cn/newsinfo. asp？ id = 12819。

④ “习近平推动上合组织安全合作迈上新台阶”，中国网—理论中国，2018 年 5 月 28 日，http：//www. china. com. cn/opinion/theory/2018 – 05/28/content_51525451. htm。

先领域和示范合作项目并付诸实施；扩大贸易和投资规模；发展服务贸易领域的合作；改善贸易和投资环境，为逐步实现商品、资本、服务和技术的自由流动创造相应条件；促进中小企业建立直接联系以及经营主体间的合作生产和发展。二是有效利用在交通和通讯领域的现有基础设施，建设连接“上合组织”各成员国的光纤通讯网络等，实施区域内或区域间的交通、通信基础设施联合开发项目，通过过境运输、信息互通进一步开发过境运输潜力，扩大地区交通、通信能力，信息硬件与软件互联互通，实现同国际市场的对接。三是合作勘探和交流资源信息，保障合理利用自然资源，实施共同的跨境生态规划和项目，如中俄哈蒙四国六方机制等的合作。① 四是提高贸易和投资政策的透明度，就该领域法律法规进行信息交流，确保法律、经济、组织和其他条件保障。五是发展口岸基础设施和海关信息互通，就简化和协调海关程序、海关和运输单证一致化、相互承认海关文件、海关监管程序和识别方法等问题拟定建议，保障通关便利化。六是协调商品和技术标准，以公认的国际标准和规则为基础，在商品标准、技术规程、合格评定、资格认证、产权保护、市场准入规则等方面开展合作，及时进行信息通报，推动区域标准一致化建设；重点交流有关能源、交通运输、电信、农业、旅游、银行信贷、水利和环境保护等共同感兴趣领域的信息。这些为实现各项区域经济合作目标提供了信息交流平台，促进了区域贸易投资便利化和经济发展水平。

最后，人文和民生领域的信息互通和互助措施为成员国人民带来实实在在的安全感和获得感。一是人文领域信息合作的法制基础不断完善。20 年来，上合组织先后签署了有关教育、文化、体育、媒体、城市生态、青年等多项协议，② 为上合组织人文领域的信息合作奠定了法制基础。二是通过信息合作共同保障人民生命财产安全。上合组织为共同应对区域内发生的天灾人祸开展信息预报与互助，主要针对地震、蝗虫等自然灾害，生态环境保护、粮食安全、水资源安全等信息互通，边境和地区冲突的人道主义救援等，开展防灾减灾联合救助、紧急情况预警信息通报和数据分享、技术交流与人员培训、经验交流等合作，对提升上合组织应急处置能力起到了重要作用。三

---

① 王海燕、朱启迅：《“一带一路”背景下民族主义与地区主义关系的互动与重塑——以环阿尔泰山次区域合作模式为例》，《世界民族》2019 年第 1 期，第 83—93 页。

② “2020 年上海合作组织成员国元首理事会莫斯科宣言”，《光明日报》2020 年 11 月 11 日第 5 版。

是公共卫生安全领域。上合组织在疾病防控、联合救治等方面开展了信息共享，在卫生应急和防疫、防止传染病扩散、传统医药、医学教育与科研、医疗服务等领域开展了合作，对成员国人民生命救治和安全起到了重要的作用。近年来，上合组织成立了由 74 家中方医院、7 家外方医院联合首创的医院合作联盟，大力推进“跨境医联体”建设①。尤其是 2020 年新冠肺炎疫情暴发后，上合组织发布了《上合组织成员国外长关于应对新冠肺炎疫情的声明》，成员国互帮互助，在多个层面保持信息互通；中国为成员国提供了大量医疗用品、药品和疫苗援助，② 对成员国联合抗疫、疫苗研发和经济复苏等起到了重要作用。四是科教文体领域。成员国深化教育、科技、体育、媒体、艺术和旅游等人文领域的信息合作，推动考古、联合申遗、档案、博物馆和图书馆领域的信息合作；彼此支持举办世博会、冬季奥林匹克运动会和冬残奥会等国际赛事；重点开展青年、妇女、学者、企业家、城市间和地方间等多领域的民间交流。这些信息交流与合作大大促进了上合国家的民心相通。

（四）信息技术合作提高区域合作水平

信息技术合作是缩短各方信息技术差异和数字鸿沟的有效途径，对上合成员国各方非常重要。20 年来，上合组织在信息技术合作方面取得了重要进展：一是为促进本组织框架内高科技领域的投资合作，落实现代信息及电信技术专业工作组遴选出的“上海合作组织信息高速公路”和“利用电子数字签名进行跨界电子合作”两个示范性项目。③ 成员国就推动上合组织信息高速公路和利用电子签名进行跨境电子合作开展了务实合作，加快建设电信和信息网，利用新技术完善现有信息和电信基础设施，建立区域内统一的光纤通信网，构筑上合组织信息高速公路网络体系，在上合组织框架内开展科技

---

① “上合组织来疆开展‘一带一路’国际医疗合作调研工作”，新疆维吾尔自治区卫生健康委员会网，2018 年 5 月 4 日，http：//wjw. xinjiang. gov. cn/hfpc/jlhz/201805/1d8dde8d34244c34b f7274fd854a0862. shtml。

② Vladimir Norov：“上合秘书长：面临疫情困境，团结合作是唯一正确选择”，中国日报网，2020 年 4 月 23 日，https：//cn. chinadaily. com. cn/a/202004/23/ WS5ea16c11a 310c00b73c 79394. html。

③ “上海合作组织成员国政府首脑（总理）理事会会议联合公报”，《光明日报》2009 年 10 月 15 日第 7 版。

密集型领域的合作，极大地提高了双边及多边贸易的便利性。二是在信息通讯领域展开合作，上合组织成员国有关部门、团体和企业就推广和运用国家管理自动化技术（电子政府）交流经验。在海关领域，中国海关在上合海关工作组框架下积极倡导各成员国海关开展“信息互换、监管互认、执法互助”合作，在维护上合海关工作组的活力和促进区域贸易安全与便利方面发挥了积极作用。海关通关、支付结算、检验检疫等方面的信息化水平和信息互认互通率都大大提高。三是开展电信和信息技术合作，上合组织落实 2013 年签署的《上合组织成员国政府间科技合作协定》及之后签署的 2016—2020 年落实措施计划和《2017—2021 年上海合作组织进一步推动项目合作的措施清单》中科技领域合作部分，启动《上合组织科技伙伴计划》，加强各成员国在包括电信和信息技术、人员培训等科技领域的务实合作。四是积极开展数字合作，上合组织积极落实 2019 年通过的《上合组织成员国关于数字化和信息通信技术领域合作的构想》、2020 年通过的《上合组织成员国元首理事会关于数字经济领域合作的声明》。五是举办有关信息技术的论坛和会议等，如自 2014 年以来每年由中国举办的世界互联网大会、2019 年在塔什干举行的上合组织信息技术和创新发展论坛、2020 年在新德里举办的上合组织佛教遗产数字展览等。这些论坛和会议对促进上合各国信息技术合作与发展发挥了重要作用。

二、信息合作取得成就的原因

20 年来，上合组织信息合作取得多方面进展是多种因素影响和推动的结果。

（一）共识更多奠定信息合作的基础

20 年来，随着信息技术的发展和信息安全威胁的多样化、复杂化不断提升，上合组织成员国对信息合作达成越来越多的共识：一是信息合作的意义方面，成员国一致认为信息通信技术在构建全球信息空间方面的发展和利用已取得前所未有的成效，并对人类政治、经济、社会文化、日常生活以及各国和国际安全稳定产生了与日俱增的影响。考虑到信息通信技术的天然跨国属性和具有全球与跨国性质的网络犯罪问题，国际社会携手开展信息安全领域的国际合作十分重要，上合组织成员国认为在国际信息安全领域加强协作非常必要。[①] 二是信息合作的目的方面，成员国一致认为信息安全事关保障国家主权、安全、经济社会稳定和公众利益，信息技术应被用于和平、发展、安全、繁荣的目的，构建和平、安全、开放和稳定的全球信息空间，确保信息通信技术用于经济发展和民生改善；反对将信息通信技术用于有悖于维护国际、地区及成员国和平、安全与稳定的活动和目的。[②] 三是信息治理方面，成员国一致认为各国有权根据本国国情，依法对互联网进行管理，并在平等相待、相互尊重的基础上扩大合作，成员国支持所有国家平等管理互联网、保障各自互联网安全的主权权利；[③] 成员国将在尊重国家主权和不干涉别国内政的原则基础上，推动建立和平、安全、公正和开放的信息空间。[④] 四是信息合作重点领域方面，成员国一致认为加强打击利用互联网传播恐怖主义思想十分必要，应支持建设和平、负责、安全的网络环境。[⑤] 同时，有必要加强数字经济领域互利合作和经验交流，支持按照公平竞争原则发展数字技术。[⑥]

（二）互信程度不断提高为信息合作提供可能

信息合作要求高度的互信关系。20 年来，上合组织成员国间的互信程度不断提升，伙伴关系不断升级。成员国间双边关系提升推动了上合区域互信水平的提高，同时，上合组织也促进了各成员国间的良性互动关系，为信息

---

① “上海合作组织成员国元首理事会关于保障国际信息安全领域合作的声明”，新华网，2020 年 11 月 11 日，http：//www. xinhuanet. com/2020 - 11/11/c_1126723436. htm。

② “上海合作组织成员国元首关于国际信息安全的声明”，外交部网站，2006 年 6 月 15 日，https：//www. fmprc. gov. cn/web/ziliao_674904/1179_674909/t346576. shtml。

③ “上海合作组织成员国元首理事会第十次会议宣言（全文）”，上海合作组织官网，http：// chn. sectsco. org/documents/。

④ “上海合作组织成员国元首理事会关于保障国际信息安全领域合作的声明 ”，光明网，2020 年 11 月 11 日，https：//news. gmw. cn/2020 - 11/11/content_34356929. htm。

⑤ “上海合作组织成员国元首理事会关于打击利用互联网等渠道传播恐怖主义、分裂主义和极端主义思想的声明 ”，新华网，2020 年 11 月 11 日，http：//www. xinhua-net. com/world/2020 - 11/11/c_1126723437. htm。

⑥ “上海合作组织成员国元首理事会关于数字经济领域合作的声明”，《人民日报海外版》2020 年 11 月 11 日第 4 版。

合作提供了可能。首先，中俄高度的政治互信对推动上合组织信息合作意义重大。2001年，中俄签署《中俄睦邻友好合作条约》，与上合组织成立时间同步，为新时期中俄关系发展奠定坚实的法律基础；2021年，中俄又在此基础上更进一步，对该条约予以延期。① 20年来，中俄关系经历了从战略协作伙伴关系上升为全面战略协作伙伴关系，再升级为新时代中俄全面战略协作伙伴关系的三级跳，双方在政治、经济、科技等各领域保持高度信任，其合作保障了上合组织的发展。② 其次，中国与中亚成员国关系也在20年中不断升级。20年里，中亚成员国都与中国签署了睦邻友好条约，全部成为中国的全面战略伙伴。其中，哈萨克斯坦升级为永久全面战略伙伴关系，成为中国与中亚国家中最高级别的伙伴关系。最后，上合成员国间也建立了良好的伙伴关系。中国与巴基斯坦早已是全天候战略合作伙伴关系，与印度也建立了战略伙伴关系，即使存在领土争议等问题，但可在上合框架下管控分歧协商对话。20年来，中国与中亚成员国和巴基斯坦双边高层交往、政治互信、互利合作均达到前所未有的高水平，俄罗斯与中亚成员国均已建立战略伙伴关系，哈萨克斯坦也与其他中亚国家成为“战略伙伴”。上合成员国间将彼此置于各自外交政策的优先方向，致力于发展更深入的友谊，打造上合命运共同体，这些为上合国家间信息合作奠定了坚实的条约法律基础和良好的互信基础。

（三）地区形势变化的需要

正如习近平主席指出的，安全合作是上合组织的“动力之源”，安全利益是上合组织成员国共同的利益，也是上合组织持久发展的根本动力。③ 20年来，上合区域安全形势快速发展变化，对信息合作的内在需要越来越强烈，

---

① “中华人民共和国和俄罗斯联邦关于《中俄睦邻友好合作条约》签署20周年的联合声明（全文）”，新华网，2021年6月28日，http：//www. xinhuanet. com/asia/2021 - 06/28/c_1127606620. htm。

② 时冉：“外交部说中俄合作上不封顶下接地气　对双边关系发展充满了信心”，中新网，2021年6月16日，http：//henan. china. com. cn/news/2021 - 06/16/content_41593261. htm。

③ “习近平推动上合组织安全合作迈上新台阶”，中国网—理论中国，2018年5月28日，http：//www. china. com. cn/opinion/theory/2018 - 05/28/content_51525451. htm。

催生上合成员国联合自强，开展更加广泛的信息合作。

国际层面，世界局势仍持续动荡并难以预测。在国际社会反恐力量的打击下，恐怖主义武装活动的地理分布及行为方式发生了变化，恐怖组织成员开始重新聚集部署，部分外国恐怖分子返回输出国。上合成员国有数千公民在中东参加“圣战”，恐怖分子回流风险巨大。2015 年至今，塔吉克斯坦、哈萨克斯坦等国接连爆发恐怖袭击事件，上合各国本土极端势力在国际恐怖组织的影响下日趋活跃。对于这些挑战，上合任何一个国家都难以单独应对，亟需加强信息合作。

区域层面，成员国间地区冲突不断，由于苏联解体遗留的划界问题、跨界民族问题、跨境水资源问题等，塔吉克斯坦、吉尔吉斯斯坦和乌兹别克斯坦三国彼此间不时发生边境冲突；阿富汗地区多年来战乱不断，随着美军撤出阿富汗，阿富汗政局发生了变化，需要在上合组织框架下进行及时有效的信息互通，多方沟通和协调，化解冲突。

国家层面，美国等外部势力插手上合国家政权更迭和内部矛盾，近年来，已有吉尔吉斯斯坦发生几次政权更迭，加之中亚成员国内部面临毒品走私、跨国有组织犯罪等严峻挑战，影响各国内部安全。疫情下，中亚成员国经济下滑，政府财政税收下降，侨汇收入大幅减少，外部直接投资下滑，导致大量失业、返贫人口增加等社会问题更趋严重。上合区域安全形势面临更大的压力和更加难以预测的风险，需要合作应对，信息合作是其中重要的一环。如哈萨克斯坦在 2020 年批准的《2020—2030 年哈萨克斯坦外交政策纲要》中明确提出：“促进国际信息安全，打击网络恐怖主义，利用信息和通信技术为非法目的，包括威胁国际和平、安全与稳定。”① 上合组织各国对通过信息合作联手促进地区安全有着强烈的内在需求，并正在建立多种合作渠道。

（四）经济和人文领域合作需要更多信息

20 年来，上合组织成员国间的经济与人文等领域的合作不断扩大，对彼此间信息合作的需求也持续增长，相互依赖关系不断加深。

---

① О Концепции внешней политики Республики Казахстан на 2020 – 2030 годы. https：// www. akorda. kz/ ru/ legal_acts/decrees/o – koncepcii – vneshnei – politiki – respubliki – kazahstan – na – 2020 – 2030 – gody.

首先，经济领域合作方面，从事国际贸易、投资和金融等国际经济活动，无不以畅通的全球信息网络为其首要条件。20年来，上合组织通过更加开放的信息交流在贸易、投资领域取得了丰硕成果。一是贸易领域，成员国之间的相互贸易总额从2000年的303.3亿美元增长到2019年疫情前的6029亿美元，增加了近20倍，[①] 中国早已成为各成员国前三位的贸易伙伴。二是投资领域，中国对各成员国单向投资增长显著，截至2019年底，中国对其他成员国直接投资存量从当初不足1亿美元增加到2018年创纪录的375亿美元，累计实际利用其他成员国直接投资13.3亿美元，[②] 成为上合各成员国最重要的投资来源国之一。三是促进贸易投资便利化方面，上合成员国需要在跨境交通运输、海关、出入境检验检疫、金融、电子商务等多领域开展信息合作，促进政策沟通、贸易畅通、道路联通、货币流通。如中国与哈萨克斯坦在新疆阿拉山口、霍尔果斯等边境口岸以及中欧班列等都采用了电子口岸服务，[③] 大大提高了上合区域经济合作的效率。

其次，人文领域合作方面，信息互通促进民心相通。20年来，上合成员国之间通过人文领域的信息互通促进了直接交往，不仅从多领域、多视角增进了对彼此的了解和认知，还从中找到了很多学习、工作和商业机会，切实践行了“互信、互利、平等、协商、尊重多样文明、谋求共同发展”的“上海精神”。20年来，教育信息的互通和交流已经和正在改变上合成员国千万学子的命运，中国、俄罗斯等国成为上合各国学生选择的重要留学目的国，学生们通过信息互通及时了解中国对上合国家留学生专项奖学金等优惠政策，2005年上合国家来华留学人数较多的国家分别为俄罗斯3535名、印度3295名、巴基斯坦1900名、哈萨克斯坦781名，分别位列来华留学国家的第7、8、14、21位；[④] 2018年分别增长为巴基斯坦28023人、印度23198人、俄罗

---

① 刘华芹：《上海合作组织区域经济合作20年回顾与展望》，《欧亚经济》2021年第1期，第16—37页。

② 姜浩峰：“上合组织二十年 从反恐合作到打造命运共同体”，《新民周刊》2021年6月14日第66版。

③ 杲均丰、宋玉龙：“新疆首票‘跨境电商B2B直接出口’货物经阿拉山口口岸顺利通关放行”，新华网，2021年7月13日，http：//www.xj.xinhuanet.com/2021－07/13/c_1127647080.htm。

④ “2005年全国来华留学统计年鉴”，教育部网站，2006年2月6日，http：//www.moe.gov.cn/srcsite/A20/moe_850/200602/t20060206_77808.html。

斯 19239 人、哈萨克斯坦 11784 人，分别位列第 3、4、6、10 位，[①] 上合国家来华留学人数增长较快，中国成为亚洲最大留学目的国。[②] 信息互通起到了很大的作用。与此同时，医疗、媒体、旅游、体育、文化信息互通拓展了上合各国老百姓实现更加美好生活的空间和更多选择，并为地区合作带来了诸多商机。这些信息合作与交流已为各国人民带来更多福祉，促进了上合区域的社会稳定与和谐发展。

三、信息合作面临的挑战

信息合作已经成为保障上合区域和各国安全、经济发展、社会安全的重要支撑，是上合组织未来可持续发展越来越重要的合作领域。随着电信、网络和数字技术的快速发展，上合组织信息合作面临越来越多的挑战需要共同应对。

（一）信息合作机制化程度需进一步提高

20 年来，上合组织在信息合作上已达成广泛和高度的共识，但在实际合作中机制化程度还不够，仍存在诸多问题：一是信息合作的紧密程度不够。上合组织成员国间的信息合作以松散合作为主，以双边居多，多边合作不够，缺乏制度性的刚性约束，成员国之间的信息合作不连贯，突击应对的多，常态化的不够。二是信息合作的内容有待细化和分类确定。成员国之间的信息合作大多集中在打击网络犯罪和网络恐怖主义以及跨境交通、海关、贸易和投资等方面，随着信息互通和信息安全涉及的领域和范围越来越广、越来越深入，成员国间的信息合作领域亟待拓展并进一步分类分部门实施。三是行动力不够。出于信息安全的考虑、各方利益差异以及信息交接、处理的部门不够明确等原因，上合组织信息合作的行动滞后，有许多还停留于达成共识和协议上，信息提供不够充分及时。四是部门间协调不够。鉴于信息的敏感

① “2018 年来华留学统计”，教育部网站，2019 年 4 月 12 日，http：//www. moe. gov. cn/jyb_ xwfb/gzdt_gzdt/ s5987/201904/ t2019 0412_377692. html。

② “2021 年来华留学生人数”，2021 年 2 月 16 日，https：//wenku. baidu. com/view/145f99cabcd 5b9f3f90f 76c66137ee06eef94e5e. html。

性和私密性，需要较高的互信程度，上合组织历史较短，信息合作也在逐步摸索中，成员国间和各国内部的部门间亟需建立协调与合作的关系，使信息互通更加畅达，信息合作更有效率，信息使用更加充分。

（二）信息合作规则需要统一

上合组织信息合作还未建立健全相应的规则体系，存在诸多现实问题亟待解决：一是上合区域信息合作和安全规则尚未建立和统一，上合区域在立法层面缺乏信息和通信技术的基本规定和原则，立法缺乏一致性，信息和通信技术监管滞后，包括中国在内的上合国家网络诈骗和网络犯罪时有发生，尤其是在全球疫情大流行、远程工作环境和软件存在大量漏洞的今天，亟需建立健全相关法律法规。二是上合各国法律法规体系差异和技术差距较明显，管辖权冲突问题需得到有效解决，国际网络反恐力量需进一步形成合力并不断提升反恐积极性，高效的信息交换、司法协助机制亟待建立。三是数字经济领域，需要强有力的法律框架和规则体系来保护各方利益。上合各成员国数字化发展快于相关立法和规则制定，包括电子税收、数字贸易、数字使用政策和知识产权等都涉及信息互通，中国与上合国家数字治理和监管水平差异较大，还缺乏明晰统一的治理规则和监管政策，需要共同确定跨境税收监管、跨境电子商务支付方式等多领域的数字治理和监管标准与信息互通的规则。四是在国际社会上，至今仍然没有一部公认的、专门的打击网络恐怖主义的法律，恐怖主义等“三股势力”在网络上的信息传播存在取证难、惩治难，隐蔽性强、危害性大等特点，各国在网络反恐信息搜集、分析和选用中存在标准不一、保障无据、协同困难等问题。

（三）信息安全的挑战越来越大

信息安全是21世纪以来国家和区域安全面临的最大挑战。① 随着上合各国信息技术的飞速发展，上合区域信息化、数据化、移动化、远程化成为常

---

① 俞晓秋：“信息安全是当今国家安全面临的最大挑战”，人民网，2014年8月7日，http：// theory. people. com. cn/n/2014/0807/c387081 - 25422684. html。

态，也带来了新的多重信息安全风险和挑战：① 一是信息竞争越发激烈。国际上围绕信息资源和互联网发展主控权的争夺愈演愈烈，发达国家争相出台网络空间发展战略，给同为发展中国家的上合组织成员国信息安全合作带来挑战，上合成员国迫切需要提高区域信息合作能力和信息安全防护支撑能力。二是信息合作内容易受攻击。上合成员国国内信息与合作信息既有来自外部入侵和攻击与内部违规非法操作行为的威胁，又有网络攻击武器研发竞赛的威胁，现有的安全措施难以适配。② 2010年签署的《上海合作组织成员国保障国际信息安全政府间合作协定》明确界定国际信息安全领域存在的主要威胁为：信息武器的研制和使用，信息战的准备和实施；信息恐怖主义；信息犯罪；利用在信息空间的领先地位损害他国的利益和安全；传播破坏他国政治、经济和社会制度以及精神文化环境的信息；对全球和各国信息基础设施安全稳定运行的自然和（或）人为威胁。③ 20年来，在中亚国家，针对政府网站、媒体网站和网络上其他信息资源的攻击不断增加。2012年，吉尔吉斯斯坦总统颁布法令批准的吉现行国家安全概念中就包括信息安全问题；④ 其他上合成员国也先后将信息安全列为国家安全的领域。三是信息安全监管不力。部分成员国相关部门针对个人信息采取监管和保护措施时，可能存在界限模糊、职责不清、管理效率较低等问题。全球疫情危机加剧了个人、行业和政府对信息和网络的依赖，随着新的工作指南、出入境限制和健康法规的实施，国际信息安全的重要性越加凸显，上合组织成员国唯有共同合作才能

---

① Асадова Зарифа Аллахверан Кызы：“Состояние и стратегии обеспечения информационной безопасности в странах Центральной Азии на примере республики Казахстан” https：//cyberleninka. ru/ article/ n/sostoyanie – i – strategii – obespecheniya – informa tsionnoy – bezopasnosti – v – stranah – tsentralnoy – azii – na – primere – respubliki – kazahstan/viewer.

② 石瑾：“维护网络信息安全，国家主导是关键”，人民网，2017年7月7日，http：//theory. people. com. cn/n1/2017/0707/c40531 –29389012. html。

③ “上海合作组织成员国保障国际信息安全政府间合作协定”，公约网，2011年6月2日，http：//www. worldlii. org/chi/hk/treaties/hkts/2011/2. html。

④ Махмадов Парвиз Абдурахмонович：“Информационная безопасность в системе политической коммуникации：состояние и приоритеты обеспечения（на материалах государств Центральной Азии）”，Диссертации доктор наук，2018. https：//www. dissercat. com/ content/informatsionnaya – bezopasnost – v – sisteme – politicheskoi – kommunikatsii – sostoyanie – i – prioritety.

保障区域信息安全。

（四）信息技术革命带来巨大冲击

上合区域信息技术革命带来的信息交流方式的急剧变化，为信息合作带来巨大挑战。上合组织成立以来的20年里，正是第五次信息革命的时代，即计算机技术和通信技术集合，电子计算机的广泛使用，通讯卫星发射升空以及计算机网络系统遍布全球，使信息的收集、处理、存储、传递、应用等方面都达到了空前发达的程度。上合区域与国际社会同步，信息交流形式已发生重大改变。[①] 一方面，网络已深度融入上合组织各国经济社会发展、人民生活当中，全球正在成为一个信息共享的网络村。随着上合区域互联网、人工智能、云计算、量子通信等新技术应用的快速发展，上合成员国间面临信息技术鸿沟差异巨大的挑战，同时各国信息和网络专业人员的数量和质量都远远不能满足区域信息合作高速、高质量发展的需求。另一方面，信息网络传播具有全球性和隐蔽性，与信息传播形式急剧变化、信息传播速度飞速增长同步的是信息治理的严重滞后与边界缺失，由此带来了诸多负面影响。如近年来，“三股势力”利用最新的信息技术，在上合组织成员国中进行思想渗透、人员招募、策划恐怖活动、发布信息制造恐慌、攻击官方网站和损坏重要信息等活动造成了地区安全形势恶化；利用网络空间在上合区域进行贩毒、诈骗、商业窃密、涉恐融资、洗钱、赌博等犯罪活动造成民众和企业财产损失；对政府网络发起黑客攻击、传播虚假信息、煽动反政府言论等造成政府公信力下降等；有关新冠肺炎疫情的谣言、恐惧、歧视、污名等“信息疫情”[②] 在上合区域社交媒体上扩散以造成民众恐慌等等。信息传播的全球性使得上合组织各国无法独自应对，各国亟需携手进行信息合作，有效应对信息时代的共同挑战和威胁，共建国际信息新秩序和网络空间命运共同体。

---

① 刘俊熙：《信息交流模式的演变及转化——越境信息流（TDF）和传统信息交流模式的比较研究》，《现代情报》2001年第1期，第31—33页。

② 王玲宁：“警惕全球传播时代‘信息疫情’的危害”，光明网，2020年3月16日，https：//theory. gmw. cn/2020 -03/16/content_33654793. htm。

四、深化信息合作的路径

信息合作已成为当前及今后国际关系中一个极为重要的领域和突出问题，并成为上合组织极其重要的合作领域。① 20 年来，上合组织已走过初创时期建章立制的阶段，信息合作的基本框架已搭建起来。即将迈入第三个十年之际，上合组织需要面向更加长远的未来，深化和拓展更加多元的信息合作路径。

（一）共建更加系统有效的信息合作机制

随着上合成员国信息合作和数字经济的快速发展，上合组织可在已有机制建设的基础上，补充完善更加系统有效的信息合作机制，增强上合组织信息合作的执行力和能力建设，共同打造国际信息合作新秩序的样板区域，推动构建上合信息文明社会，② 推动建设责任平等③的更加紧密的信息合作机制。基于自愿的基础上在信息合作领域秉持平等参与、共享信息、共担责任的原则，双边合作与多边合作相结合，常态化合作与应急机制相结合，定期交流与不定期交流相结合。强调联合国在制定信息领域各国负责任行为的普遍国际规范、规则和原则方面的核心作用，充分利用中国与上合成员国都参与的联合国、上海合作组织、亚信会议等国际和区域合作机制，以及“互联网治理论坛 +”“区域通信联合体”“一带一路”高峰论坛等专业论坛，由上合组织现代信息与电信技术专业工作组牵头建立定期的、正式的磋商平台和机制，推动网络反恐协作协调机制的有效性，定期交流相关信息，共同设立上合数字和信息安全治理网，构建信息安全综合保障体系，分享数字和信息安全治理经验，就信息安全相关问题协调立场，共建更加系统有效的上合组织信息合作机制。

---

① 俞晓秋：“构筑信息化社会的国家安全基石”，海外网，2014 年 2 月 28 日，http：//opinion. haiwainet. cn/n/2014/0228/c353596 – 20342591. html。

② 王天恩：《重新理解“发展”的信息文明“钥匙”》，《中国社会科学》2018 年第 6 期，第 26—49 页。

③ 王婷、吴振新、高凡：《国际网络信息资源保存的合作机制分析》，《图书馆建设》2009 年第 3 期，第 6—13 页。

协商确定信息合作的内容。要理解和充分尊重各成员国的立场和利益诉求，平衡协商各成员国信息共享与信息安全立法的差异性问题，进一步细化和分类信息合作的不同领域，共建上合区域和平、安全、开放、合作、有序的网络空间。[①] 提高合作的行动力和成效，也要积极促进中国提出的建立上合组织电子商务合作机制、乌兹别克斯坦提出的建立上合组织信息技术发展部门负责人会议机制，以及哈萨克斯坦提出的关于建立上合组织科技园区库和在现代信息通信技术特别工作组框架内进一步开展对话等倡议。完善成员国之间和各国内部各部门间的协调机制，从机制建设上推动上合组织信息空间命运共同体的建设。

（二）为信息合作奠定规则和法制基础

共同加强上合组织信息合作的规则和法制基础建设，需以“信息安全国际行为准则”为基础制定统一的有普遍约束力的上合区域信息合作规则。要继续推动《信息安全国际行为准则》在联合国成为正式文件并获得广泛应用，这是目前国际上就信息和网络安全国际规则提出的首份较全面、系统的文件，将维护国际互联网和信息安全，打击“三股势力”传播、计算机犯罪和网络犯罪，有力推动信息和网络空间国际规则制定进程。在国际法律层面推动以该行为准则为基础制定相关国际公约，以保护国家安全、公民隐私和知识产权，推进网络信息技术国际标准制定、网络信息安全技术开发利用、电子商务的安全监督等方面的合作。[②] 以该准则为基础积极推动制定适用于全球的共同规则，加强信息空间领域更广泛的合作。共同构建规范有序、开放安全的网络世界。加强网络信息安全国际法的制定和打击网络犯罪、网络恐怖主义，落实《上海合作组织反恐怖主义公约》《上海合作组织成员国保障国际信息安全政府间合作协定》等一系列法律文件，在秉承“上海精神”的同时，提升上合组织网络安全合作的质量。积极参与信息治理领域的国际公约、标准和规则的制定。加强在数据和信息保护领域的协商，共同构建上

---

① “全球数据安全倡议（全文）”，新华网，2020年9月8日，http://www.xinhuanet.com/world/2020-09/08/c_1126466972.htm。

② 张新宝：《论网络信息安全合作的国际规则制定》，《中州学刊》2013年第10期，第51—58页。

合信息安全领域的法律法规保障体系。共同提高上合区域数据治理的水平，共建上合组织信息空间命运共同体。

（三）提升区域信息合作能力

在上合区域形成国际信息安全体系，筑起保障区域信息安全的屏障，提升区域信息合作能力。充分利用中国、俄罗斯、印度等上合信息大国在软件、集成电路、电商平台、云计算、大数据、人工智能、区块链、卫星导航系统等信息通信技术方面的互补优势，如中国互联网、物联网、无线宽带、移动终端、超级计算等技术和基础设施水平已位居世界前列，建成全球规模最大的信息通信网络，目前国际光缆已通达 70 多个国家和地区，基本建成面向新欧亚大陆桥、中亚、俄蒙、东南亚和南亚等全球重点国家的信息高速通道。① 中国可与上合组织成员国开展信息通信基础设施及信息产业等多元化合作，缩小数字鸿沟，如中俄正致力于为上合组织建立卫星通信系统，② 以基础设施互联互通推动信息技术合作，加快构建网络基础设施安全保障体系，主要涵盖深入推进网络基础设施安全防护、提升网络基础设施安全可控水平、加强网络安全态势感知能力建设、强化互联网网络安全威胁治理等多方面合作。③ 带动信息运营服务、技术标准等全方位参与国际竞争，通过建设“数字丝路”搭建上合区域信息技术合作平台，增强区域信息合作能力建设。上合组织可将网络反恐演习定期化，由各国主管网络安全部门的专家组成打击网络恐怖主义的联合专家小组，在打击“三股势力”网上活动层面展开常态化务实合作，在上合区域共同营造和平、安全、开放、合作有序的信息空间。

---

① 王晓红、费娇艳：《中国信息通信技术服务贸易发展及创新思路》，《开放导报》2020 年第 6 期。

② Хозяева МТС собрались строить мобильную спутниковую сеть《в интересах государственной безопасности》. http：//www. cnews. ru/news/top/2016 – 12 – 23_hozyaeva_ mts_ sobralis_stroit_ mobilnuyu_ sputnikovuyu.

③ 沈逸：“提升网络安全能力，打赢网络强国攻坚战”，中国网，2018 年 4 月 24 日，http：//www. china. com. cn/ opinion/theory/2018 – 04/24/content_50956331. htm。

（四）提高区域信息技术水平

面对信息技术革命带来的巨大冲击，上合成员国可利用各国的信息技术优势，互补合作，共同提高区域信息技术水平。构建多层次、多元化的区域创新合作平台，加强上合组织成员国间的国际信息合作发展规划对接；加强成员国间在信息技术基础研究和新一代信息技术开发应用等方面的合作；加强信息技术专利、规则、标准等领域合作；积极参与双边和多边、区域和国际组织的技术交流活动，加强大学、研究机构、企业之间的科技合作和人员交流。发挥上合各国信息通信技术行业协会、信息技术产业联盟的平台作用。在国际信息合作研发、行业规则和标准制定方面发挥上合作用，增强上合组织在信息领域的国际话语权和领导力，为上合组织各国信息通信技术企业开拓国际市场创造更好的准入条件和运营环境。

共同推动信息人才培养。针对上合各国信息人才普遍缺乏的问题，充分利用上海合作组织大学、中俄印等成员国信息技术专业较强的知名大学、中国—上海合作组织国际司法交流合作培训基地、各类针对上合组织人才培养的奖学金和培训机制等，在上合区域内建立多渠道、多层次的信息技术人才培养体系。如在中国武汉国家网络安全人才与创新基地共建信息安全学院，①借助该基地打造上合组织框架内信息安全技术人才培养和产业交流的平台。利用学历教育、非学历教育、短期培训等多种渠道，探索企业、高校、科研院所、协会等产学研用的人才培养机制，培养更多信息技术的基础研究和应用方面的紧缺人才。除信息技术之外，还要注重对上合国家语言、社会、文化、心理等多学科的课程体系研发与教学实践，联合开展信息科学研究、学者交流、专业竞赛，共同培养复合型、国际化、创新型与实用型相结合的多元化信息技术人才，提升上合区域内信息人才的素养和专业能力。

---

① Кибербезопасность и противодействие кибертерроризму и экстремизму в странах Центральной Азии. 25 Июль 2021 http：//casp – geo. ru/kiberbezopasnost – i – protivodejstvie – kiberterrorizmu – i – ekstremizmu – v – stranah – tsentralnoj – azii/。

报告三

上海合作组织经济合作20年综述*

阎德学**

【内容提要】作为上海合作组织发展壮大的三大支柱之一，区域经济合作扮演着重要角色，为区域共同发展繁荣打造了强劲引擎。上合组织成立20年来，在制度建设、贸易水平、投资合作、金融合作、互联互通等经济合作领域，走出一条切合地区发展的新路，取得了丰硕成果。这些成就的取得，离不开以"上海精神"为核心的政治互信，离不开区域经济发展诉求的内生动力，离不开中国在区域经济合作进程中的引领作用。站在新的历史起点，面对后疫情时代区域经济合作的新老问题，上合组织需要凝聚团结互信的强大力量，筑牢经济一体化的合作保障，创新区域经济合作发展的新模式，携手共建"上合组织命运共同体"。

【关键词】上海合作组织；区域经济合作；上合组织命运共同体

上海合作组织（以下简称上合组织）成立20年来，在安全合作、经济合作、人文合作"三大支柱"领域求真务实、团结合作，"树立了相互尊重、公平正义、合作共赢的新型国际关系典范"，"成为欧亚地区和国际事务中重要的建设性力量"。① 作为上合组织发展壮大的一个重要支柱，区域

* 本文为作者主持的国家社科基金后期资助项目"习近平外交思想与中国国际关系理论创新研究"（19FGJB001）阶段性成果。

** 阎德学，华东师范大学一带一路与全球发展研究院、俄罗斯研究中心、周边中心研究员。

① "弘扬'上海精神'深化团结协作 构建更加紧密的命运共同体"，《人民日报》2020年11月11日。

经济合作扮演着重要角色，通过建立共同繁荣的经济纽带，为地区合作持续注入内生动力，成为新兴经济体合作的典范。

一、经济合作成就斐然

从2001年到2021年，在《上海合作组织成员国长期睦邻友好合作条约》大框架下，在《上海合作组织成员国多边经贸合作纲要》具体指导下，上合组织各成员国积极努力，克服重重阻力，不断开拓合作新领域，创新合作新模式，在制度和机制化建设、贸易水平、投资合作、金融合作、互联互通等方面取得丰硕成果，大大增进了各成员国的人民福祉和区域经济整体发展水平，在世界经济中的影响力日益提升。

（一）区域经济合作制度框架日趋完善

首先，区域经济合作的法律基础不断巩固。2001年9月，第一份区域经济合作文件——《上海合作组织成员国政府间关于区域经济合作的基本目标和方向及启动贸易和投资便利化进程的备忘录》签订。其后，上合组织不断夯实区域经济合作的法律基础，先后签署一系列法律文件，主要包括《上海合作组织成员国多边经贸合作纲要》（2003年）及《（多边经贸合作纲要）实施措施计划》（2004年）、《上海合作组织成员国关于加强多边经济合作、应对全球金融危机、保障经济持续发展的共同倡议》（2009年）、《上海合作组织中期发展战略规划》（2012年）、《上海合作组织至2025年发展战略》（2015年）、《2017—2021年进一步推动项目合作的措施清单》（2016年）、新版《上海合作组织成员国多边经贸合作纲要》（2019年）、《〈上海合作组织成员国多边经贸合作纲要〉落实行动计划2021—2025年》（2020年）。此外，上合组织还签署了多项合作协议，涵盖海关、金融合作、电子商务、交通运输、能源、旅游、农业、生态环保等诸多领域，为上合组织互利共赢的经济合作奠定了坚实的法律基础。①

其次，政府间合作机制不断发展完善。上合组织成员国政府首脑（总

① “上海合作组织区域经济合作成就斐然”，人民网，2018年6月4日，http：//world. people. com. cn/n1/2018/0604/c1002 - 30035160. html。

理）理事会是最重要的政府间合作机制，重点研究组织框架内多边合作的战略与优先方向，解决经济合作等领域的原则和迫切问题，批准组织年度预算。[①] 截至2020年，已成功举办19次会议，不断促进区域经济合作深入发展，相继建立经贸、交通、农业、科技、财政、央行等多个部长级协调机制，设立1个经贸高官委员会和海关、质检、电子商务、投资促进、发展过境潜力、能源、信息和电信等7个专业工作组具体负责推进相关领域合作。此外，还增设银行联合体、实业家委员会和经济智库联盟等3个非政府合作机制，以及1个金融机构，即中国—欧亚经济合作基金[②]，为实现区域经济合作各项目标提供坚实的机制保障。

最后，地方经济合作机制开拓合作新方向。上合组织成员国地方合作机制在2005年首届欧亚经济论坛上被正式提出。为推动成员国之间的地方合作，中哈霍尔果斯国际边境合作中心、陕西省杨凌示范基地、广西防城港市中印医药产业园、中国—上合组织地方经贸合作示范区（青岛）相继成立，不断探索地方经贸合作新路径。2020年10月29日，上合组织成员国第一届地方领导人论坛以视频方式召开，标志着地方合作机制正式启动。目前，位于中国—上合组织地方经贸合作示范区的俄罗斯中心已启动建设，致力于打造中俄地方合作的新平台、新桥梁。[③] 上合组织地方合作机制从无到有、从理念到实践稳步推进，不断夯实上合组织经济合作基础。

（二）区域贸易水平达到历史最高

一是区域贸易规模达历史最高水平。据世界贸易组织统计，2001年，上合组织6个成员国贸易总额为6720亿美元；到了2019年，为112.52万亿美元，增加了18.6倍。[④] 在2019年，上合组织成员国的双边贸易额就

---

① “上海合作组织”，中国一带一路网，2017年6月5日，https://www.yidaiyilu.gov.cn/zchj/rcjd/15280.htm。

② 刘华芹、于佳卉：“上海合作组织区域经济合作20年回顾与展望”，《欧亚经济》2021年第1期，第22页。

③ “中国青岛与俄罗斯彼尔姆边疆区着力推动经贸合作”，新华网，2021年2月26日，http://www.xinhuanet.com/2021-02/26/c_1127143298.htm。

④ 基础数据参见UN Comtrade Database网站，https://comtrade.un.org/data/。

达3063亿美元。[①] 中国与上合组织各成员国的贸易总额从最初的120亿美元发展到2019年的2588亿美元，增长了20倍；受新冠肺炎疫情影响，2020年区域贸易额出现小幅下降，但2021年仍呈增长势头。截至2020年底，中国是俄罗斯、乌兹别克斯坦、吉尔吉斯斯坦、印度和巴基斯坦的第一大贸易伙伴国，哈萨克斯坦的第二大贸易伙伴国以及塔吉克斯坦的第四大贸易伙伴国，连续11年保持俄罗斯第一大贸易伙伴国地位。[②] 上合组织成员国之间贸易往来也日益密切，比如塔吉克斯坦与上合组织成员国贸易额约占该国外贸总额的90%[③]；2020年，乌兹别克斯坦与中国贸易额达到64亿美元，与俄罗斯贸易额达到56亿美元[④]。

二是区域贸易互补性日益增强。在中国与上合成员国双边贸易中，中方主要出口机电产品和轻纺服装产品；进口则以能源、矿产、农产品和木材为主，贸易互补性很强。从进口商品结构来看，2019年，中方从上合成员国进口原油占进口总量的15%—20%，天然气占进口总量的1/3；中方从哈萨克斯坦主要进口石油、天然气、黑色和有色金属；从印度主要进口矿产品、化工品、金属制品和农产品；从巴基斯坦主要进口木材、农产品、棉纱、谷物、矿砂和纺织原料等。从出口商品结构来看，2019年，中方对俄罗斯和哈萨克斯坦出口的大宗商品为纺织品和机电产品，占比分别达48.5%和49.5%；对印度出口的商品中，机电产品占比46%；对巴基斯坦出口的机电产品占比也超过1/3。[⑤]

三是跨境电子商务发展迅速。中国大型电商与上合组织成员国开展了多领域、多模式的合作。比如，阿里巴巴与俄罗斯合作方共同成立合资公司AliExpress Russia，其包含阿里巴巴旗下跨境电商“速卖通”的在俄业务。当

---

① 基础数据参见UN Comtrade Database网站，https：//comtrade. un. org/data/。

② “中国连续11年成为俄第一大贸易伙伴”，东方财富网，2021年4月9日，https：//baijiahao. baidu. com/s? id = 1696534542770424744&wfr = spider&for = pc。

③ “塔与上合组织成员国贸易额约占其外贸总额的90%”，商务部网站，2020年12月23日，http：//tj. mofcom. gov. cn/article/jmxw/202012/20201203027976. shtml。

④ Трудный год для экономики Узбекистана. На общем фоне влияние пандемии на товарооборот Узбекистана со странами ШОС сказалось в меньшей степени. 11 февраля 2021, http：//webcache. googleusercontent. com/search? q = cache：BIeWCs2cl2MJ：infoshos. ru/ru/%3Fidn%3D26645 + &cd = 1&hl = zh - CN&ct = clnk.

⑤ 刘华芹、于佳卉：“上海合作组织区域经济合作20年回顾与展望”，第24—25页。

前，“速卖通”不仅成为最受当地百姓喜爱的第一大电商，其中注册的俄企已达 10000 家，通过搭建电商基础设施，极大推动了俄罗斯本地电商的发展。中国与中亚国家电子商务合作模式也在不断创新。比如，阿里巴巴集团帮助哈萨克斯坦开展中小企业电商培训，推动哈萨克斯坦电信旗下的支付业务与支付宝合作，以及哈萨克斯坦邮政和菜鸟网络合作。为扩大哈萨克斯坦产品的出口，哈萨克斯坦贸易部门在 2020 年推动 50 家当地企业在阿里巴巴上完成注册。①

（三）区域投资合作成果惠及民生

一是区域投资稳中有进。据联合国贸发数据库（UNCTADstat）统计，上合组织成员国对外部资金的吸引力逐步增强。从投资流量看，截至 2019 年，上合组织 8 个成员国外国直接投资流量总额为 2315.6 亿美元，比 2001 的 526.2 亿美元增长 4.4 倍。② 特别是中国对上合组织成员国的投资规模增长迅速。上合组织秘书长诺罗夫表示，中国拯救了世界经济两次，一次是在 2008 年、2009 年的全球经济危机中，中国启动了巨大的投资计划，第二次就是在 2020 年由于疫情全球投资同比下降的情况下中国仍是海外投资量最大的国家。③ 从投资存量看，截至 2019 年底，中国对上合组织成员国非金融类直接投资累计 352.1 亿美元，占中国对外直接投资存量的 1.6%，④ 相较 2003 年的 1.01 亿美元，增长了 348.6 倍。⑤ 其中，中国对吉尔吉斯斯坦和塔吉克斯塔的非金融类直接投资，分别从 2003 年的 0.2 亿美元、0.01 亿美元达到 2019 年的 15.5 亿美元和 19.5 亿美元，成为吉、塔两国最大投资来源国。此

① “哈萨克斯坦贸易部门将推动 50 家当地企业入驻阿里巴巴”，《电商报》2020 年 10 月 30 日。

② 根据联合国贸发数据统计，https：//unctadstat. unctad. org/wds/TableViewer/tableView. aspx? ReportId = 96740。

③ “上合组织秘书长诺罗夫：未来将持续加深和中国的合作”，经济观察网，2020 年 11 月 25 日，http：//www. eeo. com. cn/2020/1125/438103. shtml。

④ “商务部等部门联合发布《2019 年度中国对外直接投资统计公报》”，商务部网站，2020 年 9 月 16 日，http：//fec. mofcom. gov. cn/article/tjsj/tjgb/202009/20200903001525. shtml。

⑤ “2015 年度中国对外直接投资统计公报”，商务部网站，2016 年 9 月 22 日，http：//fec. mofcom. gov. cn/ article/tjsj/tjgb/201609/20160901399223. shtml。

外，中国还是巴基斯坦过去 9 年里海外最大投资来源国①，乌兹别克斯坦的第二大投资来源国，哈萨克斯坦的第四大投资来源国。

二是投资领域不断拓展优化。过去 20 年间，成员国围绕区域内发展问题，在能源、基础设施与产能以及农业技术等领域开展投资合作。尤其是在共建“一带一路”的推动下，投资建材、汽车、家电组装等制造业项目增多，带动了各国产业转型升级。以中国对俄罗斯投资为例，由最初的集中投资油气、炼化等行业，转为多元投资农业、金融业、制造业、批发和零售业、科研和技术服务业等领域。中国的投资由资源型行业向加工制造型行业转移，在成员国建设了 37 个产业园区，形成较好的产业聚集效应。

三是投资项目成果直接惠及民生。中国企业承建的项目，像达特卡—克明输变电工程结束了吉尔吉斯斯坦电力资源分布不均、输送不畅的历史；奥什市医院为当地民众提供了中亚地区最优质的医疗服务；中吉乌（兹别克斯坦）公路成为畅通无阻的国际运输大动脉；亚湾—赫达特铁路桥隧道的贯通，使塔吉克斯坦南北相隔的铁路变成通途；杜尚别热电厂的建成，让塔吉克斯坦首都冬季缺电的情形成为历史；索格特水泥厂、塔吉克斯坦炼油厂、中泰塔吉克斯坦农业纺织产业园、矿业冶炼工业园等项目地顺利实施，成为塔吉克斯坦工业化的加速器。② 中国还积极展开与成员国之间的农业合作，让当地百姓有更多的获得感。面对新冠肺炎疫情，中国积极推动区域内投资项目合作，如乌兹别克斯坦最大聚氯乙烯项目正式投产，为各成员国复工复产做出了贡献。

（四）多元融资渠道助力区域金融合作快速增长

《上海合作组织银行间合作（联合体）协议》于 2005 年签署，标志着上合组织银行联合体正式形成，这是上合组织框架内最重要的区域金融合作平台，其后历经 15 年发展，取得优异成绩，形成多个融资渠道，有力支持上合组织的发展。

---

① “中国成为巴基斯坦最大外国直接投资国”，云南省对外投资合作网，2020 年 10 月 28 日，http：//www. ynoiec. org. cn/cgi – bin/detail/376250/swt/news _ 5/1/news _ 5/%40TXTNEWSITEM_YNDWTZ/0/0。

② “这些中资企业承建的明星项目‘被点名’了”，搜狐网，2019 年 6 月 16 日，https：//www. sohu. com/a/320903223_100113069。

首先，上合组织银行联合体对各成员国提供优惠贷款，对改善各成员国的通信、交通、电网、水利、土壤改良、农业以及能源等基础设施建设、优化各国经济体系起到积极作用。中国是上合组织国家优惠贷款的主要提供者。根据最新统计资料，中国国家开发银行对上合组织成员国、观察员国、对话伙伴国的项目合作贷款余额 496 亿美元，累计对上合组织银联体成员行和伙伴行发放贷款 87 亿美元、人民币贷款 100 亿元，① 并在上合组织银行联合体框架内设立 300 亿元人民币等值专项贷款，成为贷款规模最大、最活跃的成员行。

其次，上合组织银行联合体秉承可持续发展理念，通过机制建设、项目融资、规划合作、人员培训、政策调研等全方位合作，支持本区域和各国经济发展、改善民生。② 上合组织银行联合体还积极推动货币互换以及本币结算。目前，中国与俄罗斯、哈萨克斯坦、吉尔吉斯斯坦、塔吉克斯坦和乌兹别克斯坦五国签署有效的双边本币互换协议总规模达 1607 亿元人民币。③ 2020 年 11 月召开的上海合作组织成员国元首理事会发表了《莫斯科宣言》，强调成员国支持相关国家在相互贸易中使用本币结算并扩大本币结算份额，将对《上合组织成员国扩大本币结算份额路线图》草案进行讨论。④

最后，上合组织成员国金融机构以上合组织银行联合体为依托，不断创新完善银保合作、银企合作等多种金融合作模式。譬如，首个中俄金融机构合作交流平台——“中俄金融联盟”，现有成员银行 58 家，其中中方 32 家，涵盖“一带一路”倡议圈定的 12 个重点省份；俄方银行 36 家，22 家总部设在莫斯科，14 家在俄罗斯远东及西伯利亚地区设有分支机构，合作领域涉及跨境融资、资金清算、本币结算、外汇交易、外币现钞、电子银行等十多个方面。⑤ 此外，2017 年中哈签署《关于设立中哈农业发展基金的框架协议》

---

① “国开行在上合国家贷款余额已近 500 亿美元”，新华网，2019 年 6 月 13 日，http：//www. xinhuanet. com/world/2019 - 06/13/c_1124618365. htm。

② “国开行：为上合区域经济稳定和复苏提供金融支持”，中证网，2020 年 4 月 26 日，http：//www. cs. com. cn/sylm/jsbd/202004/t20200426_6050417. html。

③ 根据中国与俄罗斯、哈萨克斯坦、吉尔吉斯斯坦、塔吉克斯坦和乌兹别克斯坦五国双边本币互换协议计算得出。

④ “上海合作组织成员国元首理事会莫斯科宣言”，人民网，2020 年 11 月 11 日，http：//world. people. com. cn/n1/2020/1111/c1002 - 31926174. html。

⑤ “‘一带一路’建设中的中俄金融合作探索”，走出去导航网，2019 年 5 月 20 日，https：//baijiahao. baidu. com/s？ id = 1634031617026711564&wfr = spider&for = pc。

并设立总额为20亿美元的中哈产能合作基金，为拓展两国农业合作和产能合作提供资金支持；乌兹别克斯坦全国统一结算中心与中国银联国际支付系统联通，都为成员国之间的支付结算合作积累了经验。

（五）互联互通建设推动区域经济一体化

《上海合作组织成员国多边经贸合作纲要》（以下简称《纲要》）于2003年通过后，互联互通合作始终是上合组织区域经济合作的一大重点。2019年通过的新版《纲要》，更是把加强成员国的互联互通作为未来15年区域经济合作优先发展事项之一。在《纲要》的指导下，上合组织成员国在交通、能源、电信等基础设施方面快速发展，努力推进“陆海空数”四位一体的设施联通格局。

交通基础设施发展迅速。首先，中欧班列作为互联互通的标志性成果，跑出互利共赢“加速度”。2020年“钢铁驼队”全年开行12406列，同比增长50%，综合重箱率达到98.4%，为稳定国际供应链产业链、助力中欧共同抗疫发挥了重要作用。“数字口岸”系统也进一步推动了中欧班列高质量发展。① 其次，跨境公路成为互联互通的亮点。目前，中国已与包括上合成员国在内的27个国家打通跨境公路运输通道，7000公里以上的跨境公路货运时效缩短至两周左右。联通中国与中亚五国、蒙古、俄罗斯、高加索地区直至欧洲的国际公路运输线路逐步丰富，初步形成与海运、空运、铁路运输优势互补的、以公路运输为基础的“中欧物流新通道”。②

能源基础设施成为新增长点。中亚天然气管于2009年12月投产，截至2020年12月31日累计输气量逾3359亿立方米。每年从中亚天然气管道输送到中国的天然气，约占中国同期天然气消费总量的15%以上。从俄罗斯西伯利亚到中国长三角，长逾8000公里的“元首项目”中俄东线天然气管道也已投产通气，依据合同，俄罗斯30年内将向中国市场供气超1万亿立方米，管道满负荷运行后每年供气能力将达380亿立方米，③ 开启了能源互联互通

① “增长50%！2020年中欧班列全年开行12406列”，新华网，2021年1月19日，http：//www.xinhuanet.com/fortune/2021－01/19/c_1127001191.htm。

② “畅通国际道路运输 保全球供应链坚韧”，《中国贸易报》2020年5月4日。

③ “中俄东线天然气管道投产通气在即 擘画中俄能源合作新蓝图”，《人民日报》2019年11月30日。

互利共赢新篇章。

电信基础设施注入发展活力。中国移动通信集团有限公司积极落实“向西开放”战略，搭建亚欧快速通道，在现有中哈、中俄陆地光缆系统的基础上，全力推进中哈俄和中蒙陆地光缆系统建设，同步规划建设中吉、中塔陆地光缆系统。① 目前，中国新疆已与周边上合组织成员国新开通 17 条跨境光缆，加强数字互联互通。2020 年 11 月发表的《上海合作组织成员国元首理事会关于数字经济领域合作的声明》提出：“加强数字互联互通，打造新的增长点，增强投资吸引力，将为经济发展带来新的前景和机遇。加强该领域务实合作有利于提升上合组织成员国技术竞争力、增进经济和社会福祉。”②

二、上合组织经济合作的成功启示

作为欧亚地区一个重要的国际组织，上合组织的持续发展是以各成员国的经济合作为基础，通过建立共同繁荣的经济纽带，不断为地区合作注入内生动力而成就的。上合组织成立伊始，就将“顺应经济全球化和区域经济一体化趋势，发展上海合作组织框架内的区域经济合作，将增强本地区经济实力，提高本地区在世界政治、经济格局中的地位”③，作为经济合作的基本目标，着力推进组织框架内经济合作，取得了丰硕成果。可以说，上合组织经济合作是在复杂的国际与地区局势中走出了一条切合地区发展实际的新路。

（一）以“上海精神”为核心的政治互信是上合组织经济合作的前提

作为当前世界范围内幅员最广、人口最多的综合性区域合作组织，上合组织的创建经历了复杂曲折的历史过程。作为冷战后在欧亚内陆诞生的最重要国际组织之一，各成员国之间的高度互信是上合组织得以创建和发展的关键要素。这种充分的政治互信也是上合组织经济合作得以顺利开展的前提条件。

---

① “跨境光缆项目落地新疆 助力亚欧通信一体化”，《中国青年报》2013 年 9 月 7 日。

② “上海合作组织成员国元首理事会关于数字经济领域合作的声明”，新华网，2020 年 11 月 11 日，http：//www. xinhuanet. com/world/2020 - 11/11/c_1126723439. htm。

③ “‘上海合作组织’各国总理首次会晤发表新闻公报”，中国新闻网，2001 年 9 月 15 日，https：//www. chinanews. com/2001 - 09 - 15/26/122548. html。

上合组织政治互信源于“上海精神”，这是上合组织成员国能够在冷战后复杂的国际与地区环境中认清时代发展方向、建立友好合作关系的关键。“上海合作组织始终保持旺盛生命力、强劲合作动力，根本原因在于它创造性地提出并始终践行‘上海精神’，主张互信、互利、平等、协商、尊重多样文明、谋求共同发展。这超越了文明冲突、冷战思维、零和博弈等陈旧观念，掀开了国际关系史崭新的一页，得到国际社会日益广泛的认同。”① 在“上海精神”的指引下，上合组织成员国以积极的态度和开放的立场投入地区经济合作的进程中，并且通过一系列国际协议搭建起上合组织经济合作的基础架构。

从2001年9月上合组织成员国首次政府首脑会议开始，经济合作就一直是各成员国共同努力推进的合作方向。2005年之前，成员国之间的互信主要体现为组织内在经济合作领域的“建章立制”。各成员国充分利用上合政府首脑会晤机制及其下属的经贸、交通等各种部长会晤机制，针对上合框架内的经济合作建设提出各种纲领，建立相关机制。2001年签署的《上海合作组织成员国政府间关于区域经济合作的基本目标和方向及启动贸易和投资便利化进程的备忘录》、2003年签署的《上海合作组织成员国多边经贸合作纲要》以及2004年签署的《〈多边经贸合作纲要〉落实措施计划》，这三份文件构成上合框架内开展经济合作的政策基础，并在此基础上设置了多个部长级协调机制、经贸高官委员会和专业工作组。2005年之后，上合组织经济合作进程逐渐由宏观的战略设计向微观的具体领域拓展，经济合作进入了“细致描绘”阶段，很多上合非政府机构在这一时期开始崭露头角。在金融领域，2005年10月，上合成员国多家银行机构共同设立了“上海合作组织银行联合体”，为在上合框架内开展金融合作创造了有利条件。② 在实业领域，2006年6月，在上合框架内成立了“上海合作组织实业家委员会”，其为推动和协调各国在多个领域的经贸合作提供了有力支持。在随后的十多年里，上合成员国充分运用各种政府间渠道和非政府渠道，成功推动能源、交通、农业、通信等多个领域的务实合作，在各个领域的建设以及应对金融危机等方面不

---

① 习近平：“弘扬“上海精神” 构建命运共同体——在上海合作组织成员国元首理事会第十八次会议上的讲话”，中国政府网，2018年6月10日，http：//www.gov.cn/gongbao/content/2018/content_5301804.htm。

② 戚振宏：《上海合作组织：回眸与前瞻（2001－2018）》，世界知识出版社2018年版，第61—64页。

断取得有益成果。

无论是上合经济合作框架的创建，还是具体领域的合作项目落地，上合成员国之间充分的政治互信是取得所有成就的前提。上合成员国之间存在着历史、文化、宗教、社会制度、现实利益等多个方面的复杂矛盾，推进多边经济合作的阻力非常大。但上合组织的建立，使得成员国之间得以通过多层次互动，充分展开对话，增信释疑，在“上海精神”的指引下建立起较为巩固的政治互信，从而为在复杂环境中推进经济合作奠定了坚实基础。

（二）区域经济发展的迫切诉求是上合组织经济合作的内生动力

上合组织成员国多为转型进程中的发展中国家，对发展国民经济、提升民众生活水平有着迫切的需求。以中亚成员国为例，其获得主权国家地位的时间较短，产业结构不完善，资本投入匮乏，国家经济发展水平相对较低，在全球和区域经济体系中处于边缘位置。经济发展的滞后是很多中亚国家所面对的各种政治、安全、宗教、文化问题的重要根源，如果不能解决经济发展问题，国家的稳定与发展就成了空中楼阁。然而，很多中亚国家能源储量丰富，或者拥有很多其他可以融入全球经济贸易网络的生产要素，因此，对于建立适当机制，推进区域经济发展有着强烈的渴望。

在全球化进程的大背景下，通过建立区域性经济合作机制或者区域性经济一体化组织是发展中国家融入世界经济体系的常规路径，特别是对于身处欧亚大陆腹地的众多上合组织成员国，加强与邻近区域国家的经济合作，建立更加广泛的自由贸易市场，有利于在各自比较优势的基础上整合生产要素、释放本国经济潜能，最终促进区域内国家共同发展。

当然，上合成员国之间资源禀赋差异巨大，相互之间存在复杂纠葛的利益关系，在长达20年的经济合作实践过程中，上合成员国也不断尝试各种形式的经济合作关系。由于中亚国家与俄罗斯存在传统的经贸纽带，俄罗斯更加倾向借助欧亚经济联盟等主要由苏联国家组成的地区经济组织推动区域经济合作，而将上合组织视为处理地区安全议题的主要机制。此外，其他域外国家在中亚地区也设立了多项区域合作机制，试图吸引中亚国家的参与。[①] 因此，上

① 王志远、石岚：“上海合作组织经济合作的主要障碍与对策分析”，《新疆师范大学学报》（哲学社会科学版）2013 年第 6 期，第 48 页。

合组织在区域经济发展过程中应如何发挥自身作用，成员国之间经历了相当长时间的摸索与磨合。

在各成员国的共同努力和积极协调下，上合组织虽然尚未在区域经济一体化方面取得突破，但在许多具体领域都取得了务实成果。上合组织框架本身也为上合各成员国之间搭建起一个有效的经济交流信息平台、顶层的政策协调平台、初步的金融投资平台。可以说，整体区域经济发展的诉求构成上合组织开展经济合作最重要的内生动力，也是 20 年来上合组织经济合作取得所有成就的核心驱动。

（三）中国在上合组织经济合作进程中发挥主要引领作用

作为冷战后全球经济的重要发展引擎之一，中国对于经济合作对上合组织长期稳定发展的重要意义有着深刻的理解，对于上合区域经济持续稳定发展的重要价值也有着鲜明的认知。因此，从上合组织创建伊始，中国就积极推动上合组织框架内的多层次经济合作，并且尝试从多个维度为上合经济合作增添动力。中国的引领对于 20 年来上合经济合作的推进发挥了举足轻重的作用。具体来说，中国对上合组织经济合作的引领作用主要表现在以下几个方面：

第一，中国是上合组织经济合作进程中各种合作理念和原则的重要提供者。① 2001 年 9 月，在阿拉木图举行的上合组织首次政府首脑会议上，中方提出将“根据市场规则，遵循平等互利、相互开放、注重实效、长期合作、共同发展”② 作为上合成员国经济合作基本原则，得到了上合组织各成员国的普遍认同，为经济合作的顺利开展奠定了良好基础。在随后的 20 年时间里，中方坚持在上合框架内推进全球化意识、经济一体化的理念，在平等互利的基础上持续推进上合组织形成共同发展的目标和愿景，支持上合组织成员国加入世界贸易组织，更加深入地参与全球贸易体系。

第二，中国是上合组织框架内自由贸易机制和相关倡议的积极推动者。

---

① 孙壮志：“上海合作组织与新时代中国多边外交”，《世界经济与政治》2021 年第 2 期，第 5—8 页。

② “‘上海合作组织’各国总理首次会晤发表新闻公报”，中国新闻网，2001 年 9 月 15 日，https：//www. chinanews. com/2001 -09 -15/26/122548. html。

中国在开展经济合作的实践过程中，始终积极探索在上合组织框架内建构更高层次的自由贸易机制，推动区域经济一体化的可行方案。可以说，“为推动区域经济合作的发展，中方做出了积极的努力和投入，体现了中方对开展区域经济合作的决心和诚意”。① 在上合组织建立初期，中方投入各种力量开展相关研究和对话，积极提出各种机制建设方案。许多在上合组织框架内具有影响的经济合作安排，譬如实业家委员会、银行联合体等都是中方倡议成立的。近年来，根据地区经济环境的变化，中方还提出了诸如上合发展基金、上合开发银行等各种区域发展倡议，中方还针对上合国家间多个领域的经济合作提出了具体建议。实际上，中国在上合框架内扮演了经济合作火车头的重要角色。

第三，中国通过“一带一路”倡议等多种渠道为上合成员国的经济合作提供关键助力。为加快上合组织成员国的经济发展，为区域经济一体化进程创造条件，中国在过去20年间针对上合国家的具体情况，在基础设施、交通运输、能源等领域进行了广泛的投资，为地区经济发展提供了关键的资本、技术和市场资源。全球金融危机之后，中国还通过多种方式为上合国家提供纾困资金援助，帮助上合国家走出困境。2013年，中方正式提出了“一带一路”倡议，得到了上合成员国的积极响应，中亚成员国先后将本国发展战略与“一带一路”对接，中俄也就“一带一路”倡议与欧亚经济联盟对接合作达成共识。从此，欧亚地区的经济合作有了新的动力，上合框架内的地区经济合作进程也进入一个新的发展阶段。面对复杂多变的国际和地区形势考验，在上合组织未来的发展进程中，中方将继续努力推动上合组织经济合作进程，为打造更加紧密的区域经济一体化提供不竭动力。正如2020年11月习近平主席在上合组织成员国元首理事会第二十次会议上所强调：“我们要继续推动共建‘一带一路’倡议同各国发展战略及欧亚经济联盟等区域合作倡议深入对接，加强互联互通，促进产业链、供应链、价值链深度融合，畅通区域经济循环。”②

---

① “上海合作组织区域经济合作基础日厚、蓄势待发”，商务部网站，2006年6月13日，http：//bgt. mofcom. gov. cn/article/c/d/200606/20060602425430. shtml。

② “习近平在上海合作组织成员国元首理事会第二十次会议上的讲话（全文）”，新华网，2020年11月10日，http：//www. xinhuanet. com/politics/2020－11/10/c_1126723118. htm。（上网时间：2021年4月10日）

三、新形势下深化经济合作面临的挑战

二十年来，上合组织成员国稳步提升区域经济合作水平，在“一带一路”倡议框架下加强能源合作、产能合作、设施联通以及各类经济走廊建设，展示出双多边合作稳步推进的良好态势，为各国的经济发展和民生改善创造了条件。但也应注意到，2020 年突袭的新冠肺炎疫情导致上合国家经济活动一度陷入停顿，一些国家经济状况低迷，个别国家消极无为甚至从中作梗，上合组织在发展中积累的问题，譬如组织外制度冲击、组织内成员国利益调适等诸多矛盾也一并暴露，使其面临未曾有过的困难与挑战，实现全方位务实合作依旧任重道远。

（一）区域外合作组织的稀释作用，制约经济功能发挥

当前，上合组织成员国参与了多个经济合作进程，甚至承担地区经济一体化的重要责任。区域外经济合作的迅速开展在一定程度上影响到成员国有限精力和资源的分配，致使上合组织区域内合作的效用难以最大化。可以说，区域外经济合作越是高效推进，对区域内经济合作的稀释作用越是明显。成员国间围绕各自地区经济一体化竞争加剧，单个成员国所获得的资源和动力会随之减少。而美国的干预，则导致这种稀释效果更加明显。近年来，中美战略竞争“角斗场”从全球层面转向地区层面，其中围绕亚太地区的经济规则竞争最为激烈。① 亚太地区正出现以美国及其盟友为中心的重视“高法律化”的多边自贸区网络，通过大幅度提升区域内各国的制度化水平，来最大限度地扩大经济合作水平。② 譬如，2018 年达成的《全面与进步跨太平洋伙伴关系协定》（CPTPP），保有“跨太平洋伙伴关系协定”（TPP）的 95% 项目，成为目前最高水平的自贸合作机制。③ 此外，美日贸易协定于 2020 年 1

---

① 李巍、罗仪馥：“从规则到秩序——国际制度竞争的逻辑”，《世界经济与政治》2019 年第 4 期，第 41 页。

② 陈兆源：“法律化、制度竞争与亚太经济一体化的路径选择”，《东南亚研究》2017 年第 5 期，第 25—46 页。

③ 郑建成、王卓：“CPTPP、美日贸易协定及中国的应对——基于日本与 CPTPP10 国及美国贸易投资面板数据的分析”，《东北亚经济研究》2019 年第 6 期，第 77—79 页。

月 1 日生效，日本以巨大的让步换得美日联盟的增强，提振了美国同亚太国家签署双边自贸协定来瓦解多边主义世贸规则的信心。2020 年 11 月 15 日，东盟十国以及中国、日本、韩国、澳大利亚、新西兰共 15 个国家正式签署《区域全面经济伙伴关系协定》（RCEP），标志着全球规模最大的自由贸易协定正式达成，其对上合组织经济合作也构成一定程度的挑战。

上合组织先后与联合国、东盟、独联体、集安组织、中西亚经济合作组织、亚信会议等国际和地区组织或机制建立了多种形式的交流与对话机制，积极参与地区和全球治理进程，但在推动区域经济合作方面略显迟缓。上合组织已同欧亚经济联盟形成对接，合作焦点在于构建以中亚国家为核心的统一经济空间，形成各成员国互利共赢的“最大公约数”。[①] 但在国际制度竞争日趋激烈的亚太地区，各类经济机制相互叠加，在一定程度也冲击了上合组织经济合作的进程，影响了上合组织经济功能的发挥，在经济制度合作方面甚至面临被边缘化的风险。此外，上合成员国还是其他各类经济组织的成员，议而不决、决而不行的文牍主义对上合组织经济合作也造成了负面影响。相较而言，中国倡导推动的亚洲基础设施投资银行（AIIB）更受欢迎。[②] 因此，上合组织可借鉴东盟和欧盟的做法，加强与世界贸易组织、世界卫生组织、世界银行、亚洲银行等金融机构的合作，在事关区域发展的重大问题上，发出共同声音、相互协调合作、共同营造良好的发展与安全环境。

（二）组织内成员国矛盾和经济依赖担忧，造成发展动力不足

由于受到国家体制、政治意愿、行动能力制约，上合国家的经济战略取向和优先顺序不尽相同，再加上各国经济发展水平、利益诉求差异较大等诸多因素，导致各方对于区域经济合作的长远发展目标和合作模式，尚未真正形成高度一致的政治和战略意愿，区域经济合作尚未真正成为各方认同的优先方向。譬如，俄罗斯力图将上合组织发展成为对抗西方地缘政治势力的制度结构；中亚各国则希望在经济层面搭上“中国的便车”，同时又担心在经

① 刁秀华：“上海合作组织与欧亚经济联盟对接合作研究”，《财经问题研究》2019 年第 12 期，第 115—117 页。

② Mark Beeson, “Asia’s Competing Multilateral Initiatives: Quality versus Quantity,” *The Pacific Review*, Vol. 32, No. 2, 2018, p. 7.

济合作中形成对中国的经济依赖。

上合组织能够发展至今，除了上合国家的相互信任之外，中俄战略协调起到非常重要的作用，这是上合组织持续前进的主要动力。中俄印之间存在一定的战略共识，但主要区域经济公共产品供给者或主要融资方是中国。①

（三）成员国经济发展阶段差异，制约经济合作大幅推进

经过20年的共同努力，上合组织各成员国经济合作深入融合，改善了营商环境，促进了经济发展，增进了人民福祉。根据世界银行的资料统计，2019年，上合组织八个成员国GDP总额约为19.4万亿美元，比2001年的1.67万亿美元增长了11.62倍；中、俄、哈、乌、吉、塔、印、巴的GDP比2001年分别增长10.7倍、5.5倍、8.2倍、5倍、5.5倍、7.5倍、5.9倍、3.5倍，增幅均高于全球同期经济增长速度。② 从世界银行发布的《世界营商环境报告》（2018—2020年度）来看，除吉尔吉斯斯坦略有下降外，其他上合组织成员国排名均有提升，中国、巴基斯坦、印度提升幅度均超过35位。尽管如此，上合组织框架下成员国经济合作依然面临一些挑战，突出表现为中亚成员国的经济结构调整较为缓慢。中亚成员国是上合组织经济合作的主体，但中亚地区内贸易额始终不高，甚至有下降的趋势。③ 中亚各成员国在经济发展中形成了依赖原材料和能源的单一产业结构，造成各成员国突出的经济竞争关系，以及对域外大国的经济依赖。如何平衡上合组织小国和大国经济发展水平是非常现实的尖锐问题，因为经济发展水平的差距可能引发整个区域性的问题。另外，如何解决上合国家间电商数字平台等技术发展的不平衡，也是必须研究的课题。

新冠肺炎疫情暴发以来，一些上合成员国采取限制人员、货物和服务流

---

① 陈小沁、李琛："印度加入上海合作组织的影响分析——基于地区公共产品的视角"，《南亚研究》2019年第2期，第10页。

② 参见世界银行网站，https：//data. worldbank. org/indicator/NY. GDP. MKTP. CD? end = 2019&locations = KZ - CN - RU - PK - IN - TJ - KG - UZ&most_recent_year_desc = true&start = 1960&view = chart。

③ Sebastian Krapohl and Alexandra Vasileva - Dines, "The Region that isn't: China, Russia and the Failure of Regional Integration in Central Asia," *Asia Europe Journal*, Vol. 18, 2020, pp. 353 - 355.

动的防控措施（甚至隐含贸易保护主义的动因），上合组织区域内推动落实海关通关、检验检疫、物流运输、标准认证、支付结算等全方位便利化措施[①]进程面临更为复杂的挑战。目前，中国和中亚国家疫情在一定程度上得到控制，俄罗斯和印度仍面临巨大的新冠肺炎疫情防控风险，区域供应链正面临大范围重构和调整。要想实现区域经济发展的中长期目标，上合国家必须加强协同合作，在上合组织框架下推动区域经济一体化。

（四）协调机制执行力不足与区域内行业标准不统一，影响政策落地效果

协商一致是上合组织经济合作的基本决策原则，体现了平等协商的“上海精神”，但也对区域经济一体化推进成效带来一定程度的负面影响。在上合组织区域经济合作框架下，虽已设立经贸部长会议、经贸高官委员会以及各专业工作组等各级磋商机制，但机制运转效率有待提高，机制执行层面缺乏实质性的约束力，甚至存在部分机制空转的现象。比如，在确定区域经济合作长远目标、贸易投资便利化、建立发展资金渠道、商谈多边投资保护协定乃至确定双多边合作领域等方面，在市场开放、投资制度、海关、税收等政策协调方面，甚至在已经确定的示范性多边项目的推进方面，往往出现“决议多、落实少、运行慢、层级多、程序长、协调成本高，常常事倍功半”。还比如，上合组织银行联合体在推动区域内金融合作方面，最多只能起到协调辅助作用，对于巩固成员国之间的金融联系作用有限。[②]

印度和巴基斯坦作为新经济体加入上合组织，给上合组织协调带来新的变量。印度或将借助上合组织平台与中亚成员国在贸易和能源进行深度合作，以多边经济互动平台对巴基斯坦形成地缘经济优势，并“稀释”中国在中亚和南亚地区的影响力，“缓解”中巴经济走廊给印度带来的制度竞争压力。[③]

---

① “商务部部长钟山：将从四方面落实重要经贸倡议”，新华网，2017年6月10日，http：//www. xinhuanet. com/world/2017 -06/10/c_1121118810. htm。

② 朱杰进、邹金水：“对‘中国倡议’的不同反应——俄罗斯在上合组织中的国际制度行为选择”，《俄罗斯研究》2020年第3期，第66页。

③ Zahid Shab Ahmed, Sarfraz Ahmed and Stuti Bhatnagar, “Conflict or Cooperation? India and Pakistan in Shanghai Cooperation Organistation”, *Pacific Focus*, Vol. 44, No. 1, 2019, p. 14.

上合组织协调模式由于印巴的到来一度出现“过载”现象，原有的协调机制出现新的变数，给区域经济高水平合作带来新的交易成本。

上合组织成员国在区域经济合作对接时迫切需要制定相关标准，将一些成员国垂直型经济管理体制协调为扁平型合作体制，将政府主导型的经济管理模式调整为让市场因素发挥首要作用的经济互动模式。这些都需要各成员围绕经济合作展开沟通协调，制定完善相关领域的行业标准，推动经济主体在上合组织框架内自由配置资源，推动区域经济合作制度化。可是，一些政策协调在实施过程中往往由于经济利益无法协调而导致政策不能落地，方案久拖不决。① 加之受新冠肺炎疫情影响，原本可以尝试的“早期收获”计划因各国硬性隔离政策而出现变化，建立上合组织自贸区的倡议也面临新的挑战。

四、拓展经济合作的路径

上合组织经济合作的发展历程表明，“大家一起发展才是真发展，可持续发展才是好发展”②。上合组织经济合作的内在动力依然强劲，需要继续聚焦经济发展，持续推动区域各种合作倡议深入对接，不断优化经济功能，加强互联互通，畅通区域经济循环，进一步提高经济合作机制的运行效率，打造更加开放、公平、非歧视的营商环境，让各成员国满意，让上合国家人民有更多的获得感。站在第三个十年的新起点，上合组织经济合作被赋予崇高的使命，被寄予深厚的希望。只要上合组织成员国坚定不移地弘扬“上海精神”，秉持创新、协调、绿色、开放、共享的发展理念，深化拓展务实合作空间，构建上合组织发展共同体，上合组织经济合作的未来必定再铸辉煌。

（一）以“上合组织发展共同体”凝聚团结互信的强大力量

当前，国际与地区形势正经历复杂而深刻的演变，新冠肺炎疫情全球大流行加速催化百年未有之大变局，上合组织经济合作面临新的机遇和挑战。

---

① 王志远、石岚：“上海合作组织经济合作主要障碍与对策分析”，第46页。

② “弘扬‘上海精神’深化团结协作 构建更加紧密的命运共同体”，《人民日报》2020年11月11日。

习近平主席在上合组织成员国元首理事会第二十次会议讲话中首次提出在上合组织框架内构建“卫生健康共同体”“安全共同体”“发展共同体”“人文共同体”的重大倡议，为上合组织下阶段的发展擘画了蓝图，指明了方向，丰富了人类命运共同体的深刻内涵。① 关于上合组织经济合作的优先方向，中国提出要深化共建“一带一路”同各国发展战略和区域合作倡议对接，推动数字经济、电子商务、人工智能、智慧城市等领域合作。其他成员国领导人对中国提出的方案予以积极评价，表示将加强贸易、投资、产能、交通、能源、创新、数字经济等领域合作，消除贫困，改善民生，② 遵循“上海精神”以及《上合组织至2025年发展战略》和《上合组织成员国多边经贸合作纲要》的宗旨和任务，落实2030年可持续发展议程，逐步实现上合组织地区发展繁荣。③ 从成立之初，上合组织就选择一条“自上而下”的发展路径，中国领导人提出的“发展共同体”将夯实上合组织团结互信的经济基础，深化区域经济的务实合作。

（二）以“上合组织机制化制度化建设”筑牢经济一体化的合作保障

近年来，世界经济和国际秩序进一步调整，贸易摩擦加剧，国际合作受阻，导致全球经济增长放缓，再加上新冠肺炎疫情大流行，给上合组织经济合作带来巨大冲击，迫切需要挖掘上合组织内部合作潜力，推动地区多边合作达成进一步共识。④ 为保证上合组织运行效率，首先要提高现有机制效率，制定时间表和路线图，着力务实合作，以有效的机制监督执行，避免官僚主义式的会晤，避免建立过多的机制，避免机制泛化、空化和论坛化。鉴于《上海合作组织成员国政府间国际道路运输便利化协定》已于2014年签署，

① “外交部副部长乐玉成：上合组织将坚守多边主义的人间正道”，海外网，2020年11月11日，https：//m. haiwainet. cn/middle/3541093/2020/1111/content _ 31914008 _ 1. html。

② “习近平出席上海合作组织成员国元首理事会第二十次会议并发表重要讲话”，新华网，2020年11月10日，http：//www. xinhuanet. com/politics/leaders/2020 – 11/10/c_ 1126723147. htm。

③ “上海合作组织成员国元首理事会莫斯科宣言”。

④ 戚振宏、邓浩：《上合组织命运共同体建设：机遇和挑战（2020）》，世界知识出版社，2020年，第182—183页。

上合组织应夯实基础、着眼长远，尽快商签《上海合作组织贸易便利化协定》，落实全方位便利化措施，形成区域经济合作的有效机制。加速推进贸易便利化是改善营商环境、降低成本、提高效率的有效路径，其经济效应不逊于贸易自由化。对上合国家来说，应先易后难、循序渐进，从贸易和投资便利化做起，逐步实现《上海合作组织宪章》规定的商品、资本、服务和技术自由流通，朝着区域经济一体化的方向推进。① 上合组织有必要重新编制上合组织经济议程，以一致的条约和法律为基础，解决类似设立上合组织开发银行等久拖不决的议题。

（三）以"上合组织经济合作新模式"打造共同发展繁荣的强劲引擎

新冠肺炎疫情对部分中亚国家造成沉重打击，短期内，上合国家会将重点放在国内经济恢复，促进经贸合作重新走上正轨；但从中长期来看，上合国家还需创新区域经济合作模式，提升区域经济合作机制的运行效率，确保地区经济和社会发展迈上新台阶。上合组织成员国拥有丰富的能源、木材、淡水等资源储备，在冶金和机械制造、能源、交通运输以及农产品生产等领域，都具备世界级发展潜力。上合组织要提高成员国市场相互开放程度，打造区域大市场，建立地方合作机制，开展中小企业合作，推动多边合作项目尽快落地，不断释放区域内经贸合作潜能；探索多种融资方式，满足多样化融资需求，逐步建立符合本地区特点、可持续发展的上合组织多元化投融资体系；不断向农业、制造业、服务业和高新技术等领域拓展，构建农业、医药和医疗服务、软件合作、跨境电商等具有区域区位优势的产业链，早日完成区域经济的转型升级，提升区域整体经济实力水平。在开展经济合作时，可采取先易后难的办法，降低组织内一票否决多数的弊端，确定共同受益的各类项目，强化市场机制的调节作用，以企业为主体进行实施，提高区域经济合作机制的运行效率。

---

① 朱宁："上合组织与区域经济一体化"，新华网，2016 年 11 月 4 日，http：//www. xinhuanet. com/world/2016 - 11/04/c_129351428. htm。

（四）以“上合组织的治理模式”助力消减全球经济治理赤字

经济全球化理念近年来受到经济民族主义的严重挑战，新冠肺炎疫情更是让全球化进程雪上加霜，进一步加大全球治理赤字。尽管如此，对于亚欧大陆来说，营造稳定的国际安全环境、保障社会经济平稳发展、应对传统与非传统安全挑战等全球治理和区域治理的需求依然十分迫切。上合组织本身就是跨国治理实践的产物，且在 20 年发展历程中不断扩充治理功能，由最初的维护地区安全机制逐渐外溢到基础设施互联互通、贸易便利化等方面，特别是中国与俄罗斯在上合框架内积极引领，均主张坚持多边主义治理，共同应对单边主义、保护主义的挑战。上合组织的区域治理模式和经验，对完善全球经济治理体系具有重要价值。上合组织成员国元首理事会 2018 年青岛峰会、2019 年比什凯克峰会，以及 2020 年莫斯科峰会都清晰表明，上合国家普遍认同建设开放型世界经济、完善全球经济治理体系的意义十分重要。区域经济合作是上合组织发展壮大的一个重要支柱，上合组织将在同破坏多边贸易体制、威胁世界经济的单边贸易保护主义行为的斗争中，在维护和发展以世界贸易组织为核心的多边贸易体制、促进开放型世界经济的历史进程中，继续发挥中流砥柱作用。

报告四

上海合作组织20年人文合作综述

贝文力*

【内容提要】人文合作一直是上海合作组织合作的四轮之一，发挥着促进民心相通的重要作用。上合组织成立20年来，在人文交流合作方面奠定法律基础、建立合作机制，在文化、教育、媒体、旅游、卫生等多个领域开展了务实合作，取得了显著的成果。随着上合组织人文合作的不断扩大与深入，成员国民众之间的相互认识与评价越来越全面和积极，但在成员国民众的认知、评价与政治、军事和知识精英的思想意识之间存在较大的差异。上合成员国在人文领域的意见和利益高度融合，有进一步推进深化人文交流合作的迫切需要，成员国又有各自的潜力、条件和优势，可以在各方面、通过各种形式积极作为，构建人文共同体，确保上合组织命运共同体可持续发展。

【关键词】上海合作组织；人文合作；民心相通；上合组织人文共同体

全球化时代，文化认同与观念互动被视为重要的战略资源，人文交流与合作对国际关系的影响日益显著。人文交流合作能够增进人民之间的了解和友谊，提升国家和国际组织的影响与威望，塑造美誉形象，在风云变幻的形势下，对各行为体之间的沟通与互动起到减阻和促进的作用，为国际组织政治、安全、经济“大厦”牢固根基，添砖加瓦。

上海合作组织是世界上最大的综合性地区组织，拥有3440万平方千米的广袤地域，占地球陆地面积的1/4（欧亚大陆的2/3），人口31.3亿，是

---

* 贝文力，华东师范大学俄罗斯研究中心副主任，华东师范大学白俄罗斯研究中心主任。

全球总人数的45%，70%的人口在50岁以下。上合组织地区孕育了古老的文明，中华文化、斯拉夫文化、中亚文化和南亚文化在这里交融，佛教、伊斯兰教、东正教在这里汇聚。自成立之初起，上合组织就把人文合作作为最重要的合作领域之一。对于上合组织成员国而言，积极开展人文交流合作有利于加强人民之间的传统友谊和相互理解，消除政治上的疑虑与分歧，巩固和深化相互间的关系；有利于提升各成员国的文化实力，增强国际影响力；有利于推动成员国在经济、贸易等其他领域的交流合作，取长补短，互利共赢；有利于在重大国际问题上保持一致，共同建设公平公正的国际秩序。人文与政治、安全、经济一道，成为上合组织合作发展的核心动力。

一、人文合作成果显著

成立20年来，上合组织在人文交流合作方面奠定法律基础、建立合作机制、开展务实工作，取得了显著的成果。

2001年6月上合组织成立时发表的《上海合作组织成立宣言》确定了工作的主要方向，包括加强各成员国之间的相互信任与睦邻友好，鼓励各成员国在政治、经贸、科技、文化、教育、能源、交通、环保及其他领域的有效合作。① 一年后，作为组织的基础性文件《上海合作组织宪章》签署。在“宗旨和任务”中，宪章强调“鼓励开展政治、经贸、国防、执法、环保、文化、科技、教育、能源、交通、金融信贷及其他共同感兴趣领域有效区域合作”，②“扩大在科技、教育、卫生、文化、体育及旅游领域的相互协作”。③

2007年签署的《上海合作组织成员国长期睦邻友好合作条约》强调，必须尊重当今世界文化文明的多样性，鼓励和支持在教育、文化、艺术、卫生、旅游、体育等多个社会和人文领域开展交流与合作。

为巩固组织的有效性和多领域的特性，上合组织在2015年通过了《上海

① 《上海合作组织成立宣言》，http：//news. sina. com. cn/c/277662. html。

② ［塔］拉希德·阿利莫夫：《上海合作组织的创建、发展和前景》，人民出版社2018年版，第236页。

③ ［塔］拉希德·阿利莫夫：《上海合作组织的创建、发展和前景》，人民出版社2018年版，第238页。

合作组织至 2025 年发展战略》，规定了成员国在下一个十年合作的主要方向，“文化人文合作”是重要的组成部分。《发展战略》强调：“成员国将努力为发展科技、教育、文化、卫生、旅游合作，深化社会团体与民间交往创造有利条件。”① 同年 12 月，上合组织成员国政府首脑（总理）理事会第十四次会议发表《联合公报》，在对文化、教育交流予以高度重视的同时，还对旅游、卫生、科技、救灾等领域的合作方向进行了指导性的表述，并首次将媒体合作、社会保障等纳入了关注的范围，显示出上合人文交流不断朝着全方位、宽领域的方向深入发展。

成立至今，上合组织已较全面地构建起了人文交流合作的法律基础和协作机制。

（一）文化领域交流合作

上合成员国都拥有悠久的历史和古老的文明。文化领域的交流合作为不同文明间的对话提供了管道和平台，并以其审美性而产生的特殊吸引力，发挥社会催化剂的作用，促进人民之间的了解和友谊。文化领域是上合人文交流合作的优先方向，通过“以文化人”加强成员国的团结和睦，推动政治、安全、经济领域的交流合作。

1. 文化交流先导先行

上合组织的人文交流是从文化领域开始的。2001 年上合组织元首峰会决定举行成员国文化部长会议并制定文化活动计划。2002 年 4 月，上合组织文化部长会议机制在北京启动，通过的《上海合作组织成员国文化部部长声明》成为上合组织成员国人文合作开始的标志。此后，会议每年举行，主题都包含对“尊重各国人民文化的多样性，各种文明和平共处，平等交流和相互学习”的强调。每次会议都要制定和通过文化合作计划并由相关部门协作实施。2007 年，在比什凯克峰会上，成员国签署了《上海合作组织成员国政府间文化合作协定》。根据协定，各国将扩大和加强在音乐、戏剧、美术、电影、图书馆和博物馆等领域的交流和合作。此后，文化交流合作的数量与质量显著提升，区域合作支撑的功能进一步凸显。一定意义上，正是得益于

---

① ［塔］拉希德·阿利莫夫：《上海合作组织的创建、发展和前景》，人民出版社 2018 年版，第 265 页。

文化领域的积极互动，“互信、互利、平等、协商、尊重多样文明、谋求共同发展”的“上海精神”才进入并根植于世界政治话语系统。

2. 多边双边形式并举

在上合组织框架内，成员国以多边和双边活动的形式开展文化交流合作。

多边活动为成员国在同一个平台上展示各国多姿多彩的民族文化和当代建设发展成果提供了可能。有影响的多边活动有：国际音乐节《大草原之乐》（哈萨克斯坦）、国际艺术节《丝绸之路》（中国）、国际戏剧节《阿拉套》（吉尔吉斯斯坦）、国际艺术节《合作》（俄罗斯）、国际木偶艺术节《恰达里哈耶尔》（塔吉克斯坦）、国际音乐节《东方旋律》（乌兹别克斯坦）等等。造型艺术以其直观可感的效果，深受成员国艺术家和广大民众的喜爱。在为数众多的绘画艺术展和实用装饰艺术展中，形成系列规模的有《画说西湖》国际美术论坛（2006 年起）和《画说丝绸路·同播兄弟情》上合组织成员国国际美术双年展（2013 年起）等。《画说西湖》先后在中国的杭州、上海和俄罗斯的圣彼得堡，吉尔吉斯斯坦的比什凯克等地成功举办，活动包括精品展览、现场写生、主题论坛等等，展出的作品风格多样、创意新奇，表现出艺术家们对各民族优秀文化和“丝路文化”的独特理解与阐释。《友爱全球儿童》国际儿童画展、《我们读童话、画童话，我们相互了解》画展参与的对象是少年儿童。后者由俄罗斯普希金造型艺术博物馆于 2004 年策划组织，目的是通过阅读和描绘各国的童话故事，激发少年儿童对各国文化的兴趣。展览先后在北京、上海、广州、杭州、阿斯塔纳、塔什干、比什凯克、莫斯科、喀山、纳贝雷兹尼、叶拉布加等上合组织成员国的 30 多个城市举办。事实表明，通过这类活动在青少年群体中培养对各国文化的兴趣和理解是明智而有远见的，活动还为分析研究成员国的民俗和文学遗产提供了机会。

在各方努力下出版的《文化面对面：上海合作组织成员国文化概览》生动全面地展示了文化领域交流合作的成就。

2016 年起，上合组织秘书处举办了“上海合作组织——我们共同的家园”系列活动，包括上合组织成员国国家日、圆桌会议等。也是在这一年，在北京上合组织总部开始建设上海合作组织图书馆。作为上合组织、欧亚地区研究的基础数据库，图书馆收藏展示了成员国国务活动家、外交家、著名学者和研究人员著作及上合组织活动文件汇编等。已入藏的有中国国家主席习近平的《习近平谈治国理政》、哈萨克斯坦首任总统努尔苏丹·纳扎尔巴耶夫的《哈萨克斯坦之路》以及俄罗斯外长谢尔盖·拉夫罗夫的《过去与未来之间》、记述塔吉克斯坦总统埃莫马利·拉赫蒙生活与工作以及塔吉克斯坦取得成就的书籍和关于乌兹别克斯坦在首任总统伊斯兰·卡里莫夫领导下建设发展的书籍。图书馆的装饰是一件象征“丝绸之路”的精巧雕塑，由吉尔吉斯斯坦赠送。

双边活动的形式更为传统，实施方法也更灵活多样。

中俄之间的文化交流，在构建和发展两国全面战略协作伙伴关系的过程中，持续发挥着至关重要的作用。1997年4月，由两国元首倡议，中俄友好、和平与发展委员会成立，作为两国民间外交的主渠道，委员会下设文化、青年、媒体、智库等16个理事会，积极推动人文交流合作“官民并举”。从2006年起，两国互办了国家年、语言年、旅游年、青年友好交流年、媒体交流年、地方合作交流年，等等。在每个“主题年”框架之内，都有数百场形式多样、内容丰富的活动。根据《中华人民共和国政府和俄罗斯联邦政府关于互设文化中心的协定》，北京俄罗斯文化中心和莫斯科中国文化中心分别于2010年和2012年成立。俄罗斯文化中心通过定期举办图片展、图书展、影展、演出等活动，向中国民众介绍俄罗斯丰富的精神和文化遗产，展示俄罗斯在文化、科学、体育等领域取得的成就。莫斯科中国文化中心以“优质、普及、友好、合作”为宗旨，围绕“文化交流、教学培训、思想对话、信息服务”等职能，在俄罗斯广泛开展各种活动，全面、持续地传播推广中华文化，为文化交流互鉴提供稳固平台。

2004年，中国和哈萨克斯坦建立两国政府间合作委员会，下设文化人文合作分委会，协调管理物质文化遗产、文学、新闻、广播、出版、档案等领域的交流合作。同年，哈萨克斯坦国家图书馆中国文化中心成立，这是中亚国家首个中国文化中心。中国与吉尔吉斯斯坦签署有相关的文化交流协议，两国文艺代表团互访，互办“文化日”。2012年，吉尔吉斯斯坦国家图书馆成立中国文化教育中心。中国对外新闻办在吉尔吉斯斯坦开设对外介绍中国、促进中外文化交流的“中国馆”。中国与塔吉克斯坦于2012年建立了政府间合作委员会人文分委员会，两国定期举办文化日和文化周，2013年，塔吉克斯坦国家图书馆开设“中国厅”。包括拉赫蒙总统撰写的《历史倒影中的塔吉克民族》等多部关于塔吉克斯坦历史、文化书籍被翻译成汉语出版，《人民日报》刊登专版《中国和塔吉克斯坦：文化对话》，就千百年来存在于中塔之间的“文化呼应”，围绕精神文明中的共性、江河之于民族文化的意义、孔子与鲁达基[①]、春节与纳乌鲁兹节[②]、京剧与沙什马科姆音乐套曲[③]等进行了介绍分析对比。[④] 北京城市学院建有中塔文化交流中心。中国和乌兹别克斯坦在官方和民间层面都进行文化交流活动，举办了《乌兹别克斯坦古老城市的历史与文化》座谈会、《汉学研究的现实问题：语言、政治、经济和哲学问题》研讨会，互办文化日、电影日和展览会。2013 年，"中国馆" 在乌兹别克斯坦世界经济外交大学设立。

3. "一带一路" 倡议开辟合作新天地

2013 年，中国国家主席习近平在访问上合成员国哈萨克斯坦时提出建设 "丝绸之路经济带" 的倡议。倡议很快从愿景迈向行动，成为世界关注的主要议题之一，也为上合成员国各领域合作开辟了更为广阔的天地。从古代欧亚互通有无的商贸大道到沟通东西方文化的友谊之路，它承载和见证了欧亚民族几千年来的历史变迁与文明演进。因此，对于位于这一地域的上合成员国而言，"丝绸之路" 具有一种特别的 "亲和性"。2015 年 7 月上合成员国元首们签署的《乌法宣言》指出："成员国支持中华人民共和国关于建设丝绸之路经济带的倡议，认为上合组织成员国相关主管部门开展相互磋商和信息交流具有重要意义。"[⑤] 2016 年的《塔什干宣言》再次重申了支持中国 "丝绸之路经济带" 的倡议。上合组织成员国启动以丝路为标志的文化工程，开展以丝路为主题的艺术创作，举办以 "丝绸之路" 为名的文化论坛、国际艺术节、电影节、媒体合作论坛等活动，成立与丝路有关的智库机构。中国、哈萨克斯坦和吉尔吉斯斯坦联合申报的 "丝绸之路：长安—天山廊道的路网" 成功列入联合国教科文组织《世界遗产名录》（2014 年 6 月 22 日）。2016 年 6 月，中国成立海上丝绸之路联合申遗城市联盟，推动海上丝路遗产的整体保护申遗工作的开展。

---

① 鲁达基（858—941 年），塔吉克—波斯古典文学的始祖，波斯语诗歌之父，波斯文坛上的艺术巨匠和导师，呼罗珊诗歌风格的奠基人。

② "纳吾鲁孜" 来自波斯语，意为 "年头或元旦"。

③ 广泛应用于塔吉克传统音乐和戏剧当中的一种结合着音乐与诗歌的艺术样式，是联合国教科文组织确定的 "人类口头及非物质文化遗产"。

④ http：//world. people. com. cn/GB/8212/182200/。

⑤《上海合作组织成员国元首乌法宣言》，http：//www. xinhuanet. com/world/2015 - 07/11/c_1115889128. htm。

4. 纪念共同的胜利

珍视生命和自由、捍卫独立与和平是上合组织成员国精神文化中共同的核心要义。上合组织成员国在抗击日本军国主义和德国法西斯的斗争中相互支持、相互帮助，都为第二次世界大战中正义力量的胜利付出了巨大牺牲、作出了重大贡献。上合组织高度重视、共同纪念世界反法西斯胜利日，每年都开展活动。逢五逢十的纪念庆典更为隆重。2015 年，上合组织成员国元首在发表的《乌法宣言》和《世界反法西斯战争暨第二次世界大战胜利 70 周年的声明》中，强调“引以为豪的伟大功勋，并肩战斗的记忆，以及牢不可破的友谊，是我们捍卫自由独立的共同财富，也是为世界公正与安全而斗争的道义指南”，重申“这段历史要求我们竭尽全力，防止新的反人类的危险思想抬头”，呼吁坚决反对从道德和法律上歪曲二战成果，以及忘记这一全人类悲剧教训的图谋，表示“上海合作组织成员国将继续在互信、互利、平等、协商、尊重多样文明、谋求共同发展的基础上，同所有有关国家和国际组织加强全方位合作，以实现各国持久和平、发展与进步”。① 同年的 5 月 9 日和 9 月 3 日，中俄两国分别举行了隆重的阅兵式，上合成员国领导人全部出席。同时，上合成员国举行了各种形式的纪念活动，包括“中苏联合抗击法西斯胜利 70 周年档案展”“中苏抗战将领后代见面会”“俄哈我们共同抗击纳粹国际展”“俄哈胜利—大家共享邮票展”“胜利：1945—2015！俄罗斯美术作品展”等。上合组织秘书处在北京总部举办了二战海报展，展品来自中国、哈萨克斯坦、吉尔吉斯斯坦和乌兹别克斯坦。② 2019 年上合成员国元首比什凯克峰会声明表示：“成员国支持俄方倡议由成员国元首在 2020 年上合组织峰会上就世界反法西斯战争胜利 75 周年发表声明，并共同推动第 74 届联合国大会通过《打击美化纳粹主义、新纳粹主义及其他助长种族主义、种族歧视、排外和不宽容思想的行为》的决议，其中包括将世界反法西斯战争暨第二次世界大战胜利定位为全人类的世界遗产，将各国反法西斯战士纪念物视为全人类的丰碑。”③ 2020 年 11 月，上合成员国元首发表《关于第二次世界大战胜利 75 周年》宣言，强调战争胜利的赢得，要归功于爱好和平的

① “上海合作组织成员国元首关于世界反法西斯战争暨第二次世界大战胜利 70 周年的声明”，http：// www. xinhuanet. com/world/2015 – 07/11/c_1115889129. htm。

② 《上海合作组织发展报告 2016》，时事出版社 2017 年版，第 71—72 页。

③ “上海合作组织成员国元首理事会比什凯克宣言”，http：//www. rmzxb. com. cn/c/2019 – 06 – 15/2364659_3. shtml。

各国人民面对纳粹主义、法西斯主义和军国主义分子及其拥护者和支持者的血雨腥风、暴戾凶残能够众志成城、奋起反抗，呼吁国际社会以史为鉴，缅怀共同抗击纳粹主义、法西斯主义和军国主义的历史记忆，抵制企图从道德和法理角度歪曲二战成果、遗忘这一全人类惨痛教训的行径。谴责任何企图美化纳粹主义、法西斯主义和军国主义并助其死灰复燃的行径。重申二战的历史坚决不容篡改。① 2020 年 6 月 24 日，俄罗斯在莫斯科举行阅兵式，中国、哈萨克斯坦、吉尔吉斯斯坦、塔吉克斯坦、乌兹别克斯坦等国家的军队方队参加，彰显共同的理念与追求。

5. 开掘利用历史文化中的结合点和共同点

上合组织人文合作注重发掘成员国文化中的历史积淀和当下成果，依靠文化中的共同形态和特征，推动理解与认同的深化，促进融合。

联合考古是上合组织成员国文化合作中一个具有特色并彰显彼此历史文化深厚联系的重要内容，对于传统友谊的巩固、丝路文化的保护和各国科研水平的提高都具有重大意义。中乌考古队参考中国古典文献，采用中国都市遗址考古的工作方法和经验，结合中亚城址堆积、保存的自身特点，联合发掘乌兹别克斯坦明铁佩遗址，合作修复作为古丝绸之路重要地理节点的花剌子模的历史遗迹。成员国高校、研究机构之间也积极开展考古学术交流。中国西北大学与塔吉克斯坦同行协作，对塔吉克斯坦境内青铜时代至粟特及贵霜时期主要遗址的分布情况进行排摸调查。南京大学与俄罗斯阿尔泰国立大学师生共同在阿尔泰边疆区南部发掘卡勒望湖遗址。

2019 年，上合组织成员国元首理事会第十九次会议在吉尔吉斯斯坦召开，中国中央歌剧院创作的民族歌剧《玛纳斯》在比什凯克上演，反响极其热烈。以中吉两国共同文化财富“英雄玛纳斯”为题材创作的这一剧目展现了中吉两国深厚的历史文化渊源。②

6. 文艺与产业结合

文艺与产业结合是上合组织成员国人文合作实践的一个重要方向。2010 年 3 月，由中国提议的上合组织成员国文化产业合作论坛在南京举行。与会

---

① “上海合作组织成员国元首理事会关于第二次世界大战胜利 75 周年的声明”，http：//www. gov. cn/xinwen/ 2020 – 11/ 11/content_5560423. htm。

② 刘静：“中央歌剧院原创歌剧《玛纳斯》在吉尔吉斯共和国上演”，《中国艺术报》2019 年 6 月 13 日。

各方认为，上合组织各成员国紧跟世界经济发展潮流开展文化产业合作，显示出上合组织文化领域的蓬勃朝气；面对全球金融危机影响，上合组织成员在继续大力弘扬传统文化、加强文化遗产保护、发展公共文化服务以及推动世界文化多样性的同时，要抓住机遇，针对文化产业进入门槛低、资源消耗少、发展潜力大、经济回报高、创新应变能力强等特点，开拓和发展在文化产业领域的合作。成员国商定共同鼓励在文化产业领域进行互访和举办展览，促进演艺、电影、动漫、音像、出版、艺术设计等方面的合作。

（二）教育领域交流合作

教育领域的交流合作是人文交流合作的重要组成部分，不仅能让各成员国在教育领域相互学习借鉴、取长补短，完善本国的教育和学科建设，增强在世界上的竞争力，而且能增进各国人民之间的了解和友谊，促进民心相通。尤为重要的是，教育合作的受众和作用对象主要是青年。青年是国家建设发展的未来。青年之间的交流既承载着历史积淀下来的深厚情谊，又孕育着未来发展的崭新活力。上合成员国深厚的友谊需要由年轻的一代去传承和延续。从这个意义上来说，教育领域的合作在很大程度上关乎上合组织的未来。“教授青年人现代知识并培养其睦邻友好精神，是确保我们国家持续繁荣和经济社会稳定发展、共同应对挑战和威胁、巩固本组织地区和平与稳定的必要条件。”①

2006 年，上合组织成员国签署了政府间教育合作协定，为在上合组织框架内开展教育领域合作奠定了法律基础。同年，常设专家工作组成立，研究制定了包括成员国政府间学历证书及学制互认协定在内的众多文件文本。也是从 2006 年开始，成员国教育部长每 2 年定期举行会议，会议内容之一是制定和通过为期 2 年的共同行动战略计划和活动清单。上合组织高度重视推进成员国教育系统的协同发展，扩大研究人员、教师学生的学术交流，加强各种联合项目的开发互动，使用创新技术提高教育质量。

1. 上海合作组织大学

2007 年 8 月，在上合组织比什凯克元首峰会上，俄罗斯总统普京倡议成

---

① 《成长与发展的十年——伊马纳利耶夫秘书长访谈录》，上海合作组织秘书处，2011 年，第 83 页。

立“上海合作组织大学”，得到各成员国的一致赞同。上合成员国进行教育领域合作拥有深厚的历史基础。俄罗斯与中亚国家曾长期处于共同的教育空间。1991 年以后，吉尔吉斯斯坦、塔吉克斯坦与俄罗斯联合开设斯拉夫大学，援引俄罗斯教育标准培养人才。上合组织大学多边合作的法律基础包含三个层面：政府层面，2006 年 6 月 15 日在上海签订的《上海合作组织成员国政府间教育合作协定》；教育主管部门层面，2008 年 10 月 23 日在阿斯塔纳签订的《上海合作组织成员国教育部关于为成立上海合作组织大学采取进一步一致行动的意向书》；院校层面，2010 年 4 月 26 日在莫斯科签订的《哈萨克斯坦共和国、中华人民共和国、吉尔吉斯共和国、俄罗斯联邦和塔吉克斯坦共和国高等学校关于成立上海合作组织大学的合作备忘录》。

这所没有行政中心和办公室，但在中、哈、吉、俄、塔和观察员国白俄罗斯都设有教学机构和分部的网络大学的建立，是上合组织协调教育政策过程、构创统一的高等教育空间以及加强教育领域专家经验交流的体现。上合组织大学的目标和任务为：加强上合组织成员国的互信和睦邻友好关系，推动在教育、科研和技术领域里的一体化进程，为拓展教育、科研、文化合作增添新的动力，为青年人接受高质量的现代化高等教育、为教师和科研人员开展学术交流提供更多的机会。

自 2008 年启动建设以来，上合组织大学的运行机制日趋完善，组织规模不断扩大，到 2020 年底，已经拥有 79 所院校进行着“优先服务于上合组织成员国经济社会发展”的区域学、生态学、能源学、纳米技术、IT 技术、教育学和经济学等七个学科领域的联合培养。

2. “教育无国界”教育周和上合成员国公民奖学金计划

2008 年创设的“教育无国界”教育周，是上合组织教育领域互动合作的又一重要模式和创新平台。成员国通过研讨会、圆桌会议、校长论坛、主题展览等形式，分享传播主要大学在提高人才培养质量方面的先进经验，扩大与加深交流合作，为上合组织各领域全面合作提供人力资源保障。

从 2008 年起，中国实施向上合组织成员国公民提供奖学金计划，每年向每个成员国提供 20 个名额。2013 年，中国国家主席习近平在哈萨克斯坦纳扎尔巴耶夫大学演讲时宣布，为促进上海合作组织框架内青年交流，中国将在未来 10 年向上海合作组织成员国提供 3 万个政府奖学金名额，邀请 1 万名孔子学院师生赴华研修。①

3. “走近上合组织”的青少年大学生活动

有成员国学生参与、受众面广、感知度高的多边活动是上合组织教育合作中的亮点。从 2010 年起，中国华东师范大学在上海市教育委员会的支持下每年举办“上海合作组织成员国大学生暑期学校”，来自上合组织成员国哈萨克斯坦、吉尔吉斯斯坦、俄罗斯、塔吉克斯坦、乌兹别克斯坦和上合组织观察员国白俄罗斯（2015 年前为对话伙伴国）的 40 名大学生参加。每年的暑期学校都会确定主题，如“2010：走进世博，感知中国”“2011：进入新十年，共创新未来”“2015：纪念伟大胜利，促进和平发展，增强了解融合”“2017：夯实人文基础，建设发展之桥”“2019 年：凝心聚力，务实笃行”等。围绕主题，由中外学者作专题讲座，同时组织汉语学习、文化体验，举办“国家日”、圆桌会议、创意大赛、与中国学生和各界人士交流、“做一天上海人”等形式多样、内容丰富的活动。暑期学校起到对应上海合作组织建设发展和“一带一路”倡议实施的需求，深化多边和双边交流合作，促进情感融合和睦邻友好，推动不同文明间的对话，给各成员国民众、尤其是青年群体带来实实在在的利益，夯实了上合组织成员国的民意基础，增强“民心相通”的作用。

2015 年 8 月 24 日，首届上合组织大学生领袖峰会在俄罗斯阿尔泰边疆区举行。来自上合成员国、观察国和对话伙伴国的大学生们，对如何建设学生组织来促进教育质量的提高交换了经验，并讨论了上合空间内学生国际合作的开展以及学生权利的维护等热点问题。与会者希望将峰会建设成为大学生领袖直接讨论事务的重要平台。

2015 年，在乌法峰会上，中国国家主席习近平倡议举办“上海合作组织青年交流营”。2016 年起活动开始实施。中国青联邀请上合组织成员国、观察员国青年代表来华访问，围绕“弘扬上海精神，构建青年伙伴关系”“新上合、新伙伴”等主题，通过圆桌会议、专题讲座、拓展训练、友好联欢等形式进行交流，以增进各国青年对中国、上合组织以及彼此间的了解和理解，促进各国青年参与“一带一路”建设等区域合作。2018 年 7 月，在中国青岛

---

① “习近平：中国将在未来 10 年向上合组织成员国提供 3 万个政府奖学金名额”，中国共产党新闻网，2013 年 9 月 7 日，http://cpc.people.com.cn/n/2013/0907/c164113－22840657.html。

举行的第三届交流营开营仪式上，各国代表共同为象征上合青年友谊的“上合组织青年号”帆船进行了命名。

2016年起，上合组织在位于北京的总部举行“上海合作组织模仿秀”，来自各成员国的学生们模仿各国代表参加上合组织成员国国家协调员理事会会议，就上合组织在维护和平与地区稳定发展问题上发挥的作用交换意见，对在不同领域深化多边合作建言献策，活动对于增强成员国青少年对上合组织的兴趣和认识、锻炼他们的口才和应变能力等，具有特别的教育意义。

4. 成员国之间活跃的双边交流合作

上合成员国双边教育交流合作非常活跃，形式有孔子学院和孔子课堂、教师交流、学生交换、各个层次的联合培养、彼此为对方提供实习研修基地、举办国际研讨会，建设联合学院、研究院和研究中心，合作编写教材、职业技术培训等等，成果丰硕。语言是交流沟通、帮助人们从一种文化沉浸到另一种文化的前提工具。成员国高度重视作为上合组织官方语言的中文和俄文的教学。

2005年11月，中俄两国签署了《中华人民共和国政府和俄罗斯联邦政府关于在俄罗斯联邦学习汉语和在中华人民共和国学习俄语的协议》，规定双方将尽可能促进和提高对方国语言在本国的教学，并提出了互派语言专家教授俄语和汉语、互派留学生、互换教材、支持俄语和汉语中心开展工作、举办语言大赛等具体合作内容。2012年，中俄签署的《中俄人文合作行动计划》提出到2020年两国互派留学生人数要达到10万，从国家政策层面对中俄留学生及人员交流给予一系列支持。俄罗斯制定“教育出口”计划，吸引中国留学生到俄罗斯学习。俄罗斯许多高校将争取中国留学生作为外事工作重点，莫斯科国立大学、圣彼得堡国立大学等知名大学官网用中文呈现部分内容，圣彼得堡国立大学和圣彼得堡彼得大帝理工大学分别在哈尔滨和上海设代表处。截至2019年，中国在俄罗斯共有19所孔子学院、5个孔子课堂。俄罗斯在中国设立了35个俄罗斯文化中心。目前中国开设俄语专业的高校有153所，开设公共俄语教学的高校约150所，开设俄语课程的中学83所、小学6所。俄罗斯共有230所学校开设汉语课程，学习汉语的学生达2.6万人，其中中小学校80余所，学生人数为1.2万人。[①] 2017年起，汉语正式成为俄罗斯国家统一考试（高考）科目，2019年进入俄罗斯中等普通教育结业性考

① 姜晓燕：“中俄教育合作现状与愿景”，《光明日报》2019年6月13日14版。

核体系。中俄两国联合成立了教育类、文化类、新闻教育类等11个同类大学联盟，以及中国东北地区与俄罗斯远东西伯利亚地区大学联盟、中国长江中上游地区和俄罗斯伏尔加河沿岸联邦区高校联盟两个区域性大学联盟。目前，有150所俄罗斯高校与约600所中国高校建立了伙伴关系，签署了950项合作协议，仅莫斯科一地的高校就与200多所中国高校建立了伙伴关系，合作专业涉及音乐教育、美术教育、化学工艺、计算机专业、土地资源管理、金融学、工商管理、农林经济管理等。

中国与中亚国家都签署了学历和学位证书互认协定。据2019年底的统计显示，超过1400名中国学生在哈萨克斯坦学习，约有15000名哈萨克斯坦学生在中国留学。有5家孔子学院在哈萨克斯坦开展语言文化的教学传播。哈萨克斯坦欧亚大学语言系成立了“汉语体验中心”。哈萨克斯坦还设有政府机构汉语培训项目，由中国知名语言文化教育品牌“快捷汉语”派遣专业对外汉语教师赴哈为政府机构工作人员授课。哈萨克斯坦在中国开设了六个哈萨克语言和文化中心以及经济和社会研究中心。[①] 吉尔吉斯斯坦有1家“中国馆”[②]，4家孔子学院，21个孔子课堂。首都比什凯克人文大学的孔子学院组织开展汉语水平考试（HSK）和汉语水平口语考试（HSKK），该校还与甘肃政法学院、中国民族大学、山西师范大学等中国高校开展留学生交流、教师实习和硕士生培养方面的合作。2017年，陕西师范大学成立吉尔吉斯斯坦研究中心。中国国务院新闻办公室资助比什凯克人文大学建立了一座图书馆，无偿提供6万册图书。中方每年为吉尔吉斯斯坦各界提供近千人次的赴华交流培训和奖学金项目，吉尔吉斯斯坦在华留学生有4000多人。[③] 塔吉克斯坦有2家孔子学院，“中国热”“汉语热”在塔蓬勃兴起，中国已成为塔第二大留学目的地国，学习汉语、赴华留学成为了塔青少年人生发展的重要选择。中国兰州文理学院建有中塔文化研究与交流中心，机构以中塔民族文化研究为基础，以促进中塔文化融合与发展为导向，服务两国人文合作。中国和乌兹别克斯坦设立留学奖学金，联合成立包括职业教育培训在内的各类教育机

① “中国驻哈萨克斯大使：中哈共建‘一带一路’取得丰硕成果”，2019年4月23日，http：//news. cri. cn/2019423/7173ef46 – 5119 – 246d – eobf – d7fd2aaab440. html。

② “‘中国馆’是一份美妙而珍贵的礼物——中吉人文交流加深两国人民友谊”，2019年6月11日，http：//pic. people. com. cn/BIG5/nl/2019/0611/c1016 – 31129614. html。

③ “中国与吉尔吉斯斯坦共建‘一带一路’收获哪些硕果?”，搜狐网，2019年6月14日，https：//www. sohu. com/a/320631571_731021。

构，互设科研中心，共同合作举办高等教育学术会议。乌兹别克斯坦每年举办汉学研讨会。在乌的 2 所孔子学院办学成效显著，学习汉语人数逐年上升。为了满足儿童学习汉语的需求，塔什干孔子学院开办了幼儿班。中国中央民族大学、上海外国语大学和西北民族大学开设乌兹别克语课程。2013 年，上海大学设立了乌兹别克斯坦研究与教育中心。

（三）媒体领域交流合作

媒体在当今社会中发挥着独特而重要的作用。随着上合组织建设发展的不断深入，加强媒体领域交流合作，构建共同的信息空间，日益成为成员国的共识。上合组织成员国在该领域的交流合作具有坚实的基础，在新的形势和条件下进一步深化这一领域的交流合作，是推进组织发展的需要，也是共同应对日益严峻的挑战的需要，符合各方的愿望与利益。

1. 媒体合作单独列入组织文件

2015 年制定并通过的《上海合作组织至 2025 年发展战略》将媒体领域交流合作正式单独列入文件，显示了上合组织对此的重视程度。《发展战略》在“新闻领域”一节中强调：“上合组织新闻工作的一项重要任务是，在成员国公民心目中，以及国际和本地区塑造良好的正面的形象。这有助于拉近成员国以及人民间距离，加强他们之间的睦邻与信任。成员国将促进媒体间的联系与交流，定期向媒体提供上合组织日常工作、政治、经济、人文成就的最新消息，并向国际媒体介绍上合组织的活动。”①

2. 论坛峰会探寻合作途径

2015 年 7 月 28 日，俄罗斯新闻出版和大众传媒署与“今日俄罗斯”国际新闻通讯社联合在莫斯科举办“构建上海合作组织共同信息空间”论坛。来自上合组织成员国、观察员国和对话伙伴国媒体代表分析了影响媒体发展的政治、经济和技术因素，并就媒体面临的挑战以及应对措施、媒体在国际关系中的作用等问题进行了讨论，提出了分享媒体产业发展经验、共同应对网络空间挑战、建立双边和多边新闻互换机制开展人员培训和交流、建立共同的信息空间以将上合组织的原则和观点引入国际社会等建议。今日俄罗斯

① ［塔］拉希德·阿利莫夫：《上海合作组织的创建、发展与前景》，人民出版社 2018 年版，第 267 页。

通讯社社长德米特里·基谢廖夫指出："我们需要交流那些用以应对信息侵略的构想。这一想法是为了至少平衡（西方）主流媒体在世界范围内的垄断。"①

2018年6月1日，上合组织召开了首届媒体峰会，上合组织成员国新闻事务主管部门负责人、驻华使节、主流媒体负责人以及有关方面代表260余人围绕"弘扬上海精神，开启媒体合作新时代"主题进行探讨，认为上合组织成员国媒体应高举"上海精神"旗帜，共同发出维护和平稳定的声音，广泛报道各国互联互通、共同发展的生动实践，积极传播各国友好交往、互学互鉴的故事，建设有利于上合组织发展的良好舆论环境和传播秩序，共同助力构建地区命运共同体，开创上合发展的美好未来。建议建立全新的新闻技术联合平台，新闻主管部门负责人定期会晤和对话、媒体人士定期互访等合作机制，拓展全方位各领域媒体合作。与会的110多家媒体联合发表了《上海合作组织首届媒体峰会关于加强媒体交流合作的倡议》，中国国务院新闻办与部分成员国政府新闻事务部门签署了3项媒体合作备忘录，中外媒体共签署了15项交流合作协议。②

倡议的内容包括积极传播上合组织信息，展示上合组织成员国新型国际关系的成功实践，呼吁国际社会进一步树立"人类命运共同体"观念，携手建设和平、安全、繁荣、开放、美丽的世界；密切关注国际和地区安全形势新挑战，聚焦上合组织维护地区和平稳定的努力，围绕各方为打击"三股势力"、毒品犯罪和网络犯罪等开展的执法安全合作进行联合采访报道，为加强地区安全营造良好舆论氛围；及时报道上合组织务实合作新进展，广泛传播上合组织在促进贸易投资便利化等方面的新举措，推动形成支持经济全球化、反对贸易保护主义的舆论共识，促进地区经济融合发展；积极支持上合组织人文交流与合作，发挥不同媒体的优势和特点，讲好各国民间友好交往故事，支持文明对话与交流互鉴，为上合组织未来发展厚植民意基础；共同构建跨国传播网络，加强国际新闻报道合作，努力排除意识形态等因素干扰，客观公正报道国际事务，推动建设更加公正、合理的国际传播秩序；深入开

① "上海合作组织举行成员国主要媒体负责人论坛"，上合组织官方网站，2015年7月30日，http：//chn. sectsco. org/news/20150730/25632. html。

② "上合组织首届媒体峰会倡导以'上海精神'为引领开启媒体合作新时代"，新华网，2018年6月2日，http：//www. xinhuanet. com/2018－06/02/c_1122926482. htm。

展各国媒体专业领域合作，加大新闻信息产品互换，深化媒体合作项目对接，举办新闻从业人员培训，加强新媒体技术交流，共同提升媒体报道能力和水平等等。① 倡议对应了上合组织的基本关切、理念主张，提出了合作方向、实施路径。

3. 上合总部运用新传媒贴近社会大众

上合组织总部运用新媒体技术手段，以更加开放的姿态近距离地面向社会大众。上合组织秘书长参加人民网在线访谈，吸引了 20 多万网友。2016 年起，上合组织秘书处每年开春都会举行“上海合作组织之家”新闻节。2016 年 8 月起，上合组织开通了自己的官方微博，短短几天，日均访问量超过 23 万，评论总数超过 10 万条。官微以亲切、诙谐的口吻向新媒体时代的网络用户介绍上合组织动态，回应各类热点问题，使网民获得上合组织一手咨询成为现实。

4. 双边合作日益活跃

在上合组织成员国双边范围内，中俄媒体交流合作较早实现了常态化，双方参与的媒体逐年增加，合作形式不断丰富，包括节目互换、频道落地、举行大型联合采访、建立新闻人才互换交流机制等。在中俄合作举办各类“主题年”期间，媒体是最活跃的参与者。中俄媒体交流年（2016—2017 年）把两国媒体合作推向了一个高潮。2 年内，双方实施了近 300 项活动，如光明日报社与塔斯社共同举办了“在中国最有影响的十部俄罗斯文学作品和在俄罗斯最有影响的十部中国文学作品评选”（作为评选活动的逻辑延伸，2019 年，在中俄建交 70 周年之际，又举办了“中俄互评人文交流领域十大杰出人物”活动）。双方还拓展合作形式，联合推出了多项具有划时代意义的媒体产品，如 2017 年 7 月发布的“中俄头条”双语客户端，下载量突破数百万，成为两国人民相互了解与交流的有效平台。中俄合拍的大型系列纪录片《这里是中国》《你好，中国》收看人数破亿，激发了俄罗斯民众对中国的浓厚兴趣，在俄刮起了一股“中国风”。俄罗斯喀秋莎电视频道在中国开播，中国国际广播电台对俄广播首次实现在俄罗斯调频落地。“媒体交流年”的举办，进一步向对方民众展示了各自的国情、发展水平以及今后的发展前景，同时也向国际社会展示了中俄双方在哪些问题上有着共同的利益和立场。

① 上海合作组织首届媒体峰会关于加强媒体交流合作的倡议，人民网，2018 年 6 月 2 日，http：//media. people. com. cn/n1/2018/0602/c40606 – 30030057. html。

2016年起，中俄举办网络媒体论坛，研讨主题包括中俄网络媒体政策对接、网络安全、内容交互、人才交流、技术合作，等等。2020年的论坛以“疫情时期网络媒体的作用”为主题在线上举行，两国政府代表、网络媒体领袖、企业家和专家学者围绕疫情背景下的国际舆论格局、媒体技术创新、中俄新媒体合作等一系列话题展开深入探讨。

中国与中亚各国的媒体交流合作也越来越多，报道日趋全面客观。中国媒体走出去，帮助国人进一步认识中亚，同时邀请中亚国家单独或联合的媒体代表团访华，使得中亚国家有越来越多的媒体介绍中国。2013年8月，哈萨克斯坦举办“中国纪录片周”活动，播出《中国制造》《舌尖上的中国》等。从2015年5月起，中国央视俄语频道在吉尔吉斯斯坦国家电视台获得独立的栏目时段用于播出整档新闻节目，塔卡巴尔通讯社网站开设“中国之窗”。中国新疆电视台本土化语言译配的中国优秀纪录片《超级工程》在吉尔吉斯斯坦、塔吉克斯坦电视台播映。

私营媒体也在交流合作中发挥着自己的作用。中国浙商张素兰在吉尔吉斯斯坦兴办德隆电视台已有15年。该台目前拥有中、俄、英等语种118个频道，其中，不间断转播中国频道有15个，还自办了4套节目，成为在中亚地区用户覆盖最广、服务网点最多、最具影响力的海外华语电视播出平台。从2012年起，吉尔吉斯斯坦阿勒玛斯广播电台与中国国际广播电台合作，每天7个小时，用俄语广播包括中国新闻、社会发展等方面的资讯。2014年和2016年，电台创始人鲁斯塔姆分别开办了一个专门介绍中国的网站（www. chinanews. kg）和链接中国电视节目的网站（可以收看中国中央电视台包括俄语频道在内的6个频道），以满足当地民众对中国“爆炸式的兴趣”，助力加深理解、消除对所谓“中国威胁”的担忧和各种误解。①

（四）旅游领域交流合作

上合组织成员国山水相连，历史上的丝绸之路贯穿其中，自然和人文旅游资源十分丰富。旅游对于加深相互了解与信任、推动文明间对话交融、促进经济发展、增加就业、提升民众生活水平具有难以替代的特殊作用。

---

① “吉尔吉斯斯坦‘洋电台’的中国情”，中新社，2016年3月30日，http：//news. sina. com. cn/c/2016 - 03 - 30/ doc - ifxqwxnx6656208. shtml。

1. 达成共识，制定措施

从2007年起，上合组织举行关于旅游合作的定期专家专项会议。2015年7月通过的《上海合作组织至2025年发展战略》在人文合作部分对旅游业给予了关注，该战略指出："进一步增加旅游团组、提升旅游服务品质是旅游业的主要任务。为此，成员国将交流国家旅游政策和经验，扩大主管机关和行业之间的联系，举办旅游展会，开辟新的旅游路线，定期交换旅游市场、旅游资源的信息。"① 上合组织成员国旅游部门领导人合作机制启动。

2016年，上合组织塔什干峰会通过了《上海合作组织成员国旅游合作发展纲要》。文件确定的目标是在现有的历史、文化和经济联系的基础上，发展和扩大旅游领域双边和多边的平等互利合作，形成共同的旅游空间。俄罗斯总统普京致辞时强调："通过的旅游开发计划旨在创造一个统一的旅游空间，保障游客安全。"② 根据协调方案成立了专家工作组。成员国旅游推介成为上合组织秘书处举办的"上海合作组织——我们共同的家园"系列活动的组成部分。

2017年4月25日至26日，上合组织旅游专家会议在上合组织总部举行，会议研讨的主题之一是全面有效地开发和利用旅游潜力。专家们为执行上合组织成员国2017—2018年旅游合作计划制定了联合行动方案：加强政府机构之间在旅游领域的合作，推广旅游产品，提高质量，提供旅游服务，保护旅游者的合法权益，确保旅游安全。同年6月，在上合组织元首理事会会议期间，各方签署了《2017—2018年落实〈上海合作组织成员国旅游合作发展纲要〉联合行动计划》。

2018年5月，上合组织在中国汉口举行了成员国首届旅游部长会议。会议的主要成果之一是各方审议并通过了《2019—2020年落实〈上海合作组织成员国旅游合作发展纲要〉联合行动计划》草案。一个月之后的上合组织青岛峰会上，在各国元首的见证下文件正式签署。这份加强上合框架下旅游领域合作的指导文件，涵盖了国家旅游部门的合作、推动旅游产品领域的合作、提高旅游服务质量的合作、保护旅游者合法权益及保障旅游安全领域的合作、

① "上海合作组织至2025年发展战略"，http：//k. sina. com. cn/article_1726918143_66eeadff02000bdfn. html。

② Страны ШОС Впервые в Истории Приняли Совместную Программу Развития Туризма，https：//tourism. gov. ru/news/10690/.

科研和旅游技术领域的合作等五个方面的内容。《联合行动计划》从旅游角度阐释了“上海精神”，同时，针对国际旅游合作面临的重大关键问题，提出了作为“上合方案”的25项具体行动与措施：国家层面，成员国将合力完成8项工作，包括加强在国际旅游组织中的协调行动，提升旅游往来便利化，简化签证手续，扩大交通运输往来，促进旅游投资便利化等；旅游产品方面，参加成员国旅游推介活动，共同在上合组织地区以外国家推广多目的地（即“一程多站”形式）旅游产品，尤其注重“开发并推介教育旅游产品，鼓励成员国之间的青少年旅游”；在提高旅游服务质量方面，成员国承诺促进旅游专家交流与合作，包括共同开展专业技术人才培训，改善区域内外互联互通环境，提升旅游服务品质，为旅游者创造舒适的住宿、参观、购物和餐饮环境；在保护旅游者合法权益、保障旅游安全方面，提出相互协作配合，及时交换旅游危机管理与应急信息，共同提升旅游安全保障水平，为旅游保险合作创造条件；在科研和旅游技术领域合作方面，成员国将加强双边和多边合作经验研究、完善、分享，升级旅游营销技术手段，发展和推广智慧旅游。

上合组织成员国旅游合作不是孤立的，而是与其他方面的合作紧密相连的。与《联合行动计划》同时签署的文件涉及安全、文化、教育、环保、科技、卫生、青年、体育、媒体等多个方面，有助于全方位提升成员国的合作水平。由于旅游的综合属性，这些方面的密切交流与合作增强了“旅游+”或“+旅游”的可能性。同时，旅游合作的进一步深化也为这些领域的合作创造适宜的环境并注入有益动力，进而实现旅游业与相关领域合作的共振互利。①

作为部长会议的重要环节，还举行了主题为“旅游：上合组织新亮点，区域发展新动力”的“上海合作组织旅游合作研讨会”，各国专家都强调了把旅游纳入上合组织战略议题的意义，提出了深化区域合作，做大旅游交流规模，提升旅游服务品质，发挥文化优势，加强旅游目的地推广合作等建议。②

2. 务实推进 进步显著

上合组织成员国之间的旅游交流总体上还处于初级阶段，各国旅游市场

---

① 杨劲松：“充分释放上合组织旅游合作潜力”，https://www.sohu.com/a/236372226_126204。

② “上海合作组织旅游合作研讨会在武汉召开”，https://www.sohu.com/a/231131008_124717。

发育不平衡，旅游资源开发不充分，与“政热”“经温”相比，旅游合作一度可以用“冷”来形容。① 但合作起步以后，进步显著。2015年起，中国举办“丝绸之路旅游年”，上合组织成员国踊跃参与。2016年，上合组织通过《上海合作组织成员国旅游合作发展纲要》。2017年，上合组织成员国来华旅游人数达到361.7万人次，同比增长11.75%。访华人数占前三位的是俄罗斯（230多万人次）、印度（80多万人次）和哈萨克斯坦（20万人次）。② 从2014年起，中国成为俄罗斯最大客源国。对于俄罗斯游客来说，中国也是最有吸引力的旅游目的地之一，北京、上海和海南岛是俄罗斯游客来华游的首选之地。2018年，俄罗斯赴华旅游241.4万人次，同比增长3%。中国访俄游客203.7万人次，同比增长21.3%。③ 俄罗斯“红色之旅”——中共六大会址常设展览馆、红场列宁墓、胜利广场、阿芙乐尔号巡洋舰、斯莫尔尼宫——对许多中国游客具有很大的吸引力，共同的历史和话题让两国人民更加亲近。2015年10月，中国、俄罗斯和上合观察员国蒙古三方的旅游部门签订合作协议，决定建立“万里茶道”国际旅游联盟，④ 推动三方旅游合作迈上新台阶。根据合作协议，中国、俄罗斯、蒙古三方将立足本国资源，加强跨境旅游合作，联合开发“万里茶道”旅游产品，共同举办“万里茶道——相识之旅”“万里茶道——探访之旅”等宣传推广活动。

一段时间，受“人口威胁论”影响，中国与中亚国家旅游合作成果稀少。“一带一路”倡议提出以后，中亚国家改变观念，这一领域的合作出现突破性进展。⑤ 2015年，中哈签署了《关于便利中国公民赴哈萨克斯坦共和国团队旅游的备忘录》。2016年7月，中哈两国宣布正式启动中国团队赴哈

① “上海合作组织旅游合作研讨会在武汉召开”，https：//www.sohu.com/a/231131008_124717。

② “上合国家来华旅游人数达361.7万人次，俄罗斯游客占第一位”，https：//www.360kuai.com/pc/945d44c66c 5b65410？cota = 4&kuai_so = 1&tj_url = so_rec&sign = 360_57c3bbd1&refer_scene = so_1。

③ “中国成为赴俄罗斯旅游人数最多的国家”，俄罗斯旅游新闻网，2019年6月26日，https：//www.russia - online.cn/News/000_3_1_34638.shtml。

④ “万里茶道”是源于福建武夷山产茶区，途经湖南、湖北、河南、山西、河北、内蒙古、蒙古高原、俄罗斯莫斯科直至圣彼得堡的运茶之道，曾繁荣活跃近3个世纪，是一条重要古商道。

⑤ 李自国：《建交25年来中国与中亚国家的人文合作》，社科文献出版社2017年版，第66页。

旅游业务，标志着相关团体签证政策正式落地实施。首发团由56名游客组成，为期8天的旅行为中哈两国旅游合作掀开了新的篇章。2017年，中哈举办“哈萨克斯坦‘中国旅游年’”，举行了“中哈旅游论坛”和企业洽谈，中国的新疆、上海、山西、黑龙江、河北、湖南、云南、陕西、青海、福建、河南、江西、海南、甘肃、广东、内蒙古、安徽等地先后依托阿斯塔纳世博会平台，在哈萨克斯坦举办推介会，签署旅游合作协议。中国驻中亚国家的首个旅游办事处在阿斯塔纳正式成立。2019年，中哈再度举办“中国旅游文化周”。2016年12月，时任乌兹别克斯坦代总统、政府总理米尔济约耶夫签署《关于采取措施保障旅游业加速发展的总统令》，放宽旅游签证限制，其中规定，中国团体中年满55岁、以旅游为目的的入境乌国不超过30天的人士，可以免签。

《联合行动计划》的发布进一步刺激与推动了成员国在旅游领域的交流合作。2018年，吉尔吉斯斯坦作为主宾国参加了中国第八届敦煌行·丝绸之路国际旅游节，中国也在吉尔吉斯斯坦举办了一系列旅游推介活动。中方计划“扩大宣传推广力度，将老年、研学、特种旅游市场作为重点进行推广，加强与中国旅行商和OTA（在线旅游）之间的合作，让民众往来更加便利，并能充分利用社交媒体手段展现更加丰富多彩的旅游线路和产品”。[①] 2020年1月，塔吉克斯坦驻华大使帕尔维兹·达夫拉特佐达在新闻发布会上表示，塔吉克斯坦把邀请更多中国游客赴本国旅游视为塔吉克斯坦旅游业的优先工作之一。塔吉克斯坦已向包括中国在内的80多个国家推行了电子签证和简化签证制度。此外，塔吉克斯坦欢迎中国投资者参与本国旅游基础设施建设，塔吉克斯坦对进口旅游基础设施建设的设备材料免征关税，并向旅行社给予经营最初5年免缴增值税的优惠待遇。达夫拉特佐达大使强调：塔吉克斯坦的气候和高山资源是国家丰富的旅游资源，旅游业发展潜力巨大，未来将加大推动生态旅游、登山和养生旅游等项目的建设。[②] 同月，哈萨克斯坦旅游局副主席凯拉特·萨达瓦卡索夫表示：未来7年，哈萨克斯坦政府将提升旅游投资预算至2万亿坚戈，[③] 同时，目标游客人数将从目前每年700万人增

① “文旅交流让上合组织民意基础更坚实”，2019年9月16日，http：//www. mzyfz. com/html/ 1296/2019 -06 -12/ content -1396402. html。

② “塔吉克斯坦驻华大使：2019年塔中全面战略伙伴关系达到新高度”，2020年1月8日，https：//www. sohu. com/a/365525155_115239。

③ 哈萨克斯坦官方货币，100坚戈约合1.55元人民币（2021年2月下旬）。

加到每年 1500 万人，并希望在十年内实现旅游产业规模翻五倍的目标。据萨达瓦卡索夫介绍，近年中国客源增长迅猛，哈萨克斯坦将加大在中国市场宣传力度，积极提升旅游知名度，重点推广努尔苏丹、阿拉木图等航空枢纽，推出微信官方公众号，向该国旅游业者介绍朋友圈、微信支付在中国市场的重要性，鼓励他们参与中国境内举办的旅游展会，借助“一带一路”倡议聚焦吸引更多工业和旅游行业投资企业，推出多元奖励政策，利用拜科努尔航天发射站、冰雪、海滩等人文科技自然资源，拓展主题性旅游如文化旅游、探险旅游、生态旅游、历史节庆旅游、医疗康健旅游等等。①

（五）卫生领域交流合作

上合组织成员国地域广阔，自然条件复杂。中亚和俄罗斯的偏远地区，医护人员和资源缺乏，医疗水平低下。阿富汗的毒品走私和地区的极端主义、分裂主义和恐怖主义活动又对相关地区居民的卫生健康构成了直接和间接的威胁。苏联解体后公共卫生基础设施的变化，数量庞大、流动频繁的国际劳工群体，社会环境的不稳定使得中亚国家卫生总支出低下，婴幼儿营养不良、传染性疾病发病率高等现象突出。②

1. 合作的机制与范围不断扩大

健康问题的全球性特点使公共卫生和公共安全交织在一起，并且进入政治领域。上合组织各成员国在各自的社会发展计划中都对保障国民健康给予了高度关注，也将卫生领域的交流合作列为上合组织工作的重要组成部分。

2009 年 10 月，上海合作组织总理会议通过了《上海合作组织地区防治传染病联合声明》，强调开展传染病防治合作的重要性，要求成员国采取措施共同应对。2010 年，上合组织成员国卫生部长会议机制启动，通过了相关专家小组的工作规则和《在卫生领域的合作措施纲要》。2011 年 6 月，在上海合作组织成立十周年的阿斯塔纳纪念峰会上，《上海合作组织成员国政府间卫生合作协定》签署，文件确定了主要的合作方向：科学和技术创新、药

---

① “哈萨克斯坦制定旅游发展计划，力争实现每年 1500 万旅客目标”，2020 年 1 月 9 日，https：//www. sohu. com/a/365899608_594364。

② 邱增辉、蒋祎：《全球卫生治理视域下中亚国家的健康状况及与中国的合作》，《俄罗斯东欧中亚研究》2020 年第 4 期，http：//www. cssn. cn/gjgxx/gj _ els/202009/t20200901_5177392. html。

品安全与质量、提供紧急状态与自然灾害时的医疗卫生援助、妇幼卫生保健等等。成员国商定致力于建立共同的卫生保健体系，在打击医疗卫生产品造假斗争中开展合作。同年11月，上合组织成员国首届卫生部长会议召开，通过了《上海合作组织成员国卫生专家工作组工作条例》，批准了《上海合作组织成员国卫生领域重点合作计划》，旨在开展在传染病防治、药品和医疗设备质量安全、卫生信息化、高技术医疗服务等重点领域的合作。2013年，成员国制定了监控流行性传染病疫情的计划。2015年7月7日，上合组织成员国第二次卫生部长会议在莫斯科召开。会议探讨了加强本地区在保障居民健康安全领域的多边合作问题及其发展前景。与会各方同意，随着成员国间一体化进程的不断加强，需要通过综合协调采取联合行动以保障居民健康安全：继续推进上合组织成员国卫生体制改革，将保证居民健康安全作为总体目标；在上合组织成员国境内积极开展打击医药产品掺假行为领域的合作；进行基本药物清单制定领域经验交流以保障基本医疗救助；进行卫生领域国家立法信息交流；加强医疗产品实验室监控机构间的经验交流；通过开展科技研讨会，论坛等形式进行先进经验、方法的交流。①

2015年7月制定并通过的《上海合作组织至2025年发展战略》强调：上合组织框架内进行卫生合作的迫切性不断上升，要在“包括在传染病防治、流行病检测、营造预防慢性非传染性疾病的良好环境以及妇幼保健等方面开展合作。成员国将在医药制品药物制剂、医疗产品的安全性和有效性方面进行协作。成员国专家学者将就医学技术研发、成果转移以及先进临床医疗经验进行交流”。同时，“卫生领域合作提升至相应水平将有利于保障上合组织地区的生物安全”。② 2016年，中国国家主席习近平在访问中亚国家时，明确提出要着力深化医疗卫生合作，携手打造“健康丝绸之路”。

2. 多边双边合作务实有效

2009年5月，上合组织成员国首届医疗保健大会在莫斯科举行，与会人员就上合组织成员国在卫生领域的合作重点方向、上合成员国范围内卫生部门人员的教育与培训以及医生和药剂师的需求和流动、统一的医疗教育体系

① 上海合作组织成员国第二次卫生部长会议新闻公报》，上合组织官方网站，2015年7月8日，http：//chn. sectscc. org/news/20150708/25563. html。

② ［塔］拉希德·阿利莫夫：《上海合作组织的创建、发展与前景》，人民出版社2018年版，第266页。

的建立、信息和纳米技术在医学中的运用、传统医学的现状和发展前景进行了深入讨论。

在预防毒品方面，成员国联合进行社会调查，研制教育的材料与方法，并在提高毒品学专家的水平、组织联合科研、对吸毒人员提供医疗和康复帮助、使戒毒人员重返社会等方面开展合作。

在双边范围内，中俄于 2000 年成立“中俄教文卫体合作委员会”（2006 年后改称“中俄人文合作委员会”），下设卫生合作分委会，每年召开一次会议，在两国轮流举行，商讨落实交流合作。中俄在卫生领域开展的交流合作包括：传染病联防联控、灾害卫生应急演练、医疗卫生机构协作互动、医药卫生产品监管、传统医药领域政策和立法制定等。2014 年，中俄医科大学联盟成立，截至 2019 年，成员院校达 110 所。联盟理事会每年召开年会，并配套举行校长论坛，就中俄医学教育、创新人才培养、基础研究转化、中医药现代化进展等问题进行研讨并设计和开展务实合作。

中国与上合组织成员国中的中亚国家的卫生合作也稳步推展，因惠及普通民众，故影响面广，认可度高。中国新疆医科大学第六附属医院与哈、吉、塔、乌等国的 10 余家医疗机构签署合作协议，开展跨境远程医疗、专家培训等合作。中国心脏病专家王震十几次赴吉尔吉斯斯坦，为患病儿童免费做手术 350 多例，被病患家属亲切誉为“儿童的守护神”。①

3. 抗击疫情，携手应对威胁挑战

上合组织卫生领域合作的水平在抗击新冠肺炎疫情的斗争中达到了前所未有的高度。

疫情肆虐，严重冲击上合组织成员国的公共卫生安全体系，危及地区稳定，影响经济发展。与此同时，疫情也进一步凸显了构建人类命运共同体的必要性和紧迫性。成员国相互支持，团结合作，携手应对新的威胁与挑战。传统的睦邻友好、协调配合、守望相助在疫情的特殊背景下获得了新的内涵。2020 年初，中国暴发疫情。2 月 14 日，上海合作组织发表声明，支持中方为抗击新型冠状病毒肺炎疫情所做的努力。声明指出，上海合作组织成员国支持中国政府和人民为抗击新冠肺炎疫情所采取的果断措施，愿向中方提供必要协助并开展密切合作。呼吁国际社会在世界卫生组织框架内加强协作，维

---

① “驻吉尔吉斯斯坦大使齐大愚在吉国家通讯社发表署名文章《在共同发展之路上携手同行》”，https：//www.fmprc.gov.cn/web/wjdt_674879/zwbd_674395/t1331803.shtml。

护地区和国际公共卫生安全。坚信各方通过协调努力和相互支持，将有效制止疫情扩散并成功战胜疫情。① 6月15日，上海合作组织睦邻友好合作委员会和中华全国集邮联合会以“弘扬‘上海精神’，团结抗击疫情”为主题，发行公益纪念封推动上合组织驻华使节集体发声，为抗击新冠肺炎疫情题写寄语。上合组织秘书长弗拉基米尔·诺罗夫写道：得益于中国政府果断高效的措施、中国人民的坚强意志和高度自觉，中国在与新冠病毒的斗争中取得积极成果。疫病无国界，需要各国共同努力战胜。上海合作组织秉持“上海精神”，坚持相互支持、团结一致与国际合作，共克时艰。②

俄罗斯总统普京是第一个向习近平主席致电慰问的大国元首，并先后多次对中方采取的措施给予高度评价。俄罗斯政府高层也集体发声坚信中国人民抗疫必胜，中俄之间的相互支持凸显了全面战略协作伙伴关系的特殊性和重要性。俄方在第一时间向中国捐赠了医疗救援物资。中国成功控制国内疫情后，积极保障俄方的防疫需求，提供了包括医用口罩、防护服、外科手套等大量物资。疫情之初，两国防疫主管部门和外交机构就建立起直接的疫情通报沟通机制，相互发送各自不断更新的疫情通报、诊疗方案、调查方案、防控指南等信息。中国科技部生物中心和俄罗斯“维克托尔”国家病毒学和生物技术科学中心建立起直接联系，在病毒溯源、实验室诊断和疫苗研制等领域开展合作。2020年2月初，俄防疫专家代表团到中国进行实地考察和防疫指导。4月，中国抗疫医疗专家组赴俄，密集走访俄相关部门和主要医院，与俄方同行就抗疫防控及临床诊疗等进行交流并分享经验。

中亚国家同样出现在第一批向中国提供人道主义援助的30个国家和国际组织的名单上。几个月之后，新冠疫情在中亚暴发。中国第一时间向中亚伙伴提供了包括医疗设备、药品和防护用品在内的多批援助物资。参与援助的有中国各省市政府、友好城市、国有和私营企业、慈善基金会和社会组织。2020年2月底至3月初，中共中央政治局委员、中央外事工作委员会办公室主任杨洁篪访问塔吉克斯坦、乌兹别克斯坦和哈萨克斯坦，就中方与三国在疫情期间和后疫情时期合作的重点进行了磋商，启动了包括卫生部长在内的

① “上海合作组织就支持中国抗击新型冠状病毒肺炎疫情发表声明”，新华社，2020年2月14日，http://news.cctv.com/2020/02/14/ARTIsJpPnIDs1EC9oty6WeAR200214.shtml。

② “上合组织驻华使节为抗击疫情题写寄语”，《人民日报》，2020年6月16日。

各部门负责人在线视频交流模式。中方应请向哈萨克斯坦、吉尔吉斯斯坦、塔吉克斯坦和乌兹别克斯坦派出了有一线抗疫经验、以中医药专家为主体的专业医疗队，考察隔离设施、举行防疫研讨会、组织培训。医疗队回国后继续举行视频会议，研讨和磋商，在线交流机制化、常态化。远程医疗也越来越多地得到运用。6月初，“乌兹别克斯坦—中国医药技术园区”的制药企业生产出乌兹别克斯坦科学院生物有机化学研究所研发、中国医学专家测试通过的抗疫药物。6月中旬，“中国—乌兹别克传统医学中心”在塔什干正式营业，这是中亚第一所中医诊所，提供治疗、预防、康复等各种服务，被誉为是“中医和中亚医学跨越千年的相遇”，为丝绸之路医学文化交流续写新的篇章。①

在携手应对新冠肺炎疫情挑战的背景下，2020年7月，上合组织成员国以线上形式召开了第三次卫生部长会议，与会各方呼吁国际社会同舟共济、团结协作，共同努力尽早战胜新冠肺炎疫情并通过了《上合组织成员国应对新冠病毒肺炎传播的有效措施综述》。10月，在莫斯科举行的上合组织外长会议强调，在抗击疫情过程中，上合组织成员国卫生部门在维护民众健康和福祉，提供医疗、社会和其他保障方面进行了有效的合作。上合组织成员国与世卫组织和其他相关的国际组织建立起了密切的合作关系。俄罗斯外长谢尔盖·拉夫罗夫表示，在特别需要通过集体努力与合作克服疫情流行带来的政治和社会经济后果的情况下，上海合作组织强大潜力的重要性显著增长。②11月，中国国家主席习近平在上合组织成员国元首理事会第二十次会议上提出构建“卫生健康共同体”的倡议。中方建议成员国疾控中心设立热线联系，表示愿积极考虑上合组织国家疫苗需求。中方的倡议和建议得到了上合成员国的高度评价和积极呼应。

---

① ［塔］拉希德·阿利莫夫：“中国与中亚抗疫合作记”，人民网，http：//world.people.com.cn/n1/2020/0706/c1002－31772893.html。

② Соседи подставят плечо：во время пандемии страны ШОС ищут и находят новые механизмы взаимодействия，Российская газета － Спецвыпуск № 228（8282），08.10.2020.

二、上合组织人文合作的成效评估与存在的问题

（一）上合组织人文合作的成效评估

人文交流合作成效的首要标志是，行为体民众之间的认知与认同程度。随着上合组织人文合作的不断扩大与深入，成员国民众之间的相互认识与评价越来越全面和积极。

2020 年 5 月，中俄友好、和平与发展委员会在中俄 11 个城市线开展了“2020 年中俄社会民意调查”。调查显示，中俄民众对两国关系的整体评价较高且相互认可，新时代中俄全面战略协作伙伴关系持续高水平发展的社会民意基础依然稳固。中国受访者对俄罗斯的非负面评价达 93. 1%，俄受访者对中国的非负面评价达 82. 6%。两国受访者对中俄高层交往、政治互信、务实合作水平均给予积极评价。两国民众心理距离和相关接纳程度出现了更加积极变化，俄罗斯青年一代对中国民众的接受和亲近程度明显提高。两国民众对中俄关系的现状和未来发展表达了明确的支持态度。中俄抗疫合作得到两国民众支持。对中俄在国际多边抗疫合作中的立场和作用，两国多数受访者表现出积极赞同的态度。51. 1% 至 90. 5% 不等的双方受访者支持两国采取的抗疫举措，积极评价中俄在国际抗疫合作中的立场和作用，期待在科研、交流防控和临床经验、互通物资等主要方面继续加强合作。①

在中国，“与中亚各国要坚持世代友好，做和谐和睦的好邻居；要坚定相互支持，做真诚互信的好朋友；要大力加强务实合作，做互利共赢的好伙伴”的理念日益深入人心。中国社会科学院发布的《中亚社会发展报告 2018》指出，多数中亚民众对中国的认识越来越正面和积极。认识变化体现在“中国和中国人的形象大为改观（如今，积极看待中国的不仅是政治家和精英，还有普通公民）”“中国不再是廉价商品的提供者，技术比较优势获得认可”“对丝绸之路经济带由最初的赞赏与疑虑并存，转变为衷心的期待”

① “2020 年中俄社会民意调查报告：两国民众彼此认可，中俄关系社会基础更加巩固”，新华网，2020 年 6 月 19 日，http：//www. xinhuanet. com/world/2020 - 06/19/c_1210667848. htm。

等方面。① 上合组织原秘书长、吉尔吉斯斯坦外交部对外政策研究中心主任穆拉特别克·伊马纳利耶夫在论及中亚民众对华认知时指出："中国的成功不可否认。特别是其经济发展的进程，科学、文化和体育等领域取得的成就。中国人民的勤劳和节俭等品质被立为榜样。吉尔吉斯斯坦媒体已经在呼吁'向中国学习'，这一呼吁赢得了商人和军人的特别支持。中亚国家的年轻人对中国表现出极大的兴趣，其中有许多人在中国的大学学习。年轻人注意到中国局势的稳定、中国人的宽容以及没有沙文主义和民族主义的攻击。中亚的许多年轻人都希望将自己的未来与中国联系起来。"②

（二）存在的问题及其成因

在上合组织层面，交流合作以政府主导为主，签署的文件数量多，政治宣示性强，但具体落实与构想目标不尽对称，执行力不足；操作模式以"自上而下"任务派发型为主，基层主动参与力度不够，社会主动参与层面狭窄。各种主题年、文化周、文化日丰富多彩，集中效应明显，但常态化交流合作的渠道平台不足，实际效应相对薄弱。从事人文交流合作的专业人才缺乏。问题的出现与这样一些因素有关：上合组织没有"权力中央"，常设机构秘书处是行政机关，难以协调行动；缺少可支配的公共资金和物质资源。

在成员国民众层面，存在相互间的负面认知。导致负面认知产生的原因是多重的。历史上，彼此的形象，主要由官方言说构建，因而完整单一。目前，民众直接获得彼此印象的渠道日渐丰富（旅游和其他形式的直接接触）。丰富的同时也非常斑杂，构成的形象也多种多样。各方的发展变化快，大量的理念、实践与成果具有自己的独特性。不同的地区与领域，发展规模、速度等也各有不同，国家形象本身客观上也呈现多面性和多样性。各方民众的成长环境、意识形态、历史记忆、价值观念发生变化，产生差异。

另外，民众的认知、评价与政治、军事和知识精英的思想意识之间也存在较大的差异。一方面，这是由于精英群体的对外政策取向不同，另一方面

① 《中亚国家发展报告2018》，社会科学文献出版社2018年版，第69页。

② Муратбек Иманалиев：Китай и Центральная Азия：постсоветское развитие，Валдайский клуб，Мнения экспертов，29. 09. 2017. https：//ru. valdaiclub. com/a/highlights/kitay – i – tsentralnaya – aziya – postsovetskoe – razvitie/.

也是由于包括精英在内不同的社会群体与中国之间的互动程度不同。① 这一现象，在俄罗斯和中亚各国都存在。

三 、上合组织人文合作的需要、条件与推进路径

（一）上合组织人文合作的需要

1. 成功的人文交流合作是国际组织战略目标实现的保障

当今世界正在经历深刻的变革。世界力量对比演变加速，传统热点与非传统安全难题交织，超级大国干预，民粹主义肆虐，资本主义制度弊端滋生经济困扰与利益冲突，西方国家对新兴大国顾忌、防范、打击，发展中国家在道路选择上徘徊，大选引发政治版图变化，区域性和地方性的冲突没有得到有效管控，非传统安全威胁上升：恐怖主义、武器扩散、跨国犯罪、毒品走私、非法移民、环境污染、疾病蔓延、网络安全、洗钱等全球性问题加剧。在此背景下，争取和平与发展，建立命运共同体，凝聚合力进行社会层面和自然层面的全球治理的重要性更加突出。

民众对其他国家或地区文化了解的程度同与这些国家或地区合作意愿的程度之间，存在着密切的关联。发达的人文交流是成功实施政治和经济计划的重要前提和保障。人文交流合作从定义上说是建设性的，是国际关系中的一种独特形式，对行为体民众的情感、意识产生影响。这种影响常常是长期的，而且，按照社会心理学理论，还会代际传承。成功的人文交流合作可以促进在双边或多边文化中形成或进一步确认共同的价值观念和行为准则。国际组织成员国普通民众对成为该组织成员必要性以及自身实际利益的认识程度，对国际组织的正面效果和存在与发展具有重要的影响。国际组织只有在人文交流合作方面取得成功时，其战略目标的实现才有充分的保障。

2. 上合成员国在人文领域的意见和利益高度融合

作为地区性的命运共同体，上合组织成立以来，其成员国较好地做到了将利益与责任两者保持平衡，相互联系、相互依存日益加深，各领域全方位

---

① Эксперты：В Центральной Азии Китай вызывает двойственное чувство восхищения и страха，https：// stanradar. com/news/full/21728 – eksperty – v – tsentralnoj – azii – kitaj – vyzyvaet – dvojstvennoe – chuvstvo – voshischenija – i – straha. html.

合作持续发展。“上合组织发挥的积极作用是始终如一的。一是威慑作用，这是对‘三股势力’而言。二是凝聚作用，对于各成员国，它是一个平等对话友好合作的平台。三是平衡作用，中俄关系、中亚各国与俄关系以及它们与中国的关系，加上后来加入上合组织的印度巴基斯坦关系以及印巴与其他成员国的关系，都有一个利益平衡的问题。四是牵制作用，它是对外部任何侵略扩张势力的防范。五是吸引作用，这是对周边一些国家而言……上合组织是当今世界发展最为稳定的一个多边组织，称得上是欧亚命运共同体、人类命运共同体的一个样板。”① 与此同时，在涉及合作主导、方向目标、利益诉求的政治、经济、安全领域，成员国之间也存在着一定的分歧、矛盾甚至冲突（商品和投资市场竞争、领土争议、水资源分配纠纷，等等）。分歧和矛盾无疑会影响共识的达成和组织的进步。而在人文领域，各方意见和利益则是高度融合，这种融合能对政治、安全、经济领域的融合产生推动。因此，人文领域的交流合作将会在上合组织巩固、建设和发展中发挥更加重要、更具决定性的作用。

3. 构建人文共同体，确保上合组织命运共同体可持续发展

2020 年 11 月 10 日，中国国家主席习近平在上合组织成员国元首理事会第二十次会议上发表了题为《弘扬“上海精神”，深化团结协作，构建更加紧密的命运共同体》的讲话，提出上合组织要弘扬“上海精神”，加强抗疫合作、维护安全稳定、深化务实合作、促进民心相通，携手构建卫生健康共同体、安全共同体、发展共同体、人文共同体，为推动构建人类命运共同体作出更多实践探索。这是中国为新形势下上合组织的发展贡献的中国智慧和中国方案，指明了疫情背景下以及后疫情时代上合组织命运共同体建设新的方向和目标。构建“四个共同体”倡议是一个宏大的系统工程。其中，“构建人文共同体是构建上合组织命运共同体不可缺少的民意和社会基础，是确保上合组织命运共同体可持续发展的动力之源”②。

上合组织有进一步推进深化人文交流合作的迫切需要，成员国又有各自的潜力、条件和优势，可以在各方面、通过各种形式积极作为，构建人文共

① 余邃：“增强上合组织在全球治理中的作用”，https://www.sohu.com/a/326103040_619333。

② 邓浩：“构建上合组织命运共同体理念的新发展”，《光明日报》，2020 年 11 月 12 日，第 12 版。

同体，确保上合组织命运共同体可持续发展。

（二）上合组织成员国拥有开展人文合作的良好条件

中国在上合组织中始终发挥开创性建设性作用。在人文交流合作领域，中国的特色与优势在于高度重视作用于广大民众、切实对应需求、务实有效的形式与方法，如举办上合妇女论坛，利用风云二号气象卫星为上合组织成员国防灾减灾、应用技术培训提供服务，等等。中国对青少年间的人文合作更是给予重点关注。从 2008 年起，每年向上合组织成员国青年提供奖学金。举办青年领导人研修班、上合组织青年交流营、上合组织非遗夏令营、上合组织青年合唱夏令营等。每届峰会，中方都会宣布推动深化具体措施，如在 2018 年青岛峰会上，习近平主席宣布，未来 3 年，中方将利用中国—上海合作组织国际司法交流合作培训基地等平台，为各方培训 2000 名执法人员；将在上海合作组织银行联合体框架内设立 300 亿元人民币等值的专项贷款；未来 3 年，中方将为各成员国提供 3000 个人力资源开发培训名额。在 2020 年峰会上，习近平主席宣布，中方将于次年举办上海合作组织民间友好论坛，继续办好上海合作组织青年交流营活动，在未来 3 年为各方提供 600 名青年交流名额，培养相知相亲的青年一代。

在很长的历史时期中，俄罗斯和中亚国家曾处于共同的文化空间。俄语在中亚国家仍为主要的交际语言。双方民众往来频繁，交融紧密。目前，在哈萨克斯坦、吉尔吉斯斯坦、塔吉克斯坦和乌兹别克斯坦生活着 465 万名俄罗斯人。① 仅 2019 年上半年，哈、吉、塔、乌赴俄务工人数就达 180 万。② 俄罗斯有 2500 万人信仰伊斯兰教，③ 这也为俄罗斯与中亚国家、印度和巴基斯坦开展人文交流合作提供了重要的基础。到 2019 年底，在俄罗斯有 7.4 万名哈萨克斯坦留学生，其中 3 万人领取俄方提供的奖学金。哈萨克斯坦 60 多

---

① Сколько русских осталось в республиках Центральной Азии, 14.06.2019, https: //asiaplustj. info/ru/news/centralasia/20190714/skolko – russkih – ostalos – v – res publikah – tsentralnoi – azii.

② Сколько в России Живет Иностранцев, https: //gwcont. ru/migraciya – info/skolko – v – rossii – zhivet – inostrancev. html.

③ Духовное Собрание Мусулвман России, https: //dsmr. ru/ekspertnyj – doklad – voprosy – soblyudeniya – prav – musulman – v – rossii. html#_ftn3.

所大学、社会组织与俄罗斯39所大学建立有合作关系。2万多名塔吉克斯坦青年在俄罗斯学习，2018—2019学年俄政府向塔提供了618个奖学金名额；8000多人在塔吉克斯坦的俄罗斯斯拉夫大学学习。莫斯科大学、莫斯科动力学院等院校在塔都设有分校。“俄罗斯世界”基金会在塔吉克斯坦建立了四个中心，“今日俄罗斯”通讯社在塔开设了代表处。① 约70万吉尔吉斯人生活在俄罗斯，俄罗斯在吉侨民有39万，成立了40个组织。俄罗斯于1993年在吉尔吉斯斯坦开设了斯拉夫大学。2021—2022学年俄向吉提供了375个免费留学名额。俄罗斯天然气工业股份公司资助在比什凯克建设一所可容纳950名学生的普通教育学校。② 约200万乌兹别克人在俄罗斯生活工作，2019年个人从俄罗斯寄往乌兹别克斯坦的外汇为30.57亿美元。莫斯科国立大学、莫斯科国际关系学院、俄罗斯国立经济学院、俄罗斯国立石油和天然气大学在乌兹别克斯坦首都塔什干都设有分校。在乌的俄罗斯科学和文化中心积极举办各种活动推动俄语的保存和普及。③

中亚国家在人文交流合作领域的条件与优势是在与中国千余年交往中形成的民族亲缘关系，与俄罗斯有着悠久深厚的历史文化联系。

（三）上合组织推进人文合作的路径

站在新的第三个十年，上合组织为进一步推进人文合作，需要创新思路，从多路径积极作为。

一是在上合组织和各成员国多边和双边官方层面，建立健全落实协议的组织和人员保障机制、监督机制，构建常态运行的机构和灵活多样、高效便捷的工作系统，优化协调机制，建立自己的评级机构，依托“主题年”等各种活动的引领作用，使人文交流活动常态化，并以此为各方全面、深入的了解与理解创造条件。

二是在民间层面，创建有吸引力的政策机制和动员手段，吸引更多人士

---

① 王宪举：《俄罗斯与中亚国家关系发展的特点》，《中亚国家发展报告（2020）》，https：// www. sohu. com/a/395894949_619333。

② Посольство Российской Федерации в Киргизской Республике：О российско – киргизских отношениях，https：//kyrgyz. mid. ru/o – rossijsko – kirgizskih – otnoseniah.

③ РИА Новости：Межгосударственные отношения России и Узбекистана，23. 06. 2020. https：//ria. ru/ 2020 06 23/ 1573372132. html.

自愿、持续、创造性地参与到人文交流合作的工作中来，开发利用民间企业力量为上合组织人文交流合作提供资金支持，并通过其公关活动吸引广泛的受众；开展由民间主导（又有官方和学界的参与与指导以规范形式，提高层次）、受众面广、感知度高、形式丰富、效应具体长久的活动。

三是丰富人文交流的内涵。传播古代文化与宣传现代文明相结合，展现文化文明的独特性、多样性与强调文化与价值观的共性相结合，增进互信、凝聚共识。依托和强化上合组织大学的功能，拓展和优化培养专业方向，为成员国建设发展和共建“一带一路”培养适用人才。

四是加强学术界的作用与影响力。增强各方智库的交流与协作，加强对彼此发展意图和愿望的了解，把握各方利益的结合点，加强政策沟通和战略对接，促进理解和认同。利用智库的权威性和影响力，营造有利于成员国团结合作的社会舆论，增信释疑。

五是加强媒体构建统一信息空间的交流与合作。扩大传播渠道、创新传播途径，建立上合组织电台、电视台和出版社；成员国相互借助对方平台，联合制作、节目互播等等。在国际上积极应对挑战，争取更多话语权，打造国际舆论新版图；在上合组织内部，宣传上合组织和各成员国的美誉形象，助力形成相互欣赏、相互理解、相互尊重的人文格局。

六是加强文化交流的产业化，推动文化基础设施、基础产业和基础市场的形成与发展，推动遗产保护、文化创意等文化平台的建设，促进文化经济双规并行，形成良性互动。加强旅游发展统筹，促进各国旅游发展战略政策对接，推动旅游与相关产业融合发展，让旅游为其他产业赋能。

第二部分

机制建设与发展

报告五

当代国际局势和上合组织的角色变化
——哈萨克斯坦的视角*

艾达尔·阿姆列巴耶夫**

【内容提要】本文从哈萨克斯坦的国家利益和国际定位出发，分析上合组织20年发展历程，就上合组织在协调国际关系和中亚地区关系中的作用提出个人见解。本文分析了上合组织主要成员国的定位和扩容的意义，上合组织发展中面临的挑战，并就上合组织战略转型方向提出建议。

【关键词】上合组织；国际新秩序；中亚国家；上合组织扩员；哈萨克斯坦

2021年是上海合作组织成立20周年，值此之际，我们在评述该组织发展历程的时候，不仅要关注阶段性、“标志性”的历史成果，更应清晰认识世界局势的变化、上合组织的潜能和转型方向，从而最大限度地提升组织的效力。本文尝试以哈萨克斯坦为立足点，就上述几个方面的问题提出观点。

一、上合建立之初哈萨克斯坦的外交选择

在当代语境中探讨哈萨克斯坦国家主权的建立，有必要指出，在为哈

---

* 本文是华东师范大学哈萨克坦研究中心主任王海燕与作者反复讨论的成果，感谢她的框架性建议和修改意见。

** 艾达尔·阿姆列巴耶夫（Айдар Амребаев），哈萨克斯坦应用政治学和国际研究中心主任，华东师范大学哈萨克斯坦研究中心兼职研究员。

萨克斯坦争取实际的国际主体性方面，上海合作组织持续发挥了重要作用，切实为哈萨克斯坦提供了安全保障，承认其领土边界，并提供经济支持，为其国民营造了非冲突的、和谐的社会发展环境。哈萨克斯坦独立以来的 30 年，有 20 年的发展离不开与上海合作组织成员国的合作。这一时期可以称为外部环境助益期——得到了协调、均衡的国际、地区环境“保护伞”。上合组织在其中发挥了重要作用。哈萨克斯坦是上合组织的创始国之一，也是该组织的积极参与者。这充分说明了为什么哈萨克斯坦在自身的发展中极为需要上合组织，而且现在也依靠着这一组织，因为它是哈萨克斯坦主权独立的外部依托，是未来社会经济一往无前、安全、蓬勃发展的条件。

1991 年正式独立成为主权国家之后，哈萨克斯坦共和国面临着在世界范围内协调外交事务、确定自身定位的相当复杂的困境。特别是苏联解体后，原加盟共和国在独立后纷纷呈离心态势，为了摆脱前宗主国俄罗斯的影响，一些国家试图转向以美国和欧盟国家为首的西方阵营。部分后苏联国家的精英阶层认为，全球发展呈现出一种线性发展前景，即由独裁主义向以西方发达国家为代表的西方民主主义发展。精英阶层认为，最有前景的国家发展计划是优先与当时的全球霸主即美国建立合作关系。20 世纪 90 年代初的国际现实印证了这一观点。然而从长远的历史角度来看，仅以一国为依托的外交政策存在很大风险，哪怕这个国家的实力是最雄厚的。

独立后的哈萨克斯坦能源发展仍高度依赖位于俄罗斯欧洲部分的加工企业。与此同时，因为拥有丰富的自然资源而受到西方及其跨国集团的密切关注，并试图将哈萨克斯坦纳入美国和西欧国家的影响范围。而这些国家有着对于年轻国家来说十分重要的投资机遇，以及经济发展所需要的技术和有吸引力的社会生活模式。更加紧密合作并加入“亲西方联盟”（прозападный альянс）的前景，对于发展中的新兴独立国家来说具有相当的吸引力和诱惑力。不仅如此，美国是一个能够与俄罗斯进行核对抗的重要国家，它坚持让哈萨克斯坦放弃核武器，并按照所谓“西方规范”实现国家转型和现代化，可为其提供安全、领土完整、经济投资保障，接纳其进入当代自由主义国际“俱乐部”。这些“政治利益”在哈萨克斯坦的发展战略文件和一些国家项目中均有体现，例如，哈萨克斯坦在担任 2010 年欧安组织（OSCE）轮值主席国前通过的《2009—2011 年“通往欧洲之路”

国家计划》。① 然而，哈萨克斯坦当局也非常清醒且有远见地意识到，国家发展演变的道路需要传统外交政策的支撑，需要务实地承认邻国的利益，首先是俄罗斯，一个拥有强大军事政治影响力的大国；还有经济蓬勃发展的中国，具有经济现代化的重要动能和伴随市场不断开放、扩容的新型互联基础设施。此外，由于年轻的哈萨克斯坦与两大邻国——俄罗斯是其中国土面积最大的，共同边界线达 7598.8 公里；中国是其中人口规模最大的，共同边界达 1782.75 公里——之间的关系存在不确定性，若要在战术和战略上同时满足相关国家的核心利益，就需要国家领导层面对局势进行周密权衡，只有研判地区多边互动机制的前景，才有可能真正解决紧迫的问题。具体包括：防范社会政治转型过程中出现的民族分离主义、宗教极端主义所引发的不稳定局势的威胁，以及哈萨克斯坦这个年轻国家所要面临的、苏联解体背景下日益活跃的、从阿富汗向后苏联国家贩运毒品所带来的严峻挑战。刚刚实现国家主权合法化的哈萨克斯坦在历史意识中，对于和中国、俄罗斯这两大邻国的关系，仍有所担忧。对于哈萨克斯坦来说，解决军事、政治、经济、文化领域互动这一综合问题的关键在于与地区当中这些国家之间的互动，这也是其外交政策中的优先事项。需要指出的是，得益于与上述国家的双边会谈，这些问题得到了顺利解决，并在 2001 年建立了务实的国际对话平台——上海合作组织。

二、边界问题的解决

哈萨克斯坦作为上海合作组织的发起国之一，不仅解决了该国的边界问题，而且从实际上为后苏联空间国家的国际定位提供了新的战略路线，着眼于与陆地大国、中亚邻国，尤其是中国和俄罗斯这样的重要伙伴之间达成对外利益平衡。该战略是哈萨克斯坦维护独立的重要基础。并且，当代国际关系实践证明，与重要的大国进行利益协调非常有前景。对于哈萨克斯坦和有核武器且具有一定人口规模的“重量级”邻国印度、巴基斯坦来说，加入上合组织具有重要的现实意义。该组织的非集团状态对哈萨克斯坦而言非常重要，能够避免自身与其他国家的对峙和外交政策冲突。有

---

① 2008 年 8 月 29 日，纳扎尔巴耶夫总统批准了哈萨克斯坦外交部制定的《2009—2011 年“通往欧洲之路”国家计划》，简称“通往欧洲之路”计划。

一些说法，例如，该组织是“非西方”性质的，该组织总体上或部分成员国有着反西方的战略定位……这些说法在我们看来是短视的，脱离了上合组织及其成员国的现实和战略目标。哈萨克斯坦将上合组织视为该组织成员国之间按照“上海精神”协调利益、协同努力、协商解决方案的重要地区平台，以中亚地区和谐为宗旨，并为其发展提供有利条件。该组织的国际前景首先在于构建中亚的地区和平、利益和谐和共同繁荣，为全球性、建设性的发展作出贡献。将该组织拖入国家之间的集团对抗、对峙，拖入各种贸易、技术领域的“冷战”，将个别成员国自己的、地区外的“议程”强加于其他成员国，这些企图都不符合哈萨克斯坦的国家利益和加入上合组织的目的。

虽然就官方积极性的表现来说，上合组织的目标似乎显得有些“淡化”，仿佛表现出转化为另一个全球性官僚组织的趋势。然而，实际上，该组织所关注的中亚地区国家利益的协调与平衡，才是上合组织的重要优先事项和中心思想。哈萨克斯坦与上合组织以及与单个成员国的合作，均坚持关系务实化，克服国家间地缘政治差异造成的分歧。因此，哈萨克斯坦希望阿富汗及其周边地区局势问题能够得到建设性地解决，这是大中亚地区持续稳定发展的重要因素。该地区全面无核化和去军事化是一组大问题，这关系到中亚地区人民能否过上和平的、创造性的生活。哈萨克斯坦加入了中国发起的积极倡议，推动上合成员国经济、基础设施现代化，打造现代、高效的交通——物流互动走廊，在中亚各次区域之间发挥经济协同效应，促进国家间的合理分工和投资开放，推动繁荣的地区市场形成。哈萨克斯坦与上合组织成员国一道，积极组织召开亚洲相互协作与信任措施会议（简称亚信峰会）。亚信峰会是探索和构建合作信任机制的开放平台，而上合组织也是这样的机制平台，提出了促进国家间对话并达成共识的“上海精神”。其背景是国际秩序正在经历一个相当艰难的解构时期：国际关系的一些基础和协议出现了破裂，国际上精英阶层之间相互不认同，甚至冲突，当代全球挑战正在加剧与复杂化……

一些专家指出，当今世界正在经历一个“新常态”阶段，其特征是，原有的系统性关联——这种世界秩序有着明确的关系体系、基本结构、制度基础以及调节国际关系的法律规范——正在发生无法预测的解体。传统的全球和地区国际组织的作用也在经受修正和重新理解。那么很显然，对哈萨克斯坦来说，具有现实意义的问题就是确定上海合作组织的意义，它的组织内涵、使命以及潜在的当代影响。进入第三个十年的上合组织，就其最初的使命而言，已经取得了相当成功的结果。

1996 年，哈萨克斯坦与中国签署了第一份国界协定，又于 2002 年签署了勘界协议。2002 年在北京举行的《哈中国界线勘界议定书》签约仪式上，时任哈萨克斯坦国务秘书兼外长的卡西姆若马尔特·克梅列维奇·托卡耶夫声明："我们认为，哈中国界线勘界的法律程序已经画上了圆满的句号。因此我们可以满怀信心地说，两国之间不会再有领土和边界争端问题……没有任何遗漏地完全划定和勘定国界线，符合我国的战略利益。这是我们历史上首次与中国通过法律途径全面实现了国界线的勘界。"①

而这一协定后来成为哈中合作蓬勃发展的基石。该议定书签署后，哈中关系实际上获得了特别的动力和意义。2013 年 9 月，中国国家主席习近平选择在哈萨克斯坦首都宣布"一带一路"倡议也并非偶然，这意味着，在中国致力于达到世界领先地位的经济发展规划中，已经将哈萨克斯坦视为重要伙伴。当时哈中两国领导人的倡议取得了良好的协同效应。中国在哈萨克斯坦投资的爆炸性增长是真实可见的——成为整个后苏联空间当中最吸引中国的国家。双边经贸、人文等各领域合作都蓬勃发展。目前，哈中关系已经达到了永久全面战略伙伴关系水平——哈萨克斯坦和中国能够在所有重要的国际多边平台上就一切国际和双边议程问题相互支持。

哈萨克斯坦和中国参与整个中亚地区的多边外交，对两国关系的迅速发展有着重要意义。五国（哈萨克斯坦、中国、吉尔吉斯斯坦、俄罗斯和塔吉克斯坦）于 1996 年签署了《关于在边境地区加强军事领域信任的协定》（双边协定），于 1997 年签署了《关于在边境地区相互裁减军事力量的协定》（多边协定），向新的组织，即中亚新兴独立国家参与的"上海五国"的建立迈出了关键一步。乌兹别克斯坦也很快加入了"五国"行列。2001 年 6 月 15 日，哈萨克斯坦共和国、中华人民共和国、吉尔吉斯共和国、俄罗斯联邦、塔吉克斯坦共和国和乌兹别克斯坦共和国在中国上海共同宣布成立上海合作组织。2002 年 6 月通过的组织宪章成为该组织内涵丰

---

① Азиатский трек внешней политики Казахстана – яркий образец успешного тандема Нурсултана Назарбаева и Касым – Жомарта Токаева. 16 июня 2020 г. https：// www. kazinfor m. kz/ru/ aziatskiy – trek – neshney – politiki – kazahstana – yarkiy – obrazec – uspeshnogo – tandema – nursultana – nazarbaeva – i – kasym – zhomartatokaeva_a3662505？fb-clid = IwAR3r11mgsb_hl_L3PkmuRHMuU4779 d7UkTDr5UcsVEbo7EC6d5 Hb ZsuZQFM.

富的平台基础，旨在重点解决边界问题，并集中力量打击“三股势力”，即极端主义、恐怖主义和分裂主义。此后，该组织发挥作用的领域因经济、人文方面的相互作用而显著扩大。随着时间的推移，上合组织逐渐由边界问题解决机制向涉及更广泛问题的权威多边组织转变。目前，该组织框架内有一系列协调与合作机制在运行，包括地区反恐机构、银行合作联合体、上合组织实业家委员会、上合组织大学。2017 年，印度和巴基斯坦加入该组织，成为正式成员国，还有一些国家以观察员国和对话伙伴国身份参与了该组织的工作。

在上合组织成立初期，中国引领的“开放友好”使得中亚地区年轻的后苏联空间国家成为登上国际舞台的主体，这得益于俄罗斯、中国这样有话语权的世界大国对于该新兴组织的参与和联合。哈萨克斯坦和其他“小”邻国们也因为上合组织被世界认识并认可。

三、上合组织对当代国际秩序的影响

21 世纪第一个十年，美国的单边主义引起了新的“世界分裂”，哈萨克斯坦在这样的背景下加入上海合作组织，意味着在实际上为自身选择了“非西方模式”的国际定位。美国外交战略的“靶标”之一就是阿富汗，一个紧邻苏联解体后中亚地区的国家，该地区在美国地缘政治版图中被界定为“大中亚”（弗雷德里克・斯塔尔的概念）。① 在华盛顿战略家们的构想当中，这一地区应该成为从军事政治上遏制俄罗斯并限制中国经济发展的某种战略基地。与此同时，在中亚的“棋局”（美国前总统国家安全事务助理兹比格纽・布热津斯基的表达）② 上，应当要展开一场新的“大博弈”，目的是在这一地区建立美国独大的世界影响力。

关于确立平等互动的和谐模式的建设性尝试，其中的一个重要部分，就是那些奉行另外一种多中心世界秩序的国家的建设，这以俄罗斯、中国

① Фредерик Старр. Для стран Центральной Азии важно сотрудничество, но не интеграция и потеря суверенности. 7 февраля 2019 г. https://cabar. asia/ ru/frederik – starr – dl ya – stran – tsentralnoj – azii – vazhno – sotrudnichestvo – no – ne – integratsiya – i – poterya – suverennosti.

② Бжезинский З. Великая шахматная доска: Господство Америки и его геостратегические императивы. М.: Международные отношения, 1999. С. 256.

以及其他一些在世界上有影响力的国家为代表。

事实上，美国试图在中亚地区行使垄断的权力，建立自己的“游戏规则”，甚至有些冥顽不化，并带有侵略性特征。对此，上合组织方面自然不能接受，其对该地区的发展有着另外的期待，并正在实现它——将其视为一个有效的大陆经济中心，一个传统文明的十字路口，一个和平、合作、稳定的地区。值得注意的是，上合组织成员国联合和独立开展的多种形式的综合互动，拓宽了上海合作组织“伞状”辐射面的外延。正是在这种情况下，有必要仔细研究该组织和地区整体长远发展的前景。当前已经可以看到一些扩大和深化该组织作用的“项目”实例，例如中国提出的在物流运输互联互通和经济基础设施现代化方面建立共同合作，符合“一带一路”倡议，也为俄罗斯的“大欧亚”一体化构想提供了支持；乌兹别克斯坦在哈萨克斯坦亚信峰会的“建立亚洲自己的安全组织”基础上提出了建立“中亚五国”（哈萨克斯坦、吉尔吉斯斯坦、塔吉克斯坦、土库曼斯坦和乌兹别克斯坦）更紧密合作关系的计划；中国和塔吉克斯坦在“四方合作与协调机制”框架下为加强边境合作积极努力，除中国外，巴基斯坦、塔吉克斯坦、阿富汗等国也参与其中。上合组织成员国在国际关系实践中建立起的互动模式，不仅可以在美国采取僵化的单边主义做法时保留回旋余地，也可以显示整个中亚地区作为国际社会中独立的、“非边缘的”参与者的真正潜力。应该特别强调的是，上述“对话平台”和倡议之所以成为可能，得益于该地区国家在上海合作组织模式中的相互接近，上合组织成了某种“母组织”，它拥有包含该地区国家间各种合作方向的内涵基础。上合组织已经成为“伞状”组织的典范，在这种形式之下，多边和双边基础上的新的互动项目已经“展露出来”，并正在落实。上合 20 年发展的意义还在于，它使得中亚地区正逐步摆脱边缘地位，获得更大的国际主体性。相比之下，在缺乏国家间互动平台的近东，就没有中亚地区这种以一体化来汇集、表达共同利益的方式来促进地区保持整体性的机制优势。因此，在上合组织框架内加强国家之间的联系，并将一些新的国家引入这一机制，有助于相关国家合作解决发展过程中的敏感问题。

就上合组织的长远发展方案而言，应当就组织成员国在中亚地区发展问题上的利益“捆绑”达成共识，即该地区不仅具有地区战略意义，未来对于在世界范围内形成稳定和平发展有着全球性意义。例如，当前一个潜在的国际争端就是伊朗核问题。这一问题就目前而言其实是“单个国家”

的孤立问题，也就是伊朗与西方立场相对立，实际上处于孤立状态。然而，伊朗在地理和政治文化上与上合组织的中亚地区成员国接近，上合组织应当持续关注这一国家，也需要尽可能将该国吸引到上合组织框架下通过积极谈判解决地区问题的轨道上来，并已将伊朗从观察员国发展为组织成员国。这将使伊朗在上合组织成员国的集体支持下，提升自身的政治资源水平，依托新的组织平台实现与西方的谈判。伊朗核危机的和平妥善解决，会是一件有利于中亚地区乃至世界积极稳定发展的事情。

对于哈萨克斯坦来说，当前的另一个现实问题，是该地区国家与土耳其的密切互动。这一互动并不局限于突厥语族的合作，更着眼于中亚地区新地缘政治现实的构建。而且，土耳其与上海合作组织的积极互动，将使土耳其有可能从对话伙伴国提升为观察员国。

可以想象，上合的组织结构变化，以及吸纳那些对于未来国际秩序尤其是中亚地区秩序持有相似积极看法的国家，将会巩固上合组织在这些国家所在地区的影响潜力，尤其是那些拥有充满活力的经济发展资源的国家，有着地缘战略雄心和机遇的国家，尽管他们对上合组织职能空间的发展有着不同看法。

对于当前的哈萨克斯坦来说，以下是国际关系领域的三个优先发展事项：第一，突破自身的“边缘地位”；第二，为国家安全和领土完整能够得到更多更稳定的支持提供保障；第三，扩大自身的地区影响力和高效经济合作。要达成第一个目标，需要在国际社会中进行国家“认证”——成为国际社会负责任的参与者。在这一方面，哈萨克斯坦已经实现了几个决定性的“标志”步骤。特别是，哈萨克斯坦自愿放弃核武器，拒绝在境内开展核试验，获得了一些领先世界的大国对其国家安全和领土完整的支持。此外，哈萨克斯坦发起了上合组织、亚信峰会等调解平台，推动了叙利亚问题的对话。哈萨克斯坦的经济基础使其克服了内陆国家的劣势，参与了欧亚经济一体化，以俄罗斯的波罗的海和黑海港口为出海口，并在“一带一路”倡议框架下积极开展合作，以中国连云港为太平洋出海口。上述项目，包括上合组织国家的参与，极大地促进了哈萨克斯坦成为物流运输基础设施较为发达、地缘战略地位优越的国家。目前，有6条公路、9条铁路、4条空中走廊和总长20238公里的管道经过哈萨克斯坦，其中天然气管道12318公里、石油管道7920公里。[①] 一些专家认为，哈萨克斯坦8.1%的GDP来自物流运输，运输量增长趋势相当稳定。[②]

在安全方面，哈萨克斯坦自独立以来就获得了一些重要国际行为体，即美国、俄罗斯、中国等安全保障国的支持，包括通过加入集体安全条约组织（ОДКБ），与俄罗斯进行机制化的合作；通过“和平伙伴关系计划”，与西方军事联盟（北约）互动，并支持美国和联军在阿富汗的活动。中亚国家与俄、中、美等重要国家“5+1”机制的外长定期会晤，有利于及时提出和解决“地区外”问题，从而平衡干涉国家内政和地区事务的潜在风险。目前，中亚为外部参与者创造了进行建设性对话的机会，协调利益，灵活应对发展过程中的敏感问题。上合组织及其分支机构，如地区反恐机构，在“缓解”和预警该地区一些地带可能发生冲突和一些国家可能发生破坏性行动时，发挥了至关重要的作用。

关于开辟新的发展机遇，尤其是在经济关系领域，就哈萨克斯坦而言，通过一些项目发挥协同作用，克制主要国际竞争主体之间的对抗关系，将利益竞争引导到务实的轨道上来，并遵守开放的“游戏规则”，遵循国际法和劳动分工。总的来说，过去的中亚地区在全球经济共同体当中处于边缘地位，就像从“一张白纸”开始，开辟新机遇，并挖掘该地区的潜能，使各国得以打造一个交流开放的、基础设施发达的、新型的后工业经济。构成其经济动态发展的基本因素包括：足够发达和稳定的社会资本、地区资源潜力、快速发展的交通基础设施、积极自主加入国际经济关系的机遇。就这些方面而言，中亚国家各有优势。然而也存在一系列尚待解决的实际问题，这将促使中亚各国就国家利益和潜力进行内部的整合与协调，形成无国界的共同市场和空间，使劳动力、商品、服务和资本自由流通。这些问题不仅是这些国家，也是上合组织成员国在开辟实现新发展机遇时所面临的现实问题。中俄两国倡议的经济项目在地区繁荣过程中发挥了特别作用。上合组织应果断采取措施，将欧亚经济一体化和“一带一路”倡议等已经实施的经济项目纳入组织的长期经济发展战略，进而有可能与一些感

---

① Пархомчик Л. Политика Казахстана в реализации трубопроводных проектов в Каспийском регионе// Проблемы постсовесткого пространства. 2014. №. 2. С. 71.

② Султанов Б. Три приоритета для Казахстана в ШОС. 25 марта 2021 г. https://365info.kz/2021/03/tri-prioriteta-dlya-kazahstana-v-shos-ekspert.

兴趣的国家建立自贸区。

今天的中国和俄罗斯，既有个体性，又有协作性，借助新的国际交流机制和平台，发挥了重要影响力，构建了自己对未来的另一种期待。在联合国这一国际组织当中，两国会在就国际行动日程上最重要问题和倡议进行投票时展开定期磋商。作为联合国安理会的常任理事国，中俄两国协调立场，呼吁政治制度改革；两国否决了西方在叙利亚问题上的提议，以及对委内瑞拉和也门进行制裁的企图。在2006—2018年的联合国大会上，100个议题中有86个议题中国和俄罗斯的投票相同，比1991年至2005年的78个一致投票有所提高。相比之下，2005年以来，中国和美国仅在21%的议题上达成一致。①

中俄两国发起建立了一系列新的国际机构和地区论坛，其中最著名的金砖国家机制，成员国包括巴西、俄罗斯、印度、中国和南非。2006年以来，这些国家为国际秩序和全球领导问题的探讨提供了充满活力的平台，包括在互联网治理、国际支付体系、提供发展援助等领域提出了更合理的方案。2016年，金砖国家提出建立新开发银行的倡议，为发展中国家的基础设施建设项目提供资金。

中国和俄罗斯还推动、提出了许多新的地区安全组织的倡议，包括哈萨克斯坦发起的亚信峰会。哈萨克斯坦几乎是所有此类倡议的实际参与者，包括集体安全条约组织、欧亚经济联盟，以及一些经济机构，包括中国发起的亚洲基础设施投资银行、“一带一路”倡议。

总之，2001年以来，多数中亚国家加入了上合组织、俄罗斯主导的集安组织，加入了欧亚经济联盟、亚投行和中国“一带一路”倡议的基础设施项目，这些是契合本地区和成员国实际利益需要的。

上合组织将中亚安全视为重中之重，不仅是为了打击恐怖主义、伊斯兰宗教极端主义。借助上合组织的权威和军事、经济的整体实力，才有可能预防某些地区的分裂，预防“颜色革命”，防止通过这些方式取代正在形成的主权政体，破坏局势的稳定。

这项战略任务具有现实意义，同时也是组织关注的重点，上合组织地

---

① Александр Кули, Дэниел Нексон. Как заканчивается гегемония. 1 сентября 2020 г. http://globalaffairs.ru/articles/kak-zakanchivaetsya-gegemoniya.

区反恐机构①的情报部门也在做集体协调的努力。中亚地区后苏联空间国家之间尚未解决的领土边界问题和跨境水资源争端同样令人关切。例如，塔吉克斯坦和吉尔吉斯斯坦边境紧张局势升级，就是由该地区国家之间联合水资源管理方面存在的问题引起的。因此，上合组织不仅没有丧失维护地区安全的作用，还在吸引那些受到国内外恐怖主义和其他破坏势力威胁的国家关注并加入。

四、上合组织面临的挑战

上合组织在积极向前发展的过程中面临着一系列现实的挑战，总结为以下几点。

第一，印度新冠肺炎疫情大流行，国家医疗体系实际上已经崩溃，在这一背景下，上合组织成员国的危机应对管理与互助具有现实意义。目前，印度面对新冠肺炎疫情危机，从西方国家获得的援助杯水车薪。这种危机的情况阻碍了上海合作组织的协调与决策，在组织责任范围内，成员国发生危机时，上合组织缺少迅速有效应对的工具，这是该组织亟待努力解决的一个问题。

第二，在组织内部，一些国家之间有着各种各样的“断层线”，这些不平衡因素对上合组织的工作效率带来不可轻视的影响。年轻的上合组织国家难以在该组织的规划议题中坚持自己的“地区议程”，自身在中亚的发展议程中被“置身事外”。这些国家越来越倾向于建立有相近利益的“相似国家俱乐部”，于是，就出现了这种协调中亚地区小国立场的机制——中亚地区国家元首协商会议，其中也包括土库曼斯坦，虽然它不是上合组织的成员。此外，中亚年轻国家之间在利益和潜力方面也存在着内部竞争，在地区内部难以达成协议和相互妥协。尤其明显的是，中亚地区正在进行一场别具一格的“吸引投资的争夺”。

第三，一些国家参与国际关系当中的独立地缘政治格局，会干扰组织内部的联合战略决策。已有的先例是印度加入“印太合作”。在这种语境中，中亚地区也有吸引阿富汗这一“地区联结”载体的任务，例如美国领导下的南部运输走廊，也被称为“新丝绸之路”，经由阿富汗到传统中亚

① 上合组织地区反恐机构的总部位于乌兹别克斯坦首都塔什干。

地区，包括该地区的后苏联国家。俄罗斯的立场在后苏联时期的中亚有着某种非建设性的力量，该地区被俄罗斯视为涉及其地缘政治利益的、“自己严格控制的地带”。在上合组织的投票中，亲俄罗斯的方向对该地区这些年轻国家来说几乎都有着重要意义，因为大家还没能克服那种面对所有紧迫的国际政治问题都“看克里姆林宫”的习惯。

第四，上合组织活动的僵化和低效有一定的形式主义原因——组织活动的规制一直没有变化。上合组织在20年前就已经成立了，到了现阶段，上合组织需要实质化的转型和迅速灵活的转变，才能利用有利的国际形势，或是应对不断出现的新的发展“风险”。例如，通过“观察员”和“对话伙伴”机制让其他国家参与组织的“长期模式”并不总是能够提高组织的效率、权威性、重要性和潜在影响力。有时，在为了地区利益开展的国家间合作道路上，会表现为一种“官僚主义的障碍”。此外，上合组织的全球化（即希望解决我们这个时代共同的全球性问题）和地区化（实际积累资源和潜力）趋势，越来越降低组织作为有效“参与者”的可能性。从制度的角度来看，在某个成员国的行动不符合组织原则的情况下，会被排除在组织之外，这种多数国家否决一个成员国的机制也并不完善。

第五，上海合作组织也会在自己的活动当中面临一些来自有竞争关系的国际集团和国家的直接阻碍，他们将上合组织视为对手，极力采取措施来平衡组织成员国和自身之间的利益，制定“软战略”进行制度对抗（为一些小国提供好处或优惠来使他们退出或不加入上合组织）。中亚地区的不稳定也会损害上合组织的威信，刺激组织内部国家之间的竞争，造成他们之间的利益矛盾。例如，吉尔吉斯斯坦曾发生过“三次革命”，这一系列“变革”不仅是对吉尔吉斯斯坦人民的考验，也是对上合组织这个整体的考验。

第六，值得关注的是，当代国际关系的激荡和国家间较大的冲突与对抗，不利于国际组织框架内国家间合作机制的发展。例如一些国家在其战略中引入了民族主义经济政策、民族特殊性政策、“新不结盟”政策（политики《неоизоляционизма》），并且不再相信任何区域互动模式的有效性。有一种“病毒”正在进入我们这些国家的国民意识之中——互相不信任，并且“草木皆兵”。这些趋势为上合组织框架内的合作带来了新的障碍，致使成员们消极看待当今世界的发展情况，在为现实发展问题选择这样或那样的解决方案时“小心翼翼”，其发展理念和座右铭变成了被动的“不去伤害”，而非积极主动地使中亚地区形势“变得更好”。

上合组织过去20年的发展经验不仅证明组织有着自身的发展动力，更反映出哈萨克斯坦等国家社会经济演变和政治转型的复杂性，以及各种并不简单的双边、多边关系。这些最终都会影响上合组织的命运。尤其是，各国政治经济体系的根本转型是这一时期整个上合组织国家空间的特征。中国经济取得了成功，建立了自己的政治话语体系，民众对国家领导的政治信任，是实现中华民族伟大复兴的“中国梦”并在世界上占有一席之地的保障。“一带一路”倡议由中国提出并非偶然，它旨在更新参与国的经济基础设施，其中也包括上合组织国家。这一倡议是合理的国际项目，有着现实的可能性与推动世界现代化的潜力，有机会成为经济正向发展的基石，而这一基石会在具体条件下成为上海合作组织国家社会经济合作战略的基础。俄罗斯总统提出的“大欧亚”构想对上海合作组织的长远发展方向有着重要的潜在影响。这一构想以开放合作为基础，在经济战略中将政治体制不同、文化特征各异的国家融合在一起，从而丰富国家关系的内涵。这种方式将参与欧亚一体化进程的后苏联国家间的互动提高到新的水平，吸引了许多新兴国家加入。上合组织机制是其中十足的“标志性现象”，在共同原则、价值观和任务的基础上将所有新兴国家聚集到一起。但扩大组织规模的同时，也应当深化并充实组织的内涵。哈萨克斯坦建设性地提出，以亚信峰会为基础，在中亚地区建立一个类似欧安组织的权威、高效的地区安全组织。在没有任何集团分裂和多方利益干涉的条件下，两个地区组织的相互协同是非常有前景的。通过提升为地区安全组织，使亚信峰会制度化，加上上海合作组织所拥有的友好、符合亚洲主要国家利益这些确保亚洲大陆稳定发展的潜在影响力，有助于构建稳固的互动结构。亚洲地区这两个国际合作机制，有利于在未来形成一个强大的地区组织，符合亚洲大多数国家的利益，不会受到国家政治体制不同或文化—文明身份模式选择不同的影响。哈萨克斯坦作为亚信峰会的轮值主席国（2020—2022年），现任领导人积极推进这一外交轨道的对外政策，旨在使亚信峰会转变为一个成熟的、致力于解决亚洲地区安全与发展问题的国际组织，借助有预见性的外交策略，稳固推进包容、相互理解和文化多样的意识形态。这是有效反对仇恨和不容异见的关键。亚信峰会未来的命运将有赖于俄罗斯、中国、印度、伊朗、土耳其、哈萨克斯坦等国家和国际组织的意愿、努力与影响力。亚洲与世界需要的不是新的领导，而是基于开放、平等和整体安全原则的、新的不结盟的国际合作架构。这完全是亚信和上合的共同追求。在哈萨克斯坦领导人看来，这一机制类似于欧安组织（欧洲安全与合作组织），但有着自己的“亚洲特点”。尤其是在各类地区性论坛上，许多亚洲国家的专家和政治家都坚持这一点。许多中亚的专家学者认为，需要制定更为灵活的解决方案，以实现亚洲国家、人民之间的互动。显然，这是因为长期以来一直在寻找可接受的对话条件、实施举措和信任原则。事实上，哈萨克斯坦的立场恰恰体现在承认需要开放和感兴趣的互动，需要发展有助于协调各方立场的方法和道德规范。

众所周知，在当代欧亚大陆，其中包括后苏联空间，我们可以看到，那些曾是兄弟关系的加盟共和国之间因缺少这类协定，而出现的领土争端，往往还会导致军事冲突，破坏人民的生存环境，造成人员的大量伤亡。例如阿塞拜疆与亚美尼亚的冲突，格鲁吉亚与俄罗斯、俄罗斯与乌克兰、摩尔多瓦与俄罗斯、吉尔吉斯斯坦与塔吉克斯坦之间的关系和领土争端。僵化的结构和形式在这些国家的政治中依然占上风，完全不利于找到妥协和积极解决的方案。在这方面，哈萨克斯坦“对话”外交的倡议创新——其中也包括上合组织机制——可以充分促进大陆国家之间关系的稳定与平衡。

国际组织整合成员国战略利益的运作实践表明，组织中相对弱势的伙伴国经常遭到排挤，利益往往被忽视，在无尽的让步中耗损资源，最终不仅造成决策失效，更会导致整个系统的退化，组织秩序质量下降。而组织秩序作为一种合理的决策系统，有利于组织目标、世界和谐的发展。疫情不挑选感染者，其造成的消耗也不论穷国富国，即便是世界上最强大的国家，潜力也会被显著削弱。生存空间的缩小、人类生命活动面临的风险、世界上生物多样性的减少……这些仅仅是人类居住的这个现代世界所面临的显性威胁。尽管全球和地区威胁日益增加，但上合组织目前还未能达到清楚地意识并应对参与国发展所面临的实际威胁的程度，仅指出了显性的传统威胁，而忽视了其普遍的、全球性的背景。在该组织框架内占上风的往往是成员国自己的国家利益，得到解决的是当下的发展问题。然而即使在这个层面，也出现了潜在的威胁和弱点，无论是对个别国家来说，还是对组织整体而言，这些威胁和弱点都显著降低了组织的效率。

综上所述，上合组织未来发展过程中最关键且最复杂的任务之一，就是各成员国国家利益的协同及其在国际舞台上的呈现。因此，我认为，有必要将组织活动的重点放在某种从小项目到大项目的“合作轴”的“旋转”上，限定参与者，比如不是所有组织成员都可以参加，而是仅纳入完全认同项目目标的国家。这将显著改善上合组织在某些领域活动成果的有效性，并在总体上提高其影响潜力。如果上合组织能够成功地构建一种新的理念，拉近并兼顾各个成员国的国家利益，在最高的国际层面汇集、分级和呈现，那么上合组织将会成为权威的国际平台，形成一个对组织未来的成员国具有现实意义和吸引力的全球议程。因此，在我们看来，上合组织的目标，就是要作为一个灵活的组织，一个有效代表不断增长的全球性政治经济力量利益的组织，这些力量里往往有出色的“第三世界”国家，全球事务需要它们，它们也应当参与其中。

五、关于上合组织的发展建议

就上合组织未来的发展前景而言，它有着在世界上显而易见的权威性和影响力，但该组织地位的进一步巩固则与以下因素有关。

第一，世界局势发展变幻莫测，动荡不定，前景不明，存在若干风险和薄弱环节。今天我们不是在谈论寻找更有效的全球领导，而是在寻找一种普遍的妥协，平衡世界大国的利益，协同国际组织的关注重点，理解人类所面临的共同问题。对于上海合作组织的成员国来说，与“上海精神”一样，也要意识到“人类命运”的共同性，以及作为大国对世界未来应担付的责任。当今世界抗击新冠肺炎疫情的经验清楚地表明，无论是在国家间的层面，还是在水平、构成、意识形态氛围和经济潜力不同的国际组织之间建立建设性的关系，之前的互动结构都显示出了它的脆弱性。

第二，对于国际组织来说，无论其如何布局、能否团结一定数量的成员国，最关键的并不是解决重要问题时的个别利益，而是要符合对于职责范围内和平、合作的共同组织原则的理解和期待。就上合组织工作效率的评价来说，过去的20年间，没有发生国家间的流血冲突，并防止了中亚地区出现大规模的局势动荡，这可以说是该地区国家活动的积极成果，其中也包括上海合作组织机制的成果。尽管各成员国之间在制定计划和维护国家利益方面存在一定分歧，但上合组织的特色是基于对共同问题和地区命运的理解，彼此合作，这也是其价值内涵。

第三，同时需要注意的是，上合组织的一般原则和价值观应体现在现阶段具体发展问题的解决之中。上合组织建立之初，旨在协调边境问题，打击中亚地区的“三股势力”。而如今，上合组织需要根据当前世界局势，更新组织的议题和地区发展优先事项。因此，有必要更新上合组织的议题范围，就所有成员国面临的重要问题开展大规模对话。例如，在各国新冠肺炎疫情严峻的情况下，应当考虑将病毒安全和卫生体系现代化合作与打击恐怖主义、分裂主义、毒品贩运一样，作为成员国之间合作的重要优先事项。就疫情问题共同努力，可以切实拉近各成员国的立场，营造出各成员国人民之间的信任气氛。

第四，数字合作也是上合组织发展的优先议题之一。上合组织的所有成员国都正在经历人与人关系的新数字化转型。目前，所有上合组织国家都在制定并实施数字化计划。但是，如果各国通力合作，交流提高人们生活水平的各领域的先进技术和成果，这项工作会更加有效。教育、医疗、社会领域、科学交流、旅游等“非政治领域”的数字化，可以成为在上合组织框架内实行具体合作的对象，从而显著提升相互之间的“国家开放度和信息透明度”，提高人民之间的信任水平。

第五，上合组织未来发展的重要任务不仅包括拓宽议题范围，还包括广泛吸纳非国家行为体的参与，特别是来自信息空间和博客领域的大众。通过各国积极的社会交流，创建共同的现代化信息，即通信基础设施，来增进“相互识别”；而不仅仅是通过官方和规范的渠道沟通，还可能朝着创造共同价值和文化社会空间的方向推进。这在各国实行封锁措施并转向远程线上交流的当下尤为重要。新现实要求寻找新的社会化和制度化形式，其中也包括在国际组织当中寻找。

第六，形成兼收并蓄的“上海精神”是上合组织重要的意识形态任务。在国际对抗、“贸易战和技术战”、制裁制度、国家间势力范围划分的背景下，“上海精神”的传承具有现实而重要的意义。上合组织是秉持不结盟、不针对第三方的国际组织，旨在保障中亚地区的安全和可持续发展。超出组织的既定规则框架，将导致组织失去本色、偏离初衷。应由各成员国专家组建超国家委员会，负责跟踪和监督各成员国对组织规则的遵守情况。

第七，总的来说，上海合作组织作为当代国际关系中和谐、稳定的力量，在当代国际社会中占有相当权威而重要的地位。当前国际局势混乱动荡，替代方案尚不明确，在这种情况下，拥有稳定、可持续的地区制度非常重要。对于中亚而言，保障当今国际和地区秩序稳定、和谐的关键角色仍然是上海合作组织。

（翻译　倪文卿，上海社会科学院信息研究所）
（校对　宋羽竹，华东师范大学俄罗斯研究中心）

报告六

上海合作组织：发展历程、成就和前景
——俄罗斯的视角*

谢尔盖·彼留科夫**

【内容提要】本文从俄罗斯的角度分析了国际关系体系中区域一体化背景下上海合作组织的独特性，总结了上合组织成立20年来的发展历程、发展目标、定位、扩员及取得的成就，探讨了上合组织不同阶段面临的困难和问题，并提出了解决方案和思考。

【关键词】上海合作组织；国际关系体系；区域一体化；发展目标；挑战与前景

上海合作组织成立20年来，由大型对话论坛转为高效国际机制，是最稳定的国际组织之一，其影响力和威信不断扩大。

一、2001—2020年全球发展历程和上合组织挑战

上合组织成立20年来，历经多个发展历程，遵循“高质量增长”原则不断发展，针对国际社会挑战提出上合智慧。① 本文将从上合组织基本理

---

* 本文是华东师范大学哈萨克斯坦研究中心主任、教育部人文社会科学研究基地俄罗斯研究中心副研究员王海燕与作者反复讨论提纲并提出多处修改意见后的成果，特此致谢。

** 谢尔盖·彼留科夫：政治学博士，华东师范大学俄罗斯研究中心研究员、教授。

① Nowak W. The Challenges of the New World Order // Rise of the Rest: The Challenges of the New World Order - DER SPIEGEL. -02. 10. 2008.

念出发，围绕文章主题进行探讨。笔者认为，国际秩序由国际关系体系组成，具有下列特点：

（1）可持续性（基于当前局势变化）；

（2）稳定性（能够正常运转）；

（3）可控性（支持国际组织和机制的法律能力）；

（4）国际社会主要政体（国家、国际组织、国家联盟）的关系平衡性（权力制衡）；

（5）主要政体遵守国际惯例的“游戏规则”。

广为认同的是，当前国际关系体系正处于质变的过渡阶段。因此，当代国际关系理论也面临着下列问题：

第一，质变从何而起，又将向何处去？

第二，国际关系新体系将会以什么形式存在？

第三，哪些国家将成为国际关系新体系的主角，又将如何参与到构建国际关系新体系中？

考虑到当前国际关系走向和国际形势变化特点，上述问题的答案具有重要意义。而理解国际关系趋势和形势变化也是参透当今世界转型进程的重要工具。国际秩序变革贯穿全球化和现代化进程，同时纳入政治冲突、战争、革命等引发社会重大变革和改变世界权力分配的因素。全球化代表不同国家和社会间关系愈发紧密，各国将成为统一“国际体系”的一员。① 在现代科技的帮助下，打造金融、通讯、贸易、教育的全球网络不再是难题，这将各国居民、企业和政府连成一体。笔者认为，当下的一系列社会政治变动将导致国际政治法律秩序发生根本变化。笔者列出了将会根本性影响构建国家和社会新秩序的主要因素。

第一，社会政治关系的流动性，社会政治关系不再受到地方、地域限制，直至地理意义上的边界完全消失；②

---

① Wallerstein J. The Modern World – System. – New York: Academic Press, 1989.

② Ruggie J. G. Territoriality and beyond: problematizing modernity in international relations // International Organization, 47, 1, winter 1993. – pp. 139 – 174; O'Brien R. Global Financial Integration. The End of Geography. – London, 1992.

第二，流动空间正在不断形成和运转，并将取代地方空间；①

第三，既定的地域秩序和构造正在消失，新形式出现（“世界城市”、国际通讯“枢纽”等）；②

第四，全球空间不断转型，人员、商品、资金流动加快；

第五，边境的传统功能不断减弱，可渗透性增加；

第六，新政治认同、其不断扩大的象征意义正在形成，③“多层级认同”现象不断发展；④

第七，国家政治治理权力下放，地区在空间地域组织中地位提升（规模政治）；⑤

第八，“网格化”管理模型正在形成（欧盟便是其一），即与非国家主体共同参与国际政治，并与之建立各类网格化联系；

第九，多个层次上（国家、地区、城市）同时出现国际和地区政策，产生更为积极的交汇和融合；⑥

第十，外交新形式出现，这一新形式力争涵盖所有全球空间关系形式

---

① Castells M. The Information Age. Economy, Society and Culture. Vol. 3. End of Millenium. Oxford, 1999; Castells M. The Information Age. Economy, Society and Culture. Vol. 1. The Rise of Network Society. Oxford, 1996.

② Brenner N. Globalisierung und Reterritorialisierung // Kraemer R. (Hrsg.). Grenzen in den internationalen Beziehungen. – Potsdam: Welt Trends 2009 (Welt Trends Lehrtexte 14). – S. 73.

③ Appadurai Ar. Modernity at Large: Cultural Dimensions of Globalization. – Minneapolis: University of Minnesota, 1996.

④ De Rougemont D. Fédéralisme culturel. – Genève, 1965; De Rougemont D. De l'Europe des Etats coalisés à l'Europe des peuples fédérés. – Genève, 1978.

⑤ Smith N. Geography, difference and the politics of scale // In J. Doherty, E. Graham, & M. Malek (Eds.), Postmodernism and the social sciences. – New York: St. Martin's Press, 1992, pp. 57 – 79; Smith N. Homeless/global: scaling places. In: Bird J. (ed.), Mapping the futures: local cultures global change. – New York: Routledge, 1993. – pp. 87 – 119; Smith N. Remaking scale: Competition and cooperation in pre – national and post – national Europe. In: Eskelinen H. and Snickars F. (eds), Competitive European peripheries. – Berlin: Springer Verlag, 1995.

⑥ Bogeson P. Public Policy and local governance. Institutions in Postmodern Society. Edward Elgar, 2000. – pp. 171 – 174.

（包括联合、协调和代表处），① 此时平行外交也愈发普遍。②

由于上述因素，各国正向全球社群过渡，国际层面上的转型将提升践行平行外交的国际组织的地位。③

而发展平行外交是发展区域一体化的先决条件。区域一体化经常被认为是加强相互依赖性和互补性，成为全球发展重要趋势之一。各国在自愿合作基础上形成“大区域”能够更容易应对当前的国际挑战，包括宗教极端主义和恐怖主义、日益猖獗的经济犯罪、各类冲突和危机等。对于“大区域”中的不同国家和领域来说，构建统一经济空间、制定和维持共同互利规则、减少社会经济支出、减少政治分歧、提升国家和地区经济竞争力至关重要。“大区域”积极开展文化间对话，加强文化、语言和政治传统互补性，这将推动形成全球化所需的社会经济和社会文化矩阵。由此，后苏联空间中地区一体化这一宏观概念在今日拥有新含义，并在对原有双边关系经验进行重新解读后进一步发展。④

近年来，有关宏观区域一体化问题、推进一体化进程战略、对现有和新型区域组织结构基础、功能、目标和任务等问题领域出现了大量科学研究。上合组织将诸多国家纳入一体化进程，有助于推动和深化合作，使上合组织有望成为全球权力多极之一，有望与欧盟、北美或东北亚的机制比肩。

“一体化”一词于20世纪中期首次出现在科研文献中，并逐步得到广泛应用，成为当今全球化进程的代名词之一。而“政治一体化”与“国际化”“协作”“合作”等反映现代国际关系体系的术语一样，在科研文献中获得一席之地。此外，学术界对于“合作”和“一体化”的定义不尽相同：合作指的是各国在法律法规框架下，于主权空间中开展合作；而一体化超越了边界概念，并指出参与该进程的各国都为“一体化国家大熔炉”做出特定贡献。⑤

---

① Vasiliache A. Verlierer oder Gewinner? // WeltTrends. – 2009. – N 64. – S. 81 – 89.

② Alvarez M. The Rise of Paradiplomacy in International Relations // The Rise of Paradiplomacy in International Relations. – March 17, 2020.

③ Duchacek I. Perforated Sovereignties: towards a typology of new actors in International Relations // Federalism and International Relations. The role of subnational units. – Oxford, 1990. – p. 32.

④ Hocking B. （ed.）. Foreign Relations and Federal States. – London, New York: St. Martin's, 1993.

⑤ Kubicek P. Regionalism, Nationalism, and Realpolitik in Central Asian Europe – Asia Studies, June 1997. – Vol. 49. – № 4. – pp. 629 – 647.

将一体化作为现象进行研究时，法国学者戈里德克与沙尔万特别强调，一体化既是进程，也是一种状态。在意识形态层面，一体化要求对新组织抱有归属感和忠诚度，在组织层面上，则要求相关方和组织建立方参与和支持这一进程，① 结构功能主义理论支持者指出，为实现功能一体化必须采取功能化措施，使一体化组织运转和发展，② 协力在经济、社会、文化等领域推动公共产品再生产。

区域宏观一体化实例和所取得的成果并非都是令人满意的。经验表明，区域一体化并不是提升各级别管理效率的普遍方式，区域宏观一体化也并不能保证管理效率提升。区域一体化进程引入了新原则和分类（包括“辅助性”“均衡性”“合规性”等），极大改变了政治文化，欧盟一体化进程令成员国必须学习遵守这一进程的准则。欧盟治理体系的新指标为各国政治经济竞争创造新条件，致使各国必须重新审视其双边关系，在国际和区域政治领域中，各国必须谋求开展双边关系的新方式。③ 这也为各国提供了机遇，通过建立新组织等方法表达和捍卫本国利益。④

现有形势下，欧盟是否可以成为建设“国际宏观区域”的典范？诚然，欧盟框架下建立了政治决策的新方式。此外，由于欧盟领导层缺乏稳定性，决策进程存在不确定性。同时，由于较之参与本国决策进程，参与欧盟层面的决策进程更为容易，导致决策进程存在较高开放度。由此，治理体系实际运转期间其可预测性降低。

此外，欧盟治理体系与各国治理体系存在较大差别。特别是，在欧盟管理体系中有关利益一体化方面的问题上，各国谈判进程愈发重要。⑤ 因采取联合共管相结合的决策方式，欧盟共有四种主要共同决策机制：

---

① Gonidec P. – F. , Charvin R. Relations internationales. Paris, 1984. – p. 435.

② Larsson R. , Finkelstein S. , Integrating Strategic, Organizational, Human Resource Perspectives on Mergers and Acquisitions: Case Survey of Synergy Realization//Organization Science. January – February 1999.

③ Beck U. Povoir et contre – pouvoir a l'ere de la mondialisation. – Paris: Alto – Aubier, 2003. – p. 27.

④ Grimme W. Ordnungpolitisches Konzept der Regionalpolitik. – Frankfurt am Main Peter Lang, 1997. – S. 26, 29 – 30, 31, 36 – 39, 40 – 41; Skelcher Ch. The Appointed State. Quasi – governmental Organisations and Democracy. – Philadelphia Open University Press, 1998. – p. 205.

⑤ Wallerath M. (Hrsg.). Administrative Strukturen und Verwaltungseffizienz. – Baden – Baden: Nomos Verlagsgesellschaft, 1998. – S. 132.

（1）霸权主义（欧盟以德国和法国为主导）；

（2）加强各项进程中法律监管的地位和权重（欧盟法院）；

（3）欧洲公共空间议会制度化；

（4）利益代表处更常采用新合作主义模式。①

德国部分学者认为，在向国际化区域一体化进程迈进时，欧洲内部遭遇了下列值得注意的矛盾：

（1）在欧盟层面上制定和采取共同决策时，国家为提升其地位而采用本国官僚主义做法；

（2）官僚主义成为特洛伊木马，损害国家体制；

（3）出现多功能治理体系；

（4）各类公众政策相混合；

（5）当地政府参与欧盟层面事务，部委间合作进程进一步拓宽。②

由此，目前各方正在确定欧洲一体化进程中，地区所扮演角色的概念和认识。其中，区域政策将被视为是公共政策，同时对其理论基础开展大规模修改。考虑到一体化问题的复杂性，英美、中国、俄罗斯等各国国际关系方向的专家学者都应着手开展研究。在研究后苏联时代和大欧亚空间一体化进程方面，较为突出的俄罗斯学者包括：K. F. 扎图林、A. V. 戈罗津、V. N. 赫柳平③、S. G. 卢兹亚宁④、A. V. 卢金⑤、Ar. A. 乌鲁尼扬⑥、A. G. 拉林⑦、S. I. 卢

---

① Schmitter P. Some alternative futures for the European polity and their implications for European public policy. – pp. 25 – 40.

② Wessels W., Rometsch D. German administrative interaction and European Union. – Birmingham, 1984. – S. 73 – 101.

③ Затулин, К. Ф., Грозин А. В., Хлюпин В. Н. Национальная безопасность Казахстана. Проблемы и перспективы. – М.: Ин – т стран СНГ, 1998.

④ Лузянин С. Г. Китай, Россия и Центральная Азия: разграничение региональных интересов // Китай в мировой политике. М.: РОССПЭН, 2001. С. 311—335; Лузянин С. Г. Восточная политика Владимира Путина. М.: АСТ, 2007.

⑤ Лукин А. Шанхайская организация сотрудничества: что дальше? // Россия в глобальной политике, 2007, №3, http://www.globalaffairs.ru/numbers/26/7700.html.

⑥ Улунян Ар. А. Центразия 2000/2005: Упущенный шанс? Оценки и прогнозы зарубежного экспертно – аналитического сообщества. М.: ИВИ РАН, 2006, – 301 с.

⑦ Ларин А. Г. Россия, Китай и США: перспективы сотрудничества в Центральной Азии// Россия и Китай в Шанхайской организации сотрудничества. – М.: ИДВ РАН, 2006. С. 29 – 42.

涅夫[①]。西方著名学者包括 M. 布尔列斯[②]、B. 基尔、A. 黑曼[③]。中国著名学者包括邢广程[④]、潘光[⑤]等。

此外，笔者在分析区域宏观一体化相关文献时发现，尽管存在诸多中亚、大欧亚地区地缘政治、地缘经济自我定位、世界各国在该空间内合作方面的文献，然而有关上合组织在区域政策中的作用和意义的文章却凤毛麟角。在研究区域一体化问题上，各国学者倾向于使用欧盟角度来开展研究，多数论文中研究者都会分析欧盟在一体化进程管理中的方法和经验。由此，文明文化在中亚国家一体化、大欧亚空间中的基础作用、宏观区域身份认同问题、上合组织外交定位和发展、大欧亚空间中的长期安全等问题是具有前景的研究方向。

考虑到地区一体化已成为当代全球趋势之一，笔者认为，必须注意到在特定情况下，区域一体化的质量和前景受宏观区域内国家发展水平、国家间互补性、建立多边合作的意愿、居民社会文化特征、国家间交流经验等因素影响。最终，宏观区域一体化成功与否取决于一系列决定性因素（政治、社会经济、社会文化），这些因素为全球化进程各个重要治理层级（国际、国家、当地）指明方向，涵盖确定区域组织战略的特点、进程管理者凝聚各参与方的能力、基于各成员国及其人民文化身份认同上打造“大区域”集体身份认同的能力、为所有参与国提供认同感的能力。

目前国际社会采取的是随机应变战略（仿佛消防队），对各种趋势[⑥]的治理和主动构建各项趋势需要宏观区域一体化参与各国为长远战略做出选择。上合组织成员国选择逐步进行结构构建，在各成员国利益协调一致的基础上

---

① Лунев С. И. Независимые республики Центральной Азии и Россия: учеб. пособие. – М.: Ин – т востоковедения РАН, 2001.

② Buries, M. Chinese Policy toward Russia and the Central Asian Republics. – San Francisco: RAND Report MR – 1045 – AF, 1999.

③ Hyman, A. Moving out of Moscow's Orbit: The Outlook for Central Asia // International Affairs. – 1993. – V. 69. – N 2. – pp. 288 – 304.

④ 邢广程：《中国和新独立的中亚国家》，黑龙江教育出版社 1996 年版；邢广程、孙壮志：《上海合作组织研究》，长春出版社 2007 年版。

⑤ 潘光、胡健：《21 世纪的第一个新型区域合作组织》，中共中央党校出版社 2006 年版。

⑥ Кургинян С. Управление по тенденциям // УПРАВЛЕНИЕ ПО ТЕНДЕНЦИЯМ (zavtra. ru).

逐步实现预期目标。

上合组织成立，并将自身定位为具有影响力的国际组织，笔者认为这是对当前国际局势的回应。这一回应分为三个阶段，主要包括：

第一阶段，2001—2012 年，以上合组织成立作为标志性事件。此外，上合组织在不同层级上建立合作机制，涵盖政治、安全、人文、打击极端主义和国际犯罪等。

第二阶段，2013—2016 年，国际秩序面临一系列相互呼应的挑战。2013 年底乌克兰危机事件，以及西方对俄制裁成为该时间段标志性事件。此外，中国于同年提出“一带一路”倡议，得益于此上合组织在国际范围内的影响力进一步扩大。

第三阶段，2017 年至今，印度和巴基斯坦加入上合组织为该时间段标志事件。上合组织总影响力进一步提升，同时内部也出现矛盾。

此外，上合组织作为机制性结构，其发展环境并非风平浪静，但上合组织面对变局和挑战提出应对方案，应用在国际和地区治理体系中。上合组织积极融入全球变革，这一进程需要学者的特别研究。

近十年来国际关系模式正在经历深刻变革。随着国际关系新秩序出现，新的问题也随之而来，包括新秩序的组成国家、参与国是否能够构建长期稳定的国际新秩序。德国学者 R. 克雷默指出，当代国际关系和国际政治拥有下列特点：

（1）没有现实意义上的超级大国；

（2）（世界）大国仍将存在（美国、中国、俄罗斯、印度、巴西、南非、土耳其、伊朗）；

（3）全球化进程将持续，没有形成国际治理的体系；

（4）经济层面上，资本主义仍是全球现象，同时以不同形式存在（纯粹资本主义、英美资本主义、亚洲资本主义）；

（5）意识形态冲突仍然存在；

（6）缺少能够敲定全球发展确切任务的超级大国。①

国际关系变革的深层原因是什么？美国国际关系专家、政治学家 J. 罗西瑙提出五个基本过程，指出传统政治主要国家与不断涌现的政治深层变革间

---

① Kraemer R. Res Publica：Eine Einführung in die Politikwissenschaft. 3 Auflage，2011. – Potsdam，2011. – S. 191 – 192.

的隔阂：

（1）由工业化社会转向后工业化社会，其象征是信息通讯系统中的“微电子革命”；

（2）国际政治议题出现新痛点（环境保护、打击贩毒、消除贫困、抗击艾滋病毒等）；

（3）集权国家因应对现有问题不力而遭遇危机；

（4）得益于权力下放，次体系（区域等）实力进一步加强；

（5）人力资源机遇显著拓宽。①

罗西瑙得出结论，政治体系的主导结构将会重组，并落入特定地区。他认为，这一进程将涵盖两个防线，主导地位将同时向上向超国家机制和向下向次国家（包括区域单位）传承。

中国国际关系专家指出一系列奠定20世纪国际关系特点的重大政治事件，包括美国崛起、大英帝国分崩离析、第一次世界大战、苏联成立、第二次世界大战、中华人民共和国成立、中国解放战争、苏联解体及二战后的第二个十年。其还指出，二战后的重大事件包括：

（1）欧洲（作为外交主体）被国际关系新体系边缘化（20世纪50年代初美苏冷战），同时又被融入；

（2）柏林墙的倒塌为“德国问题”落下帷幕；

（3）殖民体系瓦解后，部分不结盟国家组成第三世界，正式登上国际舞台；

（4）原子弹的出现成为人类社会的隐患；

（5）随着个人电脑的全球普及，世界迈入信息时代；

（6）解决国际问题需要制度化解决方案和各国通力合作；

（7）借助欧洲起源的价值观、传统和文化，美国成功从两场战争中脱身。

部分专家针对拥有自主权的非国家主体开展研究，即在一定程度上独立于其他国际政治体系参与者，研究其是否是国际关系新秩序的新参与者。R. 霍普金斯和R. 曼斯巴赫提出，国际关系新秩序的新兴参与国拥有政治、经

① Rosenau J. The relocation of authority in a schrinking world // Comparative Politics. – Vol. 24. – 1992. – Nr. 3.

济和宪法自治权，能够通过合作在国际范围内建立相对自治的国际关系。①

德国著名国际关系理论学家恩斯特·奥托·岑皮尔指出，当前国际社会由“三个世界”组成：公民团体世界，该世界正在逐步改变围绕国家建立的国际关系体系；经济世界，该世界正以其影响力削弱军事实力因素；区域世界，该世界基于区域领导者，并与现有结盟国家和超级大国平行存在。正是推行外交政策的地区才是维护当代世界稳定的中坚力量。②

笔者认为，战略稳定是当前国际体系变革的理想结果，国际关系和国际政治在维持稳定和秩序的基础上，当国际社会和其机制能够协力落实解决问题的措施，国际社会和秩序的实力将会力压不稳定和混乱因素。

上合组织能够为战略稳定作出什么贡献？组织能够应对哪些现代危机，并如何应对？这又如何对应上合组织的使命和任务？首先需要指出的是，上合组织不是军事联盟，尽管其活动经验证明，保障成员国安全稳定发展是组织的主要任务。

上合组织作为国际组织的独特特点，使其能为构建战略稳定作出巨大贡献。上合组织的积极意义无疑将一直存在。研究者认为，上合组织的独特性强调了“四不”：③

（1）上合组织成立之初，六国认为该组织将不会仅限于职能型组织，其目标是在战略伙伴关系的基础上推动国际关系秩序变革；

（2）上合组织不是军事政治联盟，各成员国国防部的合作是为了打击恐怖主义；

（3）上合组织的活动将永不针对第三方国家，反对意识形态主义、单极化世界、“敌我区分”的国际关系；

（4）上合组织不是传统意义上的结盟组织，上合组织在应对打击非法贩毒、地区安全系统治理等区域和国际问题上都表现出组织竞争力，为提升未来工作质量，上合组织必须关注其新兴特点和有利前景，并应用在国际政治

---

① Hopkins R., Mansbach R. W. Structure and Process in International Politics. – New York, 1973.

② Czempiel E. – O. Kluge Macht. Außenpolitik für das 21. Jahrhundert. – Mu ? nchen: Beck, 1999.

③ Россия и ШОС Среди Стратегических Интересов России особую роль играет повышение международной роль ШОС, https://bstudy.net/668895/politika/rossiya_shanhayskaya_organizatsiya_sotrudnichestva.

环境中；

（5）较之其他“不透明”的功能型军事联盟，上合组织提倡多边网格化外交，提出独具特色的国家间合作准则和形式；

（6）上合组织发展的主要趋势是构建全新网格化区域结构和新权力平衡，打造广泛伙伴关系网（环境），同时纳入其他组织；

（7）上合组织提出国家间伙伴关系新哲学，即“上海精神”。“上海精神”中对于构建国际关系提出下列原则：不论国家大小一律平等；对不同文明文化、国家制度、发展规划战略相互信任和尊重；齐心协力为所有人谋求共同福祉。在此基础上，上合组织正在多极化世界中构建平衡双边关系新模式。

有专家认为①，上合组织成员国在工作中落实上述原则时具有以下特点：上合组织是一个强大的、团结的、多领域的组织，高效运转，并能够达成组织目标、完成组织任务，通过吸纳新成员来拓宽组织。上合组织掌控区域安全问题，并在其框架内开展多边经济合作，提升上合组织成员国人民福祉；上合组织为成员国人民间友好交流和广泛人文合作提供机遇；上合组织对与所有热爱和平、在国际社会扮演重要角色的国家持开放态度。得益于上述因素，上合组织地区层面的工作体现出国际多极管理的特征。

二、上合组织发展历程

上海合作组织是独具特色的国际合作机制，基于大欧亚国家合作建成，并逐步在国际社会上扩大其影响力。和其他具有影响力的多功能型组织一样，上合组织同样经历过前身发展。早在20世纪60年代，中苏两国就边境问题启动调节进程时，就为上合组织的成立奠定了基础。苏联解体后，致力于维护中亚地区稳定的国家显著增多。中国开展对应外交政策，与俄罗斯、哈萨克斯坦、吉尔吉斯斯坦和塔吉克斯坦等后苏联邻国顺利解决了边境问题，推动构建经济、安全和文化交流合作空间。而俄罗斯和中国在中亚地区建立了有效双边合作机制，限制了其他“权力中心”国家渗透中亚地区和扩散在中亚地区影响力的可能。由此，中亚地区局势趋于稳定，也促使更多国家和地

① ШОС：проблемы становления и перспективы развития. https：//lektsia. com/ /7x7a89. html.

区愿意长期加入欧亚合作进程。①

在增进互信基础上，考虑到国际恐怖主义抬头导致地区“出口不稳定性”激增，1996 年“上海五国”正式成立，成员国商定加强相互合作，应对问题。每年举办的“上海五国”峰会印证了成员国的决心，其中，1997—2000 年，峰会分别于莫斯科、阿拉木图（哈萨克斯坦）、比什凯克（吉尔吉斯斯坦）和杜尚别（塔吉克斯坦）举办。峰会期间，“上海五国”已意识到必须就更广泛问题发展多边合作，为此需在现有组织结构和部长及专家组工作会议机制基础上建立并形成新的工作机制。由此便奠定了未来具有国际影响力组织的稳定结构基础。随后，框架内建立了国家协调员机制，代表每个成员国利益。基于上述成果，经历转型过程后，上海合作组织正式成立。

上合组织不断积蓄内生动力。2000 年 7 月 4 日上合组织杜尚别峰会期间，五国领导人宣布将采取措施，将“上海五国”打造为多领域合作多边区域组织。

而乌兹别克斯坦在 2001 年表示希望与“上海五国”在互信、稳定和相互理解的基础上开展合作。2001 年 6 月 14 日至 15 日在上海举办的峰会上，六国领导人宣布成立更为健全的组织。由此，上海合作组织正式登上国际政治舞台。各成员国通过《上合组织宣言》，指出组织目标应包括：支持和维护中亚地区的和平、安全和稳定；在政治、经贸、科技、文化、教育、能源、运输、生态等领域开展合作。此外，成员国通过了《打击恐怖主义、分裂主义和极端主义上海公约》。

2002 年 6 月，上合组织成员国于圣彼得堡进行第二轮会面，会后各成员国签署《上合组织宪章》《关于地区反恐机构的协定》《上合组织成员国元首宣言》。当然，上合组织作为拥有内部结构、共同发展方针和与其他国家和组织构建发展关系原则的国际组织已建立起根基，是本次峰会的主要成果。得益于上述因素，上合组织正式成为国际关系体系一员。

上合组织转变为国际组织的第三阶段，发生在 2003 年 5 月于莫斯科举办的上合组织成员国元首第三次会晤。会上，各方通过并签署了有关上合组织工作秩序、启动上合组织主要工作机关、预算制定规则及其他组织技术文件。

诸多专家对上合组织权重不断增加印象深刻。作为 2001 年由中国、俄罗

① Лузянин С. Г. Шанхайская организация сотрудничества：модель образца 2008 года. http：//www. perspektivy. info/print. php？ ID＝36128.

斯、哈萨克斯坦、塔吉克斯坦、吉尔吉斯斯坦和乌兹别克斯坦（即“上海五国”加乌兹别克斯坦）领导人发起建立的上合组织，旨在就区域问题开展共同协调工作，上合组织逐步发展，成为对构建国际关系新秩序作出贡献的组织结构。俄罗斯和中国两大重要世界大国，加上蓬勃发展的南亚领头国家印度和巴基斯坦，以及具有重大国际意义的中亚国家，使得上合组织成为重要协调组织，能够对现有国际关系体系造成影响。从组织功能来看，上合组织的定位介于国家联盟和政治俱乐部之间。此外，上合组织积极扩员，吸纳亚洲空间内国家加入，其中包括多年来互相之间存在冲突关系的国家（其中也包括军事冲突）。

2015 年 7 月 15 日，上合组织宣布开启印度和巴基斯坦加入组织的进程。在充分的筹备工作后，印巴两国于 2017 年 7 月成为上合组织正式成员国，为两国解决争端创造更多机遇。而此前，印巴两国多次爆发武装冲突。

宏观来看，上合组织成员国整体实力惊人。上合组织成员国国土总面积达 3400 万平方公里，占欧亚地区总面积的 60%。成员国总人口达 30.4 亿人（2015 年数据），占全世界人口总数一半。此外，中国经济体量惊人，GDP 位居世界第二，购买力平价位居世界第一（自 2014 年）。① 而俄罗斯军事实力位居世界第二，拥有完备核武器设备。同时，印度正逐步成为世界经济、军事、科技龙头之一。

显然，如果上合组织没有发展制度基础、完善共同决策机制，则其提升国际影响力之路将会举步维艰。

可以预测，在可预见的未来上合组织可能成为军事联盟（不同于北约和集体安全条约组织），或是特别安全委员会，或是国际经济组织。上合组织长远目标较为复杂，包括：巩固大欧亚地区安全稳定；系统抗击恐怖主义、分裂主义、极端主义、贩毒；推动经济、能源、科技、文化交流等领域合作发展。

根据上合组织成立宣言，其目标包括：②

（1）巩固成员国间相互信任、友谊和睦邻关系；

---

① Филатов С. ШОС как проект будущей《Великой Евразии》. https: //interaffairs. ru/ /news/show/15543.

② Шанхайская организация сотрудничества （ШОС）. https: //www. economy. gov. ru/material/directions /vneshneekonomicheskaya_deyatelnost/mnogostoronnee_ekonomicheskoe_sotrudnichestvo/shanhayskaya_organizaciya_sotrudnichestva_shos/.

（2）发展多边合作，推动巩固地区和平、安全和稳定，推动构建更加公平均衡的国际秩序；

（3）共同应对恐怖主义、分裂主义和极端主义三大全球挑战；打击贩毒、武器贩运、其他违法运输；有效管理移民进程；

（4）在合作和伙伴关系基础上，协力推动大欧亚国家经济、社会、文化综合发展，不断改善成员国人民生活质量；

（5）确定上合组织成员国与世界经济运行一体化的方式；

（6）根据各成员国国际义务及本国法律法规，促进保障人权和人民自由；

（7）与其他国家和国际组织发展关系；

（8）共同合作，预防国际冲突，开展和平调解；

（9）共同谋求应对21世纪挑战之路。

目前，上合组织主要工作机构成员国国家元首理事会、成员国政府首脑理事会、外长理事会、各部门领导人会议、国家协调员理事会、地区反恐怖机构在2003年决议的基础上共同完成协调职能，在可见的未来其改变可能性较小。

地区反恐机构（PATC）是上合组织历史最久，也是工作能力最强的组织机构之一。该机构总部坐落在塔什干，旨在促进上合组织各部门机关在打击恐怖主义、极端主义和分裂主义方面的协调和合作。地区反恐机构拥有法人地位，有权签订协议、拥有动产和不动产及其使用权、开设并使用银行账户、通过法院落实组织利益。机构的主要职能为协调各成员国打击恐怖主义、分裂主义和极端主义的工作，具体包括：制定打击恐怖主义规划；收集、分析信息；建设协助罪犯人员的人脸和组织数据银行；推动筹备和开展反恐侦查及其他活动；与其他国际组织开展合作。① 地区反恐组织结构包括反恐机构执委会和反恐机构理事会。反恐机构理事会成员为上合组织各成员国主管机关领导，是具有决策能力的领导机构。上合组织国家元首理事会负责任命反恐怖机构执行委员会主任。

此外，笔者认为上合组织再添加协调机构，以及在组织内部构建垂直执

---

① А. В. Лукин，О. Е. Илькаева，А. М. Тиморшина — Дальнейшее развитие ШОС: проблемы и рекомендации. Шанхайская организация сотрудничества: от становления к всестороннему развитию（материалы Третьего заседания Форума ШОС，Китай，г. Пекин，19 –21мая 2008 г.）//URL: http: //www. mgimo. ru/files/37535/kb –05_shos – Lukin. pdf.

行管理体系的可能性较低。构建共同经济机构（例如在现有上合组织银行联合体的基础上建立上合银行）可能性较低，这是由于该提议并未获得多数成员国赞成。不过，笔者认为将很有可能在成员国全体一致同意的基础上，赋予现有机构新职能。

笔者认为，在现有“核心”成员国基础上再次进行扩员存在诸多问题。这是由于此举将会增加协调流程、协调组织内部利益的难度。扩员只会突出成员国之间的利益差异、核心成员国和后加入成员国之间差异。

因此，上合组织内部的“多层次合作”和“多层次伙伴关系”具有牢固基础，即其结构包括成员国核心国家（中国、俄罗斯、印度、巴基斯坦、哈萨克斯坦、吉尔吉斯斯坦、塔吉克斯坦、乌兹别克斯坦），观察员国（阿富汗、白俄罗斯、伊朗、蒙古）和希望成为正式成员的观察员国（孟加拉国、叙利亚、埃及、以色列、摩尔多瓦、乌克兰、伊拉克、越南、巴林、卡塔尔），对话国机制（阿塞拜疆、亚美尼亚、柬埔寨、尼泊尔、土耳其、斯里兰卡），此外还包括上合组织成员国元首邀请成为组织非正式伙伴的国际组织和国家（土库曼斯坦、独联体、东盟、联合国）。

笔者认为，正是通过构建内部结构和打造外部圈子，上合组织避免了对其的侵蚀，同时推动其影响力在国际进程中的传播。

上合组织未来在发展组织结构和完善工作方向方面会有哪些趋势、特点和方向？

（1）中俄两国将会在政治、经济、军事和文化信息领域逐步步伐一致；

（2）协调中国和印度长年来的冲突，不然两国无法在世界经济体制下开展通力合作；

（3）协调解决阿富汗问题；

（4）推动中亚国家稳定可持续发展，中亚地区充满发展动力，同时矛盾频出，既面临着重重内部问题，又蕴含巨大发展机遇；

（5）加强大欧亚地区中世界大国（中国、俄罗斯、印度）、区域大国（巴基斯坦）和大欧亚地区发展势头强劲国家（伊朗、土耳其、蒙古、越南等）间关系；

（6）加强上合组织国家与东盟国家合作；

（7）上合组织国家必须肩负国际关切问题的重任（政治、经济、社会、人文领域）。

综上所述，笔者认为上合组织工作范围并不一定会出现突破，但将会实现渐进、变革式发展，积极应对国际关系变化和全球发展挑战。[①] 笔者有充分依据认为，上合组织将会为构建有效可行的国际秩序，推动可持续稳定多极化世界，保障上合组织成员国积极、稳定和渐进发展作出巨大贡献。

三、上合组织面临的问题和挑战

上合组织在多年发展和运转中面临诸多问题，其中特别需要关注的问题包括：

（1）上合组织作为国际组织进一步制度化的问题，在该问题上，上合组织奠定国与参与国就组织未来定位角色存在分歧；

（2）上合组织职责和影响力范围内，冲突管理效率需要提升；

（3）上合组织在构建统一经济空间过程中面临的客观难题，由于各成员国发展潜力存在巨大悬殊，这也与推动各成员国社会经济现代化相关。

此外，上合组织在发展过程中也遭遇一系列组织机构和诉讼程序上的问题。[②] 第一，由于各成员国地缘政治和地缘经济实力不同，导致组织内出现不平等现象。第二，上合组织会面临变更主导国家（以及关于主导国家需遵循的主要准则）问题。

第一个问题属于客观问题。根据上合组织章程，各成员国权利和责任平等，一直协定共同应对上合组织工作中出现的问题，然而，各国却没有去掉（也无法消除）各国间在资源和能力上的差距。显然，完全平等的伙伴关系是不存在的，而这引发下一个问题，即需要建立缓和该问题导致争端和矛盾的机制。由此，有意见指出，可在上合组织内部进行“2 + 2 + 2”形式的重组，对成员国进行专项职能区分，该意见被认为是质变的一大步。从投资循环和经济效益（以及在上合组织内部构建统一经济等领域空间）方面来看该意见具有逻辑基础，但可能会定期面临关于组织内地位和政治方面的问题。无论是上合组织扩员，还是将伊朗、巴基斯坦、印度等国纳入为正式成员，都需要先提升上合组织内部管理效率，这需要各国携手加强和完善协调统一

---

① Барский К. Шанхайская организация сотрудничества: новое слово в мировой политике. https://interaffairs.ru/jauthor/material/511.

② Mitrany, David — Working Peace System. An Argument for the Functional Development of International Organization. London, 4 – th ed., 1946.

进程。

第二个问题的诱因是20世纪90年代初期至中期，后苏联各国进程和特点不一。所有成员国很清楚，上合组织是加强自身在中亚地区影响力的重要战略“钥匙”。上合组织希望维持成员国间现有的关系形式，即便是以观察员国加入的方式。尽管巴基斯坦、印度和伊朗等国家皆已获得该身份。

上合组织成员国关系发展与一系列问题有关，包括必须在中俄关系不断发展过程中就诸多争议问题开展协调，力争解决；中俄两国与以美国为首的西方国家关系呈现不同态势；中亚地区地缘政治和地缘经济转型特点和优先任务等问题。① 中俄伙伴关系仍是两国地缘政治核心之一，两国将支持发展上合组织作为巩固两国关系的机制。此外，中亚内外局势发展为中俄两国提出新问题，需要及时高效应对。上合组织作为国际组织的未来前景很大程度上依托俄中两国的协调进程。各成员国希望本国安全得到有效保障，开展更高效平衡的经济合作，这需要上合组织进一步完善内部结构和机制，共同决策机制首当其冲。各成员国不可避免地要面对平衡不同领域的资金投入问题，同时需关注各成员国间显著的经济差异。

此外，各成员国需进一步确认和补充上合组织在中亚乃至大欧亚空间中构建集体安全体系中的作用。一方面，上合组织目前的工作和发展进程符合各成员国地缘政治长期利益。这使得各成员国能够计划构建未来新型组织，为真正形成多极化世界作出贡献。另一方面，在纷繁复杂的国际局势中找到各成员国地缘政治利益平衡点绝非易事。中俄两国的地缘政治和地缘经济战略存在诸多立场分歧（例如，在与西方国家开展经济合作问题等）②，此外，维持和深化两大世界大国在双边关系中的利益顺差仍是迫切问题；而这一问题能否顺利解决，很大程度上取决于中俄伙伴关系的发展。由此，各成员国需在上合组织框架内，针对下列敏感问题和难题提出更具建设性和惠及各方的意见，包括：

（1）与现有国际组织职能重复。例如，众所周知，独联体反恐中心是协

① Oresman, Matthew. （August 2004）. Beyond the Battle of Talas: China's Re – emergence in Central Asia. – National Defense University Press.

② Cohen, Ariel. The Russia – China Friendship and Cooperation Treaty: A Strategic Shift in Eurasia? // The Heritage foundation, July 18, 2001.

调独联体各成员国国防部门的特殊机制。① 而2004年，上合组织设立类似的地区反恐组织机构，其职能也与反恐中心相似。两个机构职能的重叠和交汇要求各方区分其任务并以新的方式推进其工作。而欧亚经济联盟、独联体和海关联盟等现有国家联盟同样也在后苏联空间中开展经济合作协调。由此，上合组织成员国需协调与现有组织的和谐共存方式，避免多余竞争和功能重复，商定地区所有成员国社会经济发展合作方式。

（2）上合组织各成员国在定义恐怖主义上存在分歧，以及在打击恐怖主义优先任务上观点不一。例如，俄罗斯认为，恐怖主义利用全球化进程，成为国际秩序及维护国际秩序组织的威胁。

（3）上合组织成员国在外交政策上亦存在分歧。中国关注上合组织内经济一体化，并宣布将优先在组织内构建宏观区域自由贸易区。中国认为，政治极端主义和宗教激进主义的根源是部分国家社会经济欠发达，并呼吁各国采取措施根除问题根源，推动资本和商品自由流通，使“问题”国家脱离长时间的落后状态。此外，中国认为上合组织框架内经济活动协调效率仍有待提高，各成员国需采取更为一致的方式，谋求推动社会经济发展的驱动力，而不仅限于在成员国间开展相对发达的双边合作。由此，上合组织的核心任务之一是加强经济合作。印度和巴基斯坦等具有较大经济影响力国家加入上合组织后，进一步督促上合组织制定并落实经济多边长期合作项目。

（4）部分上合组织国家经济并不发达，无法实现可持续发展。上述国家发展过程中将长期伴有社会经济不稳定，甚至升级为危机的趋势，而多民族问题上的矛盾将进一步激化社会问题。

（5）上合组织组织结构上仍存在问题。② 上合组织秘书处需要进一步机制化，制定其职能和责任范围。上合组织机构人员更倾向于本国意见，而不是秘书处意见。这将使得重大决策协调进程变得更加复杂，导致整体进程效率降低。

（6）上合组织各部门领导层采用共识的决策方式③事实上是赋予了成员

---

① О Содружестве Независимых Государств，https：//www.mid.ru/integracionnye-struktury-prostranstva-sng/-/asset_publisher/rl7Fzr0mbE6x/content/id/367426.

② Некоторые проблемы развития Шанхайской организации сотрудничества，http：//www.infoshos.ru/ru/？idn=429.

③ Структура Шанхайской организации сотрудничества. http：//rus.sectsco.org/structure/20151208/16852.html.

国一票否决的权力，这将可能对成员国经济、政治或文化领域合作造成困难。后者无疑将长期多边项目的制定和落实变得愈发复杂。

（7）上合组织迫切需要根据其长期发展规划完善多边项目的融资机制。此外，上合组织成员国共同预算相对有限，这需要上合组织近期在框架内建立可靠的投资工具（资源）来推进大型项目落实，以巩固组织在国际社会中的权重。

（8）上合组织扩员过程的成果模糊且不可预测。诚然，国际社会对上合组织愈发关注，组织声誉节节攀升。① 2006 年，巴基斯坦希望成为上合组织正式成员国，2007 年和 2008 年伊朗也提出了相应申请，2010 年印度提出相应申请。根据上合组织宪章，上合组织是一个开放的组织，然而直至今日，却有人认为应当中止接纳新成员，应加强组织结构基础，完善工作机制，并为新成员国加入制定更加详细的流程。不过，2006 年 5 月举行的上合组织外长理事会工作会议上，各方就暂停接纳新成员国达成非公开协议。2006 年 6 月上合组织上海峰会、2007 年 8 月比什凯克峰会和 2010 年 6 月塔什干峰会上都一致通过了该协议。2009 年上合组织确立了“对话伙伴”这一身份（斯里兰卡、白俄罗斯），从而解决了上述协议与《宪章》之间的矛盾。在推出新身份地位后，2010 年 6 月，上合组织塔什干峰会期间通过了关于接纳新成员国的条例，确定了满足申请身份的要求。第一，申请国应是欧亚地区国家，与所有上合组织成员国建立外交关系，并计划与所有成员国开展各种形式的经贸合作，申请国应拥有观察员国或对话伙伴国地位，不在联合国安理会制裁名单中（伊朗目前正面临这一问题），并未与任何国家处在武装冲突状态。对于部分上合组织成员国来说，满足上述要求存在难题。塔吉克斯坦与伊朗文明文化相近，因想要支持伊朗而遭受联合国制裁，从而并不满足于在制裁范围内的条件。此外，将伊朗纳入成员国可能会激化与西方关系。目前，在呼吁上合组织扩员问题上，俄罗斯最为积极，希望能在组织内部稳固其地位。

（9）上合组织对外宣传不够。这一问题在组织内外皆存在。诸多西方媒体采用口径一致的老生常谈，妄称上合组织是“带有军事因素的反美联盟”

---

① Курпаяниди К. И. , Урмонов А. А. Современные тенденции дальнейшего развития Шанхайской организации сотрудничества（ШОС）в условиях глобализации // Молодой ученый. — 2016. — № 17（121）. — С. 433 – 435. — URL：https：//moluch. ru/archive/121/33424/（дата обращения：01. 04. 2021）.

“东方版北约”“独裁国家领导人大会”或是“不断扩大的波将金村庄”。《卫报》此前曾发表知名的《中亚巨人正在苏醒》一文，从非常特殊的角度审视上合组织的作用。“很多西方国家此前对上合组织闻所未闻，但现在是时候了”这一句话贯穿全文。部分西方专家认为，上合组织的存在充满矛盾，荷兰一名国际关系专家指出：“上合组织覆盖全球近一半人口、多个核武器国、多个能源输出大国和世界多个经济发展增速最快的国家。然而，上合组织在中亚地区以外却几乎无人问津。”① 所以，部分专家认为，上合组织是一个国家俱乐部，其结构是象征性的，其工作多半只是开展讨论和发表声明。这绝非毫无依据。此外，也有专家认为，上合组织是中国与俄罗斯协调在中亚地区利益的工具。诚然，上合组织仍需要经历机制化进程，以转型成为能与东盟或 APEC 比肩的组织。

结合上述观点，并在一定程度上总结上合组织发展问题专家们已经提出的建议，② 可以从中总结出应对上合组织内部及周边问题的部分务实建议：

（1）共同推动上合组织朝更为成熟的机制转型；

（2）推动从量变到均衡多边发展的转型；

（3）制定“上合组织空间”的概念，与“大空间”“宏观区域”和“大欧亚”等概念对接；

（4）共同构思上合组织通过扩员和发展新职能，由地区组织向国际组织转型更清晰的战略，对上合空间将进行重新配置，拓宽“职责范围”；

（5）制定更为详尽的申请加入成员国的法律、财政和组织要求；

（6）确定组织核心概念，使上合组织成员国及潜在成员更紧贴上合组织；

（7）为成员国制定中长期合作发展计划；

（8）充分构思制定保障成员国间国家利益平衡、上合组织整体利益平衡的方式；

（9）推动上合组织框架内新社会经济项目落实及其现代化，不仅推动合作，更促进上合组织成员国共同发展；

---

① De Haas M. Central Asia's Waking Giant. https：//www. project - syndicate. org/commentary/ central - asia - s - waking - giant? barrier = accesspaylog.

② Денисов И. Е. , Сафранчук И. А. Актуальные экспертные дискуссии по проблематике ШОС. https：//cyberleninka. ru/article/n/aktualnye - ekspertnye - diskussii - po - tematike - shos/viewer.

（10）巩固成员国居民对上合组织的人文认同感；

（11）优化现有利益协调机制，推动上合组织和其宪章中规定的协商机制的深层理解；

（12）落实各成员国在各领域合作中“不同进程”参与度的战略；

（13）渐进系统地制定和落实上合组织长期项目（经济、人文合作），逐步将现有双边项目转变为多边合作；

（14）暂缓现有上合组织一体化进程，重点关注落实长期多边合作项目，包括具有前景的工作方向、开展信息通讯基础设施建设、能源生态领域方面合作；

（15）形成并发展上合组织双层结构（与东盟类似），成员国与新成员国更快合作与融合；

（16）逐步拓宽与国际社会及其代表机构合作，优先考虑联合国、代表主要文明文化团体的组织；

（17）逐步落实各成员国互补原则和利益平衡。

落实上述提议（笔者认为上述提议将长期有效）将为上合组织注入发展新动力，提升其国际权威。上合组织应顺应国际关系体系中的新机遇挑战，高质量完善其发展战略。①

四、上合组织的成就和前景

在上合组织现存问题的基础上，就上合组织目前成就和前景开展探讨尤为重要，因上合组织需逐步在国际舞台上确立其地位。在上海成立的组织如今已拓展出自身的道路和发展战略，不断扩大其地缘政治和地缘经济权重。

该从哪个理论体系评价上合组织现有成就和前景？协同理论是目前科研中跨学科研究方向，其目的是根据系统自组织的原则或更详细的定义，研究复杂的现象和过程，“这是一门研究自组织过程，以及不同环境下不同结构的出现、维持、稳定和解体的科学”。②

---

① Комиссина И. Н., Куртов А. А. Шанхайская организация сотрудничества: становление новой реальности. — М., Российский институт стратегических исследований, 2005. — 117 С.

② Данилов Ю. А., Кадомцев Б. Б. Что такое синергетика? // Нелинейные волны. Самоорганизация — М., Наука, 1983.

协同理论从结构定义出发，认为其根源是多元素结构或多因素环境的多样灵活（适应性）行为，而多元素结构或多因素环境来自于开放、外部能源和资源、内部非线性进程、特殊机制计划和多个稳定状态同时出现。① 发展中体系适中保持开放，并与外界开展能源商品交易，这导致了当地秩序和自组织的出现。当出现极端不平衡现象时，体系开始感知外部影响因素，而在平衡状态下这些因素不会被发现。

而不平等是催生新组织、新秩序、新体系，或推动发展的必要条件。② 由此，当非线性动态体系联合起来的时候，新组织并不等同于各部分的综合，而是形成另一个组织的体系或不同层次的体系。所有发展中体系的共同点是非平衡、新的微观（局部）形式的自发形成、宏观（系统）层面的变化、体系新特性的出现、自组织阶段和系统新特性的固定。在远非平衡的状态下，分叉机制开始起作用，过渡到系统的一种短期分叉或另一种相对长期模式，即吸引子。不过，无法预先预测体系将选择哪些吸引子。③

一体化体系的整体特点是什么?④ 它们会如何体现在大型自组织区域（例如热议的“大欧亚”）的政治和经济进程中，而这些大型自组织区域同时也被视作特殊的综合体系。

（1）组织性。根据该体系的逻辑，政治战略应针对政治和经济领域提供整顿和监管支持，排除、中和或调解争端，或是相互排斥的趋势和影响。由此，组织为达成预期效果，将有针对性地加强特定领域的工作，特别是构建地区和国际组织方面。

（2）完整性。体系在不断变化的环境中维护自身特性的能力。诚然，任何地区或国际组织都希望保持其统一的整体性，深化发展其机制和结构，完善组织基础。

---

① Хакен Г. Тайны природы. Синергетика: учение о взаимодействии. — Москва – Ижевск: Институт компьютерных исследований, 2003.

② Николис Г., Пригожин И. Самоорганизация в неравновесных системах: От диссипативных структур к упорядоченности через флуктуации. – М.: Мир, 1979.

③ Хакен Г. Информация и самоорганизация: Макроскопический подход к сложным системам. – М.: Мир, 1991.

④ Винограй Э. Г. Интегральные системные качества как характеристические грани целостного анализа сложных объектов // Социогуманитарный вестник. – Кемерово. Издание Кемеровского института (филиала) РГТЭУ. 2011. № 6. – С. 118 – 128.

（3）复杂性。这是体系结构不尽相同的特点，包括其元素、双边关系多样化的体现，不同元素间的合作推动区域和国际组织的整体发展（如果能够顺利及时地解决内部冲突和矛盾）。

（4）持续性。体系的整体质量，包括维持其状态和特征、所需的功能和发展方向、抵抗导致组织结构（包括国际组织）混乱和朝违背初衷方向发展的能力。

目前上合组织内事务及组织内部进程可采用系统协同方法，出于已建立组织的角度对其进行评估，从而不断改善其组织结构并解决内部矛盾，推动上合组织继续扩大其影响力。

上合组织在地区和全球范围内都拥有巨大政治潜力。由此，上合组织为中国、俄罗斯及部分苏联国家协调政治、经济、军事战略和文化一体化进程具有重要意义。这将为上合组织在地缘政治和地缘经济领域发展提供广泛机遇。此外，目前上合组织坐拥多种优势，推动成员国提升经济合作总额，包括中国金融投资机遇，俄罗斯庞大的技术潜能，中亚国家坐拥世界最丰富的自然资源及未完全挖掘的物流潜能；上述优势整合之后，为运输、能源、基础设施建设、电信通讯、粮食安全大项目的落实提供机遇，且符合多数成员国利益。

其次，上合组织具有一些独特特点，可在国际政治关系中强调。

上合组织创始国在《上合组织成立宣言》中便确定，需无条件遵守《联合国宪章》目标和原则。《宣言》中清楚写明，上合组织不针对任何国家，希望在协调利益的基础上在各领域开展对话、交流和合作，以及将认同上合组织项目原则、观点和任务为优先任务的国家纳入成员。

将上海合作组织转变为一个制度化的国际组织，已成为对世界政治挑战充分和及时的回应，上合组织也强调必须在大欧亚心脏地带建立一个“对话空间”和“安全领地”，以共同解决新兴问题，在今天与“议程”有关的所有问题上采取预防性外交和共识决策机制。①

此外，当前发展阶段的上合组织是独特国际组织的典范，上合组织希望凌驾于现有跨文明间裂痕的矛盾，在宏观区域框架下开展对话，并为此肩负

---

① Алимов Р. 15 лет ШОС：достижения и перспективы//http：//rus. sectsco. org/news/20160504/ 87515. html.

责任。①

更重要的是，“上海精神”成为上合组织价值观和意识形态核心，上海精神的核心是合作、互信、互利、权利和机遇的平等（下称“理想平等”）、通过同时解决争端问题、尊重国情特色和人民文化多样化、协调一致发展。

此外，2006年6月各成员国在上海峰会上通过的《上海合作组织五周年宣言》中传递出一条重要信息，即各国表明，上合组织将肩负维护地区和平和安全的责任，基于现有地区安全稳定维护机制，基于利益一致、谋求各成员国共同立场开展工作。

2006年上海峰会上签署了长期睦邻、友好与合作条约，印证了上述重要信息，传递出上合组织成果落实合作的积极信号。该条约细化并实质性澄清了《上海合作组织宪章》先前确立的基本政治原则，并以新方式确定组织使命。

上合组织成员国在达成一致后，宣布分阶段实施政治和安全领域的共同战略方针。② 求同存异使上合组织及其成员能够灵活顺利地适应全球不断变化的局势。

上合组织还通过了《上海合作组织至2025年发展战略》，该战略在预测的基础上确定了未来几十年全球和区域发展的趋势，并将维护区域安全与稳定定义为上合组织工作的基本目标。这并不代表着上合组织不再是多职能特殊区域组织。

在确定上海合作组织的未来时，各成员国需认识到，上合组织现在、未来都不会成为军事政治联盟，也不会成为超国家协调机制（传统意义上）的经济联盟。

在目前的工作中，上合组织协助其成员制定解决国际政治和区域发展问题的方法，关注可能在组织内达成商定立场的领域，从而避免出现结构中的主导权、压力或胁迫等问题，鼓励成员努力实现共同利益，而不是单方面的个别国家利益。

---

① The Shanghai Cooperation Organization (SCO) is an intergovernmental organization composed of China, Russia, Kazakhstan. https://www.cfr.org/backgrounder/shanghai - cooperation - organization.

② Зимонин В. П. Шанхайская организация сотрудничества и евразийское измерение безопасности. Шанхайская организация сотрудничества: к новым рубежам развития: Материалы кругл. стола. — М.: Ин - т Дальн. Вост. РАН, 2008. — С. 198—199.

总体而言，上合组织是一个年轻的组织，在关注主权国家之间多边合作的积极影响上，致力于发展不同政治和社会经济模式，并以不同的方式在国际社会中定位自身。

因此，在现今大多数全球化战略和概念都遭遇危机的情况下，上合组织将自己定位为新型的国际组织，致力于建立平衡、稳定、公正的国际关系模型，该模型具有巨大前景。此外，上合组织还拥有一系列重要战略职能（任务）：

（1）为跨地区跨国家对话和合作建立和支持大规模空间；

（2）推动落实重大合作和一体化项目，打造大（宏观地区）经济空间；

（3）为对话伙伴国提供冲突协调经验；

（4）计划落实上合组织自贸区，在自贸区基础上可建立大欧亚经济空间；

（5）基于各成员国利益，进一步深化和推动组织高质量转型；

（6）为国际社会提供上合战略和国际化路线，国际化路线基于合作和利益和谐，而不是激烈竞争和对峙。

上合组织内部制定全面安全战略需关注分裂主义、极端主义、恐怖主义以及其他“威胁因素”的根源，是世界不同地区诸多人民对生活水平的不满。正是这一因素为极端主义趋势和活动创造了“社会需求”，和具有前景的“社会基础”。因此，促进高质量动态经济发展和克服社会领域发展瓶颈，是确保组织影响力安全的关键条件。同时，为了让上合组织在应对现代全球挑战过程中作出全面反应，笔者认为应制定并正式采用中亚地区安全的概念或学说。笔者认为需要采用定性方式，监管新出现的和潜在的威胁，更有效地协调上合组织各机构在应对新威胁方面的工作。首先是流程问题，其次是需要制定上合组织与独联体、集体安全条约组织和欧亚经济联盟更为详尽的互动机制。

若是要在经济和安全之间做出选择，上合组织成员国没有无条件选择的权力。上合组织内部合作过程的复杂化的原因是成员国之间的潜力差距，①以及现有双边关系的状态。

---

① SCO family' widening? Many candidates share “Shanghai spirit”, but expansion not a goal // TASS. 5 September 2019. Archived from the original on 6 September 2019. Retrieved 5 September 2019.

领土争端问题、海关壁垒问题依然存在，阻碍各国建立经济联系。上合组织内部虽逐步形成了灵活、及时解决争端的机制，但仍需要进一步解决部分成员国之间的双边关系问题，以及确定上合组织优先事项和长期发展战略。2006 年 6 月签署的上合组织五年宣言指出，上合组织拥有“在责任范围内在保持稳定和安全方面发挥独立作用的潜力”。上合组织已肩负保障中亚安全的重要责任，① 为此需要投入额外资源，启用新机制。考虑到组织承担的目标和任务规模，以及力争在保障安全方面发挥独立作用，上合组织需要同时解决两项任务：保障安全和促进经济发展。发展仍然是必要的。在安全问题上采取协调一致的方法，这也需要上合组织成员国做出一定的努力。

因此，笔者不建议上合组织制定当前无法实现的目标，例如，欧亚经济联盟和上合组织经济空间一体化；然而，没有一体化进程就不可能建立上合组织自贸区。即使从长远来看，必须考虑上合组织所有成员国国家利益，要实现这些倡议也需要制定长期协议。此外，建立上合组织自贸区的关键条件是能与上合组织框架内多边合作结构和体系产生互补性，同时考虑包括欧亚经济联盟这一现有组织机制的利益。

五、结论

总结本文中提到的所有内容，笔者得出结论，上合组织在其存在期间已成为活跃且受人尊敬的区域机制，引起诸多潜在合作伙伴的兴趣。加强上合组织的国际地位，是组织结构内和当前环境中所有国家的客观利益。为提升上合组织的作用存在一系列重要先决条件，上合组织在大力发展多个领域合作，包括定期举行联合反恐演习、开展情报部门交流和数据交换、系统开展打击国际毒品贩运的斗争、成员间信任与合作关系正在增强。② 上合组织的国际影响力不仅取决于成员国人口、军事和领土潜力，还取决于中国和俄罗

① Кольтюков А. А. Влияние Шанхайской организация сотрудничества на развитие и безопасность Центрально – Азиатского региона. Шанхайская организация сотрудничества: к новым рубежам развития: Материалы кругл. стола. — М.: Ин – т Дальн. Вост. РАН, 2008. — С. 257—258.

② Шанхайская организация сотрудничества: к новым рубежам развития: сборник материалов “круглого стола”, апрель 2007 г.. — М.: Изд – во Института Дальнего Востока РАН, 2008.

斯这两个有影响力的世界大国之间已建立的战略伙伴关系。中俄伙伴关系催生在中亚乃至整个亚太地区建立集体安全系统的机遇。一方面，上合组织符合其成员的地缘政治利益，有助于形成更加平衡和可预测的（多极化）世界。另一方面，上合组织有能力解决欧亚这一重要全球区域内政治主体间的矛盾和争端。除了为其成员提供更多机会寻找其产品和新来源的销售市场外，上合组织还为建立动态的社会经济发展空间提供了机会，其重点不仅在于建立新的运输基础设施，而且还应包括新增生产订单。

根据本文进行的分析结果，笔者得出以下更具体的结论：

（1）中国和俄罗斯扩大和深化战略伙伴关系，旨在与中亚国家和其他上合组织合作伙伴互动，以解决该地区的战略问题；

（2）在新兴大欧亚空间内，中国和俄罗斯寻求刺激宏观区域一体化进程发展的方法；

（3）中国利用上合组织作为巩固执行多边倡议的平台，这一平台具有互利合作的巨大潜力；

（4）俄罗斯在独联体和上海合作组织内部发展合作进程中发挥了作用，为此使用了必要的政治和经济手段；

（5）同时，2013 年开始的俄罗斯经济衰退、国际市场的不利等局面，对后苏联国家和中国的双边贸易和其他经济合作领域预先设置了壁垒，要克服这些困难，利害关系方需要作出更大的努力；

（6）俄罗斯经济结构转型和现代化方式仍面临问题，而欧亚经济空间的长期发展趋势很大程度上取决于俄罗斯国力，由此，俄罗斯迫切需要面对出口多样化和减少燃料和原料份额，同时还要提升以机械制造为首的加工业份额等问题；而后者需要对欧亚经济联盟成员国进出口结构做出巨大改变。

报告七

从摇摆到稳定：美国战略视野中的上海合作组织

封　帅*

【内容提要】美国是上海合作组织发展进程中重要的外部力量，上海国际组织的持续发展也对美国中亚战略产生了不可忽视的影响。在过去 20 年中，随着上合组织与美国之间关系的不断磨合，美国战略界对上合组织的理解和认知也在不断深入，从最初存在明显错误的“上合无用论”与“上合威胁论”逐渐过渡到相对完整与稳定的“上合竞合论”。过去美国战略认知的摇摆源于美国中亚战略目标的不确定性，而当前认知的逐步稳定则反映出美国与上合组织之间复杂而微妙的互动模式。

【关键词】美国；上海合作组织；中亚战略；战略认知

从 2001 年成立开始，上海合作组织的发展历程得到了世界各国政府、学者与民众的普遍关注。在 20 年的时间里，伴随着上合组织的成长，各国战略界围绕着上合组织性质、特点、发展方向以及上合扩员等问题而展开的讨论从未停止，其中以美国战略界的讨论最为典型。

作为当代国际政治舞台上的主角，美国称得上是影响上合组织发展重要的外部力量。历届美国战略部门与聚焦中亚区域的美国战略研究者都对上合组织的发展保持着密切关注，他们也构成了整个英语世界对上合组织研究的中坚力量。整体上看，美国战略界对上合组织的认知与美国对于上海合作组织的政策走向存在着明显的联系，中亚地区的地缘政治形势及美国政府不同时期的中亚战略是影响战略认知与政策走向的关键因素，而全

* 封帅，上海国际问题研究院国际战略研究所副研究员，教育部人文社会科学重点研究基地华东师范大学俄罗斯研究中心兼职青年研究员。

球战略环境变迁，以及美国与上合组织的互动对此也将产生有效扰动。

这些观点通过各种渠道表达出来，催生了美国国内政策层面的争论，对于美国发展与上合组织关系产生了不同程度的影响，同时也为研究者观察上合组织发展进程提供了宝贵的外部视角。中国学者对于美国战略界涉上海合作组织的各种看法和观点也非常重视，大致从2007年起就开始出现相关研究，至今仍赓续不辍，取得了丰硕的成果，为上合组织相应的政策调整提供了有益的借鉴。

本文尝试在既有研究的基础上，按照时间线索阐述不同历史时段美国战略界对于上海合作组织的看法，分析其产生的原因及对美国政策的影响，进而提炼总结美国与上合组织互动过程的核心逻辑，希望能够为上合组织下一个20年的发展提供有益参考。

一、小布什政府时期：观望与误判

2001—2008年是美国与上海合作组织的重要磨合期，这个阶段略显漫长且经历了多次反复。一方面，作为欧亚地区新生的多边合作机制，上合组织并无成功的模板可供复制，只能在复杂的地区实践中摸索前进，对于如何处理对美关系也需要不断学习。另一方面，在小布什政府时期，美国的中亚政策经历了多次反复，很多不切实际的地区战略尝试实际上触发了地区结构的强烈反应，迫使其不得不重新调整自己的理念认知与政策选择。这种双向互动过程塑造了小布什时期美国与上合组织的关系模式。

（一）2001—2004年：观望阶段

20世纪末至21世纪初，所有对欧亚地区的国际政治形势有过关注的研究者都会注意到，上海合作组织的创建是一个水到渠成的过程。经历了边界谈判、“上海五国”机制等过渡形态后，中俄与中亚国家于2001年6月15日在上海举行了首次元首理事会会议，签署了《上海合作组织成立宣言》，标志着上海合作组织正式诞生，也意味着冷战结束后欧亚空间内部新的机制化建设进程的开始。

但对美国政府来说，上合组织诞生的时间点还是相对敏感的。在这一时刻，中美南海撞机事件尚未彻底结束，中美关系正处于关键的十字路口，同时美俄关系也处于低谷。在这种背景下，中俄两国与中亚国家共同创立新的多边合作组织，对于美国战略界来说不可能不对自身地缘战略形势有所忧虑。所以，在上合组织诞生的最初几个月，美国政府及战略界对上合组织都处于观望状态。然而，就在3个月后，随着“9·11”事件和阿富汗战争的爆发，美国中亚政策出现了重大调整，美国战略界对上合组织的关注度也明显提升。

2001—2004年是后冷战时代美国在中亚地区地缘政治环境最为有利的一段时间，阿富汗战争的爆发使得中亚国家在美国战略体系内的地位空前提升，中亚国家出于各种政策考量，积极配合美国的阿富汗战略。美国在中亚地区获得了乌兹别克斯坦哈纳巴德空军基地和吉尔吉斯斯坦马纳斯空军基地的长期使用权，其他中亚国家也允许美国有限使用其国内设施进行军事转运与投送，这是历史上美国军事力量首次实现在中亚地区的长期存在。以军事存在为基础，以援助为手段，美国在短时期内向中亚国家提供了大规模的军事援助，客观地说，这些援助提升了中亚国家的军事实力，对于其应对地区恐怖主义有很大帮助，也在一定程度上带动了中亚国家的经济，美国与中亚国家迎来了短暂的蜜月期。

在这种有利的地缘环境下，美国战略界对上海合作组织在地区的意义没有给予充分的认识。例如，美国学者希恩·尤姆（Sean Yom）在2002年的论文中虽然承认上合组织在稳定地区形势、发展中俄关系及中俄与中亚各国的经济关系、打击中亚地区极端主义等方面能够取得积极成果，但对于上合组织未来的发展并不看好。他在文中明确提出：“美国（在中亚）新的军事存在会使中亚国家逐渐疏远中国与俄罗斯，这将凸显上合组织的虚弱。”① 还有学者将上合组织解读为中国在中亚地区扩展政治影响力的手段，例如季北慈（Bates Gill）在2003年负责撰写的一篇报告中提出，中国不仅将借助上合组织的平台保证西部边境安全和能源供应的稳定，还将利用这一机会使得更多中亚国家接受其在地区事务中的领导权，从而渗入俄罗斯的传统势力范围。② 美国战略界学者还特别关注上合组织内部的中俄

---

① Sean Yom, “Power Politics in Central Asia: the Future of the Shanghai Cooperation Organization”, *Harvard Asia Quarterly*, Vol. 6, No. 4 (Autumn - Winter 2002), pp. 48 - 54.

② Bates Gill, Matthew Oresman, “China's New Journey to the West: China's Emergence in Central Asia and Implications for US Interest”, A Report of the CSIS Freeman Chair in China Studies, August 2003.

互信问题，他们认为俄罗斯对于中国在中亚地区影响力的扩大抱有极大的担忧，并不希望上合组织迅速发展壮大，而更愿意采取其他由自己控制的地区安全机制处理中亚问题。中俄两国在上合组织发展目标方面存在矛盾，上合组织将不得不成为一个行动能力有限的组织。①

轻视甚至忽视是这一时期美国战略界对上合组织的主流看法，他们坚信阿富汗战争所带来的地缘优势和军事存在将保证美国有能力以更加激进的方式介入中亚事务，并按照自己的标准改造中亚国家。这种盲目乐观和自信使得他们忽视了上合组织在这 4 年的时间里在机制建设方面获得的长足进展，忽视了上合组织结构的不断完善与反恐领域务实合作的持续开展。2004 年，蒙古成为上合组织的第一个观察员国。而时任美国国务院助理国务卿帮办帕斯科（Lynn Pascoe）证实，美国也曾通过外交渠道与上合组织联系，希望能够获得“某种观察员地位”，但最终似乎未能实现。② 这也是早期美国政府与上合组织为数不多的接触之一。

（二）2005—2006 年：短暂的对冲阶段

美国的中亚政策不是孤立存在的，它必然会配合美国全球战略部署，而美国的全球战略也不可避免地受到其国家价值观的深刻影响。对于小布什政府来说，新保守主义思想是其对外战略的底色，意识形态因素对于理性的利益评估总是会产生严重干扰，这似乎是美国中亚政策不可能摆脱的宿命。因此，当美国在中亚站稳脚跟之后，中亚国家的麻烦也就随之而来了。

从 2003 年起，美国就开始在原苏联加盟共和国内部推动“颜色革命”，制造相关国家的政权更迭。2005 年，社会运动的浪潮开始波及中亚国家，吉尔吉斯斯坦爆发了所谓的“郁金香革命”，而美国在运动中若隐若现的身影开始引发中亚国家的警觉。③ 这轮“颜色革命”的影响很快就开始在

---

① Neil MacFarlane，“The United States and Regionalism in Central Asia”，*International Affairs*，Vol. 80，No. 3，2004.

② 戚振宏主编：《上海合作组织：回眸与前瞻（2001—2018）》，世界知识出版社 2018 年版，第 155 页。

③ Theodor Tudoroiu，“Rose，Orange，and Tulip：The failed poet - Soviet revolutions”，*Communist and Post - Communist Studies*，Vol. 40，No. 3，2007.

中亚地区扩散，2005 年 5 月 12 日，乌兹别克斯坦安集延市爆发了武装骚乱及大规模社会运动，“安集延事件”导致近 200 人死亡。① 事件爆发后，美国政府公开谴责乌兹别克斯坦政府及时任乌兹别克斯坦总统卡里莫夫。至此，9·11 事件后美国与中亚国家一度紧密的关系发生了严重倒退。

2005 年 7 月，上海合作组织在哈萨克斯坦阿斯塔纳举行了第五次首脑会议，并发表了《上海合作组织成员国元首宣言》，上合组织成员国在宣言中提出：“鉴于阿富汗反恐的大规模军事行动已经告一段落，上海合作组织成员国认为，反恐联盟有关各方有必要确定临时使用上海合作组织成员国上述基础设施及在这些国家驻军的最后期限。”② 此外，在阿斯塔纳峰会上，上合组织还接纳印度、巴基斯坦和伊朗成为上合组织观察员国。

上合组织阿斯塔纳峰会的结果在美国战略界引起了轩然大波，特别是要求美国撤军的元首宣言引发了美国政府的强烈反应。美国国务院在宣言发表后第二天就断然拒绝撤出已经部署的军事力量，美国军方也对上合组织的要求给予断然否定，在几个星期后，时任美国国防部部长拉姆斯菲尔德为解决中亚地区的美军军事部署问题访问了中亚国家，但并未前往乌兹别克斯坦。2005 年 7 月 29 日，乌兹别克斯坦外交部要求美军在 3 个月内撤出哈纳巴德空军基地，11 月下旬美军全部撤出了乌兹别克斯坦。美国中亚战略在 2005 年遭遇了重大挫折。

阿斯塔纳峰会之后，美国战略界对中亚事务与上海合作组织的认知也出现了重大修订，战略界内部的观点呈现出分化的态势。

很多研究者对于上合组织的态度从轻视迅速跳转为过分的重视，并且将其视为美国中亚战略的潜在威胁。阿斯塔纳峰会后不久，各种充满了冷战色彩的观点开始出现在美国战略界的视野之内。例如，斯塔克贝克（Fredrick Stakebeck Jr.）提出“上海合作组织像是华沙条约组织的重现……它意在削弱美国在全球范围的影响力”，③ 艾瑞尔·科恩（Ariel Cohen）认为，“上海合作组织的安全议程反映了中国与俄罗斯对于美国欧亚战略的疑

① Stefanie Ortmann, “Diffusion as discourse of danger: Russian self - representations and the framing of the Tulip Revolution”, *Central Asian Survey*, Vol. 27, No. 3 - 4, 2008.

② 《上海合作组织成员国元首宣言》，中国政府网，2005 年 7 月 5 日，http://www.gov.cn/gongbao/content/2005/content_64324.htm。

③ Fredrick W. Stakelbeck Jr., “A New Bloc Emerges?”, American Thinker, https://www.americanthinker.com/articles/2005/08/a_new_bloc_emerges.html.

虑，……该组织有限制美国在中亚影响力的意图”。① 大卫·施耐德（David Schneider）甚至赤裸裸地表示，“上海合作组织是一个威权国家联盟”。②

在这一时期，美国战略界也仍有专家保持着原有立场，认为上合组织未来的发展前景仍有待观察。例如史蒂芬·布兰克（Stephen Blank）坚持认为，上合组织未来发展目标尚未明确，更多观察员国的加入会将更多分歧带入上合组织，成员国对于是否扩员的态度不一，其发展前景有待观察。③

从我们今天的视角来看，这两种观点都反映出美国战略界对于上海合作组织仍存在着严重的误解。但在 2005—2006 年这个短暂的时段中，美国战略界确实将上合组织视为美国中亚战略的主要对手。2006 年 9 月，时任美国助理国务卿理查德·鲍彻（Richard Boucher）在国会作证时表示，“不希望上海合作组织成为外部大国控制中亚的工具”，④ 这种观点代表着美国官方在这一时期对于上合组织的基本态度。

然而，这种对冲实际上是短暂的，美国战略界对于上合组织的过度反应建立在很多对信息和地区形势的误解之上。事实上，上海合作组织从理念到实践都从未试图在中亚地区建立排他性政治机制，更不寻求与任何国家进行对抗。在 2006 年后，上合峰会再未提及要求美国撤军的相关内容，并且主动与美国开展沟通。2006 年 8 月，鲍彻访华期间曾专门到访上合秘

① Ariel Cohen, The Dragon Looks West: China and the Shanghai Cooperation Organization, Testimony before the U. S. – China Commission, August, 2006, https: //www. uscc. gov/sites/default/files/ 06_08_3_4_cohen_ariel_ statement. pdf#: ~: text = %D0%A2he%20Dragon%20Looks%20West%3A%20China%20and%20the%20Shanghai, China%2C%20Russia%2C%20Tajikistan%2C%20Kyrgyzstan%2C%20and%20Kazakhstan%20%E2%80%93%20formed.

② David Schneider, “The Shanghai Cooperation Organization: A League of Autocracies?” Global Policy Forum, September 16, 2008. https: //www. globalpolicy. org/component/content/article/154 – general/25757. html.

③ Stephen Blank: US Interests in Central Asia: Shanghai Cooperation Organization and the Challenge to Them U. S. Interests in Central Asia and the Challenges to Them, Testimony Offered to the Subcommittee on the Middle East and Central Asia, House Committee on International Relations, July 25, 2006.

④ 戚振宏主编：《上海合作组织：回眸与前瞻（2001—2018）》，世界知识出版社 2018 年版，第 156—157 页。

书处。[1] 大体上从2007年开始，美国与上合组织的关系又出现了新的变化。

（三）2007—2008年：调整阶段

随着中亚地区的“颜色革命”浪潮偃旗息鼓，小布什政府也失去了21世纪初曾短暂拥有的在中亚地区极为有利的地缘政治环境。美国奉行的中亚战略一方面试图争取中亚国家的配合完成战略目标，另一方面又随时试图颠覆中亚国家政权，这种存在严重内在矛盾的地区战略显然无法完成既定目标。在2006年后，美国逐渐陷入了被地区国家警惕和排挤的窘境，亟需新的战略调整。

大致从2006年开始，小布什政府的中亚战略就出现了明显的调整迹象，开始尝试以弗里德里克·斯塔尔（Frederick Starr）的“大中亚”设想为基础重构中亚战略。所谓“大中亚”，简而言之就是打破传统地缘政治概念中的中亚范畴，将中亚五国与阿富汗视为一个整体的中亚区域，并且进一步放大这个区域，将巴基斯坦、印度北部和伊朗东部地区作为一个整体空间，即所谓的“大中亚”。[2] 斯塔尔主张美国在这一整体空间中进行统一的战略规划，不仅采取军事手段，更要通过经济扶持、交通运输网络建设，推动该区域的繁荣和一体化进程，使其能够逐渐摆脱俄罗斯的势力，成为美国在欧亚腹地的战略支点。当然，美国在制定地区战略的过程中，还是无法放弃推动地区国家政权更迭的基本目标，但前期的挫折使其在这个“大中亚”计划中不再提及颠覆中亚五国政权，而是试图以阿富汗政权建设为模板，在中亚腹地建立新的政治典范。[3]

即使在2006年这个美国霸权尚属稳固的时间点上，这个被命名为“大中亚伙伴计划”的新中亚战略似乎也过于宏大了。它显然并不是对前一阶段政策的调整和补充，而是另起炉灶，重新建构中亚地缘经济与地缘政治

---

① Kang Jie, “From Wait - and - see to Competition: Evolution of US Perception and Policy toward the SCO”, *China International Studies*, January/February 2019, p. 80.

② Frederick Starr, A Partnership for Central Asia, *Foreign Affairs*, Vol. 84, No. 4, July/August 2005.

③ Frederick Starr, “A ‘Greater Central Asia Partnership’ for Afghanistan and Its Neighbors”, *Silk Road Paper*, Washington DC: Central Aisa - Caucasus Institute, 2005.

空间的宏图伟业。它的最终目标是将中亚地区与南亚及部分中东区域整合为一个新的地缘空间，使中亚国家在经济和政治上不再依赖俄罗斯，而是融入美国的地区战略框架。可以说，美国新的中亚战略已经不仅仅聚焦于中亚，而是试图重构欧亚内陆的地缘政治版图，如此“伟大”的目标意味着巨大的资源投入与极为复杂的外交协调，以及外部环境的配合。这显然不是仅剩 2 年时间的小布什政府能够及时完成的。在“大中亚伙伴计划”提出之后，美国国务院进行了机构重组，将中亚五国从欧洲与欧亚事务局（Bureau of European and Eurasian Affairs）剥离出来，与南亚局合并组建了南亚与中亚事务局（Bureau of South and Central Asian Affairs）。[①] 此外还组织了一些与“大中亚”概念联系的国际会议，并通过了一些相关的战略法案。然而，直到小布什政府卸任，这一战略的实际推进仍非常有限，小布什政府的最后 2 年可以被视为美国中亚政策的调整时期。

在这两年的时间里，上海合作组织仍然保持着既定的节奏稳步推进，除在反恐合作等领域取得众多实际进展外，还于 2008 年建立了对话伙伴国机制，成为上合组织开展与外部国家对话合作的新平台。在这一时期，上合组织也非常注意避免与美国在地区议题上形成直接对抗，美国战略界对于上合组织的敌意也略有缓和。2008 年 4 月，在小布什政府执政的最后阶段，助理国务卿鲍彻对于小布什政府时期美国与上合组织的关系进行过更加细致的总结，在鲍彻看来，上合组织虽然并不算是美国的对手，但“（美国）不认为（上合组织）是一个对我们特别有帮助的组织。当然，它也不是我们想支持、资助、推进的组织”。[②] 这一观点也几乎奠定了美国与上合组织关系的主基调。

二、奥巴马政府时期：接触与竞争

2009 年 1 月，备受期待的贝拉克·奥巴马正式开始了他的总统任期，但就中亚地区战略而言，奥巴马手上捧着的已经是一块烫手的山芋。经历了

---

① 关于其内部整合过程可参见：杜幼康：《美国的南亚与中亚“整合”战略剖析》，《现代国际关系》2007 年第 4 期。

② Richard Boucher, The Year Ahead in South and Central Asia, Foreign Press Center Briefing, Washington, DC, April 23, 2008. http://www.state.gov/p/sca/rls/2008/104042.htm.

2005—2006 年的“颜色革命”，又遭遇 2007—2008 年的全球金融危机，新一届美国政府亟需对自己的中亚战略进行有针对性的调整，这也为美国重新评估与上合组织的关系提供了契机，在奥巴马任期内，上合组织与美国的关系进入了一个新的阶段。

（一）2009—2010 年：重新评估与有限接触

每一届新政府上任后，都需要一段时间对前任政府的国际战略进行评估，这一进程短则数月，多则一两年，这已经成为美国政府交替时的惯例。但对于奥巴马政府来说，阿富汗局势已经迫使评估与行动同时并举，而美国新政府的中亚战略也必须围绕着阿富汗问题展开。

2009 年，奥巴马政府在中亚地区所面对的地缘政治形势已经变得非常困难。一方面，旷日持久的阿富汗战争劳而无功，刚刚经历了金融危机冲击的美国需要尽快从这个欧亚内陆深处的“帝国坟墓”脱身。而且从阿富汗撤军本身就是奥巴马竞选过程中的关键承诺，属于明确的优先议程。但另一方面，奥巴马政府也不能承受从阿富汗撤军后，塔利班重新掌权或者阿富汗重新陷入内战的结果，那样将成为美国地区战略上的重大失败，对美国在全球的威望也将产生严重影响。因此，美军必须继续削弱阿富汗内部所有的反对力量，同时尽快推动阿富汗新政府能够有足够力量维持政权稳定。为实现这些目标，美国就必须与地区国家进行更加紧密的战略协调，而上海合作组织就是这一区域内最具影响力的多边国际组织。

事实上，如果以解决阿富汗问题为核心制定中亚战略，奥巴马政府的选择空间其实是相对有限的。奥巴马的撤军路线图的核心设计是先增兵再撤军，但无论是运输线路的保障还是未来维持阿富汗政权，都只有南北两条线路的选择，而北边的中亚国家和南面的巴基斯坦都是上合组织的成员国或观察员，这使得上合组织在美国新的中亚战略安排中必然处在更加重要的位置上。同样在 2009 年，受到奥巴马政府关于从阿富汗撤军的计划影响，上合组织也显著地加强了对于阿富汗事务的参与。2009 年 3 月，上合组织在莫斯科召开了“阿富汗问题特别会议”，除亚洲国家外，上合组织还邀请了美国、联合国、北约、欧盟、欧安组织等国家和国际组织参与，美国助理国务卿帮办帕特里克·莫恩（Patrick Moon）代表美国参加了会议，这成为美国与上合组织的首次正式交往。会议发表了《上海合作组织阿富汗问题特别会议宣言》，对于阿富汗问题的解决产生了重要的积极影响。① 在2009—2010年间，美国与上合组织形成了有限接触合作的局面。除了参与上海合作组织的阿富汗国际会议外，时任美国国务卿的希拉里也曾在公开讲话中表示美国愿意与上合组织开展合作的意愿。② 美国国务院官员也围绕着阿富汗问题与上海合作组织进行了官方接触，这都是小布什时期从未出现过的现象。

这一时期，美国战略界对于上海合作组织的观点也出现了一些微妙转变，主张与上合组织进行接触的观点开始出现，围绕着美国中亚战略，对与上合组织开展适当合作的可能性与现实性提出了很多有趣的观点。例如，理查德·威茨（Richard Weitz）认为，“奥巴马政府努力与上海合作组织发展关系，尽管这种关系仍主要集中在阿富汗问题上”，③ 他提出应该借助北约平台，建立北约—上合组织对话伙伴关系。④ 这种构想甚至得到了布热津斯基等美国战略界头面人物的呼应。⑤ 虽然最终未能付诸实际，但可以非常清楚地展示出美国战略界这一时期对于上合组织态度的变化。

美国政府中亚政策的微调与美国战略界的态度转变在一定程度上是这一时期美国全球战略的反映。奥巴马政府执政初期一直尝试推动“重启”美俄关系，也在重新摸索中美关系的新定位，加之阿富汗撤军的现实需要已经压倒了其在中亚地区推动政权更迭的诉求。因此，在针对大国的战略方向确定之前，在中亚地区执行相对温和平稳的政策，集中力量处理阿富汗问题也是非常合理的选择。然而，这段短暂的过渡时期大约在2010年底就逐渐接近尾声，随着美俄“重启”进程陷入僵局，针对中国的“亚太再平衡”战略出炉，中亚地区的缓和逐渐无以为继。从2011年起，美国推出了新的中亚战

---

① “上海合作组织发表阿富汗问题特别会议宣言”，中国新闻网，2009年3月30日，https：//www. chinanews. com/gn/news/2009/03 - 30/1624737. shtml。

② Hillary Clinton, “Remarks on Regional Architecture in Asia: Principles and Priorities”, Hawaii, Department of State, January 12, 2010. http：//probeinternational. org/library/wp - content/uploads/2011/12/ Remarks - on - Regional - Architecture - in - Asia_ - Principles - and - Priorities. pdf.

③ Richard Weitz, “Growing Pains”, *The Journal of International Security Affairs*, No. 17, Fall 2009.

④ Richard Weitz, “Building a NATO - SCO Dialogue”, *European Dialogue*, November, 14, 2011.

⑤ Zbigniew Brzezinski, “An Agenda for NATO”, *Foreign Affairs*, Vol. 88, No. 5, September/October, 2009.

略，美国与上合组织的关系又出现了新的变化。

（二）2011—2016 年：围绕着地区建设的竞合

经过复杂的评估与部门协调，奥巴马政府的中亚战略在 2011 年 7 月正式出炉。① 有趣的是，在经过综合考量之后，奥巴马政府从方向上继承了小布什政府的“大中亚”思路，将南亚与中亚作为一个整体区域进行战略规划，当然，新政府还是赋予了它一个新的名字——“新丝绸之路”（New Silk Road）战略。

从战略设计层面来看，“新丝绸之路”战略依然是一个宏大计划，仍以弗里德里克·斯塔尔的理论为出发点，以从阿富汗撤军和推进南亚与中亚的一体化建设作为新战略的两大核心。在美国看来，中亚国家在这一战略体系中的短期作用是支撑阿富汗北部的资源配送网络，以便使美军能够完成增兵和撤军的一系列任务。从长期来看，美国试图在“新丝绸之路”战略框架内推动一系列综合建设计划，以实现中亚、阿富汗和南亚的连通整合，包括建设土库曼斯坦经阿富汗、巴基斯坦到印度的天然气管道，建立沟通中亚、阿富汗和南亚的输电线路等。② 从某种意义上说，“新丝绸之路”是一项以地区经济建设为主要内容的地区战略，虽然以阿富汗国内建设为核心目的，但如果该计划能够得到很好的执行，对中亚国家的发展也会颇有助力，因此，在美国提出该战略之初，中亚国家普遍表达了积极的态度。

然而，纵观战略执行过程，“新丝绸之路”毫不意外地呈现出“雷声大、雨点小”的结果。其中最为关键的是，战略构想虽然宏大，但美国在中亚的战略资源投入十分有限。美国希望以协调者的身份吸纳外来资金加强对中亚的投资，实现自己规划的建设任务，但美国本身对“新丝绸之路”所涉及的

---

① “Remarks on India and the United States：A Vision for the 21st Century”，Clinton remarks at Anna Centenary Library，Chennai，India，July 20，2011，https：//2009 - 2017. state. gov/secretary/20092013clinton/rm/ 2011/07/168840. htm.

② Kang Jie，“From Wait - and - see to Competition：Evolution of US Perception and Policy toward the SCO”，*China International Studies*，January/February 2019，p. 85.

项目投资非常有限。① 而且在该战略中，阿富汗是毫无疑问的首要重点目标，南亚地区的重要性也远高于中亚国家。渐趋边缘化的中亚国家并未在“新丝绸之路”战略中获得很多实际收获，也自然不可能随美国的指挥棒起舞。②

更重要的是，在 2011 年之后，在中亚地区出现了更多的以区域经济发展为主要目标的建设性议程，从而深刻地改变了地区战略环境。

一方面，从 2012 年开始，上海合作组织再次进入了高速发展阶段。2012—2014 年间，阿富汗、伊朗先后成为上合组织观察员，土耳其则成为上合对话伙伴国。从 2015 年起，上合组织启动了首次扩员进程，到 2017 年程序完成，印度与巴基斯坦两国正式成为上合组织成员国，上合组织的影响力开始迈出中亚的地理范围，将对更广泛的亚洲国家合作进程产生积极影响。

另一方面，2013 年 9 月习近平主席在哈萨克斯坦纳扎尔巴耶夫大学的演讲中正式提出了建设“丝绸之路经济带”的倡议，以此为标志，“一带一路”倡议成为全球范围内地区经济建设与国际合作中的重要关键词。作为“一带一路”倡议的最初提出地，中亚国家和巴基斯坦等国成为“一带一路”倡议建设的重点区域，大量围绕着互联互通目标的基础设施建设项目在本地区落地，对于中亚地区经济发展与全球贸易通道建设产生了积极影响。

除此之外，在历经多轮磋商之后，2014 年 6 月，美国在中亚国家的最后一个军事基地——玛纳斯空军基地最终关闭，美国从 21 世纪初开始拥有的在中亚国家保持军事设施的历史正式结束。

虽然上述各项政治议程只是亚洲内陆国家发展的自然结果，所有政治议程都是开放和互利的，本身并没有任何针对第三国的意图，但客观上，确实对美国中亚战略形成了对冲，在中亚地区逐渐形成了围绕着地区经济建设议题展开战略竞争的格局。而在这种局面下，美国在中亚地区仍主要以口惠而实不至的方式推进自己的地区倡议，自然事倍功半。

面对这种实际存在的竞争压力，奥巴马政府也面临着重大方向的选择，加强在南亚的投入，特别是加强与印度关系是美国亚洲战略的重点，因此，中亚地区的作用不可能凌驾于南亚之上，只要这种“大中亚”的战略思路不

① Hillary Clinton, “Remarks by Secretary of Hillary Clinton at New Silk Road Ministerial Meeting”, US Department of State, New York, September 23, 2011, https://2009-2017.state.gov/secretary/20092013clinton/rm/2011/09/173807.htm.

② 邵育群：《美国“新丝绸之路”计划的实施前景》，《南亚研究》2016 年第 3 期。

发生调整，中亚就不可能成为美国的战略重心。但对于任何一任美国政府来说，巨大的机会成本以及对于遏制中俄等国地区影响力的考虑都意味着其不能在战略层面上放弃中亚。① 因此，在奥巴马政府的第二任期内，美国政府针对中亚地区又创建了新的多边机制。

2015 年 10—11 月，时任美国国务卿约翰·克里（John Kerry）开展了一场中亚巡访，先后到访五国，并且召集中亚五国外长齐聚中亚古城撒马尔罕，举行了首次美国与中亚五国参加的六国外长会议。以此为标志，美国成功建构了由其主导的中亚地区“C5 + 1”对话机制。该机制的成立意味着美国与中亚国家共同构建了新的多边对话平台，为美国参与中亚事务提供了新的抓手。② 2016 年，第二届“C5 + 1”会议在华盛顿举行，与会各方发表了联合声明并签署了系列协议。可以说，在奥巴马政府任期内，该机制得到了初步发展，对于美国提升在中亚地区的影响力发挥了一定作用。

对于美国战略界来说，经过了长时间的观察与充分的磨合，对上合组织的认识已经逐渐趋于稳定，而且相对比较客观。一方面，美国战略界已经承认上合组织是欧亚内陆地区的重要地区性国际组织。③ 上合组织的发展对于地区反恐合作、政治协调和经贸关系构建都有着积极的作用，而且在一定程度上支持中亚国家的政权稳定，客观上能够拒斥美国的地区影响。④ 但另一方面，上合组织并不是一个紧密有力的政治组织，它仍保持着相对松散的结构，带有比较明显的论坛特征，决策能力有限。在安全领域的合作进展较为顺利，在中亚地区具有一定的软实力，但经济领域的合作是组织发展的短板。⑤

---

① Robert Blake, “Remarks at Davies Center for Russian and Eurasian Studies Policy Conference on Islam in Eurasia”, Wilson Center, Washington DC. June 7, 2013. https://2009 - 2017. state. gov/p/sca/rls/rmks/ 2013/210405. htm.

② 杨双梅：《美国与中亚五国“C5 + 1”合作机制的发展与演变》，《国际论坛》2020 年第 5 期。

③ Tyler Roney, “The Shanghai Cooperation Organization: China's NATO?”, September 11, 2013, https: // thediplomat. com/2013/09/the - shanghai - cooperation - organization - chinas - nato - 2/.

④ Julie Boland, “Ten Years of the Shanghai Cooperation Organization: A Lost Decade? A Partner for the US?”, Brookings 21th Century Defense Initiative Policy paper, June 20, 2011.

⑤ Alexander Cooley, *Great Games, Local Rules: The New Great Power Contest in Central Asia*, Oxford: Oxford University Press, 2012.

对于上合组织成员国的首次扩员，美国战略界大体上也存在积极和消极两个方面的看法。从积极的角度来看，部分美国学者认为，印巴两国加入上合组织使得该组织的影响进一步扩大，使“一带一路”倡议等地区合作议程的协调又有了新的多边平台。同时也能够使上合组织“威权主义集团”的色彩得到削弱，有利于上合组织在全球范围的影响力提升。①

总的来说，奥巴马政府时期美国与上合组织的关系是相对平稳的，在奥巴马第一任期内，美国与上合组织之间进行了有限的接触，尽管未能形成机制化安排，但对于地区稳定与发展显然是利好消息。然而随着美国新的地区战略出台，中亚地区又逐渐进入了以地区建设为主要内容的竞合态势，美国与上合组织的有限互动渐趋停滞，而美国战略界对上合组织的认识也逐渐成熟。2015年，美国在中亚地区推动的“C5+1”机制为其下一阶段中亚战略的实施提供了有力支撑，但此时已是奥巴马政府最后的一段时间。随着2016年底希拉里在美国总统大选中落败，奥巴马政府的中亚战略再次被打断，新一轮的评估与战略设计又将重新开始。

三、特朗普政府时期：忽视与拖延

2017年，白宫迎来了一位“非典型”总统，在随后的四年里，特朗普政府高扬“美国优先”的大旗，以一种前所未有的鲁莽姿态闯入了世界政治舞台。美国的全球战略出现巨大调整，蔓延多个领域的竞争与对抗成为大国关系的主题词。然而，在特朗普政府执政的大部分时间里，中亚地区似乎没有进入特朗普的视线，不仅迟迟没有出台新的中亚政策，甚至对既有成果也不予重视。直到2019年后这种情况才有所改变。2020年2月，美国新的中亚战略才姗姗来迟，但此时离特朗普任期结束仅剩几个月的时间，加之新冠肺炎疫情在全球蔓延，该战略在提出后并未在短时期内对中亚地区形势产生重大影响。总的来说，2016—2020年成为美国中亚战略的低潮期，与上合组织也没有构成实质性的互动。

---

① William Piekos, Elizabeth Economy, “The Risk and Rewards of SCO Expansion”, Council on Foreign Relations Expert Brief, June 7, 2015, https://www.files.ethz.ch/isn/192416/Expert%20Brief_%20The%20Risks%20and%20Rewards%20of%20SCO%20Expansion%20-%20Council%20on%20Foreign%20Relations.pdf.

这种结果的出现既是因为特朗普特殊的执政风格，又与美国全球战略调整密不可分。特朗普政府对外战略的核心是“印太战略”，印度与南亚地区无疑成为了美国战略的重点，而原本在“大中亚”框架内与南亚划为一个整体的中亚地区则被严重边缘化。在其执政前期，对于中亚地区的政策表述，大体上只是继承了奥巴马时代的一些内容，既未脱离“新丝绸之路”的框架，且并没有给出可操作的具体规划，因而在执行过程中实际上处于被忽视的状态。①

2017 年，特朗普政府削减了国际援助预算，对于中亚地区的投入大为减少，实际上限制了美国外交部门在中亚的运筹能力。更重要的是，特朗普政府在国内政治安排上忽视中亚事务，对于奥巴马时期行之有效的国际机制也不予重视，使美国在一段时间内在中亚地区的影响力出现了下降的趋势。

受特朗普政府特殊的行事风格影响，在很长时间内美国国务院的很多重要岗位都没有及时任命官员，负责中亚事务的助理国务卿在将近 2 年的时间里没有得到任命，使得相关事务一直由相对低级别的外交官员进行处理。直到 2018 年底特朗普才任命了一名主管南亚事务的助理国务卿，但中亚事务仍无高级别官员具体负责。②

特朗普政府执政之初，对于奥巴马政府在中亚的重要遗产“C5 + 1”机制也没有给予足够的重视。起初基于惯性，时任美国国务卿蒂勒森于 2017 年 9 月参加了当年在纽约举行的“C5 + 1”外长会议，但由于缺乏系统的战略设计，本次会议并未提出具体的地区合作方案，甚至最后也没有按惯例发表联合声明。2018 年，美国对于中亚国家的忽视程度更进一步，当年“C5 + 1”框架内没有举行外长会议，仅举办了部分议题的工作组会议，会议级别也降为副部级。这也成为几年来美国与中亚关系的低点。

美国战略界对于美国政府忽视中亚、美国在中亚地区影响力不断下降的状况深感担忧，通过各种方式持续呼吁特朗普政府要加强对中亚事务的重视。例如，史蒂芬·布兰克提出，中亚地区应该成为美国全球战略的重要支撑，

---

① The White House, “National Strategy of the United States of America”, Washington D. C. , December 2017, https: //www. whitehouse. gov/wp - content/uploads/2017/12/NSS - Final - 12 - 18 - 2017 - 0905. pdf.

② Kang Jie, “From Wait - and - see to Competition: Evolution of US Perception and Policy toward the SCO”, *China International Studies*, January/February 2019, p. 88.

中亚国家可以发挥美国全球战略框架中类似盟友一样的功能。① 理查德·威茨等学者强调乌兹别克斯坦在完成领导人交替之后所采取的内外政策具有明显的自由化特征，可以成为美国中亚战略的新支点。② 还有很多智库主动为特朗普政府设计了新的中亚战略。③ 战略界的呼声与地缘政治的现实需要交织在一起，推动着特朗普政府的中亚战略在2019年后开始出现转变。

2018年，哈萨克斯坦与乌兹别克斯坦两国领导人先后访问美国，并与美国签署了战略合作文件。美国国务院开始尝试将哈、乌两国作为自己在中亚地区的战略支点，其中美国特别重视米尔济约耶夫执政后乌兹别克斯坦的政策转变，这也带动了美国中亚战略的整体转变。2019年9月，"C5+1"外长会议在时隔一年后再次举行，美国副国务卿戴维·黑尔（David Hale）代表美国参加了此次会议，会后六国发表了联合声明，对于机制建设、经济合作、联合反恐、阿富汗问题等议题发表了共同看法。2020年，蓬佩奥代表美国参加了"C5+1"会议，并借此机会访问中亚国家，成为克里之后第二位访问中亚国家的美国国务卿，美国与中亚国家关系明显回暖。

在2020年"C5+1"会议结束之后，特朗普政府颁布了《美国的中亚战略（2019—2025）：加强主权与促进经济繁荣》文件，终于以战略文件的方式正式提出了新政府的地区战略构想。④ 美国新的中亚战略构想的最大变化是放弃了"大中亚"与"新丝绸之路"战略构想中推动中亚与南亚一体化的想法，而是将新战略的空间设定为"中亚五国+阿富汗"这个范围内。这一方面固然是反映了南亚在美国战略设计中战略地位的大幅提升和中亚地位的相对下降。但另一方面，中亚和阿富汗重新成为独立的战略区域，也可以更加有针对性地进行战略设计。在新的战略设计中，乌兹别克斯坦的地位明显提升，似有取代阿富汗成为美国地区战略支点的势头。同时，新的中亚战略

---

① Stephen Blank, "Central Asia: Trump's Newfound Ally?", The Centre for Global Policy, January 2018.

② Richard Weitz, Uzbekistan's New Foreign Policy: Change and Continuity under New Leadership, Washington, DC: Central Asia - Caucasus Institute & Silk Road Program, January 2018.

③ Eugene Rumer, Richard Sokolsky and Paul Stronski, "US Policy toward Central Asia 3.0", Washington DC: Carnegie Endowment for International Peace, 2016.

④ US Department of State, United States Strategy for Central Asia 2019 - 2025: Advancing Sovereignty and Economic Prosperity, February 5, 2020, https://www.state.gov/united-states-strategy-for-central-asia-2019-2025-advancing-sovereignty-and-economic-prosperity/.

继续秉持了特朗普政府战略文件措辞粗鄙的特色，赤裸裸地强调美国的地区战略目的之一就是对抗中俄在中亚地区的影响，也表示将投入更多资源推动地区国家经济发展。①

虽然新的中亚战略没有明确提及上海合作组织，但这种强烈的对抗姿态表明，分裂上合组织显然是该战略的目标之一，如果该战略得以持续实施，必将对上合组织的发展产生不利影响。然而，由于该战略需要大量的资源投入，特别是对中亚国家经济发展和基础设施建设方面需要投入大量的资源，在“美国优先”的原则指导下，特朗普政府几乎不可能在这一地区实际投入资源。此外，美国实际上仍然将推动中亚政权更迭作为该战略的潜在目标，这就意味着它与中亚国家的国家发展目标仍存在难以缓和的矛盾。因此，很难想象中亚国家会放弃在大国之间维持多元平衡外交政策，转而去迎合美国的中亚战略。从美国的角度来看，要执行新的中亚战略也需要大规模的内部资源整合，首当其冲就是国务院部门调整。按照该战略设计，南亚与中亚事务局应该被拆分重组，由新部门专管中亚及阿富汗地区。但到目前为止，该机构也未出现任何调整。

随着特朗普在2020年大选中失利，这个“非典型”的美国政府结束了它4年的执政生涯。由于在执政期间对于中亚事务的相对忽视，美国战略界在这4年时间里的主要任务实际上是呼吁美国政府关注中亚事务，设计新的战略规划，对于仍处于平稳发展的上合组织的关注相对较少，其基本立场和观点没有发生明显改变。拜登政府上台后，美国中亚战略必然会出现新的调整，但地区竞争格局很难发生根本改变，因此，密切关注美国战略界对上合组织的态度与观点变化仍然具有重要意义。

四、结论：逐渐稳定的“上合认知”

2001—2021年，在上海合作组织创立后的20年时间里，美国与上合组织的关系经历了多轮磨合，逐渐形成了一种复杂且微妙的互动模式。

对于上合组织来说，美国是那个能够影响上合组织发展的关键外部角色，所以上合组织对美国的中亚政策始终保持充分警惕。但上合组织无法忽视美国力量在中亚地区存在的客观事实，中亚国家对于美国的态度也存在明显的

---

① 曾向红：《美国新中亚战略评析》，《国际问题研究》2020年第2期。

两面性，虽然对美国推动的各种类别的“颜色革命”与政权更迭行动颇为忌惮，但对于美国在中亚地区的战略资源投入也颇为觊觎，甚至对美国中亚战略可能对地区政治结构所带来的改变有所希冀。这种对于美国的期望实际上也成为美国中亚战略的主要抓手。

而对于美国来说，上合组织的发展本身就会有意无意地对美国部分中亚战略形成干扰，至少上合组织的存在与美国在中亚推动政权更迭的策略将形成对冲。美国不愿将上合组织视为中亚地区具有代表性的国际组织，也不愿意与上合组织建立政治伙伴关系，它更希望弱化上合组织的国际影响，甚至会将分裂上合组织作为本国中亚战略的潜在目标。然而，当美国在中亚地区推进具体政治议程的时候，它又不可能忽视上合组织的影响，特别是在处理阿富汗问题时，美国需要上合组织的配合才有可能实现既定的撤军目标。

这种复杂状态的长期存在意味着美国视野中的上合组织形象是多元的，在某一时期如何建构与上合组织的关系实际上反映出美国中亚战略方向性的调整。随着不同时期中亚地区战略目标的优先次序变动，上合组织在美国视野中的意义在持续发生着变化，美国战略界对上合组织的认知也在不断摇摆中走向成熟。

如果从外交实践角度来看，在过去20年中，美国与上合组织通过正式官方渠道上的互动非常有限。上合组织仅在2005年时曾对美国肆无忌惮地在中亚地区推动“颜色革命”的做法进行了批评，除此之外，并未直接针对美国的中亚战略开展任何具体行动，也非常注意避免在开展地区合作时显露明显的排斥美国及外部国家的倾向。而美国也仅有在奥巴马执政前期与上合组织开展过少量的正式交往，在绝大部分时间内都在疏远上合组织。美国更希望在中亚地区依赖双边渠道实现战略目标，或者建立由自己主导的多边合作机制。虽然双方都刻意营造出自身发展与对方没有联系的外在特征，但实际上一直对于对方立场给予高度关注，保持着微妙的若即若离的联系。

与较为有限的官方交往情形不同，在过去20年中，美国战略界对上合组织的关注和研讨呈现出百花齐放的局面。如果对这些观点进行系统地归纳，我们不难发现，20年来美国战略界对上合组织的各种观点实际上可以概括为三类，而在不同的历史时期，这三种观点都曾成为美国战略界的主流看法。

其一，上合无用论。在美国战略界中，很多研究者始终对上合组织的发展持悲观态度，对上合组织在欧亚地区的影响力给予较低评价。

这种观点的理论逻辑是：上合组织是中国、俄罗斯裹挟中亚国家形成的政治集团，该组织本质是中俄等大国控制中亚的手段。而中俄的地区战略目标存在明显差异，随着上合组织的成长，中俄在上合发展方向上的矛盾将阻碍上合组织的发展。中亚国家为了摆脱大国控制，也会想方设法寻求外部制衡，因此，上合组织不仅无法为中亚地区提供有效的秩序安排，而且还会因为内部矛盾而最终走向分裂。

这种观点的政策逻辑是：上合组织不是一个值得关注的国际组织，也无法对美国中亚战略产生实质性影响，美国无需与上合组织接触或开展合作，加强与中亚国家的双多边联系，会推动上合组织走向解体。

上合无用论在小布什政府第一任期时曾是美国战略界的主流看法，对于那一时期美国对上合组织的政策产生了较大影响。但后期由于上合组织自身的稳定发展和地区影响力的持续释放，在2005年之后其影响力逐渐减弱。

其二，上合威胁论。美国战略界的右翼学者常常将上合组织视为对美国地区利益的威胁，这也是一种长期吸引美国国内舆论关注的观点。

这种观点的理论逻辑是：上合组织是中俄战略合作的产物，是中俄从外部控制中亚国家的工具。无论从地缘视角还是战略视角来看，将美国力量挤出中亚都是上合组织的实际目标之一。在美国战略界看来，比一般战略竞争更重要的是，上合组织打着反对外部国家干预中亚国家内政的旗号，庇护中亚国家尚未完成转型过程的政权，使得其能够在不接受西方政治制度的情况下维持政权稳定，阻遏美国在中亚推动所谓“民主化”进程。随着上合组织的不断扩大，这种庇护网络将蔓延至更广泛的欧亚内陆区域，从而对美国战略形成系统性的制衡。所以，上合组织是美国虽不直接却非常持久的威胁。

这种观点的政策逻辑是：美国需要充分重视上合组织对其中亚战略形成的干扰，应采取有效措施遏制上合组织在中亚地区的影响力，不断破坏上合组织的发展，弱化上合组织在地区议题上的作用，争取分化瓦解上合组织。

上合威胁论在2005—2006年曾短暂成为美国战略界的主流看法，但总的来看，由于这种观点理论较为偏颇，在很大程度上忽视中亚地区地缘政治的现实状况，在外交实践中几乎不可能真正执行，因为接触和对话是处理地区问题时不可避免的选择。虽然上合威胁论的一些内容被吸收到了美国的中亚战略中，但威胁论本身在短暂的热潮之后还是不可避免地失去了战略界的主流地位，让位于更加切合实际的新观念。

其三，上合竞合论。经过长时间的互动之后，特别是先后经历了小布什时期的对冲与奥巴马时期的短暂蜜月期之后，美国战略界有了正反两方面的经验，对上合组织的认识也逐渐深刻。在吸收了无用论与威胁论的部分后形成了新的竞合论，即上合组织即是一个与美国展开竞争的地区组织，又是一个可以在部分议题上开展合作的对象。

这种观点的理论逻辑是：首先，肯定上合组织是一个在欧亚内陆区域切实存在且将长期存在的政治力量，它对地区安全及很多关键议题会产生实质性的影响。其次，明确上合组织是一个具有特殊性质的国际组织，并非完全排他的政治集团，在发展过程中也会通过各种方式吸收新成员；但上合组织对于美国及其西方盟友又是封闭的，它的目标仍主要指向地区国家。最后，上合组织不以反美为目标，上合成员国都会以双边或其他多边方式与美国建立有效的政治经济联系，也不会在地区政治议程上排斥美国。但上合组织的存在本身确实对美国很多地区战略目标构成影响，特别是针对美国试图主导地区反恐议程、推动地区政治进程，以及重构地区经济结构等战略目标，上合组织实际上能够为地区国家提供替代性选项，客观上形成与美国的竞争格局。这种竞争与合作同时存在且相互影响的状态将长期存在，从而塑造美国与上合组织的互动模式。

这种观点的政策逻辑是：在思想上重视上合组织，在行动上忽视上合组织，在战略上压制上合组织。所谓思想上重视，指的是美国在制定中亚战略时需要考虑上合组织这一重要因素，在推动相关地区进程时要将上合组织可能秉持的立场考虑在内，对上合组织的发展给予充分关注和深入研究。所谓行动上忽视，指的是美国不仅不要谋求以某种身份加入上合组织，而且要尽量避免与上合组织在官方层面上的接触。不能将上合组织视为中亚地区具有代表性的国际组织，甚至要限制上合组织作为一个有效的地缘政治力量。要通过自己的态度规制中亚国家的政治选项，从而影响上合组织的发展。所谓战略上压制，指的是美国需要在地区发展方面与上合组织展开竞争，以更加吸引中亚国家的地区政治经济议程，将中亚国家逐渐纳入美国地区战略的轨道。在部分具体议题的解决中，可以同上合组织以某种方式进行非官方或者低层次的协调与合作，但在战略层面上始终要以竞争为主，不断提升美国的地区影响力，从内部消解上合组织的价值。

从奥巴马第二任期开始，上合竞合论就逐渐成为美国战略界的主流看法，在特朗普时期也仍然延续，构成了当前美国新中亚战略及对上合组织政策的思想基础。

需要特别注意的是，20 年间，在美国战略界于不同时段形成的各种观点中，“把上合组织看作是对美国‘政治友好’组织的几乎没有”。[①] 美国战略界始终以警惕和负面的视角看待上合组织的发展，对于上合的很多认识与判断都充斥着傲慢和误解。其实这并不意外，只要美国不改变冷战思维和意识形态思维方式，仍然以大国竞争的视角理解中国在中亚地区推动的各项合作进程，美国战略界就永远无法理解上合组织作为一种新型地区合作机制的时代意义。那么在实践中，美国与上海合作组织的关系就永远无法突破瓶颈，难以从具体的议题合作上升到战略合作的层面。而美国对上合组织业已形成的稳定认知与双方复杂微妙的互动模式仍将长期存在，这也将对未来中亚地区的和平、稳定与发展造成一定程度的影响。

① 赵华胜：《美国与上海合作组织：从布什到奥巴马》，《国际问题研究》2010 年第 2 期，第 33 页。

报告八

大变局下的欧盟与上合组织：伙伴还是对手*

孙　超**

【内容提要】2021 年是上海合作组织成立 20 周年，但欧盟在中亚事务上同上合组织合作并不突出。2018 年提出欧盟新中亚战略构想将“联通战略”作为核心理念，推动中亚内部破除基础设施联通障碍和规制障碍，“涓滴”欧洲化的治理模式，推动西方规范的传播实现。这一新战略的推进存在一些问题：一是缺失地区合作的双赢思维，导致有效多边主义难以实现；二是缺少开放型地区多边主义思路，束缚了合作灵活性；三是集中关注民主和人权议题，引起中亚各国的普遍不安。在国际大变局下，欧盟新战略实施需摒弃零和思维，将上海合作组织视为伙伴而非对手，才能推动中亚一体化进程，实现欧盟在中亚的善治目标。

【关键词】欧盟；上海合作组织；中亚新战略；大变局

一、问题的提出

2021 年是上合组织成立 20 周年。相比其他国际组织，欧盟同上合组织接触并不密切。“9・11”事件后，上合组织并未立即“行动”，致使西

* 本文是国家社科基金 2019 年度国家社会科学基金青年项目“冷战后欧洲民族分离运动比较研究”（19CGJ014）阶段性成果。

** 孙超，中共江苏省委党校国际问题研究中心副教授，华东师范大学俄罗斯研究中心青年研究员。

方学者错误认为上合组织在中亚地区影响力行动能力有限。① 西方学者对上合组织的偏见致使其并不重视上合组织快速增长的影响力。

2007 年，欧盟出台了首份针对中亚发展的政治战略文件《欧盟与中亚：新伙伴关系战略》（The EU and Central Asia：Strategy for a New Partnership），对中亚的地位进行了重新评估，并全方位深化与中亚各国的合作。但直至 2008 年，了解上海合作组织的欧洲人并不多，遑论如何同上合组织合作了。② 2019 年，欧盟发布《欧盟与中亚：更坚实伙伴关系的新机遇》（The EU and Central Asia：New Opportunities for Stronger Partnership）战略文件，文件强调透明管理，推动欧盟和中亚可持续的互联互通，并期待新战略实施能对中国提出的"一带一路"实现制衡。③ 但遗憾的是，通篇并没有提及欧盟与上海合作组织之间的互动关系，在关键概念连通性（Connectivity）也多是强调与中国所提"一带一路"倡议的区别。

欧盟同上海合作组织的接触经历了较长时期的"犹豫和徘徊"，从而导致欧盟错失了同上海合作组织深度合作的机会。除了行动迟缓外，欧盟对同上合组织的合作态度是暧昧不明的，甚至对上合组织带有偏见。这种偏见已较为严重地影响到了中亚地区的治理和发展。欧盟为什么会选择性忽视上合组织在中亚地区治理中的巨大影响力。欧盟同上合组织是否具备合作的可能性，双方接近是否具备可行性，两者合作是否可以推动中亚善治，值得探索。

本文的研究涉及两个相互关联的问题：一是欧盟如何看待自身在中亚的利益；二是欧盟如何看待上合组织在中亚事务中的影响力，并依据什么做出"选择性忽视"的决定。这两个问题的解决有助于分析欧盟和上合组织未来合作的可能性。在此之前，先对相关内容做一个简要梳理。

欧盟对上合组织较为陌生，却对中亚地区合作热情有加。欧盟对中亚的兴趣随着"9·11"事件后打击恐怖主义势力和迫切担忧能源供应安全而日渐浓厚。欧盟的中亚战略在中亚五国双边合作基础上逐渐成型。2006 年作为

---

① Eugene B. Rumer, "China, Russia and the Balance of Power in Central Asia", *Strategic Forum*, 2006, No. 223, p. 1, https：//www. files. ethz. ch/isn/46312/SF223. pdf.

② Marcel de Haas, "Time for the EU and NATO to Engage with the Shanghai Cooperation Organization", *Europe's world*, 2008, No. 10, p. 43.

③ "The EU's new Central Asia strategy", European Parliamentary Research Service, January 2019, pp. 10 - 12, https：//www. europarl. europa. eu/RegData/etudes/BRIE/2019/633162/EPRS_BRI（2019）633162_EN. pdf.

连续访问中亚五国首位欧盟国家外长，德国外长施泰因迈尔（Frank - Walter Steinmeier）对媒体表示，欧盟在中亚有三大战略利益：一是中亚在地缘上邻近不稳定地带，如阿富汗、伊朗和巴基斯坦；二是中亚位于打击宗教激进主义的前沿阵地，打击伊斯兰激进主义较为成功；三是能源储量丰富。① 2007年，欧盟高级代表团访问中亚，宣告了欧盟与中亚关系“掀开了新一页”。②虽然欧盟对中亚地区新伙伴关系战略一度取得了一些成就，但随后2008年全球金融危机、2009年爆发的欧债危机以及2015年的欧洲难民危机对欧洲一体化带来了巨大的挑战。危机背景下，欧盟见证了成员国之间互信降低、社会的疏离感上升、民族主义情绪、历史仇恨复燃和相互指责增加，严重妨碍了成员国之间以及成员国与欧盟的合作。③ 欧盟的对外政策相应地作出了务实性调整，在继续推动有效多边主义基础之上更重视获取现实的安全与经济利益，对外政策强调现实主义和地缘政治经济的收益。欧盟很快调整战略，强调同中亚各国拓展区域安全对话，减少激进主义，为推动包括阿富汗在内大中亚周边稳定而做出努力。④ 2019年欧盟发布《欧盟与中亚：更坚实伙伴关系的新机遇》（The EU and Central Asia：New Opportunities for Stronger Partnership）的联合声明，阐述与中亚五国进一步加强伙伴关系的新愿景，并重新对中亚进行了定位，试图在规范性要求与现实利益之间找寻微妙平衡。⑤这份战略文件出台后，欧盟加速同中亚各国的合作。欧盟至今在中亚地区的影响力仍处于第二梯队，远远弱于俄罗斯、中国和美国。

欧盟对中亚战略投入逐渐增加，却依然选择性忽视上海合作组织，这是

---

① Oksana Antonenko, “The EU Should not ignore the Shanghai Co - opertaion Organization”, Policy Brief, London：Centre for European Reform, 2007, p. 1, https：//www. cer. eu/sites/default/files/publications /attachments/ pdf/ 2011/policybrief _ sco _ web _ 11may07 - 809. pdf.

② 李立凡：《欧盟：新的中亚“战略玩家”》，《俄罗斯东欧中亚研究》2008年第4期，第47页。

③ 金玲：《欧盟对外政策转型：务实应对挑战》，世界知识出版社2015年版，第74—75页。

④ Council conclusions on the EU Strategy for Central Asia, June19, 2017, pp. 4 - 5, https：//www. consilium. europa. eu/media/23991/st10387en17 - conclusions - on - the - eu - strategy - for - central - asia. pdf.

⑤ 鞠豪：《欧盟的中亚战略解析：规范与利益》，《俄罗斯东欧中亚研究》2020年第6期，第125—126页。

较为矛盾的。上海合作组织在反恐、地区合作以及阿富汗局势稳定上，同欧盟拥有同样的关切，两者应具有更为广泛的合作空间。上海合作组织并不独占在中亚地区的影响力，也不谋求中亚地区地缘政治优势。上合组织仅仅几年就成为中亚最大的地区性组织，成为中亚地区安全合作和经济增长极有影响力的平台。① 作为国际组织，上海合作组织较为有效地满足了中亚各国对安全和发展需求，地区合作鲜少受官僚主义影响。② 欧盟若要在中亚增强影响力，就必须关注中亚的核心议题——安全、稳定与发展，就势必要同上海合作组织合作。

但在一些欧洲学者看来，上合组织捷足先登，已经成为机制化水平高、有影响力的地区组织，填补了苏联解体后中亚地区的政治真空。③ 与此同时，上合组织反对西方强权政治遭到西方国家的忌惮，被其视为“反美、反西方”的组织。④ 妄称上合组织是亚洲版“华约组织”论调随之盛行起来。⑤ 一些中亚国家考虑自身利益，欢迎各方势力在中亚竞逐，并不希望看到一家独大的局面。2019 年 7 月在比什凯克举行的欧盟—中亚部长级会议上，中亚政府希望欧洲在基础设施方面进行更多的投资，借以平衡中国日益增长的影响力。⑥ 欧盟受之影响，也更将上合组织视为竞争对手。在中亚新战略出台后，欧盟也颇为自

① 冯绍雷：《欧盟与上海合作组织：竞争对手或合作伙伴》，《国际问题研究》2007 年第 6 期，第 50—52 页。

② Anna Matveeva and Antonio Giustozzi, “The SCO: A Regional Organization in the Making”, Crisis State Working Papers Series No. 2, Research Centre LSE, Sep 2008, p. 5, https://www.lse.ac.uk/international-development/Assets/Documents/PDFs/csrc-working-papers-phase-two/wp39.2-sco-a-regional-organisation-in-the-making.pdf

③ Oksana Antonenko, “The EU Should not ignore the Shanghai Co-opertaion Organization”, p. 11.

④ Stephen Aris, “The Shanghai Cooperation Organization: ‘Tackling the Three Evils’. A Regional Response to Non-traditional Security Challenges or Anti-Western Bloc?”, *Europe-Asia Studies*, 2009, Vol. 61, No. 3, p. 458.

⑤ 美国参议院欧洲安全与合作委员会主席、参议员 Sam Brownback 组织相关会议，将上合组织视为中亚推进西方战略的威胁，“The Shanghai Cooperation Organization: Is It Undermining US Interests in Central Asia?”, 26 September 2006, https://www.csce.gov/sites/helsinkicommission.house.gov/files/The%20Shanghai%20Cooperation%20Organization%20Is%20it%20Undermining%20U.S.%20Interests%20in%20Central%20Asia.pdf。

⑥ Nargis Kassenova, “Central Asia and the EU Connectivity Strategy: Rising to the Good Governance Challenge”, Ponars Eurasia Policy Memo No. 617, Oct. 2019.

信运用其一体化优势推动西方价值观的传播，并试图将西方治理模式嵌入到中亚发展之中。①

疫情以来，随着英国正式脱欧，欧盟危机感上升，欧盟对外政策的理想主义成分下降。与此同时，中俄欧权力结构的变化传导三边关系调整，以及中亚国家相继调整对外战略，更加依赖地区组织的相互协调与合作。这些因素在一定程度上冲击了中亚对欧盟的态度，也对欧盟的中亚战略调整产生了影响。本研究从欧盟新中亚战略的地缘政治想象入手，梳理欧盟对中亚合作的机制路径，通过对欧盟中亚地区政策展开，指出该区域一些观念和政策偏见致使难以同上海合作组织深度合作，也影响其软实力的投射。在当前大变局的前提下，欧盟与上海合作组织在中亚地区合作上存在战略一致性，且具有广阔的前景，双方的合作存在机遇和可能性。

二、欧盟新中亚战略的地缘政治构想

多数中亚精英对欧盟持有相同看法，即欧盟有着复杂的官僚程序，几无存在感，其野心远大于实际影响力与能力。② 对欧盟而言至关重要的民主和自由价值观并没有吸引中亚精英的注意力，相反维护体制安全，确保地区秩序是其关注的第一要务。欧盟也逐渐意识到其规范性外交带来的问题，减少了对中亚政治批评的声音，而将精力更多放在经济利益上。③ 近期欧盟出台的新战略，其最核心的目标旨在增加该地区的经济存在，从而制衡俄罗斯和中国在该地区不断增长的影响力。相比较之前的中亚战略，欧盟新中亚战略的目标更为务实，旨在通过推动中亚地区交通、边境管理和商业发展，间接实现欧盟的自身利益。

---

① Stephen Aris, "The Shanghai Cooperation Organization: 'Tackling the Three Evils'. A Regional Response to Non - traditional Security Challenges or Anti - Western Bloc?", pp. 462 - 463.

② Murat Laumulin, "The EU's Incomplete Strategy for Central Asia", Dec. 3, 2019, https: //carnegieeurope. eu/ str ategiceurope/80470.

③ Igor Savchenko, Andrii Osavoliuk and Kateryna Savchenko, "EU Human Rights Promotion in Central Asia: Between the Dragon and the Bear", Wilfried Martens Centre for European Studies, 2020, p. 1, pp. 11 - 12, https: // www. martenscentre. eu/wp - content/uploads/2020/06/ces_policy_brief_ - _between_the_dragon_and_the_bear - web - final2 - 1. pdf.

欧盟中亚新战略的基石与欧盟高级代表莫格赫里尼（Federica Mogherini）在2018年9月提出的“联通战略”密切相关。这项连接欧洲和亚洲的互联互通的战略，提出旨在构建全面可持续的伙伴关系，提升以规则为基础的欧亚互联互通。该方案分为三部分：一是加强交通基础设施和高效能网络建设，推动数字、能源与人员连通；二是推动与亚洲各国包括地区国际组织发展成为开放可持续、包容性以及以规则为基础的伙伴关系；三是可持续的金融调动，解决重大投资缺口，为商业创造公平的条件。① 这种地区合作旨在强调更为广泛的联通性，即推动人员、资本和技术的自由流动并清除监管障碍。这一地区战略不仅推动了欧盟同中国在地区事务上的协调，同时也使欧盟重新设定中亚战略利益目标，提升了欧盟的存在感。

欧盟加强在中亚地区的战略存在，并不在于推动中亚同欧盟直接互联互通。欧盟距离中亚较远，无法向中亚国家直接提供安全保护，同中亚国家机制性联系主要还是以经济性援助为主，推动能源、社会、生态环境等各方面治理，推动地区稳步合作和经济可持续性发展。欧盟深切意识到在互联互通领域很难同俄罗斯和中国直接竞争。中亚继承了苏联时代经济与政治遗产，对体制安全更为敏感。欧盟在中亚地区一直支持制度、法律与行政体系改革，推动各国市场化和民主转型。欧盟认为苏联时代的中亚尽管有统一的政治（莫斯科为中心的垂直官僚体系）、社会（普惠的教育医疗体系）与经济体系（计划经济），但这种联通性只存在于后苏联空间地区，致使中亚与外界相对隔绝，甚至各国之间的联系也并不紧密。② 例如横跨乌兹别克斯坦、塔吉克斯坦和吉尔吉斯斯坦的费尔干纳盆地，跨境冲突和恐怖主义频现。欧盟迫切期待通过连通战略推动中亚各国减少同莫斯科的直接联系，用自身的一体化经验引导中亚各国的经济和政治转型。因此，欧盟的新战略从一种更为谨慎的国家建设转向支持中亚各国公民社会、人权提升与民主建设，希冀带来稳

---

① European Parliament Think Tank, Prospects for EU – Asia connectivity: The “European way to connectivity”, Briefing, Oct. 12, 2018, p. 3, https: //www. europarl. europa. eu /RegData/etudes/BRIE/2018/628265/E PRS_BRI (20 18) 628265_EN. pdf.

② Sinikukka Saari, “Connecting The Dots: Challenges to EU Connectivity in Central Asia”, Brief, Jun. 6 2019, p. 2, European Union Institute for Security Studies, https: //about. jstor. com/stable/rerep21128.

定、安全和繁荣。①

但欧盟的这种努力在短期内很难有成效。乌兹别克斯坦、塔吉克斯坦和吉尔吉斯斯坦依然是俄罗斯汇款最大的接收国，中亚对俄罗斯持续的劳务输出，不仅解决中亚剩余劳动力的生计问题，拉动经济增长，还造成了中亚社会观念更为保守，对俄罗斯经济依赖不断增强。② 这种劳务经济发展模式推动多个国家不仅在改革上更为保守，对外政策上对俄相互依赖的敏感性和脆弱性较强。例如欧盟与哈萨克斯坦合作就凸显了这一特性。欧盟是哈萨克斯坦的第一大贸易伙伴和最主要的投资伙伴，贡献了40%的出口份额和外国直接投资占比达到48%。截止到2020年，哈萨克斯坦境内有4000多家欧盟国家投资企业和2000多家合资企业，欧盟在哈实施投资项目17个，总投资额6.41亿美元；在建在谈投资项目37个，总投资额88亿美元。③ 2020年3月，欧盟同哈萨克斯坦共和国《扩大伙伴关系与合作协定》生效，落实欧盟有关中亚新战略。欧盟与哈萨克斯坦的经济合作在很大程度上是哈萨克斯坦重要的地缘位置和丰富能源资源带来的丰厚收益自然导致的结果。但这与莫斯科同努尔苏丹的经济合作无法相比。尽管俄罗斯在哈萨克斯坦经济存在不如西方，毫无疑问哈萨克斯坦是俄罗斯最亲密的欧亚一体化合作伙伴，两国的经济互动也在密切加强。这也使哈萨克斯坦倾向于做出俄罗斯青睐的举动以推动经济一体化。乌克兰危机之后，俄罗斯在后苏联空间已经失去了乌克兰的支持，很快白俄罗斯和亚美尼亚也因为本国形势而无法对俄罗斯表示关键性的支持，哈萨克斯坦对俄罗斯的战略意义越加重要，而俄哈合作也给哈萨克斯坦的平衡外交带来更多的筹码，在战略和军事上降低成本，减轻西方意识形态冲击和国际民主化的压力。④ 这些因素自然导致欧盟无法深入到中亚政

---

① Nicklas Norling and Svante Cornell, "The Role of The European Union in Democracy - Building in Central Asia and The South Caucasus", Strömsborg: International Institute For Democracy and Electoral Assistance, 2016, p. 11.

② 纪祥、郭晓琼：《中亚国家在俄罗斯的劳务移民问题》，《俄罗斯东欧中亚研究》，2017年第1期，第123—126页。

③ 《哈萨克斯坦—欧盟合作委员会第十八次会议召开》，2020年9月28日，驻哈萨克斯坦共和国大使馆经济商务处，http://kz.mofcom.gov.cn/article/jmxw/202009/20200903004770.shtml.

④ 具体内容参见 Marlene Laruelle, Dylan Royce & Serik Beyssembayev, "Untangling the puzzle of 'Russia's influence' in Kazakhstan", *Eurasian Geography and Economics*, 2019, Vol. 60, No. 2, pp. 1 - 30.

治和安全领域，物质支持的战略影响力有限。

欧盟新中亚战略的地缘政治想象中是通过不断“涓滴”中亚地区，惠及到中亚各国，再影响到中亚整体的西方转向。这种战略思路虽然在短期内成本较高，但从长期来看极具战略优势。欧盟在中亚新战略中并没有否定之前的政策思路。欧盟对中亚的政策目标虽然在优先性排序上存在差别，但基本都分布在所谓“民主”和“人权”的规范性要求，以及推动能源合作三个方面。① 与美国多关注于大欧亚地区安全和外交不同，欧盟对中亚的新战略偏重于治理上的要求，旨在影响当地政府与社会。尽管欧盟缺乏合适的制度和外交杠杆推动善治和民主，但中亚各国并不反对与欧盟合作，甚至在政府改革上做出相应的让步。② 土库曼斯坦、哈萨克斯坦和乌兹别克斯坦并不反对欧盟在中亚的地方层面的治理，这也有助于巩固以总统为核心的权力精英核心的经济和政治地位。中亚各国领袖也意识到了民主价值对于体制合法性巩固的重要性，将“民主”视为国家建设立项的政治价值，与当地的政治规范相结合，逐渐成功驯服民主化的力量，培育出新的治理文化。③ 欧盟也意识到仅靠单纯传播西方价值观并不能推动中亚实现稳定，反而是一些国家政治现代化的“毒药”。吉尔吉斯斯坦并没有实现稳定和繁荣，反而因此带来更多的矛盾，政治精英发生分裂导致政局动荡不稳。④ 欧盟意识到所谓“西方民主”可能带来的负面名声，新政策将民主解读为过上充满机遇的安定生活先决条件，是当地提升治理的过程。⑤ 这一善治的过程主要体现在公民服务

---

① 参见赵会荣：《欧盟的中亚政策》，《俄罗斯中亚东欧研究》2008 年第 6 期，第 59—67 页；徐刚：《欧盟中亚政策的演变、特征与趋向》，《俄罗斯学刊》2016 年第 2 期，第 17—28 页；吴宏伟：《俄美欧中亚政策及其演变》，《俄罗斯学刊》2017 年第 2 期，第 45—51 页。

② Katharina Hoffmann, “The EU in Central Asia: successful good governance promotion?”, *Third World Quarterly*, 2010, Vol. 31, No. 1, pp. 88 – 90.

③ 孙超：《国家构建、民主化回应与中亚政治稳定的形式》，《国际关系研究》2019 年第 3 期，第 45—49 页。

④ 孙超：《非正式制度、中心化国家构建与现代中亚政治的形式》，《俄罗斯研究》2019 年第 5 期，第 132—137 页。

⑤ Jos Boonstra (ed.), Marlene Laruelle, Andreas Marazis and Tika Tsertsvadze, “A New EU – Central Asia Strategy: Deepening relationships and generating Long – lasting Impact”, EUCAM (the Europe – Central Asia Monitoring) Working Paper, 2018, No. 20, p. 11, https://eucentralasia.eu/download/2880/.

和行政管理改革，推动市场和程序改革，帮助行政部门能力构建以凸显欧盟的治理技术优势。①

由此，欧盟对中亚地区的地缘政治想象不能简单地只靠规范性要求和条件性约束，而应着力于推动欧盟与中亚的互动合作，加强欧盟作为地区组织的政治优势，推动中亚同欧盟的互联互通，更具务实和理性。2005 年 12 月，欧盟发布《欧洲发展共识》（The European Consensus on Development）调整其对外援助的指导原则，以可持续发展为目标，而将突出人权、民主、善治和法治等纳入到发展的框架之下。② 2012 年，欧盟在《关于中亚的理事会决议》对中亚外交强调在水资源同中亚国家合作。欧洲投资银行同塔吉克斯坦签署协议，拨款6000 万美元支持塔改建凯拉库姆水电站以及修建苏尔霍布河上的小型电站，哈萨克斯坦水资源管理获得 710 万欧元资金的支持，而乌兹别克斯坦已经获得 1200 万欧元用于改善水状况和提高水力资源管理效率。③欧盟还会利用一些议题的优势介入中亚地区内部事务。在水治理领域，欧盟掌握并占据水资源利用和治理规则，以此推动中亚合作，如利用“欧盟—中亚水环境”对话框架，在中亚地区的阿姆河等跨国界流域大力推动水一体化管理政策，一跃成为中亚地区水治理的核心倡导者。④ 在环境领域，欧盟积极推动吉尔吉斯斯坦和塔吉克斯坦的环境治理，通过行政放权和增强利益相关者的参与度（地区共同体、私人部门），增强对森林、牧场、空气环境和水体的生态环境保护。⑤ 欧盟更为注重国际间和国内地区间的合作，通过各类机制和对话论坛的构建，积累合作优势。除此之外，欧盟支持各国的教育，

---

① Fabienne Bossuyt, “The EU’s and China’s development assistance towards Central Asia: low versus contested impact”, *Eurasian Geography and Economics*, 2019, Vol. 59, No. 5 – 6, pp. 5 – 10.

② 贾文华:《欧盟官方发展援助变革的实证考察》,《欧洲研究》2009 年第 1 期，第 66 页。

③ 邢伟:《欧盟的水外交: 以中亚为例》,《俄罗斯东欧中亚研究》2017 年第 3 期，第 98—99 页。

④ 具体参见李志斐:《欧盟对中亚地区水治理的介入性分析》,《国际政治研究》2017 年第 4 期，第 103—124 页。

⑤ 具体参见 Particip, “Evaluation of EU regional – level support to Central Asia (2007 – 2014)”, *International Cooperation and Development*, 2016, Volume2, Final Report, https: // ec. europa. eu/international – partnerships /system/files/evaluation – central – asia – volume2 _ en. pdf.

减少国家间贸易壁垒，推动各国跨境合作，在合作过程中渗透所谓西方规范和价值观。

除此之外，还突出强调针对中亚的联通性战略。2018 年的新战略是欧洲在中亚地区政治存在不断提升的重要体现，也显现了“可持续、综合性和以规则为基础”欧洲联通方式。① 欧盟虽出台中亚新战略推动同中亚互联互通的新举措，但只强调在空中交通安全方面加强同中国双边合作。② 欧盟同中国在 2015 年就已经联合研究以高铁为桥梁的交通基础设施互联互通，确证双方优先发展领域和急需解决的瓶颈问题，但围绕中欧交通基础设施过境地区联合研究并没有大规模开展起来。③ 随着 2020 年底，俄罗斯经由波罗的海向欧洲直接出口天然气的北溪－2（Nord Stream 2）天然气管道接近完成铺设，联接中亚到欧洲的跨里海管道（Trans－Caspian Pipelien，TCP）建设的迫切性下降。欧盟对中亚的支持更多放在治理层面，且对其长期在中亚地区的民间社会团体和商界合作颇为自信，欲通过联接战略评估其影响中亚地区的能力，并展示其作为良好的全球治理主体的角色。当前由于新冠肺炎疫情带来的经济颓势和因防控薄弱带来的合法性流失，中亚国家对欧盟的联通战略颇为矛盾。④ 中亚各国一方面迫切希望得到欧盟的各项支持，又担心欧盟在中亚地区的渗透会影响到其体制安全，因为支持欧盟的标准就意味着以更严格的标准处理政府与社会关系，调整行政体系以及社会治理结构，这些方面的实施无疑会将主动权交给欧盟。

三、欧盟同上合组织的合作困境

上海合作组织作为开放型地区合作组织，承担着安全信任机制构建和经

① Nargis Kassenova，“Central Asia and the EU Connectivity Strategy：Rising To the Good Governance Challenge”，*Ponars Eurasia*，Policy Memo No. 617，2019，p. 2，http：// www. ponarseurasia. org/sites/default/files/ policy － memos － pdf/Pepm617 _ Kassenova _ Oct2019. pdf.

② 王术森，曾向红：《大国中亚地区外交新态势》，《现代国际关系》2020 年第 10 期，第 50 页。

③ Nargis Kassenova，“Central Asia and the EU Connectivity Strategy：Rising To the Good Governance Challenge”，p. 3.

④ Nargis Kassenova，“Central Asia and the EU Connectivity Strategy：Rising To the Good Governance Challenge”，p. 5.

济合作的功能，不仅提升了俄罗斯和中国在中亚一体化的影响力，更是展示了区域合作的新模式。以“上海精神”和“新安全观”为组织运行的指导理念和安全合作实践的思想基础，“亚洲安全观”与“上海合作组织命运共同体”是在“新安全观”基础之上提出的新的指导组织运行的新理念。① 在 20 年的发展历程中，上海合作组织在成员国相互信任和包容互鉴基础之上实现互利共赢，并成功实现了组织扩员，提升了上合组织在亚欧大陆的影响力。上海合作组织是中国在不干涉内政基础之上推动超国家组织以增强地区经济能力的尝试，其最大的特征是否定政治和军事联盟，否定将西式的民主强加于人。② 欧盟同上合组织有较大的不同，其对上合组织的错误知觉、一体化建设的优越感以及价值规范优先考量难以同中亚国家密切合作，更难同上合组织达成高度共识。

（一）地缘政治的零和思维形成了对上合组织的错误知觉

在西方现实主义理论看来，地区组织存在的目标是为了制衡强大力量。上海合作组织从上海五国合作机制发展而来，其发展壮大有效地巩固了以中、俄地区大国为核心建构地区秩序的权威。在这种思路下，上合组织就易成为西方假想出来的“地区大国利用国际机制削弱霸权国介入地区秩序的有效工具”。③ 因此，西方对上合组织的判断难免会回到冷战时期的零和博弈的思维，这也影响到了欧盟对上合组织的错误知觉。

“9·11”之后，美国势力渗透到中亚地区，美国对中亚地区的观察在很大程度上影响了欧盟对上合组织的判断。美国学者大多将上海合作组织视为

---

① 曾向红：“上海合作组织研究的理论创新：现状评估与努力方向”，《俄罗斯东欧中亚研究》2019 年第 1 期，第 33 页。

② Tatyana V. Kolpakova1 and Tatiana N. Kuchinskaya, “China's ‘New Regionalism’ as a Mechanism to Streng - - then the Influence of China in the Global Integration Processes: An Example of Eurasian Economic Union,” Al Nakhlah, *International Journal of Economics and Financial Issues*, No. 5 (Special Issue), 2015, pp. 109 - 110.

③ ［加］T. V. 保罗：《软制衡：从帝国到全球化时代》，刘丰译，上海人民出版社 2020 年版，第 25—32 页。

中俄在中亚地区制衡美国的力量，是对美国战略利益的潜在威胁。[①] 2005 年，上海合作组织第五次元首峰会召开，成员国签署了《上海合作组织成员国元首宣言》，强调“和平与发展是促进和保障人权的基本保证，反对在人权问题上采取双重标准和以人权为由干涉他国内政。”[②] 这个宣言“要求”美国在中亚的军事存在只是“临时性”存在，美国迟早要从中亚地区撤军。美国对上海合作组织的规范和宣言的“厌弃”也左右了欧盟对上合组织的判断，欧盟也开始强调上合组织离欧盟规范和传统相距深远，“不干涉内政”在一定程度上是“无视”西方所谓的人权和民主价值。[③] 正是这一宣言让西方感受到了上海合作组织的存在感，上海合作组织甚至可能成为西方在中亚战略存在的“威胁”。[④]

随着欧盟对中亚事务持续性的积极介入和中亚战略的调整，欧盟逐渐认识到上合组织对维护地区和平稳定，促进成员国互信与合作的重要作用。欧盟开始将上合组织视为中亚各国联合努力应对安全和经济挑战的地区合作组织。[⑤] 2007 年，欧盟发布的针对中亚的战略文件，强调上海合作组织是为当地最大的区域性合作组织，但在这一组织下依然有很多问题，“成员国之间缺乏协调”且各国之间存在大量的争议。[⑥] 这也推动了一些核心政策报告支持欧盟同上海合作组织进行接触，表明欧洲各国和欧盟各机构开始认真对待

---

① Stephen Aris, “The Shanghai Cooperation Organization: ‘Tackling the Three Evils’, A Regional Response to Non – traditional Security Challenges or an anti – Western Bloc”, *Europe – Asia Studies*, 2009, Vol. 61, No. 3, p. 458.

② 《上海合作组织成员国宣言（全文）》，2005 年 6 月 8 日，http://www.cctv.com/special/581/3/31296.html。

③ Alyson J. K. Bailes, Pál Dunay, “The Shanghai Cooperation Organization as a Regional Security Institution”, in Alyson J. K. Bailes, Pál Dunay, Pan Guang and Mikhail Troitskiy (eds), *The Shanghai Cooperation Organisation*, 2007, Policy Paper No. 17, Stockholm, Stockholm International Peace Research Institute, pp. 1 – 20.

④ Oksana Antonenko, “The EU Should not ignore the Shanghai Co – opertaion Organization”, Policy Brief, p. 6.

⑤ Central Asia Strategy Paper 2002 – 2006 & Indicative Programme 2002 – 2004, October 2002, p. 4, 55, https://eeas.europa.eu/archives/docs/central_asia/rsp/02_06_en.pdf.

⑥ “European Parliament resolution of 20 February 2008 on an EU Strategy for Central Asia”, 2007/2102 (INI), https://www.europarl.europa.eu/sides/getDoc.do?reference = P6 – TA – 2008 – 0059&type = TA&language = EN&redirect.

上海合作组织。① 这一时期欧盟的政策制定者和分析人士，对上合组织持有否定甚至是轻视的态度，污名上合组织为反西方联盟，反对在中亚进行民主改革。② 他们认为在这个所谓东方版“北约”中，成员国从联合军事演习发展成为成熟的安全组织，再通过军备控制和反恐议题影响全球更深远的安全议题。③

在新版欧盟中亚战略之后，欧盟更深入介入中亚事务，对上合组织的认识也发生变化；也逐渐意识到接触上合组织的重要性。如欧盟既然更关注的是阿富汗地区的安全，同上海合作组织直接联系既可以帮助阿富汗训练警察、推动法治，又能推动上合组织成员国地区安全建设。④ 上合组织甚至在打击跨境贩毒犯罪、边境管理、打击非法交易、反恐和激进主义等各个方面都取得不俗的成绩。⑤ 在上合组织框架下，成员国在打击三股势力方面取得不俗的成绩，中亚成员国同时也是独联体国家成员，这也推动了欧亚地区一体化。在欧盟看来，也为双方组织的合作创造了良好的环境。尽管欧盟强调不应该忽视上海合作组织，但在新中亚战略文件中却没有明确提到同上合组织进行合作。由于欧盟缺失地区合作的双赢思维，这导致欧盟尽管在地区治理层面取得一些成绩，但阻碍了欧盟地区多边信任机制的构建。

（二）欧洲一体化进程优越感束缚地区合作灵活性

2003 年，《欧盟安全战略》（European Security Strategy）首次提出有效多边主义（Effective Multilateralism），将建立在有效多边主义基础上的国际秩序明确为欧盟三项战略目标之一。⑥ 由于 21 世纪初欧洲一体化高歌猛进，欧盟

---

① Alyson J. K. Bailes," The Shanghai Cooperation Organization and Europe", *China and Eurasia Forum Quarterly*, 2007, Vol. 5, No. 3, pp. 13 – 18.

② 邵育群：《欧盟新中亚政策评述》，《欧洲研究》2008 年第 3 期，第 71 页。

③ Marcel de Haas, “Time for the EU and NATO to Engage with the Shanghai Cooperation Organization”, *Europe's world*, 2008, No. 10, pp. 43 – 44.

④ Marcel de Haas, “Time for the EU and NATO to Engage with the Shanghai Cooperation Organization”, p. 45.

⑤ Polina, “International Conference ‘prospects of EU – Central Asian Relations: Security challenges in Central Asia”, Almaty 2014, pp. 10 – 11, http://iep – berlin. de/wp – content/uploads/2014/10/Paper_Yakovleva. pdf.

⑥ 金玲：《欧盟对外政策转型：务实应对挑战》，第 94 页。

结合自身实力特性，不仅倡导一体化建设的欧洲方式，同时推动国际机制在全球范围内推广，以实现自身的利益。因此，欧盟常鼓励各国合作，以制度和规范的方式推动地区治理的提升，并实现各国同欧盟价值观的趋同。因此，上合组织从一出现并没有立即获得欧洲的关注，反而被认为是口号性的官僚组织。上合组织的制度设计和决策机制并不同于欧盟的地区合作方式，甚至有西方学者质疑其生命力。① 一些组织通过判断上合组织成员国不是西方国家，便认定该组织基本无法承担起中亚地区治理和地区一体化的责任。这些价值观的不同阻碍其对非西方地区国际组织的判断，甚至直言：这些组织本身是“威权国家”模仿民主国家抓住经济全球化优势的重要工具；② 包括上海合作组织在内的非西方地区组织不仅塑造经济合作纽带，甚至挑战了以WTO和IMF为主的国际组织对全球秩序的塑造，干预了自由主义全球化；③ 自由规则被视为一种妨害，这些国际组织挑战全球秩序，并提供新的合法性，改变了贸易流向。上合组织并不是欧盟推动的有效多边主义的结果，在西方规则看来反而是“无效的”：一是上海合作组织并不是以“规则为基础”的多边合作组织，二是上合组织很难和平有效解决中亚各国面临的风险与挑战。④ 甚至有学者认为，上海合作组织倡导的规则和价值观与欧盟并不相容，二者一体化路径存在对立，是上合组织成员国并非自由政体造成的。⑤ 而欧洲是一种“规范力量”，将同美国自由主义一道维持西方主导全球秩序的合法性，会使崛起国在全球和地区事务上无所作为。⑥ 但这种路径很难成功，

① Stephen Aris, “The Shanghai Cooperation Organization: ‘Tackling the Three Evils’, A Regional Response to Non – traditional Security Challenges or an anti – Western Bloc”, pp. 458 – 459.

② Alexander Cooley, “Authoritarianism Goes Global: Countering Democratic Norms”, *Journal of Democracy*, 2015, Vol. 26, No. 3, pp. 49 – 63.

③ Alexander Libman & Anastassia V. Obydenkova, “Global governance and Eurasian international organisations: lessons learned and future agenda”, *Post – Communist Economies*, 2020, Vol. 32, No. 6, pp. 1 – 2.

④ Mr. Thomas Renard, “Strategic Prudence: The European Union and the Shanghai Cooperation Organization”, in Noreen Hameed (edited), *SCO's Role in Regional Stability Prospects of its Expansion*, Islamabad Policy Research Institute, 2013, Islamabad, pp. 46 – 47.

⑤ E. J. Kirchner and R. Dominguez edited, *The Security Governance of Regional Organizations*, 2011, Abingdon: Routledge, p. 251.

⑥ [美] 乔利恩·豪沃思：《作为全球行为体的欧盟：争取全球大协议的大战略》，黄海涛译，《南京大学学报》（哲学·人文科学·社会科学）2012年第4期，第24—25页。

“欧盟品牌”不是用来出口的，而且用于所谓“自由、民主和人权”等普适价值的概念本身也存在很大问题。①

这种错误知觉在一定程度上束缚了欧盟在中亚地区的多边合作。不同的利益主体在统一国际制度的获益是不对等的，而“那些已经从既定制度中，或可能从未来的某种制度安排中获益的个人或集团，无疑会竭力去维护或争取之”。② 欧盟在中亚推动地区治理并没有同最大的地区组织上海合作组织合作，其本质是一体化建设带来的优越感。欧盟缺乏同上合组织深度接触的政治意愿，将上合组织看作是“对话者但不是伙伴”，甚至是竞争对手。③

欧盟精英们如此热衷追求地区治理的欧洲规范和西方价值观，其目标在推动中亚各国形成对欧盟的热盼，构建同质化的地区秩序，并承诺为这些国家提供符合西方价值观的制度规范。这种自信源于21世纪第一个十年，自由主义者几乎彻底地控制了关于欧洲经济发展和安全的讨论，以至于欧盟和北约的扩张在西方几乎没有遭到现实主义者或任何人的反对，自由主义的世界观也主导了欧洲在中亚的地区治理模式。④

2008年全球金融危机之后，美国全球介入能力下降，欧洲承担的地区安全责任却在增加，确保二战以来自由国际秩序仍然是欧洲的一项核心利益。⑤很快，欧盟安全研究所发布了新的理念，强调当前世界已经出现了“互赖多极世界”（Interpolar world）：以利益为基础，仰赖主要国际行为体利益趋同；问题驱动，针对需要合作的议题应对挑战；过程导向，任何一个大国无法单独面对挑战，多边体系与相互依赖是可以调和的。⑥ 在这种思路主导下，欧盟在2016年6月出台全球战略，在有原则的务实主义的指导思想下，加强同

① ［美］乔利恩·豪沃思：《作为全球行为体的欧盟：争取全球大协议的大战略》，黄海涛译，《南京大学学报》（哲学·人文科学·社会科学）2012年第4期，第25页。

② 张宇燕：《利益集团与制度非中性》，《改革》1994年第2期，第97—105页。

③ Gisela Grieger, “The Shanghai Cooperation Organisation”, European Parliamentary Research Service, Briefing, June 2015, p. 11, https://www.europarl.europa.eu/RegData/etudes/BRIE/2015/564368/EPRS_BRI(2015)564368_EN.pdf.

④ ［美］约翰·米尔斯海默，李泽译：《大幻想：自由主义之梦与国际现实》，上海人民出版社2019年版，第240—241页。

⑤ 陈志敏、吉磊：《欧洲的国际秩序观：“有效的多边主义”》，《复旦国际关系评论》，2014年，第112页。

⑥ 陈志敏、吉磊：《欧洲的国际秩序观：“有效的多边主义”》，《复旦国际关系评论》，2014年，第112页。

外部世界的接触，强调与其他国际行为体在相互依赖中重塑全球规则，强调利益导向，将平衡利益和价值观作为界定对外战略优先的核心问题，不能空谈价值观的重要性。① 而中亚在被确定为欧盟周边地区后，欧盟不再强调推动中亚各国的政治议程，而是提升现代国家治理体系，推动所谓人权和市民社会发展动力，同时发展灵活多样的伙伴关系。

欧盟意识到同“核心伙伴、志同道合的国家与地区集团合作”，并选择性地与那些可以提供全球公共产品、应对共同挑战的行为体开展合作。② 2019 年，欧盟的新中亚战略虽然提到了同上合组织的合作，但这种“非排他性”的合作轻描淡写，针对的对象包括了上合组织和集体安全条约组织（CSTO）等多个组织。但欧盟依然对秉承“上海精神”的上合组织抱有偏见，批评其缺乏内部凝聚力，制度建设缺乏进展。欧盟对上合组织的错误估计导致两者合作缺乏进展，而上合组织的成就也被西方视为“上合组织成员国不愿意交托权力推动地区一体化”的无奈之举。③ 地区大国（中俄印）与中亚小国之间对该组织的核心目标、现实利益以及发展趋势的期待并不“一致”，而这也是为什么以地区一体化成就著称的欧盟迟迟不愿意以新的角色对待同上合组织的合作。

（三）欧盟极力推广西方规范价值观难以同上合组织产生交集

当前国际和地区形势发生深刻演变，世界多极化和经济全球化向纵深方面发展，但国际社会依然面临着霸权主义和强权政治的问题。上合组织周边出现了国际冲突（如阿富汗局势不稳、乌克兰危机仍未解决、纳卡冲突），甚至上合组织内部一些成员国之间也存在领土争端和政局不稳。从总体来看，

---

① Richard Youngs, “Towards an EU Global Strategy - Consulting the Experts”, April 2016, EUISS, pp. 12 - 14，转引自杨海峰：《有原则的务实主义——欧盟的外交与安全政策的全球战略评析》，《欧洲研究》2016 年第 5 期，第 34 页。

② 杨海峰：《有原则的务实主义——欧盟的外交与安全政策的全球战略评析》，第 39 页。

③ Henry Plater - Zyberk and Anderew Monaghan, “Strategic Implications of the Evolving Shanghai Cooperation Organisatio”, The United States Army War College, August 2014, p. 18. PDF 参见 https://www.hsdl.org/?abstract&did=756915.

上合组织所涵盖的区域在一定程度上可以被视为欧亚地区的“稳定之岛”。① 但这种稳定局面的形成并不是西方集团的成绩，而是中亚国家权力精英在国家建设方案上的共识，即政权稳定的“三元逻辑”：政治民族构建、军政权力集中以及选举型文化的塑造。② 上合组织从成立以来就一直坚定支持有关国家依法平稳推进国内政治议程，坚定支持各国维护政治安全和社会稳定，坚决反对外部势力以任何借口干涉成员国内政。③ 上合组织充分尊重各国政治发展的不同道路，并支持不同文化、宗教和政治社会制度的国家团结互信，并坚持通过对话和协商解决彼此间分歧，不仅增进了各国互信互助，同时形成了新型区域合作的模式，推动构建安全共同体以应对各类风险和威胁。

同上合组织相比，欧盟对中亚政治事务的干预较为直接。欧盟对中亚各国的政治关注源自对后苏联空间新独立国家经济和政治转型的迷思。根据瑞典国际民主及选举协助研究所（International Institute for Democracy and Electoral Assistance，IDEA）总结，中亚国家若要建成所谓西方民主国家需要有效回应六大独特挑战：中亚各国经济体系建立在错误基础之上不利于经济改革和市场化；受苏联时代影响，公民社会极其脆弱；政党政治缺少制度化，政党精英对民主化不感兴趣；苏联政治文化根深蒂固，难以祛除；缺少积极支持西方价值观的宗教力量；面临权威主义势力的内外挑战。④ 欧洲委员会强调只要中亚各国承诺进行改革，双边关系就可以推进。⑤ 自20世纪90年代开始，欧盟同哈萨克斯坦、乌兹别克斯坦、吉尔吉斯斯坦和土库曼斯坦谈判签署双边伙伴关系与合作协议（Partnership and Co－opertation Agreement，PCA）集中在经济合作和贸易领域。这一时期欧盟一直将中亚视为俄罗斯的“势力范围”。“9·11”事件之后，欧盟逐渐将方向转向民主和人权目标。欧盟很快形成了《2002—2006年中亚战略及2002—2004年中亚指导计划》，从

---

① 曾向红、陈亚洲：《上海合作组织命运共同体：一项研究议题》，《世界经济与政治》2020年第1期，第104—105页。

② 孙超：《国家构建、民主化回应与中亚政治稳定的形成》，第29页。

③ 习近平：弘扬“上海精神”深化团结协作，构建更加紧密的命运共同体——在上海合作组织成员国元首理事会第二十次会议上的讲话，2020年11月10日，http：//www.gov.cn/gongbao/content/2020/content_5562935.htm。

④ Nicklas Norling and Svante Cornell, *The Role of the European Union in Democracy－Building in Central Asia and The South Caucasus*, International Institute for Democracy and Electoral Assistance, 2016, pp. 8－9.

⑤ Council conclusions on the EU Strategy for Central Asia, p. 2.

塔西斯计划（TACIS）中抽取三年期共计 15 亿欧元实施该战略，旨在改善民主进程和尊重人权。① 与此同时，西方非政府组织大量涌入中亚地区，到 2005 年 8 月，总共有 2914 家西方非政府组织在中亚注册，其中在在哈萨克斯坦有 699 家，吉尔吉斯斯坦有 1010 家，塔吉克斯坦有 595 家，土库曼斯坦有 138 家，乌兹别克斯坦有 472 家。② 欧盟将其看作是"确保地区长期稳定的主要方式"，而欧盟同中亚各国合作旨在形成西方价值观。③ 随着后苏联空间地区颜色革命的出现以及欧盟与乌兹别克斯坦关系的恶化，欧盟迫切需要增加在中亚的战略存在。尤其是乌兹别克斯坦的"安集延事件"，欧盟要成立独立国际调查小组并制裁乌兹别克斯坦，但很快因为能源供应危机而彻底解除了对乌兹别克斯坦的所有制裁，并在 2011 年在塔什干设立代表团。④ 欧盟在价值方面的妥协，遭到所谓欧盟民主人士的广泛批评。但欧盟这种妥协也没有带来相应的回报，在能源供应上欧盟依然面临多个障碍，致使其政策再度回调。安集延事件后，上合组织元首理事会第五次会议在哈萨克斯坦首都阿斯塔纳举行。六国元首再次签署了《上海合作组织成员国元首宣言》等重要文件，强调"在矛盾的全球化进程中，在平等、相互尊重、不干涉主权国家内政、非对抗思维和不断推动国际关系民主化的原则基础上开展多边合

---

① 所谓塔西斯计划（TACIS）指的是，1991 年欧盟针对后苏联空间 12 国（除了波罗的海三国）的技术援助计划（（Technical Assistance to the Commonwealth of Independent States），以此推动受援国经济增长和政治经济转型。截至 2001 年，TACIS 对中亚的援助达 36.63 亿欧元。2007 年后被地域性的发展援助工具（Development Cooperation Instrument, DCI）取代。参见：Breakdown by Programme（ Overview of EC assistance to Central Asia）, European Union, *Strategy Paper 2002 - 2006 and Indicative Programme 2002 - 2004 for Central Asia*, 30 October, 2002, p. 36, https：//eeas. europa. eu/archives/docs/central_asia/rsp/02_06_en. pdf。

② 闫文虎：《对冷战时期西方非政府组织在苏联东欧地区活动的历史考察——从非政府组织角度兼论苏联解体与东欧剧变的原因》，《俄罗斯东欧中亚研究》2011 年第 3 期，第 74 页。

③ 闫文虎：《对冷战时期西方非政府组织在苏联东欧地区活动的历史考察——从非政府组织角度兼论苏联解体与东欧剧变的原因》，《俄罗斯东欧中亚研究》2011 年第 3 期，第 4—5、18 页。

④ Andrea Schmitz, "Whose Conditionality? The Failure of EU Sanctions On Uzbekistan", November, 2009, https：//www. cacianalyst. org/publications/analytical - articles/item/11944 - analytical - articles - caci - analyst - 2009 - 11 - 11 - art - 11944. html.

作”，在中亚地区构建“营造持久友好、相互理解、协作和建设性的氛围。”①在敏感时期，上合组织的发声不仅赢得了中亚成员国的好感，也进一步推动了成员国之间的相互信任，为推动成员国之间和平、安全和稳定的合作奠定了基础。

欧盟对乌兹别克斯坦的经济制裁不仅没有提升欧盟对其政治领域的影响力，反而却得到乌兹别克斯坦与俄罗斯改善关系的意外结果。② 2007 年，欧盟发布的中亚新战略，增加了 2007—2013 年度财政预算 75 亿欧元。新战略明显将社会治理作为优先领域，并将其作为推动中亚国家转型的主要手段。③欧盟同中亚各国的双边关系立基于三个支柱之上：政治对话、贸易与经济关系以及细分领域的合作，这些支柱建立在“各国各自调整法律框架以契合欧盟要求”。④ 欧盟发现针对中亚渐进主义援助和规范传播并不能提升欧盟影响力，迫切期待加速渗透，利用欧盟规范和制度塑造阻止中亚再度出现暴力转型。欧盟对中亚地区的活动也发生更为积极的变化，一些项目投入力度增加。欧洲民主和人权倡议（1994—2006）（The European Initiative on Democracy and Human Rights）很快被欧洲民主和人权计划（European Instrument for Democracy and Human Rights，EIDHR）和非国家行为体和地方政府发展项目（the Non - State Actors and Local Authorities in Development，NSA \ LA）取代，该项目年度预算 14 亿欧元，旨在关注公民社会组织，尤其支持哈萨克斯坦、吉尔吉斯斯坦和塔吉克斯坦非政府组织的发展。而乌兹别克斯坦公民社会持续受益于机构建设伙伴计划（Institution Building and Partnership Programme，IBPP）。⑤ 这些项目通过非政府组织进行，为中亚各国政治经济转型、社会管理

---

① 《上海合作组织成员国元首宣言（全文）》，2005 年 7 月 5 日，阿斯塔纳，http：//www. gov. cn/gongbao/ content /2005/content_64324. htm。

② Andrea Schmitz，“Whose Conditionality? The Failure of EU Sanctions On Uzbekistan”，November，2009，https：//www. cacianalyst. org/publications/analytical - articles/item/11944 - analytical - articles - caci - analyst - 2009 - 11 - 11 - art - 11944. html.

③ European Community，*Regional Strategy Paper for Assistance to Central Asia for the period* 2007 - 2013，Brussels：European Commission，2007，p. 8.

④ European Community，*Regional Strategy Paper for Assistance to Central Asia for the period* 2007 - 2013，Brussels：European Commission，2007，p. 3.

⑤ Vera Axyonova，“EU Human Rights and Democratisation Assistance to Central Asia：In Need of Further Reform”，*EUCAM*，2012 January，p. 1.

等提供人员培训和制度建设支持。[①] 欧盟相信非政府组织不仅能够实现同政府合作无法完成的目标，还能够获得更多更详尽的信息（情报）。这些非政府组织试图依照西方价值改变中亚社会，并积极赢得地方政府的支持。一些欧盟支持的非政府组织已经介入到敏感项目中，如反对毒品、生态环境保护、技术培训、气候变化防控、防治艾滋病和帮助难民安置。

表 8—1　欧盟在中亚的民主支持行动（2008—2011 年）（欧元）

	EIDHR	NSL/lA	IBPP
哈萨克斯坦	2400000	2300000	不积极
吉尔吉斯斯坦	2700000	1950000	不积极
塔吉克斯坦	1800000	1850000	不积极
土库曼斯坦	不积极	不积极	不积极
乌兹别克斯坦	不积极	不积极	2200000

资料来源：Vera Axyonova，“EU Human Rights and Democratisation Assistance to Central Asia：In Need of Further Reform”，p. 2.

欧盟在完整中亚战略出台后，利用政府开发援助作为工具，推动对中亚的援助从单一性、应急性的援助，发展成为复合型长期援助，并渗透到中亚各国的地区层面。从这个层面来看，欧盟很难同上合组织合作就中亚地区问题进行合作。欧盟对自身权力投射颇为自信，将西方价值观作为发展援助的附加条件。2007—2013 年，欧盟对中亚的 DCI 分配 6.75 亿欧元；2014—2020 年，欧盟批准通过 DCI，拟拨付 10 亿欧元用于中亚国家加强安全、发展民主和法治。[②] 哈萨克斯坦因为已成为中等以上收入国家不再享有双边基金，而只能获得地区或专项基金，而土库曼斯坦也可能因同样原因不再享受双边基金。[③] 援助

① 李立凡：《“颜色革命”后西方非政府组织在独联体国家的发展演变》，《国际问题研究》2011 年第 4 期，第 58 页。

② 2014—2020 期间欧盟将拨付 10 亿欧元用于中亚国家发展，驻哈萨克斯坦经商参处，2013 年 11 月 25 日，http：//kz. mofcom. gov. cn/article/jmxw/201311/20131100401839. shtml。

③ 徐刚：《欧盟中亚政策的演变、特征与趋向》，《俄罗斯学刊》2016 年第 2 期，第 20—22 页。

不能代替经济存在，价值认同需要时间的代价。①

尽管援助在不断增长，但中亚国家对同欧盟的认识并不特别正面，反而愿意同欧洲各国而非欧盟建立起官方联系。中亚各国对欧盟的公共外交和援助意见并不统一，尤其反感西方价值观的规范传播。哈萨克斯坦与欧盟关系较为紧密，2015 年就签署了《扩大伙伴关系与合作协定》。欧盟一直将哈萨克斯坦视为最有潜力的“学生”，是“地区稳定之锚”。② 但正如纳扎尔巴耶夫对英国记者所说：“我们很感谢你的建议，但没人有权指导我们如何生活及如何建设我们国家。”③ 纳扎尔巴耶夫努力维持国家稳定，强调欧盟虽然是哈萨克斯坦的朋友，也努力进步，但是有自己发展道路。吉尔吉斯斯坦对欧盟也有期待，但颜色革命造成的政局不稳也使得其对欧盟的期待更多集中于外交层面。土库曼斯坦尤其不喜欢欧盟对社会的渗透，乌兹别克斯坦由于“安集延事件”对欧盟甚是怀疑。塔吉克斯坦对欧盟也存在“抵触”，中亚民众对欧盟的亲近感并不够。

欧盟在中亚推进西方规范有如旧日帝国外交的手法，但效果大打折扣，不仅遭到中亚各国的反感，也不符合其战略利益。④ 这种思路不仅反映欧盟错误理解了地区合作，且难以形成影响力。与此同时，随着国际形势的变化，各国竞相向中亚提供支持和援助，中亚在选择合作对象和合作模式上有更大的自由度，欧盟若要在中亚扩大影响力就需要加大投入并更为务实。从欧盟的总体战略来看，由于欧洲一体化面临挑战，欧盟很难分散精力加大投入。加上新冠肺炎疫情的到来，欧盟对中亚的投入更是捉襟见肘。相比之下，上海合作组织更契合中亚各国对安全和发展的需求，也更有利于中亚各国的体

---

① 徐刚：《欧盟中亚政策的演变、特征与趋向》，《俄罗斯学刊》2016 年第 2 期，第 27 页。

② Andrew Kuchins, Jeffrey Mankoff, Aitolkyn Kourmanova and Oliver Backes, “Central Asia in a reconnecting Eurasia: Kazakhstan's evolving foreign economic and security interests”, 2015, Washington: CSIS, p. 21. https: //csis - website - prod. s3. amazonaws. com/s3fs - public/legacy_files/files/publication/ 150612_Kuchins_CentralAsiaKazakhstan_Web. pdf.

③ Igor Savchenko, “Kazakhstan Rejects Statements of the UN, EU and OSCE on Violations of Human Rights”, Open Dialog Foundation, Nov. 30, 2015, https: //en. odfoundation. eu/a/7073, kazakhstan - rejects - statements - of - the - un - eu - and - osce - on - violations - of - human - rights/.

④ 潘兴明：《价值观外交与利益外交的叠加——欧盟中亚战略评析》，《欧洲研究》2013 年第 5 期，第 92 页。

制安全和经济繁荣。上海合作组织以开放的地区多边主义为思路，从“上海精神”出发，让中亚各国无需在经济合作中担忧政治安全问题，从而推动中亚各国更愿意同成员国构建人类命运共同体，以安全、经济双轮驱动带动各个领域合作深入开展。自2001年开始近20年，上合组织发展迅速，并赢得了俄罗斯和中亚各国的信任，在共同体构建上卓有成效。这些成效也是附加政治条件的西方势力难以达到的效果。

四、走向共识的未来：上合组织与欧盟的合作前景

欧盟委员会出台的2019年新中亚战略罕见地强调了上海合作组织。在强调欧盟同中亚在安全领域是长期的合作伙伴的同时，欧盟的利益在于持续“监督”地区安全结构上海合作组织和集体安全条约组织的发展。① 这种错误知觉一直影响欧盟同上合组织在各方面广泛而深入的合作。在上合组织成立20年的历程中，西方世界形成了“污名化”上合组织的思维定式，尤其是以美国一直将上合组织看成是其介入中亚地区的主要障碍，甚至认为是抱团取暖的亚洲版华约。② 新版欧盟中亚战略以促进中亚政权的韧性和繁荣作为战略支撑，通过推动各领域合作提升区域合作水平的总体战略目标。③ 欧盟开始认识到西方价值观并不能直接向中亚各国推广，通过市民社会的塑造和非政府组织的引领也会带来一些问题。为配合中亚各国的需求，欧盟在“联通性”上狠下功夫，从西方规范传播和介入转向务实合作，推动中亚同欧盟伙伴关系的强化。欧盟的联通目标以欧洲一体化建设为参照：一方面消除人员、货物和服务的自由运动，通过基础设施建设消除障碍；另一方面，减少非物

---

① Joint Communication to The European Parliament and The Council, “The EU and Central Asia: New Opportunities for a Stronger Partnership”, Brussels, May 15th, 2019, p. 6, https: //eeas. europa. eu/sites/eeas/ files/joint_communication_ - _the_eu_and_central_asia_ - _new_opportunities_for_a_stronger_partnership. pdf.

② Graeme P. Herd, “The Future of the SCO: An Axis of Inconvenience?” 2014, pp. 3 - 5, http: //www. risingpower sglobal responses. com/wp - content/uploads/2014/02/HerdPaper. pdf.

③ Joint Communication to The European Parliament and The Council, “The EU and Central Asia: New Opportunities for a Stronger Partnership”, Ibid.

理（规范）障碍，在广泛领域推动合作，构建自由贸易区和单一市场。① 自2014年到2020年，欧盟将分配11亿欧元用于在中亚发展合作项目，此外还将从欧洲投资银行和欧洲复兴发展银行贷款113亿欧元用于中亚减贫、教育、能源建设和企业家培育，用于提升联通性，推动中亚高等教育和互联网建设，增加生态环境治理的力度，推动边境管理的效率，推动各国免关税各项措施。② 2020年7月，欧盟启动了《中亚国家新冠肺炎疫情应对措施》（CAC-CR）援助计划，预算资金为300万欧元，由世界卫生组织组织实施。该计划旨在为中亚提供急需的基本药物和设备，支持中亚各国的医院和实验室建设，使其更好应对新冠肺炎疫情。③ 欧盟化学、生物、放射、核风险缓解卓越中心（EU CBRN CoE）倡议，通过欧盟资助的项目53（Project 53），拨款200多万欧元，用于建设中亚和东南亚与东欧抗击冠状病毒的能力。④ 虽然欧盟内部面临极大的防控压力，由欧盟中亚特别代表组建了欧盟—中亚伙伴关系对话线上经济繁荣论坛（Online Economic Forum "EU – Central Asia Dialogue on Partnership for Prosperity"）于2020年年底召开，为2021年第一届"欧洲—中亚经济论坛"召开做好预备。在会上，欧委会副主席马罗什·谢夫乔维奇（Maroš Šefčovič）强调欧盟不会更改现有的战略，旨在加速绿色和数字化的双重转变克服新冠肺炎疫情带来的挑战，同时欧盟表达向中亚各国分享经验、新技术和解决方案的意愿。⑤

---

① "Connectivity in Central Asia: Reconnecting the Silk Road", European Parliament, April 2019, p. 10, https://www.europarl.europa.eu/RegData/etudes/BRIE/2019/637891/EPRS_BRI（2019）637891_EN.pdf.

② "Connectivity in Central Asia: Reconnecting the Silk Road", European Parliament, April 2019, pp. 11–12.

③ "EU launches a 1.4–billion–tenge programme to combat COVID–19 in Kazakhstan and Central Asia", July 20th, https://eeas.europa.eu/delegations/kazakhstan/83137/eu–launches–14–billion–tenge–programme–combat–covid–19–kazakhstan–and–central–asia_en.

④ "Work of EU CBRN Centre of Excellence in Central Asia in the time of COVID–19", 2020 July 10, pp. 2–4, https://europa.eu/cbrn–risk–mitigation/news–0/central–asia–regional–secretariat–activities–time–covid–19–2020–08–13_en.

⑤ "Central Asia: Online Economic Forum 'EU–Central Asia Dialogue on Partnership for Prosperity'", Dec 7th, 2020, Brussels, https://eeas.europa.eu/headquarters/headquarters–homepage/90020/central–asia–online–economic–forum–%E2%80%9Ceu–central–asia–dialogue–partnership–prosperity%E2%80%9D_en.

与欧盟不同，上海合作组织突破了地区合作的现有模式。上合组织的合作模式既不同于以美国倡导的“地区公共产品”供给模式，也不是以法德为轴心倡导的欧洲一体化模式推动组织顺利运行，更不是东盟版本的小国协商一致保证成员国团结一致推动组织制度化进程。① 上海合作组织强调求同存异，强调理念先行和务实合作。通过明确上合组织在组织发展模式、针对领域的合作水平以及成员国之间的信任培育等形成共识，在此基础上形成集体认同，培育共同情感，塑造紧密的共同体意识，逐渐推动地区合作更好发展。

上海合作组织从一开始就宣称不与任何国际组织和国家树敌。在上合组织成立初期，成员国达成一致意见共同维护国家体制安全。② 中俄对中亚各国面临的风险，针对三股势力的威胁进行治理也更有针对性。上合组织将维护地区稳定视为组织最重要的功能，在尊重国际法和国家主权前提之下建设性介入。③ 在安全上有突出特色外，上合组织在经济方面也在逐渐加强。随着中国“一带一路”倡议和俄罗斯“大欧亚伙伴关系”计划推动欧亚地区一体化的两个重要倡议的提出，上海合作组织面临新的机遇。两者开展和对接最终落实在上海合作组织这一平台。另外，印度和巴基斯坦的加入使得上海合作组织发生新的变化，使得上合组织的范围进一步扩大。这种积极吸纳观察员国加入可使得成员国的集体身份得以重塑，同时也有助于形成了成员国之间的集体情感，形成了良性的互动模式。④

上海合作组织不断进行自我革新，拥有相当大的资源，成员国之间具有合作潜力。这些合作潜力在新冠肺炎疫情到来时功能得到有效的发挥。2020 年 3 月 20 日，中国首批捐赠哈萨克斯坦的医疗物资完成移交，包括 20 万双医用手套、15934 只医用口罩和 425 个护目镜，价值 52.5 万人民币。⑤ 2020

---

① 曾向红、陈亚洲：《上海合作组织命运共同体：一项研究议题》，《世界经济与政治》，第 108 页。

② T. Ambrosio，“Catching the Shanghai Spirit：how the Shanghai Cooperation Organization Promotes Authoritarian Norms in Central Asia”，*Europe – Asia Studies*，2008，Vol. 60，No. 8，pp. 321 – 344.

③ 赵华胜：《上海合作组织的发展路径》，《新疆师范大学学报》（哲学社会科学版）2012 年第 3 期，第 40 页。

④ 秦亚青：《关系本位与过程建构：将中国理念植入国际关系理论》，《中国社会科学》2009 年第 3 期，第 79—80 页。

⑤ “中国首批捐赠哈萨克斯坦的医疗物资完成移交”，2020 年 3 月 21 日，人民网，http：//world. people. com. cn/n1/2020/0321/c1002 – 31642538. html。

年7月16日，中国国务委员兼外长王毅在“中国+中亚五国”外长视频会议上表示，中方将向中亚国家提供新一批抗疫物资援助，包括300台呼吸机、200万只一次性医用外科口罩、50万只KN95口罩以及一批试剂和防护服等，中方计划为中亚国家培训一批医疗卫生专家，拓展跨境电子商务规模，加强5G、人工智能、大数据、云计算、卫星导航等高科技领域合作，加快建设“数字丝绸之路”。[①] 同时中方还保障“一带一路”倡议各项措施顺利推进，确保公路、铁路、油气管道和中欧班列等跨境基础设施项目顺利推进。之前还应中亚四国请求派出抗疫经验丰富的医疗队。中国向中亚各国提供了大量的物资援助，给中亚各国抗疫提供了实质性支持。2020年11月10日，习近平主席出席上海合作成员国元首理事会第二十次会议并发表题为《弘扬“上海精神”，深化团结协作，构建更加紧密的命运共同体》的重要讲话，强调通过抗疫合作，维护安全稳定、深化务实合作，促进民心相通，携手构建卫生健康共同体、安全共同体、发展共同体和人文共同体，为推动构建人类命运共同体做出更多实践探索。[②]

从两个组织的发展趋势来看，未来两大组织的交集会越来越多。事实上，国际形势的变化也推动了两个组织的战略接近。特朗普任期以来，其激进的执政理念和对外政策令欧洲对美欧关系的不确定性增加感到忧虑。作为美国最重要的盟友，欧洲在陷入了“顺从美国减损利益”和“对美施压减损西方优势”的矛盾之中，两者不断出现一些紧张关系。[③] 欧盟对加入美国对华遏制的“印太战略”颇为犹豫，但同时也担心中国在欧亚大陆形成强大的影响力。这种矛盾困境导致欧盟新中亚战略举棋不定：一方面，欧盟支持以中俄印新模式为主导的上海合作组织合作，探索新的互联互通方案，从而推动欧盟同亚洲的对接；另一方面，欧盟又担心与上海合作组织接触会减损美国在中亚和东北亚地区的战略利益，引起美国的怀疑和不安。欧盟国家更加信任多边主义、强调通过规范传播和制度推进，以及全球和治理方式实现各方面

---

① “携手应对挑战 共谋发展繁荣——王毅国务委员兼外长在‘中国+中亚五国’外长视频会议上的讲话”，2020年7月17日，人民网，http://world.people.com.cn/n1/2020/0717/c1002-31786681.html。

② 习近平：《上海合作组织要弘扬“上海精神”》，《中国信息安全》2020年第11期，第6页。

③ 张一飞：《特朗普政府“联欧制华”战略的形成与评估》，《国际展望》2020年第2期，第103页。

的合作共赢。① 在同中俄交往上，欧盟同美国的利益也并非完全一致。欧盟在一定程度上更为务实，将价值观视为对外行动的动力和目标。这导致欧盟迫切需要海外利益投射中获得支持。因此，欧盟新中亚战略也为中欧俄印在中亚地区的合作奠定基础。

五、结语

随着拜登正式就任美国总统，美欧关系面临新调整。2020 年底，欧盟委员会主席乌尔苏拉·冯德莱恩（Ursula von der Leyen）表示要构建新的联盟体系以提升欧美关系，确保西方在全球的领导力。西方加强利益协调的同时，欧亚地区在大变局的冲击下出现了不稳定弧线，地区秩序和稳定受到威胁。新冠肺炎疫情大流行暴露出欧亚地区一些国家的治理短板，亚美尼亚、阿塞拜疆、白俄罗斯、哈萨克斯坦因应对疫情和经济危机不利而出现社会抗争，这对欧亚地区国家体制安全和合法性提出巨大挑战。② 吉尔吉斯斯坦再度发生政变，对中亚地区政治稳定带来冲击。维护中亚地区的政治稳定，提升中亚各国国家能力是符合中国、俄罗斯、欧盟的战略利益。由于地缘的临近性，中、俄、欧在欧亚大陆能够寻找到合作空间和相互联系纽带，“一带一路”和“欧亚经济联盟”在上海合作组织对接顺畅，自然更加吸引欧盟的目光。

与此同时，欧盟同俄罗斯关系呈现出高度不确定性。2021 年 3 月 2 日，因从德国回国的俄反对派人士纳瓦尔尼被判入狱、俄驱逐德国、波兰和芬兰的高官及欧盟外交与安全政策高级代表博雷利访俄“受辱”，欧盟宣布对俄高官进行制裁。欧盟能否继续参与“欧亚的连接”，在中亚地区实现同中、俄合作前景并不明朗。③ 在欧盟看来，俄罗斯因素成为欧盟加强在中亚存在、同上海合作组织合作的较大障碍。此外，欧盟新战略虽然强调务实，但依然无法摆脱对规范价值观推广的约束。2019 年欧盟外交高级代表博雷尔参加了第 16 届欧盟—中亚部长级会议，强调中亚不够“尊重人权和法治”，导致应

---

① 周琪：《欧美关系的裂痕及发展趋势》，《欧洲研究》2013 年第 6 期，第 88 页。

② Paul Stronski, “There Goes the Neighborhood: The Limits of Russian Integration in Eurasia”, September 16, 2020, Carnegie Endowment For International Peace, p. 17, https://carnegieendowment.org/files/202009 - Stron ski_ - _Russia_Eurasia. pdf.

③ 冯绍雷：《中俄欧在欧亚大陆的互动——兼论“一带一路”对三方关系的影响》，《俄罗斯研究》2020 年第 4 期，第 23 页。

对疫情或吉尔吉斯斯坦政治动荡效果不佳。① 疫情加剧了中亚各国的社会不平等，也使得这些国家对欧盟的中亚治理方案产生忧虑。同欧盟合作颇为深入的哈萨克斯坦现任总统托卡耶夫多次强调，没有人需要我们，我们只需要我们自己的国家，哈萨克斯坦发展和繁荣完全掌握在我们手中。② 乌兹别克斯坦总统米尔济约耶夫申请成为欧盟普惠制成员，但前提是要满足欧盟的治理标准。尽管乌国批准了这些条约，也有批评声表示这些条约并没有认真执行。③

当前全球价值链正在重构，劳动力成本的重要性下降，生产率和基础设施等因素变得越发重要。作为上海合作组织重要成员国，中国通过“一带一路”倡议迸发了欧亚大陆区域合作的新活力。截至2019年，中国则连续14年为欧盟第二大贸易伙伴和第一大进口来源地，欧盟连续15年成为中国第一大贸易伙伴和进口来源地。更为可贵的是，2020年中国跃升为欧盟第一大贸易伙伴。④ 正如国务委员兼外交部长王毅指出，中欧关系在危机和挑战中展现了韧性和活力，也向世界释放了积极和正面的信号。⑤ 与此同时，中俄关系越益稳固。两国2019年贸易额突破了1000亿美元大关，2021年中俄双边货物贸易1077.7亿美元，连续11年稳居俄第一大贸易伙伴国，在农产品和肉类跃升为俄第一大出口市场。⑥ 中国在欧盟和俄罗斯强劲的贸易往来，显示出中国在同欧盟、俄罗斯两两双边合作存在强大的合作潜能。在欧亚通道

---

① Craig Turp - Balazs, “Is the EU doing enough to defend human rights in Central Asis”, Nov. 19, 2020, https: // emerging - europe. com/news/is - the - eu - doing - enough - to - promote - human - rights - in - central - asia/.

② Shavkat Sabirov, “Tokayev: the development and prosperity of Kazakhstan is in our hands”, June 29, 2020, https: //www. euractiv. com/section/europe - s - east/interview/tokayev - the - development - and - prosperity - of - kazakhstan - is - in - our - hands/.

③ Umida Niyazova, “The EU must leverage closer trade ties with Uzbekistan to ensure progress on human rights”, Sep. 12, 2020, https: //www. euronews. com/2020/12/09/ the - eu - must - leverage - closer - trade - ties - with - uzbek istan - to - ensure - progress - on - human - rights -.

④ 欧盟统计局：中国2020年成为欧盟最大贸易伙伴，新华社，http: //www. gov. cn/xinwen/2021 - 02/16 /content_5587302. htm。

⑤ 2021年3月7日下午，十三届全国人大四次会议举行新闻发布会，国务委员兼外交部长就“中国外交政策和对外政策”答中外记者提问，https: //www. chinanews. com/m/gn/2021/03 - 07/9426721. shtm l? f = qbapp。

⑥ 中国商务部发言人高峰2021年2月28日在例行新闻发布会上公布的数据。

建设与新型基础设施建设中，以中亚为中心的“欧盟—中国—欧亚经济联盟”大通道建设存在强大的前景。

上合组织是链接中亚—南亚周边各国经济合作的重要组织，更是“丝绸之路经济带”和“欧亚经济联盟”对接的重要平台。上海合作组织具有开放型、非排他性特性，开创了结伴而不结盟、合作而不对抗的新型模式。中欧班列在疫情最严重时期依然保持安全稳定运行，逆势增长。2020 全年达到 12406 列，同比增长 50%，突破“万列”大关。中欧班列的“无纸化通关”“数字口岸建设”以及全面信息共享等预示着上合组织成员国在经济合作领域有更大空间。这种基于平等协商，以合作促和平“上海精神”成为上合组织独树一帜的特征。“上海精神”凸显的“互利互信、平等合作”，“尊重多样文明，谋求共同发展”更显难能可贵，是新时代亚洲崛起乃至“百年变局”的重要内容。欧盟承认上合组织的地位和作用并密切协调，才是未来推动中亚发展与善治的必经之道。

报告九

上合组织公共卫生合作国际议程设置评析*

韦进深**

【内容提要】公共卫生是上海合作组织的重要合作领域。突发重大国际公共卫生事件和上合组织成员国的关注提高了上合组织公共卫生合作议题的显著性和重要性。以上合组织国家元首理事会、政府首脑（总理）理事会为平台，上合组织成员国设置了公共卫生合作国际议程。论文提出了上合组织公共卫生合作议程设置的理论分析框架，对上合组织公共卫生安全的议题界定、议程设置者、议程设置渠道选择和议程设置过程进行了分析和讨论。上合组织公共卫生安全议程设置有力促进了上合组织成员国之间的公共卫生合作，推动了上合组织地区卫生治理。新冠肺炎疫情暴发后，上合组织需要在扩大公共卫生合作领域和范围、提高相关机构顶层设计能力和执行能力、促进公共卫生合作规范内化、加强公共卫生外交等方面推进公共卫生合作的议程设置，构建上合组织卫生健康命运共同体。

【关键词】上海合作组织；公共卫生合作；议程设置；卫生健康命运共同体

在20年的发展历程中，上合组织成员国不断汇集利益预期、清晰界定合作议题、精心设置国际议程，为上合组织的持续发展不断注入动力。可

---

* 本文是兰州大学中央高校基本科研业务费项目“新形势下上海合作组织命运共同体的构建”（项目编号2020jbkyjc001）的中期成果。

** 韦进深，兰州大学中亚研究所、兰州大学政治与国际关系学院副教授。

以说，20 年来，围绕安全、经贸合作和人文交流三大议题，上合组织成员国成功地设置了相关议题的国际议程，出台了政策方案，形成了制度化的安排，有力地推动了上合组织在上述议题领域的合作。上合组织在地区事务中的作用日益重要，并具有广泛的国际影响力。

从组织的发展看，国际组织有纵向和横向两个发展方向：前者是围绕某一问题领域不断深化合作，推动组织的一体化建设；后者是合作领域的拓展，合作从某一问题向其他领域“外溢”。在组织的发展过程中，成功的国际议程设置扮演了重要角色。就本文关注的上合组织的公共卫生合作议题而言，其提出和发展的过程正是上合组织合作领域外溢和拓展的结果。2004 年 9 月 23 日，上合组织成员国政府首脑（总理）理事会发表联合公报，提出“应加强本组织文化、教育、卫生和体育合作”①，上合组织卫生合作的议题首次提出。2008—2010 年，上合组织相继设立卫生部门高官会、卫生防疫部门领导人会议和卫生部长会议等机构，上合组织公共卫生合作机构逐渐完善。2011 年 6 月 15 日，上合组织成员国签署《上合组织成员国政府间卫生合作协定》，为上合组织开展公共卫生合作奠定了法律基础。此后，上合组织公共卫生合作内容不断丰富，进入全面发展的时期。

公共卫生合作议题在上合组织提出较晚，属于人文交流领域的一项重要内容。重大国际公共卫生事件的频发以及上合组织成员国对公共卫生合作的关注提高了公共卫生合作议题的显著性，以上合组织国家元首理事会、政府首脑（总理）理事会②为平台，上合组织成员国开始设置公共卫生安全合作国际议程，不断推动上合组织成员国公共卫生合作和地区卫生治理。

2020 年，新冠肺炎疫情暴发后，为应对疫情蔓延，2020 年 11 月 10 日，上海合作组织成员国元首理事会第二十次会议再次将公共卫生合作列为会议的主要议题。在本次会议上，习近平主席在讲话中提出要“加强抗疫合作，构建卫生健康共同体”，提出了“加强各国联防联控”“支持世界卫生组织发挥关键领导作用”“用好本组织卫生领域合作机制”“倡议成员

---

① “上合组织成员国政府首脑（总理）理事会联合公报”，http：//chn. sectsco. org/documents/。

② 《上海合作组织宪章》将国家元首的会议机制称“国家元首会议”、将政府首脑（总理）的会议机制称“政府首脑（总理）会议”，但在实际使用中，一般采用国家元首理事会和政府首脑（总理）理事会的表述，本文采用国家元首理事会和政府首脑（总理）理事会的表述。

国疾控中心设立热线联系”“发挥传统医学作用”和“加强疫苗合作”等卫生健康的合作重点。① 这为上合组织在后疫情时代的公共卫生合作指明了发展方向和合作重点。

上合组织如何设置公共卫生合作国际议程？其公共卫生合作议程设置的效果如何？上合组织公共卫生合作议程设置的未来方向和路径是什么？本文首先提出了国际议程设置的理论分析框架，就上合组织作为公共卫生安全国际议程设置的渠道和平台进行分析，提出了国际议程设置的过程和周期模型，用于评析上合组织公共卫生合作议程设置过程和效果，并分析了上合组织公共卫生合作议程设置面临的问题和挑战。

一、上合组织公共卫生合作国际议程设置的理论分析框架

议程设置理论具有跨学科性。在传播学的视阈下，议程设置的重要性在于“不仅告诉人们想什么，还能影响人们怎么想”。② 而政治学中的议程设置理论则关注政府议程设置中的参与者和过程。约翰·金登提出了议程设置的源流理论，回答了政治议程是如何设置的。③ 20世纪80年代，一些国际关系的学者提出了国际政治研究的“议题”范式问题，认为国际政治应当强调关注“关键议题”的提出和解决过程。围绕国际议程设置的行为体、过程和周期，学术界进行了深入的学理分析，并进行了广泛的实证研究。近些年，一些国内学者围绕如何提升中国国际议程设置能力，就国际议程设置展开了学术讨论，并产生了一批学术成果。

---

① 习近平：“弘扬‘上海精神’深化团结协作构建更加紧密的命运共同体——在上海合作组织成员国元首理事会第二十次会议上的讲话”，《人民日报》，2020年11月11日02版。

② Maxwell McCombs, *Setting the Agenda: The Mass Media and Public Opinion*, Cambridge: Polity Press, 2004; Joe Job Hester and Rhonda Gibson, “The Economy and Second - Level Agenda - Setting: A Time - Series Analysis of Economic News and Public Opinion about the Economy,” *Journalism and Mass Communication Quarterly*, Vol. 80, No1, 2003, pp. 73 - 90.

③ John W. Kingdon, *Agendas, Alternatives, and Public Policies*, New York: Addison - Wesley Educational Publishers, 2003.

（一）上合组织作为国际议程设置渠道和平台的理论分析

国际组织对于国际政治议程的重要性毋庸置疑。早期的国际议程研究者将国际组织视为设置国际议程的主要场所和平台，认为正是借助这些场所和平台，国际议题的发起者将个体议题上升为国际议题，从而进入国际议程设置的渠道。① 20 世纪 90 年代以来，随着国际关系理论研究的社会学转向，一些国际关系学者越来越关注国际组织在规范塑造与规范传播方面的重要作用，将国际组织视为具有自主性行为的国际关系行为体，并提出国际组织的中立原则、道德取向以及专业知识，使其具有权威，并运用权威来“确定行动和创造现实”②。因此，对于国际议程的设置者来说，一方面，国际组织为议程设置者提供了设置国际议程的场所和平台。在这一场所和平台上，议程设置者和其他行为体通过沟通和协商，甚至是激烈的政治博弈，就利益认知达成一致，建立起议题同盟，从而使个体议题有可能上升为国际议题。另一方面，国际组织本身的权威性，能够为议程设置的最终结果，即政策方案提供合法性支持，从而为政策方案的广泛接受和遵守提供可能。一些自主性强的国际组织，甚至能够独立设置国际议程。

对于上海合作组织来说，《上海合作组织宪章》的相关规定一定程度上限制了上合组织的自主性，其对上合组织国家元首会议、政府首脑（总理）会议、各部门领导人会议以及秘书处的权力和功能的定位，决定了上合组织是成员国通过“协商一致”原则设置本地区国际议程的重要场所和平台。

首先，上合组织明确提出了组织的基本宗旨和任务、合作的基本方向和落实宗旨的机构。《上海合作组织宪章》明确提出了“加强成员国的相互信

---

① Richard W. Mansbach and John A. Vasquez, *In Search of Theory: A New Paradigm for Global Politics*, New York: Columbia University Press, 1981, pp. 3 – 83. Steven G. Livingston, “The Politics of International Agenda – Setting: Reagan and North – South,” *International Studies Quarterly*, Vol. 36, No. 3, 1992, pp. 313 – 329.

② 参见玛莎·芬尼莫尔：“国际组织是国际准则的指导者：联合国教育、科学和文化组织与科学政策”，载［美］莉萨·马丁、贝思·西蒙斯编，黄仁伟、蔡鹏鸿等译：《国际制度》，上海人民出版社 2006 年版，第 65—89 页。［美］迈克尔·巴尼特，玛莎·费丽莫著、薄燕译：《为世界定规则：全球政治中的国际组织》，上海人民出版社 2009 年版。

任和睦邻友好”“发展多领域合作……”“共同打击一切形式的恐怖主义、分裂主义和极端主义，打击非法贩卖毒品、武器和其他跨国犯罪活动，以及非法移民”“鼓励开展……共同感兴趣领域的有效区域合作”等十项基本宗旨和任务，并提出了上合组织框架内合作的基本方向，包括地区安全、打击“三股势力”、打击非法贩卖毒品、武器和其他跨国犯罪活动，以及非法移民：裁军和军控、区域经济合作、贸易和投资便利化、能源、交通、司法合作、科技、教育、卫生、文化、体育及旅游等领域的合作。① 并成立了国家元首理事会、政府首脑（总理）理事会、外交部长会议、各部门领导人会议、国家协调员理事会、地区反恐怖机构以及秘书处等机构。《上海合作组织宪章》不仅明确提出了成员国合作的领域和议题，而且建立了合作的机构。这表明，上合组织是地区国际议程设置的重要场所和平台。

其次，上合组织对组织国际人格、组织机构的功能定位和决议程序和决议执行的相关规定提升了上合组织议程设置的权威性，并决定了上合组织议程设置的渠道和平台。《上海合作组织宪章》明确提出，上合组织是国际法主体，享有国际人格。在各成员国境内，拥有为实现其宗旨和任务所必需的法律行为能力。《宪章》还对上合组织框架内机构的权力和功能进行了明确规定，其中，国家元首会议（即国家元首理事会）是上合组织的最高机构。“该会议确定本组织活动的有限领域和基本方向，决定其内部结构和运作、与其他国家及国际组织相互协作的原则问题，同时研究最迫切的国际问题”。政府首脑（总理）会议（即政府首脑（总理）理事会）“研究并决定组织框架内发展各具体领域，特别是经济领域相互协作的主要问题”。各部门领导人会议则“研究本组织框架内发展相关领域相互协作的具体问题”。秘书处作为常设行政机构，承担“组织框架内开展活动的组织技术保障工作，并为组织年度预算方案提出建议”。② 上合组织各机构的决议是以不举行投票的协商方式通过，即遵循“协商一致”的原则，决议由成员国根据本国法律程序执行。

《宪章》的相关规定表明，上合组织设置国际议程的主要机构是国家元首理事会、政府首脑（总理）理事会和各部门领导人会议。其中，上合组织

---

① 《上海合作组织宪章》，“全国人民代表大会常务委员会公报”，2002 年第 5 期。

② 《上海合作组织宪章》关于各机构的相关规定，“全国人民代表大会常务委员会公报”，2002 年第 5 期。

国家元首理事会作为组织的最高机构，是上合组织设置国际议程的最权威平台。并且，由于上合组织具有国际法主体地位，各机构的决议程序遵循“协商一致”的原则。因此，上合组织成员国通过各机构进行的国际议程设置最终以集体性的上合组织国际议程的形式表现出来。从而体现出上合组织议程设置的权威性和自主性。

（二）上合组织国际议程设置的过程分析

结合相关理论的研究成果，本文将议程设置效果评价体系纳入国际议程的设置过程，认为完整的国际议程设置周期包括问题过程、政治过程、政策过程和评价过程。在不同的过程中，议程设置者的行为重点不尽相同：在议程设置的问题过程中，议程设置者主要是通过自身的利益认知对议题进行界定，并通过利益动员的方式寻求建立议题联盟。在议程设置的政治过程中，仍然存在议题联盟的分化组合的可能，议程设置者精心选择议程设置的渠道和平台。在议程设置的政策过程中，不同议程设置者围绕政策备选方案进行沟通和博弈，并最终出台解决问题的政策方案，甚至形成新的制度，以实现问题的治理。在议程设置的评价过程中，成员国及国际社会会根据方案的执行情况，对该方案及包含其中的国际规范有一个价值评价，好的方案和规范会被国际社会行为体接受，国际规范内化为国内规范。如果方案和规范不被接受，则进入新的国际议程设置周期。在不同的问题阶段，议程设置者的行为重点不同。

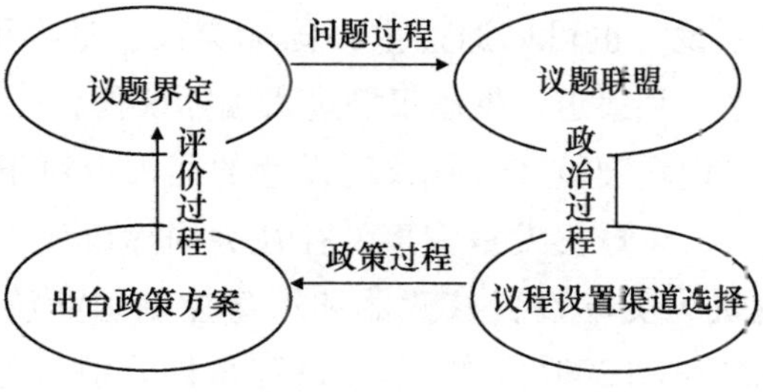

图9—1　国际议程设置的过程与周期模型

1. 议题界定

国际议程设置的根本目标是议程设置者通过设置国际议程，将与自身利益密切相关的个体议题上升为国际（全球）议题，最终实现议题的去安全化。因此，在进行议题界定时，存在个体层面的利益认知和群体层面的利益认知。就个体层面而言，议程设置者不仅要考虑到议题的重要性与紧迫性，而且对该议题与自身的利益关系要有明确认知，并推动与自身有重大利害关系的议题优先进入议程。这就需要议程设置者对自身利益有明确的认知。就群体层面来说，议程设置者与群体之间既有利益认知相一致的问题领域，也有利益认知相冲突的问题领域。同一问题因不同的利益认知不仅影响议题界定，而且会对议程设置者进行利益动员，及建立议题联盟产生制约，直接影响议程设置的结果。

2. 建立议题联盟

在国际社会中，议程设置者数量众多，利益偏好差异悬殊，加之国际议程设置有限的“承载能力”，决定了国际议程设置是一个偏好汇集和利益博弈的过程。因此，议程设置者必须具有强大的利益动员能力，能够建立起广泛的议题同盟，最终成功设置国际议程。利益动员与建立议题联盟的关键在于寻找个体利益与群体利益的重合点，协调个体利益与整体利益，从而成功设置国际议程。

3. 选择议程设置渠道

对于国家行为体来说，是否拥有国际议程的“进入渠道”是权力的重要体现。实力强大的国家能够凭借其权力直接设置国际议程，其议程设置的渠道可以是双边的谈判、对话和协商机制，也可以是利用国际会议、论坛和国际组织等多边机制。对于实力弱小的中小国家和非国家行为体来说，国际组织等多边机制是其设置或者参与设置国际议程的重要平台和渠道。对于自主性较强的国际组织来说，也可以通过主办国际会议、举办国际论坛等方式，建立新的议程设置平台和渠道，推动议题进入国际议程。

此外，选择议程设置契机和寻找议程设置的切入点对于议程设置者来说非常重要。一般而言，全球突发重大事件往往为国际议程设置提供契机。如1962年古巴导弹危机为美苏设置核武器和军备控制国际议程提供了重要契机；1973年的石油危机和2001年的“9·11”事件分别为美国设置能源安全国际议程和“反恐”国际议程提供了重要契机；2008年金融危机为二十国集团设置全球经济金融治理议程提供了重要契机。

4. 出台政策方案

能否出台为国际社会所接受的政策方案，建构起解决问题的国际规范，是国际议程设置成功与否的重要标志。在国际议程设置的政策过程中，议程设置者必须进行广泛的利益动员，争取尽可能多的支持者，游说立场摇摆者，与反对者进行谈判、妥协，最终出台政策方案，使议程中的问题得以解决，这也决定了国际议程设置将是一个重复并且长期的过程。

由于议程设置效果评价过程的缺失，传统的议程设置理论往往认为议程设置是单一线性发展过程而非多维多向的周期性发展过程。也就是说，传统的议程设置理论将出台政策方案作为议程设置的终点，议程设置过程并不包括政策的价值评价。然而，国际社会中存在的大量反例事实说明对于政策方案的利弊认知往往是一个议题被反复设置为国际议程的前提。

从实用主义的角度出发，政策方案的有效性是判断国际议程是否成功设置的关键，即政策方案在多大程度上能够解决议题背后所反映的问题。好的政策方案能够解决问题，并使议题在议程中的显著性降低乃至消失。反之，则会导致议程设置者反复设置该议题的国际议程，并出台新的政策方案取代原有的政策方案。从国际规范的角度看，成功的议程设置会推动议题的制度化并生成国际规范，新的国际规范多大程度上为成员国所接受并内化为国内规范，这是判断国际议程是否成功设置的规范标准。

基于上述理论分析，本文提出了上合组织公共卫生安全合作国际议程设置的理论分析框架，并用以对上合组织公共卫生安全国际议程设置的实践进行分析。在该理论分析框架下，本文关注的重点问题是：上合组织成员国如何界定公共卫生议题并进行利益动员以建立议题联盟？上合组织成员国设置公共卫生合作国际议程设置的过程及行为特点是什么？如何评价上合组织公共卫生合作议程设置的效果及上合组织公共卫生安全合作的前景？

二、上合组织公共卫生合作国际议程设置的问题过程

2001 年 1 月，上海合作组织成立，成员国为上合组织设立了为期 3 年的初创阶段（2001—2004 年）。在上合组织的初创阶段，组织的主要任务是建章立制。3 年间，上合组织成员国签署了《上海合作组织宪章》《关于地区反恐怖机构的协定》《上海合作组织成员国元首宣言》等重要文件，成立了上合组织秘书处和地区反恐怖机构两个常设机构，为上合组织的机制化和法律化建设奠定了基础。从国际议程设置的视角看，这一时期，上合组织的国际议程设置尚处于利益认知和议题界定的阶段，以打击恐怖主义、分裂主义和

极端主义“三股势力”为主要内容的安全议题成为上合组织的核心议题。区域经济合作是上合组织关注的另一核心议题。2003年9月25日，上合组织第六次政府首脑（总理）理事会签署了《上合组织成员国多边经贸合作纲要》，提出了上合组织区域经济合作的“三步走”战略，规定了上合组织区域经济合作的目标、重点领域和实施机制。2004年以后，上合组织进入全面发展时期，上合组织成员国在卫生、科技、文化、旅游、教育及环保领域密切合作，推动了上合组织人文合作的深化。2007年上海合作组织成员国政府首脑（总理）理事会签署《上合组织成员国政府间文化合作协定》，人文合作成为与地区安全、区域经济合作一起，成为上合组织发展的三大议题。

（一）上合组织公共卫生合作议题显著性的提高

虽然《上海合作组织宪章》明确提出要“扩大在科技、教育、卫生、文化、体育及旅游领域的相互协作”，但上合组织对公共卫生合作议题的关注始于2004年。这一时期，上合组织公共卫生合作议题显著性的提高主要包括以下两个原因：

一是突发重大国际公共卫生事件凸显了上合组织进行公共卫生合作的重要性与紧迫性。2002年11月，中国广东暴发了重症急性呼吸综合征（SARS），并扩散至东南亚地区乃至全球，直至2003年中期疫情才被消灭，SARS成为进入21世纪以来的一起重大的全球公共卫生安全事件。2005年，修订后的“国际卫生条例”出台了“国际关注的紧急公共卫生事件”（PHEIC）机制。此后，世界卫生组织宣布了六起“国际关注的紧急公共卫生事件”，即2009年H1N1甲型流感、2014年脊髓灰质炎疫情、2014年西非埃博拉病毒疫情、2015年寨卡病毒疫情、2019年刚果（金）埃博拉病毒疫情和2020年新型冠状病毒肺炎（COVID－19）疫情。突发重大的国际公共卫生事件使国际社会认识到，公共卫生安全问题已经超过国界的限制，成为需要国际社会进行合作加以解决的跨国性问题。对于上合组织成员国来说，突发重大国际公共卫生事件是一个重大威胁，但上合组织地区并没有一个专门性的公共卫生组织来协调各方立场，推动地区的公共卫生合作。在此情况下，上合组织公共卫生安全议题的显著性开始提高。

二是上合组织机构对公共卫生问题的关注进一步提高了上合组织公共卫生合作议题的显著性。2004年9月23日，上合组织政府首脑（总理）理事会第三次会议（比什凯克）发表的《联合公报》强调要加强包括卫生在内的合作。① 这是上合组织相关文件中首次提出开展卫生合作。2006 年 6 月 15 日，上海合作组织国家元首理事会上海峰会发布的《上海合作组织五周年宣言》提出“本组织将尽己所能，积极参与防治传染病的国际行动，为环境保护和合理利用自然资源作出贡献”。② 9 月 16 日，上合组织成员国总理政府首脑（总理）理事会第五次会议（杜尚别）发表的《联合公报》指出“六国总理认为，应尽快在本组织框架内开展卫生合作，并授权本组织秘书处会同国家协调员理事会研究成立专家工作组的问题。”③ 2007 年 11 月 3 日，上合组织成员国政府首脑（总理）理事会第六次会议联合公报表示“总理们对启动卫生合作表示欢迎，责成本组织秘书处会同各方专家制订本组织成员国卫生部门合作计划，确定该领域优先合作方向”。④ 这一时期，上合组织的公共卫生合作处于起步阶段。从国际议程设置的过程看，上合组织公共卫生合作尚处于议题界定和利益认知的阶段，即议程设置的问题过程阶段。在这一阶段，上合组织成员国认识到公共卫生合作对于成员国的人文交流和组织发展具有重要意义，强调在上合组织框架内开展公共卫生合作的急迫性。但公共卫生合作议题并非上合组织元首理事会和政府首脑（总理）理事会的核心议题，也未建立新的公共卫生合作议程设置渠道和平台，没有出台相应的政策方案。

（二）上合组织公共卫生合作议程的设置者和渠道选择

1. 上合组织公共卫生合作议程的设置者

从《上海合作组织宪章》的相关规定来看，上合组织的自主性较弱，作为上合组织常设行政机构，上合组织秘书处的功能定位是“承担本组织框架内开展活动的组织技术保障工作，并为组织年度预算方案提出建议”。因此，

---

① “上合组织成员国政府首脑（总理）理事会联合公报”，上合组织秘书处：http：//chn. sectsco. org/ documents/。

② “上海合作组织五周年宣言”，上合组织秘书处：http：//chn. sectsco. org/documents/。

③ “上海合作组织成员国总理会议签署联合公报（全文）”，上合组织秘书处：http：//chn. sectsco. org/ documents/。

④ “上合组织成员国政府首脑（总理）理事会会议联合公报”，上合组织秘书处：http：//chn. sectsco. org/ documents/。

上合组织秘书处并不承担组织议程设置者的角色，上合组织的议程设置权主要由成员国所掌握，并且由于上合组织各机构遵循“协商一致”的原则，上合组织的议程设置体现出上合组织成员国一致的利益认知。

在实践中，国家元首理事会作为上合组织的最高机构，每年举行一次国家元首理事会峰会，峰会的主办国在上合组织议程设置中扮演了重要角色。如前所述，国际议程设置是一种“稀缺资源”，什么议题能够进入国际议程，什么议题不被纳入国际议程？这一过程中存在激烈的议题竞争。作为会议的主办国，能够通过“主场外交”的方式将自己关注的议题列为会议的优先议题，从而设置该议题的国际议程。另一方面，由于上合组织各机构决议遵循“协商一致”的原则，对于上合组织国家元首理事会峰会的主办国来说，如何使其他成员国接受峰会主办国所设置的国际议程，这就需要主办国与其他成员国进行沟通、解释和说服。

上合组织在机构设置中为成员国之间的沟通与交流提供了便利的渠道。首先是国家协调员会议，作为组织日常活动的协调和管理机构，国家协调员会议为国家元首理事会、政府首脑（总理）理事会和外交部长会议进行必要准备。国家元首理事会的主办国的国家协调员担任协调员理事会的主席，通过每年至少举行三次国家协调员理事会会议，上合组织成员国就该年度的国家元首理事会、政府首脑（总理）理事会的议程设置进行充分的协商和沟通。其次是上合组织外交部长会议，同样由国家元首理事会的主办国外交部长担任会议主席，就筹备国家元首理事会和其他国际问题进行磋商。除了上述两个正式的渠道之外，峰会主办国还可以通过非正式的双边与多边会谈，就国家元首理事会和政府首脑（总理）理事会的议程设置做进一步的沟通和游说工作。通过会议主办国的沟通、解释和说服，主办方设置的国际议程最终被其他成员国接受，并通过在峰会召开前对外公开发布的方式，使议题成功进入国际议程。

上合组织决议“协商一致”的原则和轮流主办国家元首理事会的安排不仅有利于建立解决问题的“议题联盟”，而且有助于国际议程的持续接力设置。这表明，上合组织的议程设置者并非某一成员国，所有成员国都是上合组织国际议程的设置者，这种集体接力设置国际议程的方式对于提高上合组织的有效性发挥了重要作用。

2. 上合组织公共卫生合作议程的设置渠道

根据《上海合作组织宪章》的规定，上合组织议程设置的主要渠道和平台是国家元首理事会和政府首脑（总理）理事会，其中，国家元首理事会作为上合组织的最高权力机构，是上合组织议程设置的核心渠道和平台，能够“研究最迫切的国际问题”。政府首脑（总理）理事会则是设置与经济相关议程的重要渠道和平台。虽然上合组织也赋予各部门领导人会议“研究本组织框架内发展相关领域相互协作的具体问题”的权力，但由于上合组织在成立后的初创阶段，主要议题集中于安全和经济领域，并没有建立公共卫生部门的领导人会议机制。因此，在2008年之前，上合组织公共卫生合作议程的主要设置渠道是国家元首理事会和政府首脑（总理）理事会。因此，在上合组织公共卫生合作议程设置的初始阶段，上合组织国家元首会议、政府首脑（总理）会议在组织的公共卫生国际议程设置的过程中发挥了核心和主导作用。在会议举行期间，会议主办国将公共卫生议题设置为国际议程，并经上合组织成员国的元首与政府首脑们讨论和协商，通过发表公报或声明的方式，阐明上合组织成员国加强公共卫生合作的重要性，并为上合组织出台公共卫生议题的政策方案指明发展方向。

然而，由于缺乏公共卫生合作的部门领导人会议及其他相关执行机构，国家元首理事会和政府首脑（总理）理事会关于公共卫生合作的相关决议往往难以转化为具体的行动方案，这在一定程度上限制了上合组织公共卫生合作的效率。为解决这一问题，2007年11月，上合组织成员国政府首脑总理理事会第六次会议明确提出，“责成组织秘书处会同各方专家制订本组织成员国卫生部门合作计划，确定该领域优先合作方向”。2008—2010年是上合组织公共卫生合作机构快速发展的时期，2008年6月，上海合作组织成员国首次卫生部门高官会，讨论了建立卫生合作机制、成立卫生合作专家工作组、确定优先合作领域等问题。同年11月，上合组织在莫斯科召开了首次成员国卫生防疫部门领导人会议，专门讨论防治传染病问题。2010年11月，上合组织举办了首届成员国卫生部长会议，会议通过了《上合组织成员国卫生专家工作组工作条例》，批准了《上合组织成员国卫生领域重点合作计划》。

至此，上合组织公共卫生合作机制建设已经成熟。从国际议程设置的角度看，上合组织既有处于顶层设计层面的国家元首理事会和政府首脑（总理）理事会，又有卫生部长会议、卫生防疫部门领导人会议和卫生部门高官会等公共卫生合作的专门机构，它们共同构成了上合组织公共卫生合作议程设置的渠道和平台，为上合组织成员国之间的公共卫生合作奠定了坚实的制度基础。

三、上合组织公共卫生合作议程设置的政治与政策过程

按照时间的先后顺序，可以将上合组织公共卫生合作的议程设置分为以下阶段：2004—2008 年，是上合组织公共卫生合作议程设置的初始阶段，这一阶段的主要特点是公共卫生合作议题的显著性不断提高。2008—2010 年，是上合组织公共卫生合作议程设置的发展阶段，这一阶段的主要特点是上合组织成员国公共卫生合作机制的形成与完善。2011—2020 年，是上合组织公共卫生合作议程设置的成熟阶段，这一阶段的主要特点是上合组织公共卫生合作的政策方案出台和执行。

2004—2008 年，上合组织公共卫生合作议程设置的初始阶段。这一阶段，上合组织成员国以国家元首理事会和政府首脑（总理）理事会为渠道和平台，设置公共卫生合作的国际议程，并通过发表声明或公报的方式表达了对公共卫生合作议题的关注，极大提高了公共卫生合作议题的显著性。但由于缺少公共卫生合作的执行机构，这一阶段上合组织的公共卫生合作议程设置仅限于言语行为，并未转化为具体的公共卫生合作行动。

表 9—1　2004—2008 年上合组织公共卫生合作议程设置

时间	议程设置的平台	公共卫生合作议程的相关表述
2004. 9. 23	上合组织成员国政府首脑（总理）理事会第三次会议（比什凯克）	加强组织文化、教育、卫生和体育合作，以进一步巩固各成员国人民的友谊
2006. 6. 15	上合组织成员国元首理事会（上海）	组织将尽己所能，积极参与防治传染病的国际行动
2006. 9. 16	上合组织成员国总理政府首脑理事会第五次会议（杜尚别）	应尽快在组织框架内开展卫生合作，并授权本组织秘书处会同国家协调员理事会研究成立专家工作组的问题
2007. 11. 3	上合组织成员国总理政府首脑理事会第六次会议	责成组织秘书处会同各方专家制订本组织成员国卫生部门合作计划，确定该领域优先合作方向

2008—2010 年，上合组织公共卫生合作议程设置的发展阶段。2008 年 6 月，根据上合组织成员国政府首脑（总理）理事会会议精神，上合组织北京秘书处召开了首次成员国卫生部门高官会，上合组织成员国卫生部门代表就成立卫生合作专家工作组、确定 2008—2010 年间卫生合作的优先方向达成一致，上合组织公共卫生合作进入快速发展的阶段。上合组织公共卫生安全合作得到了元首理事会的支持，2008 年 8 月，上海合作组织成员国元首理事会会议发表《联合公报》，上合组织的元首们指出，“在本组织框架内开展卫生合作，包括防治传染病，对促进本地区国家经济可持续发展和提高人民福祉至关重要”。①

这一时期，上合组织公共卫生合作进展明显加快：一是上合组织成员国卫生合作机制开始形成。2008 年 11 月，首次上合组织成员国卫生防疫部门领导人会议，专门讨论防治传染病问题。2009 年 4 月，第二次成员国卫生部门高官会召开，为召开上合组织卫生部门会议和出台卫生合作计划进行准备。二是对公共卫生合作内容的界定。2009 年 10 月 14 日，上合组织成员国政府首脑（总理）理事会（北京）第八次会议通过了《上合组织地区防治传染病联合声明》，为上合组织公共卫生合作的领域、重点和具体合作方式作出明确规定，根据规定，上合组织框架内公共卫生合作将以开展艾滋病、疟疾、流感等传染病防治、紧急医疗救助为主要内容。2010 年 11 月，上合组织举办了首届成员国卫生部长会议，会议通过了《上合组织成员国卫生专家工作组工作条例》，批准了《上合组织成员国卫生领域重点合作计划》。

2011—2020 年，是上合组织公共卫生合作议程设置的成熟阶段。2011 年 6 月，上合组织成员国第十一次峰会（阿斯塔纳）签署《上海合作组织成员国政府间卫生合作协定》，上合组织公共卫生合作机制形成，卫生合作成为上合组织框架内的重要议题。此后，上合组织的公共卫生合作机制进一步完善。2013 年，上合组织成员国卫生防疫部门领导人第三次会议通过了《上合组织成员国传染病疫情通报方案》。2014 年，上合组织成员国卫生防疫部门领导人第四次会议通过了《关于加强上海合作组织成员国应对传染病扩散的挑战与威胁能力的建议》。这两份文件为上合组织成员国开展传染病联防联控发挥了重要的指导作用。2014 年 12 月，上合组织成员国政府首脑（总

---

① “上海合作组织成员国元首理事会会议联合公报”，上合组织秘书处：http://chn.sectsco.org/documents/。

理）理事会第十三次会议发表的《联合公报》提出“传染病严重威胁人类健康与发展，上合组织成员国加强防控合作十分重要”。上合组织成员国需要“巩固卫生监控领域合作”。①

2015 年 7 月，上合组织第二届成员国卫生部长会议召开。从议题的界定看，上合组织第二届成员国卫生部长会议讨论的范围更为广泛，不仅涉及此前讨论的传染病防治和紧急医疗救助的问题，还就医药卫生体制改革、基本药物、打击医药产品造假行为等议题进行了讨论。上海合作组织公共卫生合作的议题范围得到拓展。

2015 年 7 月 10 日，上合组织成员国元首理事会乌法峰会批准《上合组织至 2025 年发展战略》，该战略明确提出了上合组织发展的四大议题，即政治协作、安全合作、经贸合作和文化人文合作。公共卫生合作与科技、环保、教育等属于人文合作议题。战略提出上合组织框架内公共卫生合作的内容，“包括在传染病防治、流行病监测、营造预防慢性非传染性疾病的良好环境以及妇幼保健等方面开展合作。成员国将在医药制品药物制剂、医疗产品的安全性和有效性方面进行协作。成员国专家学者将就医学技术研发、成果转移以及先进临床医疗经验进行交流”。②

此后，上合组织历次元首理事会、成员国政府首脑（总理）理事会以及卫生防疫部门领导人会议对上合组织框架内的公共卫生合作做出安排。2018 年 6 月，上海合作组织国家元首理事会青岛峰会在上合组织公共卫生合作的发展历程中具有重要意义，在青岛峰会期间，上合组织成员国元首发表《关于在上海合作组织地区共同应对流行病威胁的声明》，声明强调，上合组织成员国元首确认“在上海合作组织地区 存在爆发包括流行性感冒、鼠疫、重症急性呼吸道综合征（SARS）、出血热 、霍乱及其他严重传染性疾病的可能性”③，为应对威胁，声明提出了“进一步完善各项多边合作机制、建立可靠信息的交流机制、提升各国及时防治流行病突发情况的潜力、开展联合科学

---

① “上海合作组织成员国政府首脑第十三次会议联合公报”，上合组织秘书处：http：//chn. sectsco. org/ documents/。

② “上合组织至 2025 年前发展战略”，上合组织秘书处：http：//chn. sectsco. org/documents/。

③ “上海合作组织成员国元首关于在上海合作组织地区共同应对流行病威胁的声明”，上合组织秘书处：http：//chn. sectsco. org/documents/。

研究”[1] 等措施。

2019 年 6 月，上合组织国家元首理事会比什凯克峰会期间，公共卫生议题再次成为元首们关注的重要议题，上合组织成员国元首强调将继续在诸如应对传染性和非传染性疾病传播、应对卫生紧急情况、交换医务人员、远程医疗以及促进上合组织各国医疗机构之间合作等领域的能力建设方面继续开展联合工作。[2] 同年 11 月举行的上合组织成员国政府首脑（总理）理事会，强调进一步加大在确保人民卫生防疫繁荣、生物安全、打击假药流通、抗菌素耐药性、预防和控制传染病和非传染病、公共卫生和发展医疗旅游业等方面的工作力度。[3] 从国家元首理事会和政府首脑（总理）理事会关于公共卫生合作的相关规定分析，上合组织成员国公共卫生合作议题呈现出具体化的特征。

新冠肺炎疫情暴发后，上合组织公共卫生合作议题的重要性进一步凸显。2020 年 5 月，上海合作组织成员国元首理事会发表《关于共同应对新冠肺炎疫情的声明》，声明对上合组织参与全球卫生治理的原则和公共卫生领域合作的具体措施进行了明确规定。其中，上合组织参与全球卫生治理的理念和原则主要包括两个方面：一是发挥联合国系统核心作用，采取坚决、协同和包容的行动，共同抗击疫情。二是国际社会合力巩固世界卫生体系，特别是提升世界卫生组织作为联合国专门机构的潜力。在具体措施方面，上合组织成员国统筹和协调应对卫生防疫领域突发情况的措施，加强在药物、疫苗、检测试剂等方面开展科技合作，并出台了《上合组织成员国应对地区流行病威胁联合行动综合计划》[4]。2020 年 7 月 24 日，上合组织成员国第三次卫生部长会议举行，会议通过《上合组织成员国应对新冠病毒肺炎传播的有效措施综述》，在《综述》中，上合组织成员国就本国采取的应对措施进行了总结和说明，加强了成员国对彼此应对新冠肺炎疫情的政策和措施的了解，为

---

① “上海合作组织成员国元首关于在上海合作组织地区共同应对流行病威胁的声明”，上合组织秘书处：http：//chn. sectsco. org/documents/。

② “上海合作组织成员国元首理事会会议新闻公报”，http：//chn. sectsco. org/news/20190614/550937. html。

③ “上海合作组织成员国政府首脑（总理）理事会第十八次会议联合公报”，上合组织秘书处：http：//chn. sectsco. org/documents/。

④ “上海合作组织成员国元首理事会关于共同应对新冠肺炎疫情的声明”，上合组织秘书处：http：//chn. sectsco. org/documents/。

开展联防联控、携手应对挑战奠定了基础。

四、上合组织公共卫生安全议程设置的效果评析

进入21世纪以来，全球公共卫生问题凸显，从2002年爆发重症急性呼吸综合征（SARS）以来，全球范围内又相继发生六起“国际关注的紧急公共卫生事件”，不仅对整个国际社会的卫生健康造成严重威胁，而且对全球经济和人员交流造成重大影响，全球公共卫生安全治理面临严峻的挑战。在此背景下，公共安全卫生议题在国际政治中的显著性日益提高，并引发了整个国际社会的关注和讨论。

上合组织地区公共卫生安全治理是全球公共卫生安全治理的重要组成部分。对于上合组织成员国来说，除了面临全球性的公共卫生安全事件的威胁之外，上合组织成员国也面临其他传染病的威胁，据统计，在世界卫生组织报告的23种疾病中，中亚地区报告发病的就有16种，其中发病严重的传染病有结核病、利什曼原虫病、百日咳、艾滋病以及流行性腮腺炎，中亚地区在过去10年中是世界上艾滋病增长最快的地区之一。① 在俄罗斯，肝炎、麻疹、艾滋病、肺结核等传染病对公共卫生产生严重威胁。因此，加强信息沟通、强化传染病的联防联控，加强技术交流合作成为上合组织地区公共卫生安全治理的重要内容。

然而，上合组织地区并不存在专门性的地区公共卫生安全治理机制，这在一定程度上使地区公共卫生安全合作陷入停滞。随着地区公共卫生安全合作的重要性和急迫性的增加，上海合作组织开始设置公共卫生安全合作的议程，推动政策方案和行动计划的出台，为上合组织地区公共卫生合作注入了动力。

（一）上合组织公共卫生安全合作是全球卫生治理的重要组成部分

上合组织公共卫生安全合作是全球卫生治理的重要内容。目前，全球卫

---

① Sverlana Ancker, Bernd Rechel,” Policy Responses to HIV/AIDS in Central Asia”, Global Public Health, Vol. 10, No. 7, 2015, pp817 - 833. 转引自：邱增辉 蒋祎：《全球卫生治理视域下中亚国家的健康状况及与中国的合作》，《俄罗斯东欧中亚研究》2020年第4期，第85页。

生治理形成了以世界卫生组织为核心的治理体系，但以世界卫生组织为核心的治理体系难以深入地区层面，实现上合组织地区公共卫生安全问题的有效治理。在此情况下，上合组织公共卫生安全合作能够成为世界卫生治理体系的重要补充。上合组织多次在声明中强调应当发挥联合国系统的核心作用，强调国际社会合理巩固世界卫生体系，尤其是发挥世界卫生组织在卫生治理中的核心作用。上合组织制定的相关措施也是以推动《国际卫生条例》实施为核心，加强卫生防疫领域的应对，在药物、疫苗、检测试剂等方面开展科技合作。

新冠肺炎疫情发生后，中国与其他上合组织领导人多次表示应加强国际抗疫合作，共同维护全球公共卫生安全，发挥世界卫生组织等国际机构的重要作用。在应对新冠肺炎病毒传播的过程中，上合组织成员国支持世界卫生组织发挥作用，反对将疫情政治化、病毒标签化。中国同其他上合组织成员国加快建立重大流行性疾病信息通报机制、积极开展疫苗研发、生产和采购合作以及合力开展传统医药合作是国际社会应对新冠肺炎疫情的重要组成部分。

（二）提高了公共卫生安全议题在上合组织发展中的显著性和重要性

上合组织是在“上海五国”机制的基础上发展而来的。长期以来，上合组织的核心议题是地区安全、经贸合作、文化与人文交流，即上合组织发展的“三大议题”。虽然在《上合组织宪章》中就提出了要扩大成员国在卫生领域的合作。但在上合组织的初创阶段，上合组织框架内的卫生合作并没有开展实质性的活动，而是与科技、教育、文化、体育、旅游等一并列入人文交流的议题。这一时期，公共卫生安全在上合组织的发展过程中重要性尚未得到彰显。

2002 年底到 2003 年，重症急性呼吸综合征（SARS）在中国暴发，并在全球范围扩散，公共卫生安全成为世界关注的焦点问题。虽然上合组织由于自身功能定位并未给予 SARS 特别关注，但是显然意识到防治传染病、加强卫生领域合作对于上合组织地区公共卫生安全的重要性。2004 年举行的上合组织成员国政府首脑（总理）理事会和 2006 年上合组织成员国元首理事会发表联合声明，关注成员国之间的卫生合作，积极参与防治传染病的国际行动。2006 年和 2007 年的上和组织政府首脑（总理）理事会提出要加强在上合组织框架内开展卫生合作的机制化建设，要求成立专家工作组，制订成员国卫生部门合作计划，并确定该领域的优先合作方向。

上合组织国家元首理事会和政府首脑（总理）理事会对公共卫生安全议题的关注，毫无疑问极大提高了公共卫生安全议题在上合组织中的显著性和重要性。为上合组织卫生治理和公共卫生安全的机制化建设奠定了基础。

（三）推动上合组织公共卫生安全的制度化建设

进入21世纪以来，包括上合组织成员国在内的国际社会面临各种传染病的威胁。在全球层面上，流感、甲型流感（H1N1）、SARS、禽流感、疟疾、霍乱、寨卡病毒、登革热、埃博拉病毒、新冠肺炎病毒对全人类健康产生了重大威胁。在地区层面，上合组织成员国也面临鼠疫、出血热等传染性疾病的威胁。为应对传染性疾病的威胁，2009年，上合组织政府首脑（总理）理事会发表《上海合作组织地区防治传染病联合声明》；2018年，上合组织元首理事会发表《关于在上海合作组织地区共同应对流行病威胁的声明》；2020年，上合组织元首理事会再次发表《关于共同应对新冠肺炎疫情的声明》。通过发表声明，上合组织将公共卫生安全的核心问题明确界定为防控传染性流行病，并为此出台具体措施加以应对，明确界定了上合组织公共卫生合作的重点方向。

2008年，以上合组织成员国首次卫生部门高官会召开为标志，上合组织公共卫生合作进入机制化建设阶段。2008年11月，上合组织成员国首次卫生防疫部门领导人会议召开。2010年，上合组织首届成员国卫生部长会议举行。目前，上合组织公共卫生安全的合作机制已经形成顶层设计层面的元首理事会和政府首脑（总理）理事会，执行层面的成员国卫生部长会议、成员国卫生防疫部门领导人会议、卫生部门高官会和卫生专家工作组等机制。截至目前，上合组织已经举行了三届卫生部长会议、六次成员国卫生防疫部门领导人会议，签署了《上海合作组织成员国政府间卫生合作协定》《上合组织成员国卫生领域重点合作计划》《上合组织成员国传染病疫情通报方案》《关于加强上海合作组织成员国应对传染病扩散的挑战与威胁能力的建议》《上合组织成员国应对新冠病毒肺炎传播的有效措施综述》等文件，有力地推动了上合组织公共卫生安全的制度化建设。

（四）有力促进了成员国公共卫生安全合作的实践

随着上合组织公共卫生安全议程的发展，上合组织成员国也展开了丰富的公共卫生安全实践活动。上合组织公共卫生安全合作形式多样，内容丰富。中国与其他上合组织成员国举办了医药卫生合作的国际论坛和专业研讨会、建立上合组织医院合作联盟、举办各类人才培训等。如2015年6月，“中亚人畜共患病防治论坛”和“中亚中西医康复论坛”在乌鲁木齐开幕，论坛包括多个分论坛，国内外专家通过论坛进行学术研讨和交流。2017年，“上合丝路协同创新国际论坛”在哈萨克斯坦阿斯塔纳举行，卫生议题成为论坛的核心议题，与会专家就疾病防治、健康护理和医疗合作展开了深入交流。2018年5月18日，上合组织医院合作联盟在北京成立，对于提高上合组织区域卫生治理水平，提升各相关国家人民医疗卫生服务水平发挥重要作用。上合组织成员国的公共卫生安全合作主要内容涵盖传染病防治、流行病监测、妇幼保健、经验交流、传统医药合作、跨境远程医疗、灾害医学防治等方面。

新冠肺炎疫情暴发后，中国先后向上合组织成员国提供人道主义援助物资，包括核酸检测试剂盒、红外体温计，以及防护用品等。并向这些国家派出医疗专家团队，与上合组织成员国的医疗机构和专家医生开展经验分享和交流，介绍中国抗疫经验。此外，中国政府向上合组织成员国多批次提供医疗物资援助，包括医用外科口罩、防护服、呼吸机和预防药物等，并启动跨国远程医疗会诊系统，开展远程医疗会诊。

将本文的议程设置理论分析框架应用于上合组织公共卫生合作议程设置，不难发现，在20年的发展历程中，上合组织公共卫生合作虽然取得了重大成就，但也面临不少的问题和挑战，主要包括公共卫生威胁趋向多样化、成员国“搭便车”现象、成员国遵约开展集体行动具有局限性、卫生治理机制僵化和机构不健全、全球层面的公共卫生治理相对滞后等诸多挑战。①

① 李雪威、王璐：《上合组织参与全球卫生治理：优势、挑战及路径选择》，《国际问题研究》2020年第6期，第23—37页。

（一）上合组织公共卫生合作的领域和范围亟需扩大

上合组织公共卫生安全合作议题的显著性需要进一步提高。通过对上合组织官方文件的分析不难发现，上合组织将公共卫生合作与科技、教育、文化、体育、旅游等领域的合作一起界定为文化人文交流议题，把应对与防治传染病流行病的威胁作为公共卫生合作的主要目标，上合组织公共卫生合作的主要方向和合作计划也是以传染病防治、紧急医疗救援、药品及医疗设备质量管理、卫生信息化等为重点。然而，近几年突发的重大公共卫生事件的影响力和破坏力已超过了传统的卫生领域，对经济社会发展、人员交流乃至地区安全产生了严重的影响。因此，上合组织需要从非传统安全治理的高度来加强公共卫生合作。对于上合组织成员国来说，由于上合组织地区缺乏专门性的地区卫生治理机制，因此，上合组织在推动公共卫生合作、实现地区卫生治理等方面所扮演的角色日益重要。近年来，上合组织成员国日益认识到完善卫生基础设施体系，提高应对自然灾害及人为事故的能力的重要性，并多次提出应借助双边和多边平台相互协作，与主要国际组织密切合作，开展公共卫生合作外交。为此，上合组织需要进一步关注公共卫生合作与非传统安全治理、地区安全和区域经济合作的联动效应，进一步提高上合组织公共卫生安全合作议题的显著性，扩大上合组织公共卫生合作的领域和范围，巩固上合组织在地区卫生治理中的核心地位。

（二）上合组织能力建设需要加强

上合组织国家元首理事会和政府首脑（总理）理事会在公共卫生合作中的顶层设计能力和上合组织卫生部长会议、卫生防疫部门领导人会议以及卫生部门高官会等机构的执行能力需要进一步提高。上合组织国家元首理事会和政府首脑（总理）理事会是上合组织成员国公共卫生合作议程设置的主要渠道和平台，在推动上合组织公共卫生合作方面发挥了核心领导作用。在“协商一致”的决议原则和轮流主办峰会的安排下，应当充分发挥峰会轮值主办国、上任主办国和下任主办国“三驾马车”在公共卫生合作议程设置中的作用，建立上合组织公共卫生合作的任务执行和效果反馈制度，进一步提高国家元首理事会和政府首脑（总理）理事会的顶层设计能力。在公共卫生合作的执行层面，应切实发挥现有的上合组织卫生部长会议、卫生防疫部门领导人会议以及卫生部门高官会等机构的综合协调作用，提高上合组织公共卫生合作的工作效率。目前，上海合作组织卫生部长会议每五年举行一次，频率远低于每年举行一次的上合组织经贸部长会议、文化部长会议等其他部门领导人会议。此外，上合组织卫生防疫部门领导人会议不定期举行，迄今为止共召开了 6 次会议。这表明，上合组织公共卫生合作的执行机构主要作用是以应对危机为主，而不是以常态化的卫生治理为目标。这在一定程度上限制了相关机构在公共卫生合作方面的执行能力。

（三）政策方案的有效性亟待加强

上合组织成员国亟需推动公共卫生合作的国内立法工作，促进上合组织公共卫生合作规范的内化。从议程设置的效果来看，政策方案的有效性是判断一项国际议程设置成功与否的重要标准。作为上合组织公共卫生合作的政策方案，《上合组织成员国卫生领域重点合作计划》（2010 年）、《上合组织成员国政府间卫生合作协定》（2011 年）、《上合组织成员国传染病疫情通报方案》（2013 年）等文件对于推动上合组织公共卫生合作的制度化建设发挥了重要作用。从上合组织公共卫生合作的现状看，上合组织公共卫生合作议程设置的重点应是进一步提高政策方案的有效性，推动上合组织成员国就加强公共卫生合作加快国内立法，促进上合组织公共卫生合作规范的内化。

（四）上合组织公共卫生外交需要加强

共同构建上合组织卫生健康共同体。一方面，开展上合组织成员国的公共卫生合作，加强成员国之间的公共卫生外交。在上合组织卫生合作的实践中，上合组织成员国在组织框架内开展了传染病联防联控机制合作，建立了跨境传染病疫情通报制度和卫生应急处置协调机制。新冠肺炎疫情暴发后，疫情通报制度和应急处置协调机制在中国与上合组织成员国抗击疫情合作中发挥了重要作用。中国与上合组织成员国的医疗卫生人员的经验交流对于提升上合组织成员国在疫情防控、疑似病例发现、病患隔离和救治等方面的能力有极大帮助。后疫情时代，上合组织成员国之间在加强医疗卫生体制和医疗基础设施等“硬件”建设，以及在医疗卫生科技合作、医疗设备、器械和药品研发、疫苗研发与供应、传统医药合作与实验室建设等方面进一步加强合作。另一方面，上合组织高度重视同其他国家和国际组织在公共卫生领域的交流，上合组织国家元首会议、政府首脑（总理）会议在声明中强调要推进《国际卫生条例》的实施，重视与国际卫生组织的关系，强调国际卫生组织在全球卫生治理中的核心作用。总之，通过设置公共卫生合作国际议程，加强上合组织成员国的公共卫生合作与外交，为推动上海合作组织卫生健康共同体建设奠定了坚实的基础。

五、结论

上合组织公共卫生安全合作是地区卫生安全治理的重要内容。国际社会频发的重大国际卫生事件和上合组织成员国对公共卫生合作的关注提高了公共卫生安全合作议题在上合组织议程设置中的显著性。2004 年以来，在上合组织国家元首会议、政府首脑（总理）会议的平台上，公共卫生合作议题多次被设置为国际议程，推动了上合组织成员国之间的公共卫生合作，为实现上合组织地区卫生安全治理起到了重要的推动作用。

上合组织成员国公共卫生安全合作经历了初始阶段、发展阶段和成熟阶段，不同阶段的上合组织公共卫生合作议程设置的特点不尽相同。在公共卫生合作的初始阶段，上合组织成员国利用国家元首理事会、政府首脑（总理）理事会的渠道和平台，通过发表声明和公报的形式，强调了公共卫生合作的重要性。但由于缺乏相应的执行机构，这一阶段上合组织公共卫生安全议程设置仅为言语行为，并未转化为公共卫生合作的政策方案和具体行动。2008 年，以上合组织举行首次成员国卫生部门高官会为标志，上合组织公共卫生合作议程设置进入发展阶段，这一阶段，上合组织公共卫生合作在机构设置和出台政策方案方面取得了重要进展，确定了公共卫生合作的领域和重点，显著提高了上合组织公共卫生合作的有效性。2011 年，以《上海合作组织成员国政府间卫生合作协定》签订为标志，上合组织公共卫生合作议程设置进入制度化建设的新阶段，也标志着上合组织公共卫生合作的成熟。

上合组织公共卫生合作议程设置提高了公共卫生合作议题的显著性和重要性，推动了上合组织公共卫生安全合作的制度化建设，有力地促进了上合组织成员国之间的公共卫生合作，是全球卫生治理的重要组成部分。新冠肺炎疫情暴发后，上合组织公共卫生安全合作面临新的问题和挑战，为应对这些问题和挑战，上合组织的公共卫生合作议程设置需要在扩大公共卫生合作的领域和范围、提升相关机构的顶层设计能力和执行能力，促进上合组织公共卫生合作规范的内化、加强公共卫生外交等方面进一步加强合作，推动构建上合组织卫生健康命运共同体。

第三部分

区域合作 20 年

报告十

二十年来上海合作组织的反恐合作：以地区反恐怖机构为中心的考察*

曾向红　罗　金**

【内容提要】上海合作组织地区反恐怖机构是上海合作组织专门从事地区反恐怖任务和促进成员国安全合作的常设机构。对该机构进行研究，能够进一步完善上海合作组织的内部建设，并实现打击“恐怖主义、分裂主义和极端主义”、促进成员国安全合作、维护地区安全与稳定的长远目标。本文采用文本分析的方法，分析了地区反恐怖机构20年来在应对安全形势变化的反恐行动中的阶段性特征、主要内容、存在问题、改进建议等。本文发现，上合组织框架下地区安全形势经历了三个阶段的变化，地区反恐怖机构的反恐进程也划分为三个阶段，反恐进程与地区形势变化阶段大体趋势趋近吻合，而地区反恐怖机构的机制建设则构成了反恐行动的主要内容，并在安全合作领域成效明显。但也存在机构实力与组织投入不足、安全合作难以深入、法律文本较为宽泛、成员国之间存在矛盾与纷争、地区性国际组织及机构的竞争等问题。未来地区反恐怖机构要实现长远发展，需要加强组织投入，完善机制建设，弘扬“上海精神”，深化安全合作，协调内部矛盾，扩展反恐合作与交流。

【关键词】上海合作组织；地区反恐怖机构；安全形势；反恐合作

* 本文系国家社科基金一般项目“‘颜色革命’的发生、扩散与应对研究”（项目编号：19BGJ051）的阶段性成果，并得到兰州大学中央高校基本科研业务费（项目编号：2019jbkyjd005、2020jbkyjc001、2020jbkyjd003）的资助。

** 曾向红，兰州大学中亚研究所、兰州大学政治与国际关系学院教授；罗金，兰州大学政治与国际关系学院研究生。

2020年11月10日，中国国家主席习近平出席了上海合作组织（Shanghai Cooperation Organization，SCO，以下简称“上合组织”）成员国元首理事会第二十次会议并发表重要讲话，会议通过了《上海合作组织成员国元首理事会莫斯科宣言》。宣言在安全合作方面强调，上合组织地区反恐怖机构在本地区打击恐怖主义、分裂主义和极端主义方面发挥着特殊作用，欢迎地区反恐怖机构与联合国相关机构签署谅解备忘录，共同应对国际安全挑战和威胁。① 上合组织成立20年以来，始终保持稳定的发展势头，成功探索出一条新型区域组织的合作与发展道路。特别是在安全合作方面，上合组织可谓树立了欧亚区域安全合作的新典范。而地区反恐怖机构（Regional Anti - Terrorism Structure，RATS）作为上合组织的常设机构，一直在上合组织安全合作中扮演着重要角色。新型冠状肺炎（COVID—19）疫情的暴发，对世界秩序造成巨大冲击，国际组织在后疫情时代也将面临严峻的挑战。如何巩固地区反恐怖机构在上合组织中的支点地位，使其在上合组织安全合作进程中持续发挥作用，具有重要的现实意义。今年正值上合组织成立20周年，因而对上合组织整体安全合作状况和地区反恐怖机构在地区安全合作中所扮演的角色进行梳理显得尤为必要。基于此，本文将首先对上合组织20年来成员国域内安全形势，特别是非传统安全形势进行回顾，从而把握上合组织整体安全状况的发展态势。其次对上合组织反恐进程及反恐合作内容进行分析，明晰地区反恐机构在上合组织安全合作中所发挥的作用。随后，在对地区反恐怖机构既有成果进行评估的基础上，简要分析其合作进程中存在的问题。最后，针对地区反恐怖机构发展过程中存在的问题提出对策建议，以期能够为完善地区反恐怖机构的反恐合作、促进上合组织发展做出贡献。

一、上合组织二十年来域内安全形势

2001年上合组织成立后，便将安全合作重点调整为非传统安全领域，并着力于打击“恐怖主义、分裂主义和极端主义”（即三股势力）、跨国犯

① “上海合作组织成员国元首理事会莫斯科宣言”，新华网，2020年11月11日，www.xinhuanet.com/2020-11/11/c_1126723429.htm。

罪、非法贩毒等活动以及加强国际信息安全等方面。[①] 然而，受到上合组织成员国经济与社会发展差异较大、宗教信仰复杂等因素的影响，该地区在发展过程中一直面临严重的安全威胁，但在上合组织地区反恐怖机构的协调之下，成员国开展了密切而有效的反恐合作，使得上合组织域内安全形势总体保持在可控的范围之内。

在分析上合组织域内安全形势之前，需要说明两点：一是地区安全形势包括很多方面，如成员国之间的矛盾纠纷，域外大国对成员国安全形势的影响以及非传统安全领域的状况等。受制于篇幅限制，本文主要讨论与主题密切相关的非传统安全领域的情况，特别是“三股势力”、毒品和跨国犯罪等方面的问题。二是虽然阿富汗当前仍是上合组织的观察员国，但由于阿富汗的恐怖主义、毒品走私问题已经严重影响到中亚、中国等周边国家的地区安全，因而本文对安全形势的讨论也将阿富汗纳入其中。在上合组织所涵盖的地区范围之内，恐怖主义的威胁尤为严重，并对该地区的安全形势产生了深远影响。因而，本文选取英国经济与和平研究所（Institute for Economics & Peace）发布的“全球恐怖主义指数”（GTI：Global Terrorism Index）[②] 这一指标，以两年为一时间间隔，对上合组织成员国20年来的安全形势进行整理和分析。至少有三点发现：其一，阿富汗、巴基斯坦和印度是恐怖主义指数平均值排名前三位的国家，并且这三个国家的恐怖主义指数平均值都维持在“8”左右的水平，这表明这三个国家内部恐怖势力较为猖獗，面临的恐怖主义威胁较为严峻。而印度和巴基斯坦作为新加入的成员国，无疑对上合组织的地区安全合作带来了更多的挑战和考验。其二，2005年乌兹别克斯坦和俄罗斯，2009年的印度和中国，2011年的俄罗斯、哈萨克斯坦和塔吉克斯坦，2015年的中国、塔吉克斯坦和吉尔吉斯斯坦都出现了一次小的峰值或拐点，这表明在这些时间节点上，恐怖主义势力的起伏。其三，从以上9个国家恐怖指数变化的趋势中可以发现，在2015年之前，虽然部分国家恐怖指数发展趋势有缓慢下降的趋势，但总的来看，还处于一个平稳上升的态势。而从

① Rashid Alimov, “The Role of the Shanghai Cooperation Organization in Counteracting Threats to Peace and Security”, https://www.un.org/en/chronicle/article/role-shanghai-cooperation-organization-counteracting-threats-peace-and-security.

② 全球恐怖主义指数是一个由四个指标组成的综合衡量指标，包括事故、死亡、受伤和财产损失。指标的范围是0—10，指数越高则表示形势越严峻，因而可大致代表该国当年国内的恐怖主义形势。

2015年开始，大多数国家的恐怖指数呈现快速下降趋势，并且出现较大降幅，这表明该地区的反恐形势和安全态势呈现出较为积极的变化。

表10—1　上合组织成员国20年来“全球恐怖指数”

国家/年份	2002	2003	2005	2007	2009	2011	2013	2015	2017	2019
阿富汗	5.54	5.82	6.61	7.66	8.02	8.17	8.91	9.40	9.39	9.59
巴基斯坦	6.02	5.98	6.38	7.70	8.29	8.50	8.89	8.59	8.18	7.54
印度	7.34	7.31	7.16	7.51	7.77	7.65	7.49	7.45	7.57	7.35
中国	3.10	2.57	1.71	0.30	5.59	4.69	4.96	6.09	5.11	3.59
俄罗斯	6.83	6.88	6.86	5.92	6.13	6.63	6.44	5.41	5.23	4.54
哈萨克斯坦	0.38	0.19	0.01	0.00	0.66	2.63	2.24	0.93	2.23	0.90
塔吉克斯坦	2.73	2.01	0.73	0.83	0.18	1.87	1.87	3.08	2.23	4.18
乌兹别克斯坦	2.09	1.43	3.34	2.03	1.87	0.55	0.13	0.15	0.04	0.01
吉尔吉斯斯坦	1.81	1.14	1.23	0.89	0.19	0.38	0.10	1.58	1.72	0.95

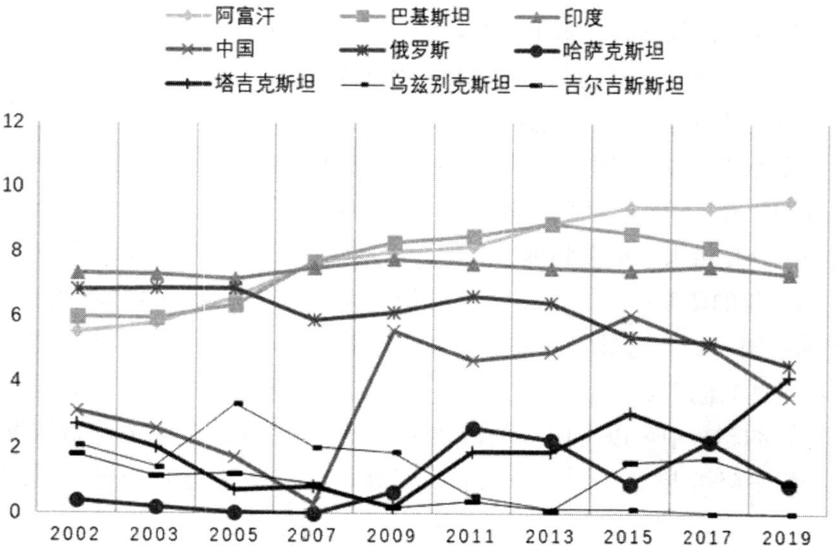

图10—1　上合组织成员国20年来“全球恐怖指数”统计图

资料来源：本文依据网站公布的“全球恐怖主义指数”进行了整理和分析，具体数据参见：https：//www.visionofhumanity.org/maps/global－terrorism－index/#/。

为验证上述分析结论的可靠性，本文选取2001—2020年这一时间段，对这一时间段内上合组织成员国遭受的恐怖袭击事件进行统计，并主要列举了对成员国而言影响重大或伤亡巨大的恐怖或极端主义袭击，如表10—2所示。可见，2004、2005、2009等年份发生恐怖袭击案件较多，包括2004年俄罗斯劫持人质事件、2005年乌兹别克斯坦的安集延事件、2009年中国新疆“7·5”事件。从2010年开始至2015年，重大恐怖袭击事件的数量总体也保持较高的水平。而从2015年开始，各成员国遭受恐怖袭击的数量和因恐怖袭击带来的人员伤亡数量都呈现明显下降的趋势。这进一步印证了上文分析结论，也为上合组织成员国20年来域内安全形势的分析提供了科学依据。

表10—2　上海合作组织成员国20年来遭遇的重大恐怖或极端主义袭击

时间	遭受袭击国家	恐怖袭击事件
2001年4月、7月、9月	塔吉克斯坦	内务部第一副部长、政府高级外交事务顾问、文化部长被刺杀
2002年6月	吉尔吉斯斯坦	中国驻吉尔吉斯斯坦大使馆工作人员被杀
2002年10月	俄罗斯	40多名蒙面武装歹徒闯入位于莫斯科东南部的轴承厂文化宫，劫持了近700人
2004年2月	俄罗斯	莫斯科一列地铁在运行中发生爆炸，造成近50人死亡，130多人受伤
2004年3月	乌兹别克斯坦	塔什干及周边地区遭遇一系列自杀式爆炸袭击，共造成40多人伤亡
2004年5月	哈萨克斯坦	阿拉木图遭遇炸弹袭击
2004年6月	俄罗斯	武装分子向印古什共和国纳兹兰等多个城镇的司法机关发动袭击，造成约90人死亡
2004年9月	俄罗斯	车臣武装分子在别斯兰中学劫持上千名师生与警察对峙3天，制造了俄历史上最严重的恐怖事件，共330人死亡，其中186人是儿童
2005年5月	乌兹别克斯坦	极端主义势力在安集延挑起骚乱，共造成169人死亡

续表

时间	遭受袭击国家	恐怖袭击事件
2008年8月	中国	新疆喀什发生汽车爆炸袭击，共造成16人死亡，16人受伤
2009年7月	中国	新疆乌鲁木齐市发生打砸抢烧严重暴力犯罪事件，造成197人死亡，1700人受伤
2010年3月	俄罗斯	位于莫斯科市中心的卢比扬卡地铁站和文化公园地铁站接连发生自杀式炸弹袭击事件，造成40人死亡，168人受伤
2010年9月	塔吉克斯坦	军方车队19日在该国东部地区遭到一伙武装分子的袭击，造成至少23人死亡
2011年1月	俄罗斯	莫斯科多莫杰多沃机场大厅发生爆炸，造成37人死亡，120人受伤
2013年4—10月	中国	新疆喀什地区先后发生武装暴徒袭击警察和当地群众的暴力恐怖案件，造成数十人死亡。同年10月，恐怖分子驾车冲击北京长安街金水桥，造成2人死亡，40多人受伤
2014年3月	中国	昆明火车站发生暴力恐怖袭击事件，致29人遇难130余人受伤
2014年4月	印度	印度纳萨尔派反政府武装在印度中部袭击选举工作人员和安全部队人员，造成至少15人死亡、数人受伤
2014年6月	巴基斯坦	卡拉奇机场发生武装袭击，死亡人数升至38人
2014年7月	阿富汗	帕克提卡省一集市15日发生自杀式汽车炸弹爆炸，造成至少30人死亡
2015年9月	塔吉克斯坦	一伙武装人员袭击了瓦赫达特市的内务部办公室、首都杜尚别的一个警察局和杜尚别机场，导致8名警员丧生
2016年3月	阿富汗	旁遮普省首府拉合尔的自杀式炸弹袭击造成至少63人死亡、306人受伤
2016年8月	吉尔吉斯斯坦	中国驻吉大使馆遭遇自杀式袭击

续表

时间	遭受袭击国家	恐怖袭击事件
2016 年 10 月	阿富汗	阿富汗北部巴尔赫省巴尔赫区今日发生自杀式恐怖分子实施的爆炸，共造成 14 人死亡，另有 28 人受伤
2019 年 7 月	阿富汗	阿富汗首都喀布尔发生强烈爆炸，至少有 65 人在袭击事件中受伤
2020 年 1 月	巴基斯坦	俾路支省首府奎达的一座清真寺遭遇“伊斯兰国”自杀式炸弹袭击，爆炸造成至少 15 人死亡、20 人受伤

依据上述简要分析可以发现，上合组织域内安全形势总体上经历了三个阶段。第一个阶段是 20 世纪 90 年代至 2009 年。苏联解体后，中亚等国家相继开始了民族国家建设进程，许多伊斯兰团体借机扩大了在中亚地区的影响力。中亚各国独立后面临严峻的转型压力，国内政权开始出现动荡，塔吉克斯坦甚至发生了内战。在这种背景下，许多伊斯兰极端主义组织，如“乌兹别克斯坦伊斯兰运动”（Islamic Movement of Uzbekistan）和“伊斯兰解放党”（Hizbut – Tahrir）开始向中亚地区渗透，试图挑战中亚国家的世俗统治。① 不仅如此，塔利班统治下的阿富汗也成为中亚伊斯兰极端主义的重要基地，一些伊斯兰极端分子和恐怖分子还在巴基斯坦建立了分支机构。② 截至 21 世纪的头十年，以中亚伊斯兰极端势力为代表的恐怖势力十分猖獗，如 2005 年乌兹别克斯坦和 2009 年中国新疆的骚乱和暴动都是重要例证。上合组织域内的反恐形势复杂而严峻。但需要注意的是，这一阶段的恐怖活动呈现“内生性”特征，极端组织大多来自上合组织成员国本土境内，或者说受外部势力影响较小，受到成员国内部民族、宗教、领土争端等影响较大。

① Wang Jin and Kong Dehang, “Counter – Terrorism Cooperation Between China and Central Asian States in the Shanghai Cooperation Organization,” *China Quarterly of International Strategic Studies*, 2019, Vol. 5, No. 1, pp. 65 – 79.

② David Witter, “Uzbek Militancy in Pakistan's Tribal Region,” *Institute for the Study of War*, January 27, 2011, http: //www. understandingwar. org/sites/default/files/Backgrounder-IMU_28Jan. pdf; Caleb Weiss, “Uzbek Groups part of New Offensive in southern Aleppo,” *Long War Journal*, June 7, 2016, http: //www. derechos. org/peace/syria/doc/syr7050. html.

第二个阶段是2010—2015年。这一阶段恐怖活动又呈现出了显著增加的趋势，主要受两个因素的影响。其一，参与“伊斯兰国”活动的恐怖分子的回流。2011年美国撤军伊拉克，“伊斯兰国”随之发展壮大；2011年叙利亚内战爆发，该组织又趁机进入叙伊边界发展，并于2013年建立“伊拉克和大叙利亚伊斯兰国”（Islamic State of Iraq and al Shams，ISIS），中亚伊斯兰极端分子在“伊斯兰国”的“迁徙圣战”的蛊惑下，参加极端组织“伊斯兰国”的热情空前高涨。而当极端组织“伊斯兰国”遭到西方国家沉重打击后，这些经受过战争训练的武装分子则溃逃回本国，对当地造成严重安全威胁。① 其二，阿富汗问题的影响。2011年7月美国宣布从阿富汗撤军，阿富汗逐渐出现了“安全真空”。同时，阿富汗塔利班武装中有不少来自中亚国家的极端分子，塔利班势力也因此扩张至阿富汗北部边境地区，从而对周边国家的边境安全带来压力，而阿富汗也继续构成“三股势力”向中亚蔓延的策源地。② 更严峻的问题在于，阿富汗的毒品走私带来了巨大的安全威胁。据统计，俄罗斯大约90%的海洛因由贩毒集团从阿富汗经塔吉克斯坦和乌兹别克斯坦运入，而欧洲国家的毒品则由毒贩从阿富汗经俄罗斯运送。这一完整的毒品链不仅成为恐怖分子的重要资金来源，还使得上合组织成员国民众成为毒品走私的受害者。③ 以上两方面因素都表明，这一时期的恐怖活动主要受外部因素或周边地区安全形势的影响较大。

第三个阶段是2015年至今，这一阶段恐怖活动的数量明显减少。上合组织域内安全形势呈现出积极向好的发展态势，但需要注意的是，这一时期上合组织仍然面临严峻的安全威胁，只是这一威胁越来越依赖互联网等新兴技术，并逐步向网络恐怖主义趋势发展。随着互联网的普及，越来越多的恐怖分子利用互联网技术招募青年、扩展资金来源、宣传恐怖活动、进行心理震

---

① 孙壮志：《中亚安全形势及上合组织的重要作用》，《俄罗斯学刊》2018年第2期，第45—57页。

② 王海运：《中亚地区安全形势及强化上合组织维稳合作的思考》，《俄罗斯中亚东欧研究》2011年第1期，第14—16页；罗英杰：《中亚安全形势的变化及其影响》，《国际安全研究》2016年第2期，第103—111页。

③ 吴恩远主编：《上海合作组织发展报告（2011）》，社会科学文献出版社2011年版，第11—18页。

慑及实施犯罪行为。[①] 如中亚国家的极端势力常常使用油管、照片墙、脸书、推特等社交平台散发极端思想，并组织和指挥暴恐活动等。这成为当前恐怖主义犯罪的新趋势，也是恐怖主义活动进入隐匿化发展的新特征，而恐怖组织向网络化、碎片化方向发展的态势则更加明显。[②] 因而在这一时期，虽然恐怖活动的数量有所减少，但网络反恐的压力仍然艰巨，需要加强成员国在网络信息安全方面的合作。

二、上合组织反恐合作的进程与主要内容

从上合组织所面临的安全威胁来看，其域内安全形势总体来说不容乐观，但却能保持在一定的可控范围之内，原因在于，上合组织成员国密切而有效的反恐合作为其提供了保障。依托上合组织地区反恐怖机构的协调和运转，上合组织的反恐进程稳步推进，同时还形成一套运行平稳的安全合作机制，保障了上合组织整体的安全与稳定。

（一）上合组织的反恐进程

上合组织开展反恐合作主要依托地区反恐怖机构展开，因而这一常设机构不仅成为连接各国反恐合作的纽带，还成为上合组织开展反恐合作的专门性核心机构。依据地区安全形势的变化，地区反恐怖机构开展了具有针对性的反恐合作。上合组织历年各类型会议所签署的宣言、公约、声明和协议等，不仅为上合组织成员国之间开展反恐合作指明了方向，也在一定程度上反映了上合组织反恐合作的侧重点。因而，本文主要选取上合组织 20 年来签署的有关安全合作的文件，对此进行统计分析，可大致观察出上合组织整体反恐合作的趋势。

2001—2009 年期间，上合组织处于初创阶段，各类型合作体系都在初步探索和尝试之中。从内容来看，上合组织签署了《打击恐怖主义、分裂主义和极端主义上海公约》《上海合作组织反恐怖主义公约》等一系列基础性条

---

① CCDCOE "Shanghai Cooperation Organisation", https://ccdcoe.org/organisations/sco/.

② 张宁：《当前中亚反极端形势》，《北方论丛》2020 年第 2 期，第 14—21 页。

约法律法规，为反恐合作搭建了初步的框架；签署《上海合作组织成员国关于地区反恐怖机构的协定》，勾勒出地区反恐怖机构的雏形；签署《上海合作组织成员国关于合作打击非法贩运麻醉药品、精神药物及其前体的协议》，将合作内容扩展至联合反恐行动、反恐演习、打击非法贩运武器、毒品等诸多领域。从数量来看，这一时期上合组织签署的有关安全合作的文件呈井喷式发展的态势，平均每年签署2－3个文件，仅2006年就签署了4个文件。2010—2017年，上合组织成员国签署的文件更多强调地区的安全与稳定问题，而且愈加注重与国际组织的合作以及联合打击国际恐怖主义等。这一时期文件签署的数量有所下降但趋向稳定，平均每年签署1—2个文件。2018年至今，上合组织开始更多凸显情报合作、互联网安全以及国际信息安全的重要性，2018、2020年都签署了相关文件。同时，针对阿富汗问题，上合组织也规划了具体的行动路线图和调解方案。因而，依据上合组织安全合作历程的回顾，可以将上合组织的反恐进程大致划分为三个阶段，分别是初创期、完善期和发展期。其中在初创期，上合组织的反恐行动主要为了应对第一阶段"本土化"恐怖势力的威胁；在完善期，上合组织与国际社会的合作则是为了应对域外恐怖分子的回流所带来的威胁；在发展期，上合组织将合作重点调整至信息安全领域，是为了应对第三阶段安全形势的新变化所做出的调整。可以看出，反恐进程的三个阶段与地区安全形势变化的三个阶段大致吻合，虽然具体时间线并未完全重合，但大体趋势趋近，这也从侧面反映出上合组织开展安全合作的有效性。然而，这种合作也存在一定的滞后性，如第二阶段阿富汗问题就已凸显，而上合组织至发展期才签署了具体的行动方案。下文将具体对这三个阶段进行阐述。

初创期是指2001—2009年这一时期。由于上合组织大多成员国经历了民主化转型的巨大震荡，各类本土化恐怖势力、激进势力席卷而来，对上合组织内部的安全稳定造成极大威胁。上合组织成立后，便迅速签署了《上海合作组织成立宣言》《打击恐怖主义、分裂主义和极端主义上海公约》等，为反恐合作奠定了初步的基础。2002年6月，上合组织成员国签署了《上海合作组织成员国关于地区反恐怖机构的协定》，对地区反恐怖机构的机构设置、任务职能、人员经费等都做了明确的规定。2003年10月，地区反恐怖机构理事便投入工作，积极筹备和制定具体的工作计划和法律文件。2004年6月，地区反恐怖机构执行委员会按时启动。至此，地区反恐怖机构准备工作全部就绪，正式开始运行。① 同时，上合组织还将安全合作扩展至非传统安全领域，并逐步向精细化、全面化发展，从而有力应对上合组织成员国内安全威胁。

完善期则是指从2010年至2017年期间，这一阶段上合组织域内安全形势又发生了新的变化。受到“伊斯兰国”恐怖分子回流以及美国从阿富汗撤军等因素的影响，域外恐怖势力逐步在中亚、阿富汗等地区渗透，该地区恐怖活动又重新活跃了起来。上合组织在积极维护内部安全与稳定的同时，也在加强与联合国毒品和犯罪问题办公室等国际组织的合作，坚决打击可能滋生的任何恐怖势力，而地区反恐怖机构也通过了《上海合作组织成员国主管机关协调合作打击上合组织成员国境内可能新生恐怖主义、分裂主义和极端主义活动》的决议，以及《上合组织成员国维护地区安全和应对部分国际安全援助部队2014年从阿富汗撤军后威胁的联合措施》，以期更好地应对新的恐怖威胁。

发展期则是指2018年之后，这一时期虽然上述恐怖主义威胁尚未消除，但由于互联网的广泛应用，以及5G技术在世界范围内的兴起，利用信息技术、大众通信和其他现代技术手段发动恐怖主义的方式成为恐怖分子发动恐怖袭击的重要方式，这也是当前反恐行动不得不面临的新挑战。恐怖分子利用各类新兴网站传播恐怖思想、招募恐怖分子、策划恐怖行动、“奴役”人们思想，从而给欧亚地区安全带来新的威胁。面对新时期安全形势的变化，地区反恐怖机构的建设偏重于人群聚集地反恐安全，监控恐怖主义、分裂主义和极端主义信息空间，进行网络反恐安保，努力利用大数据和信息情报共享等手段应对新时期恐怖主义的威胁。② 同时，由于阿富汗毒品问题严重影响上合组织反恐效力，阿富汗和平进程成为周边国家的重要关切，于是上合组织也投入力量积极对阿富汗问题进行调解，保障上合组织域内总体的和平与稳定。

---

① 上海合作组织官网，http：//chn. sectsco. org/documents/；Henry Plater - Zyberk and Andrew Monaghan，Strategic Implications of The Evolving Shanghai Cooperation Organization，Strategic Studies Institute and U. S. Army War College Press，2014，p. 20，https：//www. jstor. org/stable/pdf/resrep11392. pdf？refreqid = excelsior%3A175fbbe0feacbe5e60fd5306f7c096b6.

② 肖斌：《上海合作组织》，社会科学文献出版社2019年版，第145—147页；“Interview：SCO sets example in fighting terror，says expert”，Xinhua，November 6，2010，http：//www. xinhuanet. com/english/2020 - 11/06/c_139496421. htm.

表10—3　上海合作组织签署的有关安全合作的相关文件

签署时间	签署文件
2001年6月15日	《上海合作组织成立宣言》
2001年6月15日	《打击恐怖主义、分裂主义和极端主义上海公约》
2002年6月7日	《上海合作组织宪章》
2002年6月7日	《上海合作组织成员国关于地区反恐怖机构的协定》
2003年5月29日	《上海合作组织地区反恐怖机构执行委员会细则》
2004年6月17日	《上海合作组织成员国关于合作打击非法贩运麻醉药品、精神药物及其前体的协议》
2005年7月5日	《上海合作组织成员国合作打击恐怖主义、分裂主义和极端主义构想》
2005年7月5日	《上海合作组织成员国常驻上海合作组织地区反恐怖机构代表条例》
2006年6月15日	《上海合作组织成员国元首关于国际信息安全的声明》
2006年6月15日	《上海合作组织成员国打击恐怖主义、分裂主义和极端主义2007年至2009年合作纲要》
2006年6月15日	《关于在上海合作组织成员国境内组织和举行联合反恐行动的程序协定》
2006年6月15日	《关于查明和切断在上海合作组织成员国境内参与恐怖主义、分裂主义和极端主义活动人员渗透渠道的协定》
2008年8月28日	《上海合作组织成员国政府间合作打击非法贩运武器、弹药和爆炸物品的协定》
2008年8月28日	《上海合作组织成员国组织和举行联合反恐演习的程序协定》
2009年6月16日	《上海合作组织反恐怖主义公约》
2009年6月16日	《上海合作组织成员国保障国际信息安全政府间合作协定》
2009年6月16日	《上海合作组织成员国反恐专业人员培训协定》
2010年6月11日	《上海合作组织成员国政府间合作打击犯罪协定》
2011年6月15日	《上海合作组织秘书处与联合国毒品和犯罪问题办公室谅解备忘录》
2012年6月7日	《上海合作组织成员国元首关于构建持久和平、共同繁荣地区的宣言》
2012年6月7日	《上海合作组织关于应对威胁本地区和平、安全与稳定事态的政治外交措施及机制条例》
2012年6月7日	《上海合作组织成员国打击恐怖主义、分裂主义和极端主义2013至2015年合作纲要》
2015年6月4日	《上海合作组织地区安全与稳定问题高级别会议联合声明》
2015年7月10日	《上海合作组织成员国元首关于应对毒品问题的声明》

续表

签署时间	签署文件
2015 年 7 月 10 日	《上海合作组织成员国边防合作协定》
2017 年 6 月 9 日	《上海合作组织反极端主义公约》
2017 年 6 月 9 日	《上海合作组织成员国元首关于共同打击国际恐怖主义的声明》
2018 年 6 月 10 日	《上合组织成员国打击恐怖主义、分裂主义和极端主义 2019 年至 2021 年合作纲要》
2018 年 6 月 10 日	《上海合作组织成员国海关关于利用莫斯科地区情报联络中心案件数据库执法平台渠道全天候联络站开展信息互助的规程》
2019 年 6 月 14 日	《"上合组织——阿富汗"联络组下一步行动路线图》
2019 年 6 月 14 日	《2018－2023 年上合组织成员国禁毒战略》实施行动计划
2020 年 11 月 11 日	《上海合作组织成员国元首理事会关于保障国际信息安全领域合作的声明》
2020 年 11 月 11 日	《上海合作组织成员国元首理事会关于应对毒品威胁的声明》
2020 年 11 月 11 日	《上海合作组织成员国元首理事会关于打击利用互联网等渠道传播恐怖主义分裂主义和极端主义思想的声明》

（二）地区反恐怖机构的机制建设

整体来看，上合组织的反恐合作主要依靠地区反恐怖机构的协调和运行，地区反恐怖机构在上合组织安全合作机制中发挥着中流砥柱的作用，因而上合组织反恐合作的主要内容便是地区反恐怖机构所形成的一套独具特色的安全合作机制，包括地区反恐怖机构理事会和地区反恐怖机构执行委员会定期召开的会议，地区反恐怖机构具体签署的行动计划和工作条例，以及在地区反恐怖机构协调下开展的执法安全合作和防务安全合作。在地区反恐怖机构的努力下，上合组织逐渐朝着深化安全合作的方向不断迈进。

1. 定期会晤稳步召开，各项决议机制逐步健全

地区反恐怖机构主要分为两个机构：地区反恐怖机构理事会（下文简称"理事会"）和地区反恐怖机构执行委员会（下文简称"执委会"）。理事会是地区反恐怖机构的领导机构，主要任务是确定地区反恐怖机构的运行方式及基本目标与职能，并向上合组织元首峰会提交地区反恐怖机构年度报告等；执委会是地区反恐怖机构的执行机构，主要负责协调各个成员国之间的安全

合作和情报交流等。① 地区反恐怖机构理事会定期召开会议，每年召开 2 次，上半年和下半年各召开一次，特殊时期视实际情况可以随时召集会议。2003 年 10 月 31 日，地区反恐怖机构在塔什干召开了第一次理事会会议。2019 年 9 月 12 日，地区反恐怖机构在圣彼得堡举行了第三十五次理事会会议。同时，地区反恐怖机构还会定期召开成员国主管机关边防部门领导人会议。如 2019 年 8 月 21 日，在俄罗斯联邦莫斯科市和哈巴罗夫斯克市举行了上合组织成员国主管机关边防部门和地区反恐怖机构执委会专家部门间会议。此外，还有其他针对特定问题的专门会议等。如 2005 年 12 月，地区反恐怖机构执委会召开了上合组织成员国反洗钱和反恐融资部门代表会议。② 2019 年 12 月 11 日，在乌兹别克斯坦塔什干举行的上合组织成员国主管机关代表打击恐怖主义、分裂主义和极端主义情报交流会议。③

由此可见，地区反恐怖机构定期会晤机制正在逐步完善之中，其中最显著的成果便是一系列决议、行动计划、合作纲要和联合措施等法律文件的签署。例如 2012 年 3 月，地区反恐怖机构通过了《上海合作组织成员国主管机关协调合作打击上合组织成员国境内可能新生恐怖主义、分裂主义和极端主义活动》的决议。2014 年 9 月，批准了《上海合作组织成员国主管机关和地区反恐怖机构执委会预防和阻止利用因特网进行恐怖主义、分裂主义和极端主义活动的联合专家工作组 2015—2016 年行动计划》。2015 年 4 月，通过了《上合组织成员国打击恐怖主义、分裂主义和极端主义 2016—2018 年合作纲要（草案）》。2017 年 3 月，会议批准了《关于上海合作组织成员国主管机关打击恐怖主义、分裂主义和极端主义组织招募成员的联合措施》。④ 地区反恐怖机构框架内相关会议的定期召开，为成员国打击“三股势力”提供了合作和交流的平台，而一系列决议、合作纲要的签署，则将会晤成果以法律文本

---

① “Shanghai Cooperation Organization and Counter - Terrorism Fact Sheet,” June 3, 2011, https://tbinternet.ohchr.org/Treaties/CCPR/Shared%20Documents/KAZ/INT_CCPR_NGO_KAZ_102_9347_E.pdf.

② “关于上海合作组织成员国反洗钱和反恐融资部门代表会议”，上合组织地区反恐怖机构官网，2005 年 12 月 23 日，http://ecrats.org/cn/news/5663。

③ “关于上海合作组织成员国主管机关代表打击恐怖主义、分裂主义和极端主义情报交流会议”，上合组织地区反恐怖机构官网，2019 年 12 月 13 日，http://ecrats.org/cn/news/7502。

④ 肖斌：《上海合作组织》，社会科学文献出版社 2019 年版，第 125—161 页。

形式确定下来，为地区反恐怖机构针对地区安全局势，采取针对性措施提供了具体的指导。除自身的机制建设外，地区反恐机构还与联合国反恐办公室、独联体反恐中心等反恐机构保持密切联系，不断在交流合作中实现打击“三股势力”的目标。

2. 执法安全合作多元化，防务安全合作常态化

执法安全合作主要是指成员国之间开展司法协作、情报交流等领域的合作，这些工作主要由执委会负责组织实施，具体包括：其一，情报合作。依据《2004 年上海合作组织地区反恐怖机构数据库协议》，地区反恐怖机构执行委员会现在已建成并投入运行了地区反恐怖机构资料库，制定并更新了有关恐怖组织团体和个人的黑名单。[①] 2010 年 4 月，据披露，上合组织地区反恐怖机构保留着 42 个组织和 1100 多人的名单。[②] 其二，边防合作。借助地区反恐怖机构情报互通机制所提供的便利信息，成员国边防部门加强了出入境证件的查验工作，不断提高伪假证件的识别率，有效地防止了“三股势力”人员向成员国境内渗透。[③] 此外，地区反恐怖机构还将自己的活动范围延伸至打击非法贩运毒品、精神药物等方面。2008 年至 2010 年期间，中国通过地区反恐怖机构与哈萨克斯坦合作，抓获了 17 名向中国走私毒品的外国嫌疑人。[④] 其三，安保合作。为保证北京奥运会的顺利进行，2007 年上合组织地区反恐怖机构理事会第十次会议通过了《关于上海合作组织成员国 2008 年北京奥林匹克运动会安全保卫共同措施的决议》。由于情报准确，应对有力，北京奥运会期间未发生恐怖袭击。自此之后，这种大型国际活动安保合作机制被确定下来，并为上海世博会、哈萨克斯坦世界大学生运动会和索契

---

① 张洋：《上海合作组织成员国边防部门打击“三股势力”的情报机制建设》，《中国刑警学院学报》2012 年第 4 期，第 12 页。

② “Shanghai Cooperation Organization and Counter - Terrorism Fact Sheet,” June 3, 2011, https://tbinternet.ohchr.org/Treaties/CCPR/Shared%20Documents/KAZ/INT_CCPR_NGO_KAZ_102_9347_E.pdf.

③ 张洋：《上海合作组织成员国边防部门打击“三股势力”的情报机制建设》，《中国刑警学院学报》2012 年第 4 期，第 11—13 页。

④ “SCO Member States to Strengthen Drug Control,” April 3, 2012, http://www.china.org.cn/china/2012-04/03/content_25057468.htm.

冬奥会等众多大型国际活动的安全举办作出了突出贡献。①

防务安全合作主要是指联合反恐演习，联合反恐演习又分为成员国实地反恐军事演习和网络反恐演习两种方式。上合组织地区反恐怖机构组织通过开展成员国联合反恐军事演习，促进成员国之间的军事交流，增进了彼此的军事互信与协同作战能力，有力地震慑了“三股势力”，切实维护了地区稳定与安全。据统计，截至2020年，在上合组织框架内成员国双边或多边联合反恐军事演习已近20次，其中，“和平使命”系列军事演习就多达11次。除此之外，地区反恐怖机构也组织参加其他类型的军事合作，如2004年执委会代表参加了在哈萨克斯坦、吉尔吉斯斯坦境内举行的代号为“边界—2004”的军事演习，2005年执委会代表参加了在吉尔吉斯斯坦举行的首长司令部联合反恐演习。近年来，网络反恐演习也是地区反恐怖机构的热门合作领域，迄今为止已举行过“厦门—2015”、“厦门—2017”和“厦门—2019”三次网络反恐演习。该演习进一步完善了各成员国主管机关在打击网络恐怖主义领域的合作机制，也使得各国的法律机制、操作流程实现进一步融合与对接。此外，针对中亚地区的“三股势力”更加依赖于互联网进行煽动、招募和操控这一特点，地区反恐机构及时采取措施，加强对互联网领域的监控。如2012年制定了《上合组织成员国主管机关预防和阻止利用或威胁利用电脑网络进行恐怖主义、分裂主义和极端主义活动的共同措施》，2013年组建了打击网络恐怖主义联合专家小组。通过联合专家小组这一专门性合作机制，对“三股势力”利用互联网从事暴力恐怖等一系列违法犯罪活动进行针对性线索追踪和预防打击。②

三、地区反恐怖机构安全合作的成效评估

上合组织地区反恐怖机构是上合组织安全合作体系的重要组成部分，自成立以来就一直致力于推动上合组织成员国在打击恐怖主义、分裂主义和极

---

① “上海合作组织成员国将联手反恐有效保障奥运安全”，中国政府网，2008年7月4日，http：//www. gov. cn/jrzg/2008 –07/04/content_1035662. htm；“专访：上合组织地区反恐怖机构将发挥更重要作用”，中国共产党新闻网，2014年9月10日，http：//theory. people. com. cn/n/2014/0910/c40531 –25634583. html。

② “专访：上合组织地区反恐怖机构将发挥更重要作用”，中国共产党新闻网，2014年9月10日，http：//theory. people. com. cn/n/2014/0910/c40531 –25634583. html。

端主义方面的合作。总的来说，地区反恐怖机构在执法安全合作、防务安全合作等诸多领域都取得长足进展，上合组织成员国边防部门之间的反恐合作也得到加强，该机构在打击恐怖主义、极端主义和分裂主义方面的地位也得以巩固。但该机构仍存在组织机构投入不足、安全合作难以深入、法律文本较为宽泛、成员国之间存在矛盾与纷争、地区性国际组织或机构之间存在竞争等不足与挑战。

（一）地区反恐怖机构既有成果评估

地区反恐怖机构在促进成员国推进反恐合作、加强安全机制建设等方面取得了系列成就，这无论是对地区反恐怖机构本身，还是对上合组织成员国以及上合组织都产生了较为深远的影响。就地区反恐怖机构本身而言，通过一系列条约法律的缔结，以及执法、防务安全的合作，该机构在打击"三股势力"、毒品、跨国犯罪方面取得了较好的成绩，有效地遏制了恐怖主义蔓延，维持了地区安全与稳定。① 据统计，2004—2011 年，在地区反恐怖机构的协调下，上合组织成员国成功防止了 500 余起恐怖活动的发生。2013—2017 年，上合组织成员国有关机构共制止 600 多起具有恐怖主义性质的犯罪活动，摧毁 500 多个武装分子培训基地，抓获 2000 多名国际恐怖组织成员，缴获 1000 多件自制爆炸装置、50 多吨爆炸物、1 万多支枪支及 100 多万发子弹。2016—2017 年，成员国共屏蔽 10 万多家网站，这些网站共登载 400 多万条宣扬恐怖主义和极端主义的信息。在地区反恐怖机构的协调下，俄罗斯、哈萨克斯坦、吉尔吉斯斯坦、塔吉克斯坦和乌兹别克斯坦有关部门通过联合行动，共逮捕和遣返 150 名被通缉的犯有恐怖主义罪行的人员。② 此外，地

---

① Pan Guang, "Chapter 4: The SCO's Success in Security Architecture", http://press-files.anu.edu.au/downloads/press/p124751/mobile/ch04.html.

② "上合组织反恐怖卓有成效——访上合组织地区反恐怖机构执委会主任瑟索耶夫"，新华网，2021 年 5 月 9 日，http://www.xinhuanet.com/world/2018-05/09/c_1122806356.htm；"哈萨克斯坦总统撰文谈上合组织成立十周年（全文）"，中国新闻网，2011 年 6 月 8 日，https://www.chinanews.com/gn/2011/06-08/3098153.shtml；Rashid Alimov, "The Role of the Shanghai Cooperation Organization in Counteracting Threats to Peace and Security," United Nations Chronicle, November 16, 2017, https://www.un.org/en/chronicle/article/role-shanghai-cooperation-organization-counteracting-threats-peace-and-security。

区反恐怖机构还对涉嫌从事恐怖主义活动的人员进行追踪，并将其列入“上海合作组织地区反恐怖机构统一跟踪登记册”。① 从这些数据来看，地区反恐怖机构在协调打击恐怖主义方面成效明显，也从侧面证明地区反恐怖机构在机制建设方面取得了初步成功。

对成员国而言，地区反恐怖机构促进了成员国之间的交流与互信。以情报合作为例，地区反恐怖机构建立了地区反恐怖机构资料库，收集关于被认定为对本地区安全构成威胁的行为者的信息和情报，并为各国精确打击恐怖主义提供支撑。其深远意义在于，地区反恐怖机构作为上合组织成员国关于反恐合作的沟通机制，能够促进各国国内安全机构之间的协调，这使得地区反恐怖机构与成员国相关部门都保持联系并在其政策方向上发挥重要的沟通作用。除情报合作之外，地区反恐怖机构还促进了一系列具体的安全合作，包括上文所提到的展开定期会晤与专家会议以评估上合组织目前所面临的挑战，开展联合防恐演习，提高打击恐怖主义的能力以及协调各国有关安全问题的法律等，这一系列举措都在潜移默化中提升了成员国之间的信任程度。也许上合组织地区反恐怖机构所推动的安全合作可能尚未达到真正的一体化水平，但其优势在于它拥有一定的信息优势和专业知识，并能有效促成成员国之间的有效协调与合作，甚至在一定程度上能对成员国管理内部事务产生一定影响力。② 就此意义而言，地区反恐怖机构取得不容否认的成功，不仅保障了成员国之间安全合作的顺利开展，还提升了成员国之间的互信程度以及对上合组织的认同程度。这些进展，均为上合组织在其他领域的合作奠定了必要基础。

对上合组织而言，地区反恐怖机构的反恐合作不仅获得了上合组织成员国和国际社会的认可，还提升了上合组织的声誉和影响力。吉尔吉斯斯坦政治专家谢拉迪尔·巴克蒂古洛夫（Sheradil Baktygulov）强调，上合组织是世界上第一个国际反恐组织，为打击恐怖主义、分裂主义和极端主义“三股势力”奠定了真正的法律和实践基础。巴克蒂古洛夫还强调，在上合组织的积

① “SCO Regional Anti – Terrorist Structure is open for co – operation in order to consolidate international anti – terrorist efforts,” August 6, 2018, http://infoshos.ru/en/?idn=18528.

② Stephen Aris, “The Shanghai Cooperation Organisation: ’Tackling the Three Evils’. A Regional Response to Non – traditional Security Challenges or an Anti – Western Bloc?” *Europe – Asia Studies*, Vol. 61, No. 3, pp. 469 – 470.

极介入之下，成员国联合反恐能力显著增强，境内恐怖主义活动正在逐步减少，其在应对“三股势力”方面的适当措施成为其他国家维护地区和平与稳定的典范。① 而上合组织反恐怖机构作为地区安全体系的有效组成部分，其在反恐合作领域的突出成就成为上合组织得到广泛认可的重要依据。② 此外，近年来上合组织强调以安全驱动为特征的地区合作模式，安全合作的成果还外溢至经济、文化等领域，对其他领域的合作产生助推和拉动作用。③ 在这种安全驱动的地区合作模式中，地区反恐怖机构无疑发挥着重要作用。因而，作为上合组织在安全合作中的核心支柱，地区反恐怖机构通过对成员国安全合作的协调，促进了中亚地区的安全，提升了上合组织在国际安全合作领域的影响力，甚至对国际社会的和平与稳定以及上合组织在世界范围内的发展具有重要的促进作用。④

（二）地区反恐怖机构存在不足评估

虽然地区反恐怖机构在整个上合组织的反恐进程中取得一定成功，但受制于组织本身、成员国矛盾以及域外因素的影响，地区反恐怖机构也存在一些不足，有待今后进一步调整与优化。

1. 组织机构投入有限

评估一个组织或机构实力最有力的标准在于统计该组织预算和人员规模的多少，而地区反恐怖机构在这两个方面与其他同类机构存在明显差距。地区反恐怖机构塔什干总部约有 30 名工作人员，其预算来自于成员国的比例分担。2004 年成立之初时该组织仅有 50 万美元预算，2006 年增长至 125 万美

① “Interview: SCO sets example in fighting terror, says expert”, Xinhua, November 6, 2010, http: //www. xinhuanet. com/english/2020 - 11/06/c_139496421. htm.

② “上合组织反恐怖卓有成效——访上合组织地区反恐怖机构执委会主任瑟索耶夫”，新华网，2021 年 5 月 9 日，http: //www. xinhuanet. com/world/2018 - 05/09/c_1122806356. htm。

③ 冯峥、薛理泰：《逆向“外溢”：上海合作组织的安全合作与扩散》，《西安交通大学学报（社会科学版）》2019 年第 3 期，第 143 页。

④ Pan Guang, “SCO's Success in Taking Responsibility for Security in Central Asia”, September 2006, https: //www. swp - berlin. org/fileadmin/contents/products/projekt_papiere/Pan_Guang_ks. pdf.

元，2007年则是200万美元预算，其预算规模与独联体反恐中心相形见绌。[①]据独联体反恐怖中心负责人表示，独联体反恐中心2002年的预算就已达到约3000万卢布（当前的汇率约为1美元合30卢布，3000万卢布约合100万美元）。[②] 而理查德·韦茨（Richard Weitz）在2013年通过实地探访，证实了地区反恐怖机构财政较为紧张的状况。预算的紧缺，人员的限制，使得地区反恐怖机构难以完成上合组织预期的目标，在协调成员国安全合作方面显得心有余而力不足。[③] 此外，地区反恐怖机构的议程虽然书面上显得雄心勃勃，但也往往仅起到意向声明的作用。2010年4月和2020年11月吉尔吉斯斯坦政局动荡时，地区反恐怖机构反应不够及时，也暴露其制度的缺陷和作为安全机构的局限性。[④]

2. 安全合作难以深入

在地区反恐怖机构框架内的安全合作中，一个突出的问题在于合作程度难以深入，突出表现为以下两个方面。其一，如在情报合作中，合作可分为不同层级，包括公开全部或部分原始产品，但不公开来源；只共享数据摘要；只共享数据分析；以及共享根据情报得出的政策结论。[⑤] 而依据上合组织目前的法律文本所规定的情报合作的范围，以及反恐怖融资情报合作的现状进行推断，当前上合组织框架内的反恐情报合作仍停留在共享政策结论这一层级。[⑥] 大多数情报内容仅针对于成员国国内刑事判决结果和犯罪人员记录，至于情报的来源、分析过程以及与情报相关的社会网络线索则不在情报交流的范围之内。在主权优先的前提下，成员国之间的情报共享始终以敏感性为

---

① Thomas Wallace, "China and the Regional Counter – Terrorism Structure: An Organizational Analysis," *Asian Security*, 2014 Vol. 10, No. 3, p. 205.

② "独联体反恐怖中心将在中亚举行大规模军事演习"，中国侨网，2001年12月23日，http://www.chinaqw.com/node2/node116/node1090/node1091/userobject6ai29137.html。

③ Richard Weitz, "Uzbekistan: A Peek Inside a SCO Anti – Terrorism Center," Eurasianet, September 25, 2012, https://eurasianet.org/uzbekistan – a – peek – inside – an – sco – anti – terrorism – center.

④ International Crisis Group, *China's Central Asia Problem*, 2013, No. 244, p. 5, https://d2071andvip0wj.cloudfront.net/chinas – central – asia – problem.pdf.

⑤ Chris Clough, "Quid Pro Quo: The Challenges of International Strategic Intelligence Cooperation," *International Journal of Intelligence and CounterIntelligence*, 2004, Vol. 17, No. 4, p. 603.

⑥ 兰立宏：《上海合作组织成员国反恐怖融资情报国际合作研究》，《情报杂志》2018年第7期，第7—15页。

由，秉持谨慎小心的态度。出现这种情况的原因主要在于成员国缺乏对于反恐情报合作的共识，虽然地区反恐怖机构在一定程度上提高了成员国的互信程度，但这种互信程度还不足以支撑成员国向地区竞争对手让渡权力或与之完全分享信息。① 此外，除情报合作领域外，地区反恐怖机构在边界合作、联合打击毒品与犯罪等领域，由于缺乏相关的引渡条款和司法协助协议，反恐刑事司法合作方面也存在阻碍。其二，虽然成员国每年都开展联合反恐军事演习，但却缺乏一支类似于集体安全条约组织的快速反应部队，因而无法迅速部署并介入到重大突发性事件之中。地区反恐怖机构未建立自身的武装力量，也未协调成员国的武装部队，以组建能够打击恐怖组织的编队或单位。

3. 法律文本较为宽泛

上合组织所签署的法律文件繁多，但是具体落到实处的文件较为有限。这种情况在安全合作领域也有体现，即合作共识多，实质成果较少。② 具体来看：其一，法律文本缺乏统一的界定和共识。如对于“恐怖主义”一词，《打击恐怖主义、分裂主义和极端主义上海公约》强调是一种造成重大人身伤害、对物质目标造成重大损失的行为，而《上海合作组织反恐怖主义公约》则强调这是一种令人产生恐惧的暴力意识形态和实践。虽然这两个重要文件对于“恐怖主义”都有明确界定，但之间的细微差别还是不可避免地会给地区反恐怖机构的执法安全合作带来困难。与此相关的是，由于概念模糊与标准不一，成员国对于“哪些组织是恐怖组织？哪些组织威胁国家安全？”等问题存在分歧。如上合组织成员国中有 3 个国家禁止“东突厥斯坦伊斯兰党”的活动，有 4 个国家禁止“基地”组织和阿富汗塔利班的活动。这一问题导致的结果是，虽然上合组织各成员国有自己的恐怖组织名单，但是在制定统一的恐怖主义和极端主义组织名单时却困难重重。③ 其二，宏观的法律

① 赵晶：《基于建构主义的反恐情报合作机制研究——以上海合作组织为例》，中国人民公安大学，公安学专业硕士学位论文，2019 年，第 37—38 页。

② 曾向红、李孝天：《上海合作组织的安全合作及发展前景——以反恐合作为中心的考察》，《外交评论》2018 年第 1 期，第 95 页。

③ Ahmad Mustafa Arween, The Role of Multilateral Cooperation in Fighting against Transnational Terrorism; the Case of Shanghai Cooperation organization, M. D., Azerbaijan Republic Khazar University, School of Humanities and Social Sciences, 2018, p. 77, http://dspace.khazar.org/bitstream/20.500.12323/3798/1/The%20role%20of%20multilateral%20cooperation%20in%20fighting%20against%20transnational%20terrorism%2c%20the%20case%20of%20Shanghai%20Cooperation%20organ_1.pdf.

框架未进行细化和解读。在反恐合作领域，上合组织已签署、发布了一系列法律规范和文件，然而这些文件仅确定了反恐合作领域的优先方向与合作原则，至于具体如何实施文件，还需要地区反恐怖机构的进一步细化和落实。如《上海合作组织反恐怖主义公约》第5条规定，“必要时，有关方可协商解决”。有关方具体指什么？怎样协商解决？这都需要地区反恐怖机构出台具体的决议或方案。然而，当前地区反恐怖机构的行动机制还是偏重以问题导向的临时性合作为主，缺乏针对于上合组织框架内法律文本的规范化解读，影响反恐合作的实际效果。①

4. 成员国之间存在矛盾与纷争

上合组织内部矛盾由来已久，而这种矛盾与纠纷会在一定程度上影响成员国之间的安全合作进程。众所周知，中亚各国由于族群冲突、水资源分配等问题长期处于纠纷状态。2012年上合组织成员国联合军演期间，乌兹别克斯坦不仅没有参加，而且还禁止哈萨克斯坦军队和装备通过其领土，阻碍哈萨克斯坦参加在塔吉克斯坦举行的联合军事演习。② 与此同时，成员国内部政治上的腐败也成为地区反恐怖机构开展工作的重要阻碍。如联合国毒品和犯罪办公室曾指出，当部分中亚边防军和政府官员都是毒品交易的积极参与者时，制定和实施有效的禁毒政策就显得异常艰难。因为塔吉克斯坦的许多高级官员要么直接参与毒品贸易，要么接受贿赂，这使得毒品走私这一贸易有增无减，当地政府成为跨国犯罪的保护伞。这些地区腐败和社会不平等的问题，都会限制地区反恐怖机构在中亚地区的实际行动。③

5. 地区性国际组织及机构的竞争

在该地区，除上合组织外，还存在许多地区性国际组织。虽然这些国际组织之间偶有合作，但由于它们在功能上存在部分重叠，因而在一定程度上存在竞争关系。如上合组织和集安组织，它们都将“信息战”作为一种安全

---

① 胡江：《区域合作组织与恐怖主义犯罪预防——以上海合作组织为例的分析》，《上海政法学院学报（法治论丛）》2019年第1期，第8页。

② “Uzbekistan Blocks Kazakhstan’s Military From SCO Exercises,” *Eurasianet*, June 14, 2012, https：//eurasianet. org/uzbekistan – blocks – kazakhstans – military – from – sco – exercises.

③ Alexander Sodiqov, “Porous Border and Corruption Keep Drugs Flowing Through Tajikistan,” Eurasia Daily Monitor, June 28, 2012, https：//jamestown. org/program/porous – border – and – corruption – keep – drugs – flowing – through – tajikistan/.

威胁，强调以合作方式适应新的技术进步，应对外部威胁。不仅进行联合军事演习和行动，以防止毒品贩运和非法移民，还合作打击网络空间的犯罪行为。① 2005 年 4 月，地区反恐怖机构执委会还与独联体就发展合作问题进行对话，双方重申将在共同努力强化上合组织地区反恐怖机构和独联体反恐中心框架内的相互协作。② 但需要注意的是，无论是集安组织还是独联体，主要目的都在于应对中亚地区的安全威胁，促进中亚地区安全与稳定，这就意味着双方存在功能上的竞争。

综上所述，地区反恐怖机构在维护欧亚核心地区安全与稳定方面迈出了务实发展的步伐。不仅在反恐合作方面取得显著进展，还成为上合组织打击"三股势力"、深化成员国互信共识，应对地区安全局势变化的重要抓手，可以说在反恐进程中取得初步成功。然而受制于组织投入不足与法律文本宽泛、成员国矛盾纷争与互信缺失、外部国际组织与机构竞争等因素，地区反恐怖机构未来的发展仍然机遇与挑战并存，如何把握机遇、应对挑战成为上合组织未来需要慎重考虑的课题。

四、地区反恐怖机构情报与安全合作的改进建议

地区反恐怖机构要实现长远发展，还应该着力于机构本身建设、上合组织内部成员国协作与对外合作三个方面，坚持以带动成员国经济发展增加组织投入、以"上海精神"凝聚成员国合作共识、以开放包容引领反恐合作与交流。

（一）加强组织投入，完善机制建设

地区反恐怖机构要加强自身机制建设，可以从以下三个方面精准发力：其一，应该加强对于组织机构在资金和人员方面的投入。疫情下成员国国内

① Nicole J. Jackson, "Trans - Regional Security Organisations and Statist Multilateralism in Eurasia," *Europe - Asia Studies*, 2014, Vol. 66, No. 2, pp. 193 - 194; Tom Gjelten, "Seeing the Internet as an 'Information Weapon'," National Public Radio, https: //www. npr. org/templates/story/story. php? storyId = 130052701.

② "执委会与独联体反恐中心就发展合作问题进行对话"，上海合作组织地区反恐怖机构官网，2005 年 5 月 4 日，http: //ecrats. org/cn/news/5591。

经济发展受到很大挑战，要想增加对于地区反恐怖机构的投入，除加大该机构在上合组织的预算份额之外，还应该考虑如何提升成员国的经济发展水平。可考虑构建以上合组织开发银行为工具，以上合组织自由贸易区为依托，以扩大本币结算份额、加强数字经济领域互利合作等为标志的区域性国际贸易共同体，从而充分发挥上合组织的经济功能，使其在后疫情时代为成员国经济复苏贡献力量。① 此外，借鉴东盟在促进成员国经济合作中的方法和经验，对上合组织现有的经济合作模式进行改进和调整，也是一种可以考虑的思路。

其二，进一步完善地区反恐怖机构理事会例行会议、主管机关会议、边防部门领导人会议等一系列会议的常态化和制度化建设。需要指出的是，仅仅依靠地区反恐机构的力量还远远不够，除此之外，还应该重视成员国主管机关执法人员的培训工作。截至目前，上合组织已举办若干次培训活动和研讨会。如2016年10月，上合组织成员国和观察员国打击国际恐怖主义和极端主义合作第四次研讨会在反恐怖机构执委会的主持下进行。2019年6月，在上海举办的上合组织成员国主管机关反恐安保情报交流培训班。② 在今后的发展中，还需要完善常态化的培训、研讨机制，形成与其他定期会晤机制的良性互动和协同作用，培养专门化国际反恐人才，并使成员国执法工作人员能够理解并有序执行地区反恐怖机构的相关决议。

其三，坚持在《上海合作组织宪章》《打击恐怖主义、分裂主义和极端主义上海公约》等原则性文件的精神指引下，对上合组织框架内的法律机制进行进一步细化和完善，并制定具体的实施措施和行动纲领，引导成员国在反恐合作方面行稳致远。此外，整合上合组织框架内的法律文本，形成对于恐怖主义、恐怖组织等概念的统一共识和界定，减少成员国在开展执法合作时的分歧。此外，还应该促进成员国之间的刑事司法协助，尽快对涉及“恐

---

① 陈亚州、罗金：《上海合作组织命运共同体的内涵及其贸易动力研究》，《中国与世贸组织改革——复旦国际关系评论（第16辑）》，上海人民出版社2020年版，第249页。

② “上海合作组织成员国与观察员国打击国际恐怖主义和极端主义合作第四次研讨会新闻公报”，上海合作组织反恐怖机构官网，2016年10月31日，http：//ecrats. org/cn/news/6375；“关于参加上海合作组织成员国主管机关反恐安保情报交流培训班”，上海合作组织反恐怖机构官网，2019年6月26日，http：//ecrats. org/cn/news/7432。

怖主义”的双重犯罪、[1] 程序正当等原则进行确认，签署多边引渡条约，深化地区反恐怖机构的法律机制建设。

（二）弘扬“上海精神”，深化安全合作

“上海精神”是“互信、互利、平等、协商、尊重多样文明、谋求共同发展”。它不仅是“上海五国”机制后来实现转型的基础，也是上合组织顺利运转的灵魂。要实现上合组织的持续发展，就是要牢牢把握“上海精神”的方向指引，不断加强地区合作与交流。中国国家主席习近平在上合组织成员国元首理事会第十九次会议中强调，成员国要从“上海精神”中发掘智慧，从团结合作中获取力量，把上合组织打造成团结互信的典范、安危共担的典范、互利共赢的典范和包容互鉴的典范，携手构建更加紧密的上海合作组织命运共同体。[2] 无论是“上海精神”的弘扬，还是上合组织命运共同体的构建，目的都在于以共有观念弱化政治分歧，强调合作共识，形成高度的政治互信和对组织的高度认同。在此基础上，成员国才愿意让渡部分主权，以促进反恐领域的合作，上合组织的安全合作才能获取持续不断的动力。

以情报合作为例，在成员国政治互信得以建立的前提下，可以进一步扩充和更新上合组织地区反恐怖机构反恐数据库的相关内容。从情报来源来看，要特别强调对于互联网资源中反恐情报的收集。针对当前网络恐怖主义的新特点，上合组织应注意在各类网站、论坛、自媒体等平台准确获取反恐情报。从情报类型来看，不应仅仅局限于有关恐怖主义的司法案例和典型活动，还应该拓展有关恐怖组织或个人的社会关系及生活资料等，丰富反恐情报网。从情报收集的方式来看，应该充分利用大数据处理系统，从有关成员国国计民生的金融、交通、医疗等系统中进行情报的深度挖掘分析，找寻有规律的信息。同时，还应该在全社会开展宣传，增强民众对于恐怖主义思想的免疫

---

① 双重犯罪，就是说请求引渡人的行为在双方当事国国内法或所加入的国际公约中都被认为是犯罪时，犯罪人就可以被引渡。刘建、白洁：《中南亚地区建立多边引渡合作制度可行性分析——以恐怖主义、毒品犯罪、洗钱犯罪多边引渡合作为例》，《四川警察学院学报》2010 年第 4 期，第 95 页。

② “习近平主席在上海合作组织成员国元首理事会第十九次会议上的讲话（全文）》”，中国政府网，2019 年 6 月 14 日，http：//www. gov. cn/xinwen/2019 – 06/14/content_5400330. htm。

力，坚持正面宣传和反面警示相结合的原则，对移民群体青少年、妇女等做好宣传教育工作。① 最后，依据国际恐怖主义的新特点，对于“热点”地区回流的“三股势力”成员，可以依托各成员国公民建立全民参与的反恐情报机制，建立情报受理中心，设置举报奖励机制，激发群众进行涉恐线索提供的热情与信心。② 只有这样，才能真正实现成员国之间的情报互通与共享，从而将反恐数据库建设成为上合组织成员国情报信息的聚合点，为成员国之间的反恐行动提供精确的线索。

（三）协调内部矛盾扩展反恐交流

上合组织未来的发展还是要处理好对内、对外这两对关系。就安全合作领域而言，上合组织应该对内协调好成员国内部矛盾，对外扩展与国际组织或国际机构的反恐交流与合作。目前来看，在既有的框架内，建立一套应急反应机制或快速反应部队，从而介入到成员国内部冲突中的设想难以实现。为发挥优势、克服障碍，上合组织应考虑在坚持不干涉内政的前提下，以预防冲突、缓解冲突为目标，通过低承诺、低投入和高灵活性的手段，创建一系列关于信息交流、危机预警、应急处理的应急机制，走出一条预防和延缓成员国间冲突、维护组织内部基本团结的特色调解之路。③ 同时，成员国也应该加强自身反腐败和廉政建设，在执法合作中保证执法一方的权威性和合法性，防止出现“越反越恐”“越治越乱”的不良局面。此外，上合组织应该审慎对待扩员问题，在初步控制现有成员国内部矛盾与冲突之前，减缓吸纳更多成员国的步伐，使组织慢慢消化扩员所带来的收益与代价。

而在对外交往中，上合组织与其他国际组织同样存在很大合作潜力。对于以“恐怖主义”为代表的犯罪行为进行联合打击，也早已成为国际社会的共识。上合组织自成立以来，就长期坚持对外开放原则，特别是在反恐合作领域，愿意与其他国家或国际组织展开对话、合作与交流。早在2003年，上

---

① 闵剑：《我国反恐情报体系的构建》，《河南警察学院学报》2018年第3期，第120—122页；张宁：《当前中亚反极端形势》，《北方论丛》2020年第2期，第17—18页。

② 张杰：《论上海合作组织反恐情报机制的构建——论人力搜集的必要性》，《辽宁警专学报》2008年第3期，第42—44页。

③ 李亮：《上海合作组织建立成员国间冲突调解机制初探》，《俄罗斯研究》2020年第3期，第51页。

合组织已经开始就反恐问题与各国际组织进行接触。如上合组织代表出席了当年联合国安全理事会反恐委员会特别会议、欧安组织打击和防止恐怖主义会议等。① 虽说中亚地区其他国际组织与上合组织之间存在一定程度的竞争关系，但如果上合组织能够在保持自身独立性的同时，在联合反恐军事演习、反恐信息共享、建立反恐网络等合作领域进一步深化同其他国际组织的合作交流，则不仅有助于共同打击国际恐怖主义，还能在对外交往中不断提升上合组织的声誉与影响力，进而促成上合组织的长足发展。

五、结论与讨论

本文主要分析了四个方面的内容，一是上合组织 20 年来地区安全形势，二是上合组织的反恐进程和主要内容，三是地区反恐怖机构安全合作的成效评估，四是地区反恐怖机构安全合作的改进建议。通过研究发现，上合组织 20 年来地区安全形势经历了三个阶段的变化：第一阶段从 20 世纪 90 年代开始至 2009 年，这一阶段以本土化极端伊斯兰势力为主，恐怖分子的一系列恐怖袭击对欧亚地区安全造成严重威胁；第二阶段是从 2010—2015 年，由于美国在阿富汗撤军，阿富汗局势骤然紧张，而“伊斯兰国”的兴起也为中亚地区恐怖分子的回流埋下了隐患；第三阶段是从 2015 年至今，这一阶段恐怖主义趋向“隐匿化”发展，并采用新兴技术手段与互联网平台开展恐怖主义活动。为有效应对这一地区安全形势的变化，上合组织也采取了针对性的反恐行动，也可大致划分为三个阶段：初创期，一系列法律文件的出台规定了上合组织安全合作的方向，而地区反恐怖机构的设立则成为上合组织开展反恐行动的主要抓手，在地区反恐怖机构的协调之下，上合组织的反恐体系初步确立；完善期，地区反恐怖机构面临外部恐怖势力渗透的危险，采取与国际合作的方式打击恐怖活动；发展期，针对恐怖行动信息化特征，地区反恐怖机构也在积极调整反恐策略，应对网络恐怖主义所带来的新威胁。在对上述

① Ahmad Mustafa Arween, The Role of Multilateral Cooperation in Fighting against Transnational Terrorism; the Case of Shanghai Cooperation organization, M. D., Azerbaijan Republic Khazar University, School of Humanities and Social Sciences, 2018, pp. 63 – 73, http://dspace.khazar.org/bitstream/20.500.12323/3798/1/The% 20role% 20of% 20multilateral% 20cooperation% 20in% 20fighting% 20against% 20transnational% 20terrorism% 2c% 20the% 20case% 20of% 20Shanghai% 20Cooperation% 20organ_1.pdf.

安全形势和反恐进程初步分析之后，本文对上合组织反恐合作的主要内容进行了梳理，即地区反恐怖机构所形成的一套独具特色的安全合作机制，包括定期的会晤、条约法律的设定、执法安全的合作与防务安全的合作。综合来看，地区反恐怖机构有力应对了恐怖主义的威胁及地区形势的变化，其反恐行动取得了显著的成绩，无论是对地区反恐怖机构本身而言，还是对成员国之间的关系以及上合组织的整体合作机制而言，都产生了较为积极的影响。但是也需要注意，地区反恐怖机构仍然存在组织投入有限、法律文本宽泛、成员国矛盾纷争以及与域外国际组织竞争激烈等不足与问题。未来上合组织发展需要从组织本身建设，对内有序协调和对外良好合作等方面展开。

此外，本文在写作的过程中也存在诸多问题。具体来说包括两个方面：一是本文的分析内容具有一定的局限性。上合组织的安全合作是一个较为宽泛的概念，除打击“三股势力”之外，还包括打击毒品、走私、跨国犯罪等非传统安全问题以及成员国国内政治局势变化等问题。而地区反恐怖机构仅对非传统安全有所涉及，其主要目的在于协调成员国之间的反恐合作。本文为简化分析，未对安全合作进行详细区分，并主要围绕非传统安全领域进行探讨。同时在对地区安全形势进行论述时，本文也主要以恐怖主义为核心划分了安全形势的阶段，所以本文所述的“安全合作”与“反恐合作”是同一个概念，因而本文的结论存在着一定的局限性。二是本文所统计的表格和数据，或许存在统计不全的问题。因为本文的数据均来自对二手资料的整理，数据未得到广泛的公认。同时数据分析方式也仅是简要的统计分析，因而本文所得出的结论可能会存在偏差。不过，上述数据或许有助于揭示上合组织域内恐怖主义的发展趋势，且以一定的数据为支撑。以上这两个问题，均有待进一步商榷和讨论。

总而言之，上合组织地区反恐怖机构 20 年的发展历程表明，其目前初步形成的反恐模式是行之有效的。上合组织地区反恐怖机构不仅有序应对了不同时期安全形势的变化，针对不同时期的特点开展了具有针对性的反恐行动，而且形成了一套相对具有自身特性的安全合作机制，有效缓解了恐怖活动所带来的威胁，深化了成员国之间的互信，证明了上合组织安全合作模式的可靠性。而地区反恐怖机构所存在的不足，也说明了其机遇与挑战并存。未来上合组织地区反恐怖机构的发展，应当在上合组织整体安全合作框架之下，继续坚持既有发展路径、完善当前制度建设、根据新时期反恐特点调整反恐策略，深化与国际社会的合作，切实保障欧亚地区的安全与稳定。具体来说，应该慎重考虑三个问题：一是地区反恐怖机构为何设立。地区反恐怖机构是上合组织专门设立的协调成员国之间开展反恐合作的机构，因而其未来的发展方向也要紧紧围绕这一目的。地区反恐怖机构应主要定位于打击恐怖主义、分裂主义和极端主义的威胁，特别是应当依据不同时期或不同阶段安全形势的变化而制定因地制宜、因时制宜的反恐措施。在未来相当长一段时间内，反恐合作的重点领域都应该首要考虑国际信息安全领域。同时，新冠肺炎疫情的暴发，也使得生物安全成为国际社会所广泛关注的领域，而在未来的恐怖活动中也很难排除生物安全问题对恐怖主义的影响，这也是未来反恐行动需要警惕的重要方向。此外，地区反恐怖机构除传统的合作领域之外，还应该积极协调成员国打击毒品贩运、枪支走私及跨国犯罪等安全合作，从而丰富地区反恐怖机构的职能与任务范围。

二是地区反恐怖机构应当扮演怎样的角色。地区反恐怖机构在未来发展过程中，需要坚持上合组织安全合作主心骨的角色，还需要成为成员国增强政治互信的重要纽带。一方面就上合组织本身而言，通过20年的发展，上合组织业已形成一套独具特色的发展模式和运行范式。在安全合作领域，上合组织也已经形成了类似合作安全的发展模式、安全外溢的运行模式以及地区反恐怖机构灵活有效的合作机制等。对学术界而言，如能对此进行学理化提炼，不仅能够促进上合组织与主流国际关系理论的对话，还能够对既有国际关系理论进行完善和补充。而对政界而言，应该适当突出地区反恐怖机构在上合组织安全合作中的重要作用，将地区反恐怖机构的反恐进程作为上合组织安全合作的鲜明旗帜，为其他国际组织开展安全合作提供借鉴和参考。另一方面需要注意，地区反恐怖机构开展安全合作的深层次的意义在于，促进了成员国彼此的了解与联系，特别是增强了成员国在安全方面的互信程度，这对于缓和成员国之间矛盾冲突以及强化成员国对上合组织的认同都是难能可贵的。在上合组织未来的扩员进程中，除预防成员国冲突之外，以成员国之间的安全合作提升成员国互信水平，从而缓和成员国之间矛盾纠纷的方式也不失为一种合理的选择。

三是地区反恐怖机构未来的发展方向。上合组织虽然通过20年的发展实践，证明了自身模式的独特潜力，也有力回击了西方国家的污名化指责。但上合组织要获得长远发展，除具备符合域内国家的发展需求外，还需要博采众长，与同类型国际组织进行比较和借鉴，特别是通过吸取其他地区性国际组织在某一领域的独有优势方式，弥补自身不足。如上合组织在经济合作领域，经济合作诸多项目都在不同程度上遭遇了发展瓶颈，其发展水平一直落后于安全合作领域。疫情下欧亚地区需要借助上合组织这一平台，为该地区的经济复兴提供源源不断的动力，而这则需要上合组织对东盟的经济合作模式进行深入剖析，从而对其优势和经验进行学习和参考。

报告十一

上海合作组织金融合作：历程与前景

刘遵乐　郁志坚*

【内容提要】金融合作是上海合作组织重要的合作领域，20 年来，作为经济合作的重要组成部分，金融合作从无到有，取得多方面的重要进展，金融政策沟通交流不断深化；金融安全合作机制逐步形成；金融机构跨国合作不断深入，区域金融市场逐步形成；金融创新试点成果丰硕，金融合作领域不断扩大，这些为上合组织区域经济合作提供了重要支撑。上合组织金融合作在发展过程中既面临重要机遇，也存在一些不足，面临多方面挑战，需要各国合力应对。

【关键词】上海合作组织；金融合作；政策；机制；金融体系建设

自 2001 年上海合作组织（以下简称“上合组织”）成立以来，在维护区域安全和打击恐怖主义等方面取得举世瞩目的成绩。伴随着上海合作组织框架下合作机制的不断完善以及各成员国的不懈努力，经济合作越来越成为上海合作组织合作的主要内容。特别是 2008 年金融危机爆发，上合组织部分成员国经济金融体系受到严重冲击。各成员国要求在上合组织框架下加强经济合作的诉求越发强烈。作为经济合作的重要组成部分，金融合作从无到有，为区域经济合作提供了重要支撑。但是由于上合组织多边机制存在的先天性制度障碍，叠加成员国自身的经济发展问题，深化上合框架下的金融合作机遇与挑战并存。本文首先对上合组织框架下金融合作发展历程进行回顾，分析了中国与上合组织成员国之间的金融合作现状；在

* 刘遵乐，中国人民银行乌鲁木齐中心支行金融研究处主任科员、高级经济师；郁志坚，中国人民银行乌鲁木齐中心支行金融研究处处长，副研究员。

对前两部分进行比较的基础上，分析上合组织金融合作的特点及进一步深化合作存在的问题；结合新形势，分析深化上合框架下金融合作面临的机遇，最后提出相应的对策建议思考。

一、上海合作组织框架下金融合作的进展

回顾 20 年来上海合作组织金融合作的历史，结合其发展历程中的重要事件，将其划分为四个阶段：

第一阶段：2001—2004 年，上合组织成立之初，安全合作是上合框架下的最主要议题，金融合作不是关注议题。这一阶段金融合作内容并未纳入上合组织整体框架，成员国之间仅局限于简单的双边合作，例如中国工商银行在哈萨克斯坦设立有分支机构，中国银行在俄罗斯、哈萨克斯坦设立有分支机构，业务内容主要集中在外贸结算和资金汇兑。

第二阶段：2005—2008 年，上合组织银联体成立，标志上合框架下的金融合作正式起步。2005 年 10 月，在上合组织框架下，各成员国政府分别指定本国一家银行作为代表组成上合组织银联体，成为上合组织框架下最为重要的投融资合作机制。伴随着上合组织的扩员，截至到 2020 年末，上合组织银联体已经拥有中国国家开发银行、俄罗斯联邦外经银行国家开发集团公司、哈萨克斯坦开发银行、吉尔吉斯斯坦 RSK 银行、塔吉克斯坦国家储蓄银行、乌兹别克斯坦外经银行、巴基斯坦哈比银行、印度基础设施金融公司等 8 家正式成员行，以及白俄罗斯银行和蒙古开发银行两家伙伴行。各成员国指定银行以上合组织银联体为载体，以市场化机制为基础，开展项目合作、人员培训等方面的合作。伴随中国经济实力的不断增强，中国开始依托上合组织，为成员国合作项目提供优惠贷款，旨在促进区域共同发展，其中 2004 年提供了 9 亿美元贷款基金，是上合框架下金融支持项目建设的重要起点，为促进产融结合打下了良好的基础。

第三阶段：2009—2012 年，金融危机对成员国经济金融体系造成冲击，维护区域金融安全成为上合组织金融合作的重要诉求。2008 年金融危机的爆发，全球大宗商品市场价格大幅下降，原油价格出现断崖式下跌，对部分成员国的经济金融造成严重冲击。以哈萨克斯坦为例，该国借鉴西方模式的银行业体系在危机中遭受重创，多家银行宣告破产，当时出现的坏账问题至今尚未完全解决。金融危机让各成员国意识到加强金融合作，

防控金融风险的重要性，维护区域金融安全成为上合组织多边元首和总理会晤关注的重要议题。

根据上海合作组织成员国理事会第九次会议和上海合作组织成员国总理第八次会议达成的共识和决议。2009 年 12 月，首次上海合作组织财长和央行行长会议在哈萨克斯坦阿拉木图市举办，其后 2012 年 6 月和 2016 年 10 月，在中国北京和吉尔吉斯斯坦比什凯克分别举办了第二届和第三届上海合作组织财长和央行行长会议。上海合作组织财长和央行行长会议重点围绕全球经济热点问题，就上合组织框架下成员国加强金融领域合作进行探讨，并形成系列成果共识。

表 11—1　上海合作组织财长和央行行长会会议情况

	会议时间	会议地点	主要议题	会议成果
第一届会议	2009. 12	阿拉木图	共同应对国际金融危机	积极落实《上合组织成员国间多边经贸合作纲要实施措施计划》等框架内关于财金领域达成的共识
第二届会议	2012. 05	北京	应对金融危机的宏观经济政策；便利成员国间本币结算；筹建上合开发银行和专门账户；上合财经合作机制化	加强宏观经济政策对话和协调，开展区域财金务实合作，为扩大成员国间本币结算合作提供便利。专家层面上讨论上合专门账户和上合银行有关问题
第三届会议	2016. 09	比什凯克	上合组织成员国经济中期发展和加快经济增长政策、上合组织金融领域合作	主席国有权邀请学术届人士参会；在专家层面就上合组织开发银行和上合发展基金（专门账户）问题进行磋商

资料来源：中国人民银行网站。

落实到具体的合作措施，双边层面上，从危机中经济率先复苏的中国，采取“贷款换石油”的方式向俄罗斯、哈萨克斯坦提供贷款资金，帮助成员国摆脱危机影响；成员国之间计划通过采取本币结算规避汇率风险，货币互换增强央行危机应对能力等措施增强抵御外部风险能力。多边层面上，除进一步加强银联体对于合作项目的金融支持外，2009 年，上合组织计划成立“上合组织合作基金”；2010 年中国计划牵头出资 80 亿美元，以国际货币基金组织为模板成立“上合组织发展银行”，虽然这两个倡议因内部意见不统一未能成型，但是进一步强化上合框架下的金融合作机制，维护区域金融安全稳定已经成为上合成员国的内部共识。

阶段四：2013年至今，“一带一路”倡议的提出推动了成员国之间的金融合作，对发挥上合组织金融合作平台作用提出了新要求。2013年，习近平总书记在哈萨克斯坦访问期间，首次提出建设“丝绸之路经济带”的构想。2014年，“一带一路”倡议正式提出。倡议的提出有利于丝路沿线国家加强全方位合作，促进“五通”，形成丝路经济发展新格局。“一带一路”倡议提出后，中国金融机构和企业走出去的步伐明显加快。上合组织成员国多数位于“一带一路”建设的核心区域，是重要的参与者和受益者。中国与上合成员国之间的金融合作进入快速发展期，金融合作务实成果丰硕，发展步入快车道。成员国经济金融合作的加强进一步推动了上合框架下金融合作的发展，上合组织银联体业务不断拓展，从之前的银联体伙伴行单一的项目融资，积极拓展多边体制下的投融资合作，并深化人员交流培训、开展能力建设。与此同时，上海合作组织财政部长和央行行长会议定期召开，就深化上合组织金融领域合作进行磋商。

表11—2 最近3年上合组织银联体会议议题及成果（2018—2020年）

	时间	地点	会议成果
理事会第14次会议	2018.06	中国（北京）	授予巴基斯坦哈比银行成员行地位，实现银联体首次扩员；中国国开行与哈萨克斯坦开发银行等四家伙伴行签署新增授信协议；中国国开行成立开发性金融学院，为包括上合地区的“一带一路”沿线国家开展能力建设合作
理事会第15次会议	2019.06	吉尔吉斯斯坦（乔尔蓬阿塔）	签署了《上合银联体理事会第十五次会议纪要》《上海合作组织银行联合体（合作）协议的议定书》，正式授予印度基础设施金融公司上合银联体成员行地位，并议定将继续建设开放的多边金融合作机制，积极倡议与上合组织区域内的国际金融机构开展合作，在上合组织银联体框架下加强多边投资合作，进一步完善项目筛选和信息交换机制，深化人员交流培训

续表

		时间地点	会议成果
理事会第16次会议	2020.11	视频会议	银联体加强合作、共同克服疫情对经济的影响以及扩大本币使用。有关方签署《上合银联体关于克服疫情对上合组织各国经济影响的路线图》《上合银联体关于扩大本币使用的共同立场》两份文件

资料来源：国家开发银行网站。

二、中国与上合组织成员国金融合作的现状

上海合作组织成立20年来，成员国组成发生了较大变化，已经由最初中国、俄罗斯、哈萨克斯坦、吉尔吉斯斯坦、塔吉克斯坦、乌兹别克斯坦6个创始国，增加了印度和巴基斯坦两个成员国，并拥有了阿富汗等4个伙伴国以及土耳其等6个对话伙伴。根据中国与不同上合成员国之间的金融合作状况，将合作划分为三种不同类型：

一是中国与中亚地区成员国的金融合作，是中国与上合成员国金融合作的重要组成，也是深化上合框架下金融合作的核心内容。无论是上合组织成立之初，还是扩员后的上合组织，以中亚为多边合作重点区域的基本定位一直没有改变。中亚区域位于丝绸之路经济带的核心区域，中亚五国中有四国是上合组织的初创成员国。对于中亚国家而言，非传统安全长期存在，难以从根本上解决。利用上合组织平台加强金融合作，既能够通过沟通和交流，增强区域抵御外部风险的能力，也能够畅通投融资渠道，解决各国的项目融资难题。

二是中国与俄罗斯的金融合作，是中国与上合成员国金融合作的重要节点，也是深化上合框架下金融合作的关键环节。中俄两国是维护上合组织机制平衡稳定的重要力量，两国对于金融合作的态度转变决定了上合框架下金融合作的方向与走势。俄罗斯一直视中亚区域为其传统的势力范围，担心上合组织合作职能的扩大会对其“地区权威”造成挑战，所以经常从单一的国家利益视角对上合组织的区域性倡议提出反对或者是“有条件的支持”，影响了上合组织区域多边合作平台作用的充分发挥。

三是中国与上合新进成员国的金融合作，将为上合组织金融合作增加

新内容。2017 年 6 月，上合组织完成首轮扩员，吸收印度、巴基斯坦两国成为新成员。中国与巴基斯坦是全天候的战略合作伙伴。中巴两国政治经济合作基础扎实，双边金融合作已经达到较高的水平。目前，巴基斯坦的国民银行、Askari 银行、联合银行（UBL）均在北京设立代表处，哈比银行在新疆乌鲁木齐开设分行，成为巴基斯坦银行在华第一家分行。中国国家开发银行与巴方在巴基斯坦合资成立了中巴联合投资公司，并派工作组常驻巴基斯坦；中国工商银行、中国银行在巴均有分支机构。中印两国贸易互补性较强，未来经济金融合作潜力巨大，但是考虑到印度在国际多边组织中往往相对保守，未来两国在上合框架下拓展金融合作的空间较小，仍将以服务贸易的双边金融合作为主。

综上，结合中国与上合组织成员国金融合作的不同类型，本文分析中国与上合组织成员国金融合作的现状，以中国与中亚、俄罗斯为主，兼顾分析中巴两国合作新进展。

（一）金融政策沟通交流不断深化，为开展金融合作创造前提条件

中国人民银行与上合各成员国央行之间已经形成不定期会晤的机制，进行政策沟通交流。除了上海合作组织财长和央行行长会议以外，中国与上合组织成员国之间还通过中亚、黑海及巴尔干地区央行行长、中哈金融合作分委会、中俄金融合作分委会等会议不定期会晤，围绕世界经济金融热点问题交流看法，例如 2020 年 6 月，第 43 届中亚、黑海及巴尔干地区央行行长会议以视频会议方式召开，会议围绕新冠肺炎疫情对经济的影响、应对疫情的措施以及重启经济的政策重点等问题进行了讨论。由中国人民银行主办的中国—亚欧博览会“丝绸之路金融论坛”，先后邀请到哈萨克斯坦、塔吉克斯坦、巴基斯坦等国央行行长参会，在促进成员国金融交流方面发挥了积极作用。

（二）金融安全合作机制逐步形成，抵御外部风险的能力有所提升

中国与上合组织成员国之间的金融安全合作起步较早，主要措施为通过推进本币结算和央行间的货币互换，减少外部冲击对于国家间正常贸易结算的影响。开展金融监管合作，维持跨境金融活动的正常秩序。开展反

恐怖融资和反洗钱合作，从金融层面维护区域的安全稳定。具体措施为：

一是加强本币结算和直接清算制度建设，提升贸易便利化。在本币结算方面，中国与俄罗斯、哈萨克斯坦签订了本币结算协议，并将本币结算范围扩展到一般贸易。其中哈萨克斯坦货币坚戈获准在中国银行间外汇市场区域交易，中国工商银行（阿拉木图）股份公司与工银标准银行公众有限公司作为境外机构获准参与人民币对坚戈的银行间市场交易。中国工商银行（莫斯科）股份有限公司获准成为俄罗斯人民币业务清算行。

表 11—3　中国人民银行与上合组织成员国央行间签署的本币结算协议

时间	合作方	合作内容
2010.11	俄罗斯联邦中央银行	经中国人民银行授权，中国外汇交易中心在银行间外汇市场完善人民币对俄罗斯卢布的交易方式，发展人民币对俄罗斯卢布直接交易
2011.06	俄罗斯联邦中央银行	两国央行签订了新的双边本币结算协定，规定两国经济活动主体可自行决定用自由兑换货币、人民币和卢布进行商品和服务的结算与支付
2011.12	哈萨克斯坦	中国银行新疆分行推出人民币兑坚戈挂牌交易
2014.12	哈萨克斯坦	中国外汇交易中心正式推出人民币对哈萨克斯坦坚戈银行间区域交易
2016.06	俄罗斯联邦中央银行	两国央行签署了在俄罗斯建立人民币清算安排的合作备忘录
2016.09	俄罗斯	中国人民银行授权中国工商银行（莫斯科）股份有限公司担任俄罗斯人民币业务清算行
2017.03	俄罗斯	中国人民银行与中国工商银行（莫斯科）股份有限公司签署《关于人民币业务的清算协议》
2018.09	哈萨克斯坦	中国外汇交易中心正式引入中国工商银行（阿拉木图）股份公司与工银标准银行公众有限公司参与银行间外汇市场人民币对坚戈区域交易

资料来源：《2020 年人民币国际化报告》，中国人民银行网站。

二是开展央行间的货币互换，增强抵御外部风险能力。自 2011 年以来，中国人民银行已经与俄罗斯、哈萨克斯坦、塔吉克斯坦、乌兹别克斯坦、巴基斯坦签订了货币互换协议，多数协议在到期后进行了展期。其中，

2013 年经中巴两国央行共同协商，巴基斯坦动用了货币互换资金，缓解了外汇流动性紧缺问题，防止了潜在的国际收支平衡危机。

表 11—4 中国人民银行与上合组织成员国央行间签署的本币互换协议

时间	合作方	合作内容
2011. 04	乌兹别克斯坦共和国中央银行	签署人民币与苏姆的双边本币互换协议，规模为 7 亿元人民币/1670 亿苏姆，到期未续签
2011. 06	哈萨克斯坦国家银行	签署了人民币与坚戈的双边本币互换协议，规模为 70 亿元人民币/1500 亿坚戈
2011. 11	巴基斯坦国家银行	签署了中巴双边本币互换协议，互换规模为 100 亿元人民币/1400 亿卢比的双边本币互换协议
2014. 10	俄罗斯联邦中央银行	签署了规模为 1500 亿元人民币/8150 亿卢布的双边本币互换协议
2014. 12	哈萨克斯坦国家银行	续签了人民币与坚戈的双边本币互换协议，规模为 70 亿元人民币/2000 亿坚戈
2014. 12	巴基斯坦国家银行	续签了规模为 100 亿元人民币/1650 亿巴基斯坦卢比的双边本币互换协议
2015. 09	塔吉克斯坦中央银行	签署人民币与索莫尼的双边本币互换协议，规模为 30 亿元人民币/30 亿索莫尼
2017. 11	俄罗斯联邦中央银行	与俄罗斯央行续签双边本币互换协议，协议规模为 1500 亿元人民币/13250 亿卢布，有效期为 3 年
2018. 05	巴基斯坦国家银行	续签规模为 200 亿元人民币/3510 亿巴基斯坦卢比的双边本币互换协议
2018. 05	哈萨克斯坦国家银行	续签规模为 70 亿元人民币/3500 亿哈萨克斯坦坚戈的双边本币互换协议

资料来源：《2020 年人民币国际化报告》，中国人民银行网站。

三是区域监管协作不断深化，营造跨国金融合作的稳定政策环境。伴随中国经济实力的不断增强，中国与上合成员国之间的跨国金融活动明显增多。为规范跨国金融合作秩序，中国银保监会和中国证监会与上合成员国金融监管部门签订了《金融监管合作谅解备忘录》《跨境危机管理合作协议》，开展跨国金融监管合作，稳定跨国金融监管环境，维护金融合作正常秩序。

表 11—5　中国与上合组织成员国金融监管部门签订的金融合作协议

金融监管机构	时间	国外金融监管机构	签署文件
原中国银监会	2004.09	吉尔吉斯共和国国家银行	《双边监管合作谅解备忘录》
	2004.10	巴基斯坦国家银行	《双边监管合作谅解备忘录》
	2005.11	俄罗斯联邦中央银行	《双边监管合作谅解备忘录》
	2010.11	塔吉克斯坦中央银行	《双边监管合作谅解备忘录》
	2010.12	印度储备银行	《双边监管合作谅解备忘录》
	2011.05	巴基斯坦国家银行	《跨境危机管理合作协议》
	2013.04	俄罗斯联邦中央银行	《跨境危机管理合作协议》
	2013.09	哈萨克斯坦国家银行	《双边监管合作谅解备忘录》
	2015.12	吉尔吉斯共和国国家银行	《跨境危机管理合作协议》
中国证监会	2015.05	哈萨克斯坦国家银行	《证券期货监管合作谅解备忘录》

资料来源：中国银保监会网站、中国证监会网站。

四是建立反洗钱、反恐怖融资金融协调机制，保障区域安全稳定。上海合作组织成立初衷是促进区域安全，共同打击区域恐怖主义。因此，开展区域反洗钱、反恐怖融资金融协调合作是上海合作组织的现实需求。早在2004年，中国与中亚各国已经开展反洗钱、反恐怖融资层面的金融合作。2004年10月，中国作为创始成员国，与俄罗斯、哈萨克斯坦、塔吉克斯坦、吉尔吉斯、白俄罗斯共同创立了区域反洗钱国际组织—欧亚反洗钱及反恐融资工作组（EAG）。同年，EAG分别与“上海合作组织地区反恐怖机构”和“独联体反恐中心”签署合作文件，明确了EAG与上述两个组织间在反恐怖融资、反洗钱及禁毒信息交流、相关政策协调和统一执法行动方面开展合作的框架。

（三）金融机构跨国合作不断深入，区域金融市场逐步形成

一是多边金融合作机制不断完善，合作机构和方式不断丰富。虽然上合框架下金融合作职能未能充分发挥，例如上合组织开发银行这一提议迟迟未能落地，但是亚投行、丝路基金的设立弥补了中国与上合组织成员国在多边金融合作领域的不足。上合组织成员国俄罗斯、巴基斯坦、哈萨克斯坦、吉尔吉斯斯坦、塔吉克斯坦、乌兹别克斯坦均为亚投行初始成员国。由中国牵头设立的丝路基金，首个对外投资项目即为巴基斯坦的卡洛特水

电站项目。

二是金融机构跨国网点布局增多，金融服务水平得到有效提升。“一带一路”倡议提出后，中资金融机构更加重视开拓上合区域内的金融市场，金融合作成果不断涌现。其中比较具有代表性的包括：2017 年 6 月，上海证券交易所与阿斯塔纳国际金融中心管理局（AIFC）签署合作协议，将共同投资建设阿斯塔纳国际交易所。① 2018 年 10 月，国家开发银行正式在阿斯塔纳设立代表处等。2019 年 9 月，中国建设银行阿斯塔纳分行暨阿斯塔纳国际金融中心清算行正式设立。

表 11—6 2016—2017 年中国与中亚各国的部分金融合作成果

年份	签约主体		签订的协议
商业银行层面			
2016	中国农业银行新疆分行	哈萨克斯坦人民银行	坚戈现钞运送服务协议、人民币跨境支付系统服务协议
2016	中信银行	哈萨克斯坦 Halyk 银行	股权买卖备忘录②
2017	中国工商银行	乌兹别克斯坦等国家的主要商业银行	共同发起“一带一路”银行合作行动计划
其他金融机构			
2016	中国银联国际	吉尔吉斯斯坦投资信贷银行（KICB）	CEMARENT 平台跨境支付合作协议
		哈萨克斯坦商业银行	
2017	丝路基金	乌兹别克斯坦国家对外经济银行	签署合作协议
2017	工银阿拉木图	哈巴伊捷列克国家控股公司	签订 3 亿美元贷款协议，拟向哈萨克斯坦企业提供优惠贷款，用于工业开发、信息技术、中小企业扶持以及其他优先领域的投资项目实施

① “上交所服务‘一带一路’建设再结硕果——上海证券交易所与哈萨克斯坦共建阿斯塔纳交易所”，上海证券交易所网站，2017 年 6 月 8 日，http：//www. sse. com. cn。

② 除排他条款和保密条款外，本备忘录的其他条款均不具备法律约束力。双方将在进一步开展工作的基础上签署正式交易协议，在报两国监管机构审批之后，履行交割程序。

续表

年份	签约主体		签订的协议
其他金融机构			
2017	银联国际	哈萨克斯坦商业银行、新疆亚中易贸公司旗下 B2B 跨境电商平台 Cemarket	发行中哈银联联名借记卡
2017	上海证券交易所（上交所）	哈萨克斯坦阿斯塔纳国际金融中心管理局（简称“AIFC”）	签署合作协议，共同投资建设阿斯塔纳国际交易所。上交所作为战略合作伙伴，持有阿斯塔纳国际交易所 25.1% 的股份，并将在技术咨询、业务规划、产品设计、市场推广等方面对该交易所的筹建给予全方位支持
2017	中国中信集团、中国—欧亚经济合作基金、亚洲金融集团	哈萨克斯坦卡泽纳资本管理公司	设立 3 亿美元基金。主要任务是投资在哈境内项目，涉及能源、农业、物流、基础设施建设、新一代信息技术、高科技生产等领域

资料来源：作者根据商务部、丝路基金等公开信息自制。

三是商业银行积极参与区域货币直接汇率形成，规避第三方货币套算形成的汇率风险。中国与中亚地区成员国银行间的汇率直接形成机制发展迅速。以中国人民币与哈萨克斯坦坚戈直接汇率形成机制为例：自 2011 年起，中国银行新疆分行率先推出人民币对坚戈现汇挂牌交易，建立人民币对坚戈的汇率直接形成机制；2014 年 12 月，中国外汇交易中心正式推出银行间外汇市场坚戈区域交易；2018 年 9 月，中国工商银行（阿拉木图）股份有限公司和工银标准银行公众有限公司获批参与中国银行间外汇市场，作为首批参与银行间外汇市场的境外银行，两家金融机构将担任人民币对哈萨克斯坦坚戈交易的境外报价行，建立了在岸、离岸统一的人民币对坚戈汇率直接形成和跨境平盘机制，提升了人民币对坚戈的本币结算效率，有效地规避汇率风险。

表11—7 中国与中亚国家已经取得的货币汇率形成机制成果

时间	银行机构	挂牌货币种类
2011.6	中国银行新疆分行	人民币对坚戈银行柜台现汇挂牌交易
2013.9	中国银行新疆分行	人民币对坚戈银行柜台现钞挂牌交易
2014.12	中国外汇交易中心	推出银行间外汇市场坚戈区域交易
2014.9	哈萨克斯坦央行和哈萨克斯坦证交所	坚戈对人民币银行间外汇市场交易
2015.12	中国农业银行新疆分行、兵团分行	人民币对索莫尼银行柜台现汇挂牌交易
2018.9	中国工商银行（阿拉木图）股份公司、工银标准银行公众有限公司	在银行间外汇市场担任人民币对坚戈交易的境外报价行

资料来源：作者根据中国人民银行网站等信息自制。

（四）金融创新试点成果丰硕，金融合作领域不断扩大

一是中哈霍尔果斯国际边境合作中心为区域金融创新提供良好示范。中哈霍尔果斯国际边境合作中心作为中国与其他国家建立的首个国际边境中心，是上海合作组织框架下区域合作的示范区，被赋予了多项金融创新优惠政策，其中包括全国首个“境内关外”跨境人民币创新试点政策。受益于中哈两国经济合作的增强和合作区优惠政策推动，2019年合作中心试点银行跨境人民币实际收付结算额14.7亿元，跨境人民币创新业务服务实体经济成效明显。跨境人民币创新业务种类不断增多，合作中心内建行、交行、兴业3家银行完成创新业务系统搭建，提供的出口代付、贸易结算、融资贷款服务有力支持了企业发展。2019年兴业银行首笔离岸人民币债券自营投资业务成功落地，跨境人民币创新业务开拓了新的领域。

二是阿斯塔纳国际金融中心与上海国际金融中心开展证券领域的交流合作，开拓了金融证券领域的合作。2017年，上海证券交易所与阿斯塔纳金融管理服务局签署合作协议，共同投资建设阿斯塔纳国际交易所。上交所作为AIFC管理局的战略合作伙伴，持有阿斯塔纳国际交易所25.1%的股份，并将在技术咨询、业务规划、产品设计、市场推广等方面对交易所的筹建给予全方位支持。

三是熊猫债和人民币离岸债券相继发行，拓展了金融债券市场的合作。2017年，俄罗斯铝业联合公司成功发行熊猫债，发行规模10亿元，成为

上合成员国在中国市场融资的有益尝试。2020 年 3 月，中国建设银行阿斯塔纳分行发行的离岸人民币债券“雄鹰债”正式在阿斯塔纳国际交易所和香港交易所同时挂牌，发行金额 10 亿人民币，期限两年，利率 2.95%，这是上合区域内首次成功发行人民币离岸债券。

四、上合组织金融合作存在的不足与挑战

（一）现阶段上合组织框架下金融合作存在的问题

回顾上合框架下金融合作的进展，对比中国与其他成员国之间的金融合作进展，可以得出现阶段上合组织成员国之间金融合作存在的问题：

一是中国与上合成员国之间的双边金融合作发展迅速，但上合组织多边合作的平台作用并未充分发挥。上合组织经过多年发展，已经成为一个相对成熟的区域合作平台，是促进相关重点国家政治互信的有效渠道。但是上合组织组建的初衷是为了满足成员国安全合作诉求，其经济职能是随着成员国政治安全合作深入发展延伸出来的。这就导致上合组织经济合作相对松散，缺乏达成的目标和手段。加之上合组织内部采用“一票否决制”，政治经济上小的分歧可能直接影响项目通过。经济合作缺乏延展性直接制约金融合作的宽度和广度。现阶段上合组织成员国之间仍然以双边金融合作为主，传统的双边跨国金融机构是合作主体，多边合作内容较少，在上合框架下开展多边合作则更少，上合组织对于促进区域金融合作的作用并未充分发挥。

二是上合组织区域内金融合作内容以简单的项目融资合作和贸易金融服务为主，金融市场创新业务有待进一步发展。由于体制机制的束缚，上合在经济合作中很多内部意见难以达成一致。俄罗斯作为上合组织重要的关键国家，在合作中具有传统优势，并努力维持传统优势，这对于经济发展职能具有消极作用，例如其在上合组织成立之初，并不赞同区域经济一体化，更愿意开展基础设施建设融资，这就导致上合框架下的金融合作以项目融资合作和贸易服务合作为主。而在上合组织成员国之间，虽然跨境金融机构之间的合作不断增多，但由于成员国自身经济结构以及金融市场发展问题，金融市场和产品创新尚处于初级阶段，金融合作的方式和种类还有待进一步拓展。

三是上合组织成员国之间政策性推动的金融合作强于市场化自发形成的金融合作。2014年以来，中国与上合组织成员国金融合作发展迅速，主要受益于“一带一路”倡议的提出以及上合成员国之间政治互信的不断深化，在政府的大力推动下，金融合作成果丰硕。但是促进区域经济金融合作，解决资金和主体的瓶颈，仅靠政府推动远远不够，需要发挥市场主体的积极性，为中小企业参与经济合作创立条件。通过市场化的金融合作，激发内生动力，破解跨国合作难题，不断夯实金融合作的基础。

（二）进一步深化上合框架下金融合作面临的挑战

1. 政治经济形势不稳定，构成影响金融合作的不确定性因素

一是政治风险长期存在，对强化金融合作构成不确定性因素。上合组织成员国之间，印巴两国传统矛盾短期内无法化解，中印两国边界纠纷不断出现。上合成员国内部，吉尔吉斯斯坦2020年再次出现政治动荡，总统被迫辞职。俄罗斯2021年新年伊始就爆发了反对派主导的街头政治运动。这些内外部问题共同交织，将对上合成员国经济金融平稳发展和深化区域金融合作造成不利影响。

二是经济发展不平衡，导致金融合作协调难度加大。各国的经济发展水平直接影响各国对于金融合作的需求强度和参与程度。上合组织成员国内部资源禀赋存在较大差距，例如在中亚地区，哈萨克斯坦一国的GDP超过其余四国之和，人均GDP水平也远在其余四国之上。经济发展不平衡将导致各国对于推进金融合作的利益诉求存在差异，如经济条件较好的成员国可能更加关注货币结算方面的金融合作，而经济实力相对较弱的国家更多关注基础设施建设的融资支持，这些诉求差异进一步加大了金融合作的政策协调难度。

2. 营商环境脆弱，强化金融合作缺乏市场基础

一是国家竞争力排名落后，国际主权信用评级指数偏低。由于经济基础薄弱和社会法治建设有所不足，市场化机制欠缺，国家对于经济的干预较多，部分国家还存在过度依赖国际组织援助和主权外债的情况，各国在国际组织的竞争力排名以及评级机构的排名中处于相对落后的水平。部分国家营商环境较差，对进一步强化区域金融合作构成风险因素。

表 11—8　上合组织成员国营商环境分析表

国家	全球竞争力排名	评级机构评级
哈萨克斯坦	世界经济论坛《2019 年全球竞争力报告》：排名 55/141。国际管理发展学院（IMD）：排名 42/63。世界银行《2020 年营商环境报告》：排名 25/190	2019 年 9 月，标普：本、外币长期和短期主权信用评级为“BBB -/A - 3”，评级展望为“稳定”。2019 年 9 月，惠誉：哈萨克斯坦国家评级为“BBB +”。2020 年 2 月，穆迪：哈萨克斯坦主权信用评级为“Baa3”，评级展望为“积极”
乌兹别克斯坦	世界银行《2020 年营商环境报告》，排名 69/190	2019 年 12 月，国际评级机构穆迪首次将乌兹别克斯坦主权信用评级等级评为 B1；惠誉对乌兹别克斯坦主权信用评级为 BB -；标普对乌兹别克斯坦主权信用评级为 BB -/B，展望均为稳定
吉尔吉斯斯坦	世界经济论坛《2019 年全球竞争力报告》：排名 96/141。世界银行《2019 年营商环境报告》：排 70/190	2020 年 4 月 30 日，国际评级机构穆迪对吉尔吉斯斯坦主权信用评级为 B2，展望为稳定
塔吉克斯坦	世界经济论坛《2019 年全球竞争力报告》：排名 104/141。世界银行《2020 年营商环境报告》，排名 106/190	2020 年 04 月 30 日，国际评级机构标普对塔吉克斯坦主权信用评级为 B -，展望为稳定
俄罗斯	世界经济论坛《2019 年全球竞争力报告》：排名 43/141。世界银行《2020 年营商环境报告》，排名 28/190	2019 年 2 月，穆迪给予俄罗斯主权信用评级为 Baa3，展望为稳定。2019 年 7 月，标普给予俄罗斯主权信用评级为 BBB -/A - 3，展望为稳定。2019 年 8 月，惠誉给予俄罗斯主权信用评级为 BBB，展望为稳定
巴基斯坦	世界经济论坛《2019 年全球竞争力报告》：排名 107/141。世界银行《2020 年全球营商环境报告》：排名 108/190	截至 2018 年 6 月，穆迪对巴基斯坦主权信用评级为 B3，展望为负面。2019 年 6 月，惠誉对巴基斯坦主权信用评级为 B -，展望为稳定。2020 年 1 月，惠誉将巴基斯坦评级维持在“B -”级，展望为稳定

数据来源：商务部驻各国商务参赞处公开数据。

二是区域金融市场发展处于初级阶段，难以形成金融资源集聚效应。由于多数上合成员国家经历过经济体制的转型动荡，国家经济发展一度停滞，金融市场没有经历逐步发展健全的必经阶段，多数成员国金融体系发展不健全。各成员国金融业体系以银行业为主，保险、证券、期货等配套金融市场发展不健全，导致目前上合体系框架下以及中国与上合金融成员国之间的合作主要表现为：银联体框架下的项目投融资以及支持成员国双边贸易往来的金融服务。同时，上合成员国国家大型的金融机构多为国家控股，金融体系市场化水平较低，存在较多的风险隐患。金融市场化程度不够以及金融开放度较低，企业从金融体系获取资金难度较大、融资成本较高。

表11—9 上合成员国国家的金融体系与融资条件

国家	货币名称	金融体系组成	融资条件	人民币与当地货币是否可以直接结算或兑换
哈萨克斯坦	坚戈	间接融资模式为主，二级银行体系。27家二级银行，保险公司28家。1家证券交易所（阿拉木图）、阿斯塔纳国际交易所（努尔苏丹）	外资企业可在当地银行获得融资	可以
乌兹别克斯坦	苏姆	间接融资模式为主，二级银行体系。30家商业银行，40家保险公司，一家证券交易所	外资企业一般不选择在当地银行融资	不能
塔吉克斯坦	索莫尼	间接融资模式为主。除中央银行外，银行系统共有73家信贷机构，其中银行18家。保险业处于起步阶段，2016年第一家证券交易所开始运营	外资企业享有国民待遇，但银行业融资条件一般	可以
吉尔吉斯斯坦	索姆	金融体系不完善，商业银行24家，银行规模小，无国有保险公司。1家证券交易所	贷款利率高，对中国企业而言贷款成本高	可以

续表

国家	货币名称	金融体系组成	融资条件	人民币与当地货币是否可以直接结算或兑换
俄罗斯	卢布	金融体系相对健全，二级银行体系，共有信贷机构442家，其中银行402家。各类保险机构255家，其中保险公司178家。1家交易所	可以获得融资，但利率相对较高	可以
巴基斯坦	卢比	二级银行体系，银行机构53家，主要保险机构4家，1家全国性证券交易所	外资企业与当地企业同等待遇，但利率相对较高	可以

数据来源：各国央行公开数据。塔吉克斯坦数据截止到2020年3月31日，俄罗斯数据截至到2019年底。

三是部分国家金融机构风险问题频发，金融合作风险敞口较大。上合成员国部分国家银行体系存在两种极端问题，一是部分银行国家控股，市场化运营程度不够；二是部分银行完全由私人控制，成为“利益集团”获取利益的工具。这导致国家金融管理部门的宏观政策难以得到有效实施，特别是逆周期管理能力欠缺，在出现外部经济形势变化时，银行业机构容易爆发流动性问题。例如2016年8月17日塔吉克斯坦国家银行宣布，塔吉克斯坦外贸银行未能遵守银行业相关法律规定存在资金缺口，导致流动性风险加剧，将对塔吉克斯坦外贸银行进行为期3个月的临时托管。

四、进一步强化上合组织金融合作面临新机遇

（一）上合组织成员国金融合作进入新的发展阶段

一是中俄政治经济合作进入新阶段，为强化上合框架下金融合作创造了有利条件。作为上合组织的核心成员，俄罗斯的态度在强化上合组织经济金融合作中至关重要。在俄罗斯的初期战略构建中，强化以其主导的集体安全条约和欧亚经济联盟是政治、经济的两大支柱，上合组织设立初衷

是维护区域安全，其框架下的经济金融合作只是补充机制。2014年之后，由于克里米亚事件，俄罗斯遭受西方金融制裁，加之国际大宗商品市场价格长期低迷，俄罗斯经济陷入衰退。美国特朗普执政期间采取去全球化措施叠加新冠疫情影响，对全球政治经济格局造成严重冲击。在这些因素的共同作用下，中俄两国政治经济合作依赖程度不断紧密。俄罗斯具有强化金融合作、获得融资支持的内在动力，对进一步强化上合组织经济金融合作有了一些态度上的转变。

二是中国与中亚各国政治经济往来的不断深化，为上合组织框架下强化金融合作提供了重要支撑。中亚国家是上合组织的核心成员力量。近年来，伴随政治互信和经贸往来的不断深化，中国与中亚各国友好合作关系全面提升，中国与中亚四个上合成员国均已建立战略伙伴关系，形成一个区域的战略伙伴区。政治互信关系不断深化，带动了贸易投资的发展，中国已经成为中亚区域各国主要的经贸伙伴和投资来源国。近年来，中国与中亚五国间贸易规模不断扩大，双边贸易总额占中亚各国进出口总额的比重总体呈稳步增长态势，中国与中亚各国双边贸易互补性和依赖性强，为双边开展资金往来、推动区域金融合作创造了有利条件。

三是中巴经济走廊建设的不断推进，为上合框架下深化金融合作提供了新动力。2015年4月，习近平主席访巴期间，中巴双方签署了《自由贸易区服务贸易协定银行业服务议定书》，在FTA框架下推动两国金融业合作与发展。中国丝路基金成立后，首笔项目贷款即落地巴基斯坦。中巴两国双边金融合作持续深入将是未来趋势，推动区域内各国参与交通和运输领域的合作，发挥中巴经济走廊建设对于区域安全和稳定的促进作用，将是未来两国金融合作的重点方向。

（二）“一带一路”倡议为上合框架下深化金融合作提供了新的契机

一是“一带一路”倡议和成员国经济发展规划对接催生金融合作需求。上合组织区域位于欧亚大陆连接处，战略位置重要，区域内能源、矿产资源丰富，但是由于各种因素，各国经济发展水平相对落后，对外部经济的依赖性较强。基于发展本国经济的需求，各国都出台了经济发展规划，如哈萨克斯坦提出《“光明之路”新经济政策》、吉尔吉斯斯坦《2018—2040年国家发展战略》、乌兹别克斯坦《2020—2022年投资规划》等，但是多存在资金短缺问题，对于通过加强金融合作解决本国项目融资难题具有内在诉求。加强“一带一路”建设与沿线各国经济规划的对接，深化金融合作、促进资金融通，对于解决各国资金难题，提升整体区域基础设施建设水平具有重要意义。现阶段中哈两国签署《“丝绸之路经济带”建设与“光明之路”新经济政策对接合作规划》，中国与欧亚经济联盟签署了《中华人民共和国与欧亚经济联盟经贸合作协定》等制度性文件，都为上合框架下加强金融合作提供良好示范。

二是与上合组织各国实现“贸易畅通”，需要安全便利的货币兑换和流通机制。深入推进上合组织框架下多边经贸合作，助力“一带一路”建设，货币流通是其中的血脉。2019 年，中国是俄罗斯、巴基斯坦、乌兹别克斯坦和吉尔吉斯斯坦的第一大贸易伙伴，哈萨克斯坦的第二大贸易伙伴，塔吉克斯坦的第三大贸易伙伴。2019 年我国与上合组织国家（包括印度）贸易额约 2600 亿美元，占七国外贸总额的 15%。中国在上合组织各国“走出去”企业数量众多，仅哈萨克斯坦注册中资企业就超过 3000 家，在该国外资企业总数中居第三位。国际贸易的不断增长，亟需进一步加强完善上合组织框架下的双边货币兑换和流通机制。

（三）国际政治经济形势复杂多变，催生上合框架下金融安全合作需求

一是全球政治经济处于百年未有之大变局，外部环境变动冲击上合成员国经济。随着全球经济一体化的不断深入，上合组织国家经济发展受到的外部影响增多。目前全球经济发展处于一个关键的转型期，新冠肺炎疫情暴发对于全球经济造成突发性冲击，去全球化、民粹主义抬头、世界多边贸易规则面临严峻挑战。与此同时，美国在全球范围内频繁挑起事端，对俄罗斯经济金融实施制裁，挑起中美贸易争端，对于上合成员国经济安全的冲击不断加剧。在上合框架下加强金融合作，抵御外部风险的需求不断提升。

二是美国利用金融领域的“长臂管辖”，影响资金结算领域的安全性。美国利用其主导全球银行间金融电讯协会等组织的便利，运用“长臂管辖”影响其他各国的正常资金结算。2015 年 3 月，美国曾提出关闭俄罗斯参与全球银行间金融电讯协会的动议，导致俄罗斯美元贸易结算通道被关闭，进出口贸易结算遭遇极大困难。近年来，美国借口中国新疆问题频繁

挑起事端，新疆部分企业正常的跨境贸易结算时常因美国制裁和反洗钱调查遭到严格审查，企业正常的美元资金汇款周期长、到账慢，影响贸易主体的资金结算和生产经营。

三是外部冲击导致汇率大幅波动，国际贸易汇率风险较大。由于历史因素和经济结构问题，上合成员国国家多数存在经济发展依赖能源出口和金融体系“美元化”问题。由于国际能源市场采用美元结算，作为能源输出国的俄罗斯、哈萨克斯坦、乌兹别克斯坦等国，出现美元化问题；而巴基斯坦、塔吉克斯坦、吉尔吉斯斯坦等国经济基础薄弱，接受国际金融组织援助或者低息贷款，导致金融体系美元化问题。金融体系“美元化”问题的危害在于，一旦国际能源市场价格变动和国际金融市场流动性变化都会导致各国汇率发生大幅波动。例如2020年3月，受新冠肺炎疫情全球暴发蔓延、国际石油价格暴跌、多国重启量化宽松政策等因素影响，全球美元流动性一度趋紧，导致上合组织各成员国货币汇率持续承压，呈现震荡下行态势，多国汇率触及历史最低点。汇率的大幅变动，进一步导致各国对外贸易持续承压。上合成员国内部加强货币合作，规避汇率风险已经成为共识。

表11—10　2020年3月美元兑上合组织成员国货币汇率波动情况

	2020.03.05 汇率	2020.03.25 汇率	贬值幅度	波动情况
哈萨克斯坦坚戈	379.45	444.80	17.22%	历史最低，汇率首次突破400
吉尔吉斯斯坦索姆	69.85	78.88	12.93%	历史最低，汇率突破2015年最低点
塔吉克斯坦索莫尼	9.69	10.20	5.26%	历史最低，汇率首次突破10.00
乌兹别克斯坦苏姆	9513.84	9532.74	0.20%	较年初下跌127800个基点
俄罗斯卢布	66.08	78.85	16.2%	汇率突破2016年最低点
巴基斯坦卢比	154.24	159.24	3.24%	波动不大
印度卢比	73.28	76.15	3.92%	波动不大
中国人民币	6.94	7.07	1.87%	波动不大

数据来源：作者根据美元兑人民币汇率网当日挂牌汇率及其他相关汇率网数据自制。

五、进一步加强上合框架下金融合作的政策建议

一是结合区域特点，以加强政府间合作为起点创造良好的制度和金融基础设施环境。上合成员国多数国家的金融体系普遍存在政府对于金融体系的强管控、银行业金融机构主导金融体系等特征，这决定了在上合框架下加强金融合作，应当以政府间的合作为起点，加强政策协调沟通、增强政治互信，通过完善的制度设计塑造良好的金融合作环境。政府间合作应以完善区域金融基础设施建设为主要内容，同时加强软环境和硬环境建设。在软环境层面，积极推进与上合成员国国家的征信合作，打造良好信用合作环境；强化法规意识，以法律规范保障合作权益。在硬环境层面，发挥多边平台作用，摆脱成员国对SWIFT系统的依赖，推动更多机构参与CIPS系统，提升支付结算效率。

二是发挥市场主体作用，进一步夯实上合组织金融合作的基础。鼓励区域内金融机构开展双边合作，进一步拓展合作空间。支持商业银行在市场化运作的前提下，根据各国国情，选择采取自主申设、战略并购和投资入股等多种手段，健全上合区域金融服务网络。积极探索中国与上合成员国金融机构间的全方位的合作与交流机制，拓宽跨国金融机构间的双向交流沟通渠道，提升跨境金融服务能力和水平。发挥涉外企业主体作用，建立涉外企业的信息反馈机制。搭建政府与商会之间的信息平台，发布政策变动、突发事件及重大商业活动等信息，解决信息不畅的壁垒。

三是寻求共同关注，将强化区域金融安全作为上合框架下金融合作的突破口。深化区域监管合作，在已有的本币互换、合作备忘录的基础上，尽快恢复由于疫情影响而中断的定期会晤机制。进一步加强区域国家央行间的沟通协调，强化信息的分享与沟通。面对区域内重大经济问题，进一步加强金融监管部门间的政策协调，对潜在区域金融风险开展共同研判，加强区域金融风险预警系统建设。拓宽安全合作领域范围，增强金融基础设施领域合作、规避美国的“长臂管辖”。推进上合框架下的反洗钱合作，进一步打击恐怖活动，应对非传统安全领域的挑战。

四是研判未来走向，将加强绿色金融合作为上合金融合作的未来发展方向。“绿色发展”是国际合作中最容易达成共识的主题，上合组织可以

发挥多边平台作用，在上合框架下签订绿色发展和绿色金融合作备忘录。鼓励成员国金融机构和企业履行环境责任，为清洁项目提供更多融资和技术支持。以绿色信贷、绿色债券引领绿色金融发展，为多边组织在全球节能减排和增加就业做出示范效应。

报告十二

上海合作组织能源合作：回顾与展望

孙溯源*

【内容提要】能源合作是上海合作组织重要的合作领域，20 年来，上海合作组织成员国之间已经建立了活跃而丰富的多元能源合作关系，上合组织能源合作呈现双核心构建的多双边 + 多边的合作格局，俄罗斯、中亚国家与上合组织成员国间的能源合作各有特色，尤其与中国的能源合作有较大的进展和多方面的成果，上合新成员印度参与上合组织能源合作有多种积极和制约因素。总体上，上合组织在一定程度上充当了推动成员国发展能源合作的平台。

【关键词】上海合作组织；能源合作；格局；平台；保障

上海合作组织成员国之间已经建立了活跃而丰富的能源合作关系，上合组织能源合作呈现双核心构建的多双边 + 多边的合作格局，即分别以俄罗斯和中国这两个核心国家与上合组织其他成员建立的一系列双边和多边能源合作。这一格局令上海合作组织能源合作呈现为丰富多元的状态。虽然上海合作组织在 2004 年提出了建立统一能源系统和能源俱乐部的设想，但是到目前为止，上合组织框架尚未完全涵盖成员国之间的所有能源合作，上合组织能源俱乐部与上合组织成员国间的能源合作都在按各自的轨迹发展。在广义上，上合组织能源合作涵盖其成员国之间的一切能源合作，而在狭义上，则特指由上合组织发起并隶属于上合组织框架的能源合作，即上合组织能源俱乐部。上合组织在一定程度上充当了推动成员国发展能源

* 孙溯源，华东师范大学政治与国际关系学院副研究员。

合作的平台，而成员国之间的能源合作也能在很大程度上为上合组织的发展提供有力的保障。

本部分旨在梳理上合组织成员国之间的能源合作以及上合组织框架下的能源合作，着重分析成员国之间的能源合作与上合组织的关系。

一、中亚与能源地缘政治

在上合组织能源合作的发展历程中，中亚国家发挥了不可替代的关键作用。从某种意义上来说，上合组织能源合作之所以能够成为一个重要的议题，与中亚国家的独立密不可分。否则，上合组织能源合作几乎就是中俄能源合作的近义词，而后者的确立和深化并不完全依赖于上合组织的存在。中亚国家的独立构成了上合组织诞生的必要前提，作为能源生产国和过境国，中亚国家对能源地缘政治以及国际能源合作的贡献具有理论和实践的双重意义。

（一）在理论上中亚国家催生了能源地缘政治研究的新领域

中亚地区不仅蕴藏丰富的油气资源，而且所处的地理位置特殊。中亚的油气生产国大多地处内陆，在苏联时期油气运输通过油气管道连接到莫斯科，以至于中亚产油国在独立之后没有可以向俄罗斯以外的国家和地区出口油气的管道。其油气资源的出口及油气管道的铺设等问题，对油气生产国、过境国和消费国来说，不仅具有经济意义，更具有政治和战略意义。油气管道的运输安全更是成为超越成本—收益考量的政治和战略议题。对油气管道的竞争取代了运河以及海上航道，成为国际冲突的新焦点，油气管道的政治化更新了地缘政治的研究议题。①

① Michael T. Klare, " Geopolitics Reborn: The Global Struggle over Oil and Gas Pipelines", *Current History*, December 2004, pp. 428 – 433.

（二）在实践上中亚国家重新书写了后苏联空间的地缘政治与能源地缘政治

首先，中亚成为欧美国家与俄罗斯展开地缘政治竞争的新疆域，也是西方石油巨头们开发油气资源的新目标。在克林顿政府时期，美国就将整个中亚—里海地区列为重要的战略和商业目标。美国在中亚的首要利益是帮助确保没有任何一个大国单独控制这一地缘政治空间。①

具体而言，美国在中亚的目标是确保中亚的油气资源对西方国家的石油公司开放，美国认为俄罗斯不应该垄断中亚油气管道的运输，因而主张实现中亚油气出口通道的多元化。例如，围绕哈萨克斯坦和土库曼斯坦的油气资源开发，以美国的石油集团为主的国际石油公司，需要美国政府给予外交和战略上的支持。国际石油公司需要建设一条可靠的绕过俄罗斯领土把中亚油气输出到欧洲的管道系统，美国政府需对中亚国家以及里海西岸的阿塞拜疆以及格鲁吉亚给予政治和经济上的强力支持。美国国会于1999 年通过了能源丝绸之路战略法案，支持美国政府对中亚地区事务的干预。②

中亚地区对欧盟的能源安全也具有重要意义。但是欧盟与中亚国家关系的进展滞后于美国，直到 2007 年在德国担任欧盟轮值主席国的时候，欧盟才出台了第一份综合性的欧盟对中亚战略报告——《欧盟与中亚：新伙伴关系战略》。③ 而且欧盟对中亚战略的目标非常广泛，能源只是其中的一部分，并未成为欧盟对中亚政策的核心。而在 2007—2013 年财政预算中，欧盟用于中亚战略的资金预算只有约 7 亿欧元，在战略目标如此广泛的欧盟中亚战略中，这个预算额对于欧盟在中亚的能源项目如同杯水车薪。

直到 2006 年和 2009 年俄乌天然气危机发生后，欧盟急迫地认识到实现天然气进口渠道多元化的重要性，以及绕开俄罗斯和乌克兰的天然气运

---

① ［美］兹比格纽·布热津斯基著，中国国际问题研究所译：《大棋局——美国的首要地位及其地缘政治战略》，上海人民出版 1998 年版，第 197 页。

② ［美］索尔·科恩著，严春松译：《地缘政治学：国际关系的地理学》（第二版），上海社会科学院出版社 2011 年版，第 263 页；柳丰华：《新“丝绸之路”与当代中亚的地缘政治》，《国际论坛》2007 年第 6 期，第 66—71 页。

③ *The EU and Central Asia: Strategy for a new Partnership*, Brussels: European Council, June 2007.

输网络对欧盟的能源安全意义，[①] 南部走廊计划成为欧盟能源多元化战略的核心。不过，无论是纳布库管线还是南部走廊计划都主要是由私人企业具体负责实施，欧盟的作用仅限于提供政治支持和财政后盾。欧盟先后加强了与阿塞拜疆和土库曼斯坦的能源关系，与哈萨克斯坦、土库曼斯坦开展了双边能源对话。2008年，欧盟成员授权欧洲投资银行（EIB）、欧洲建设与发展银行（EBRD）向中亚能源和基础设施项目提供贷款。

国际石油公司在中亚国家刚获得独立后就纷纷进入中亚，最先在石油领域开展合作。英国石油公司（BP）于1991年进入阿塞拜疆开始石油与天然气的合作勘探与开发活动，随后雪佛龙（Chevron）、埃克森美孚公司（Exxon Mobil）、美国石油公司（Amoco）等先后加入了哈萨克斯坦的石油开发。欧洲的其他能源公司也相继加入了中亚的能源投资，包括英荷壳牌公司（Royal Dutch Shell）、意大利的埃尼公司（ENI）、法国的道达尔公司（Total）纷纷加入哈萨克斯坦的卡沙干（Kashagan）海上油田的开发，德国的莱茵集团（RWE）则在土库曼斯坦的里海海域进行天然气的开发。

随着国际石油公司在中亚油气开采业务的发展，其与俄罗斯在管线运输方面的谈判纠纷不断，使得国际石油公司意识到中亚的油气不能依靠由俄罗斯石油运输公司（Transneft）所经营的苏联时期的管线进入国际市场，国际石油公司在中亚的能源合作必然从生产扩展到油气管线的建设。在美国政府的支持下，以及在国际石油公司的主导下，一系列中亚—里海油气管线项目被提出，包括受到美国政府大力倡导的、由BP公司主建的从阿塞拜疆经过格鲁吉亚到达土耳其的巴库—第比利斯—杰伊汉输油管（BTC），与BTC并行的南高加索管道，以及同样得到美国政府支持的跨里海管线和纳布库（Nabucco）管线项目。

其次，美欧在中亚的地缘政治渗透增加了能源合作的难度，其在中亚地区的能源地缘政治竞争中逐渐陷入退缩的态势。美欧及其石油公司在中亚与俄罗斯展开了激烈的竞争，使得中亚地区的地缘政治更加复杂化。美国在上合组织地域内开展能源合作的对象主要是中亚国家，但是美国在中亚的军事存在却受到中亚国家和俄罗斯的抵触与排斥。中亚国家对美国进入中亚的态度已从欢迎转向怀疑甚至是否定。“9·11”事件后美国的军事

---

① Marcus Svedberg, “Energy in Eurasia: the Dependency Game”, *Transition Studies Review*, Vol. 14, No. 1, 2007, pp. 195 - 202.

力量以及北约顺利在中亚国家建立了军事基地，一些中亚国家政府也将美国视为平衡俄罗斯在中亚影响力的政治力量。吉尔吉斯斯坦为北约驻军提供基地，乌兹别克为美军提供空军基地。但是在2003—2005年期间在乌克兰、格鲁吉亚和吉尔吉斯斯坦等国接连发生的颜色革命，导致一些中亚国家对于美国的政治信任下降，对美国在中亚的军事和经济存在表示怀疑，也使中亚与美国的合作陷入困境。① 2005年在乌兹别克斯坦政府的明确要求下，美军全部从乌兹别克撤离，这一举措标志着美国的中亚战略遭到重挫。

欧俄在后苏联空间的地缘政治竞争限制甚至阻碍了欧盟与中亚能源关系的发展，双方能源合作的密切程度明显下降。尽管中亚油气资源对于欧盟的能源多元化战略具有积极作用，但是欧盟与中亚国家开展的双边能源对话以及一些倡议能取得的实质性结果非常有限，可以说欧盟在中亚的能源计划与倡议往往多于实际行动。除了国际能源形势的新进展，欧俄地缘政治竞争使得欧盟与中亚地区的能源关系前景黯淡。由于北美发生页岩油气革命，国际液化天然气市场供应充足，这在一定程度上增加了欧盟进口天然气的替代来源。更重要的是2014年乌克兰危机之后变得更加复杂的欧俄关系，限制了欧盟与中亚国家加强能源合作。欧盟内部对于是否有必要投入大量的政治和财政资源推动与中亚的能源关系也产生了怀疑。在这样的形势下，欧盟在中亚地区的能源竞争中逐步消退。②

第三，对中国而言，除了与俄罗斯的能源合作以外，与中亚成员国的能源合作丰富了上合组织能源合作的内容。对独立后的中亚能源生产国来说，它们需要实现对本国能源产业和贸易的自主权，在缺乏资金技术和市场乃至运输通道的情况下，中亚能源生产国需要通过国际能源合作发展本国的能源产业。中亚能源生产国所参与的国际能源合作可以归为三大类，其中第一类是在独立之后与西方国家及其石油公司所建立的能源合作，第二类是延续与俄罗斯的传统能源关系而进行的能源合作，第三类是与中国开展的一系列能源合作。

---

① 潘光：《“9·11”事件前后美国与中亚的关系：变化与挑战》，《复旦学报（社会科学版）》2005年第6期，第29—37页。

② Edward Chow and Leigh Hendrix, “Central Asia’s pipelines: Field of dreams and reality”, *NBR Special Report*, September, No. 23. 2010.

正如前文所述，中亚成员国与西方国家及其石油公司的能源合作业已退缩。相比之下，俄罗斯与中亚的能源合作关系逐渐得到巩固，而中国参与中亚的能源开发虽然晚于西方国家，但是与中亚国家的能源合作成果远远超过西方国家，并对上合能源合作具有积极的推动作用，这将在本文的第二和第三部分详细阐释。

二、俄罗斯与上合组织能源合作

能源一向是俄罗斯与苏东国家的传统经济和政治纽带，与后苏联空间的国家延续和发展能源关系也是俄罗斯恢复其欧亚强国地位的重要战略支柱。在20世纪90年代，俄罗斯试图在后苏联空间建立能源一体化，如俄罗斯—中亚的能源一体化。在上合组织成立后，俄罗斯提出了创立上合组织能源俱乐部的设想。在俄罗斯与西方国家发生一系列危机之后，俄罗斯能源安全的外部环境持续恶化，俄罗斯把推动与中亚国家的能源一体化视作维护本国能源安全的最有效途径和巩固能源大国地位的战略依托。2015年初，由俄罗斯主导的区域能源一体化进程在欧亚经济联盟范围内成功启动。① 可以说，俄罗斯开展了一系列与上合组织能源合作既有重叠、交叉又有平行关系的区域能源合作，包括在上合组织框架中推行的能源俱乐部和上合组织框架之外建设的以自身为核心的区域能源一体化。

（一）俄罗斯主导的与中亚国家的区域能源合作

苏联解体后，俄罗斯通过直接的经济联系、双边关系以及与中亚国家建立区域合作组织，来保持在中亚的影响力。其中由俄罗斯倡导的区域性合作组织主要有：1991年的独立国家联合体（Commonwealth of Independent States，CIS）；2000年组建的欧亚经济联盟（Eurasian Economic Community）；以及2002年成立的集体安全条约组织（Collective Security Treaty Organization，CSTO）。

俄罗斯倡导的中亚区域合作组织的成效并不理想。独立国家联合体的

---

① 陈小沁：《俄罗斯能源安全与中亚能源一体化：动因、实践与前景》，《俄罗斯东欧中亚研究》2020年第5期，第97—112页。

作用和重要性已经日渐边缘化，欧亚经济联盟的实际意义业已日渐式微，并且近年来有可能被更加具体的俄白哈关税同盟计划所取代。

俄罗斯与中亚的油气合作关系主要建立在对中亚油气贸易，以及对中亚油气运输管道控制的基础上。中亚的天然气对于俄罗斯具有重要战略意义，可使俄罗斯能够通过苏联时期建设的天然气网络，维持向独联体国家输送廉价天然气，同时也使俄罗斯能够以本国生产的成本更高的天然气出售欧洲市场。① 俄罗斯继承了苏联对中亚天然气运输的垄断。② 俄罗斯的卢克石油公司、俄罗斯天然气工业股份公司，以及俄罗斯石油运输公司分别掌管了中亚国家的石油生产、天然气生产和油气管道运输。俄罗斯天然气工业股份公司一直以低廉的价格买断土库曼斯坦的天然气，向独联体国家，如乌克兰、白俄罗斯等国供应天然气。③ 直到 2008 年，在中亚国家油气出口的多元化局面日渐成熟，俄罗斯才提高向中亚国家收购天然气的价格。俄罗斯与中亚国家的油气贸易关系逐步得以改善，不过俄罗斯仍能借助苏联时期的油气管道在很大程度上保持对中亚油气运输的影响力。

（二）俄罗斯与上合组织能源俱乐部

成立上合组织能源俱乐部④的倡议一经提出，便得到上合组织国家纷纷响应和主动参与，特别是获得中俄这两个最主要成员国的积极推动。建立上合组织统一能源空间这一战略构想经历了提出倡议、酝酿筹备和正式起航等三个阶段。

在倡议提出的阶段，俄罗斯可以说是上合组织多边能源合作这一构想

① Leszek Buszynski, "Russia's New Role in Central Asia", *Asian Survey*, Vol. 45, No. 4, 2005, pp. 546 – 565.

② ［美］兹比格纽·布热津斯基著，中国国际问题研究所译：《大棋局——美国的首要地位及其地缘政治战略》，上海人民出版 1998 年版，第 185 页。

③ Thrassy Marketos, "Eastern Caspian Sea Energy Geopolitics: A Litmus Test for the U. S. – Russia – China Struggle for the Geostrategic Control of Eurasia". *Caucasian Review of International Affairs*, Vol. 3, No. 1, 2009, pp. 2 – 19.

④ 关于上合组织能源俱乐部的研究参见，杨成：《关于在上海合作组织框架内建立统一能源空间的几点思考》，《西伯利亚研究》2008 年第 1 期，第 26—29 页；陈小沁：《上海合作组织能源合作机制化问题初探》，《教学与研究》2009 年第 9 期，第 56—61 页。

的推动者。2004年9月，俄罗斯前总理弗拉德科夫在吉尔吉斯斯坦首都比什凯克举行的上合组织总理会议上，首次提出建立上海合作组织的统一能源供求系统和能源俱乐部的设想。2006年6月，在中国上海举行的上合组织元首理事会第6次会议上，俄罗斯总统普京表示“在上合组织框架内建立一个能源俱乐部”。同年9月，在乌兹别克斯坦首都塔什干举行的上合组织经贸部长会议上，决定成立旨在促进能源领域合作的专业工作组，从此正式拉开构建上合组织统一能源框架的序幕。

上合组织能源俱乐部在其酝酿与筹备阶段，得到中亚成员国和中国的积极响应和支持。2007年6月，上合组织能源部长在莫斯科举行了首次会晤。同年8月在比什凯克召开的上合组织元首理事会第6次会议上，能源合作成为会议的首要议题。各国领导人一致认同成员国在能源领域密切协作和制定共同立场十分重要，并就上合组织能源合作机制的基本原则达成共识，即对所有赞同上合组织宗旨和任务的国家和组织开放。俄罗斯总统普京再次强调了成立上合组织能源俱乐部的必要性，开展能源对话、各国能源构想的接轨以及成立能源俱乐部将是上合组织成员国进一步合作的优先方向，并呼吁上合组织各国必须扩大在能源领域的相互协作。同年11月，在乌兹别克斯坦首都塔什干举行的上合组织总理第6次会议上，各国总理强调必须密切合作，应该在能源领域制定共同立场，讨论能源合作前景，包括成员国能源战略对话等问题。俄方总理还提议上合组织国家应更积极地开展筹备上合组织能源俱乐部的工作。由此可见，能源合作已经成为上合组织经贸合作中的最重要，也是优先的工作方向。

2008年10月，在哈萨克斯坦首都阿斯塔纳举行了上合组织成员国政府总理理事会例行会议，此次会议修订了《〈上海合作组织成员国多边经贸合作纲要〉落实措施计划》，各国总理提出应该在提高能源利用率、开发清洁能源和技术、利用可再生能源、保障能源安全等方面深化合作，并要求在燃料和能源领域开展合作、提高现有能源生产能力和能源网络的效益、在开发石油和天然气新产地及其加工方面扩大互利合作等具体能源合作项目或领域展开可行性研究。2011年9月，上合组织国家能源部长在中国西安磋商启动上合组织能源俱乐部的有关事宜，在会后发表的《西安倡议》中确立了能源合作的指导思想和基本原则，即互信、互利、平等、协商、尊重多样文明和谋求共同发展。该倡议提出加快启动上合组织能源俱乐部，以扩大成员国能源战略、政策、安全问题交流，发展能源技术合作，培养能源专业人才，并建议上合组织成立能源俱乐部高级工作组。《西安倡议》的发表标志着上合组织能源俱乐部的筹备酝酿工作已渐成熟。

能源俱乐部的倡议在2013年正式落实启航。在比什凯克举行的上海合作组织元首理事会第13次会议上，习近平主席发表了《弘扬“上海精神”促进共同发展》的讲话，习主席提议成立能源俱乐部，建立稳定供求关系，确保能源安全，同时在提高能效和开发新能源等领域开展广泛合作。① 同年12月《上海合作组织能源俱乐部成立备忘录》在莫斯科签署。上合组织国家相信，能源俱乐部的成立将会深化上合组织能源生产国（俄罗斯、哈萨克斯坦、乌兹别克斯坦以及伊朗）与能源消费国（中国、塔吉克斯坦、吉尔吉斯斯坦、印度、巴基斯坦以及蒙古国）之间的合作，并将在构建全球与地区统一能源体系的道路上迈出第一步。备忘录的签署预示着上合组织能源俱乐部的筹建正式启航。在2014年9月塔吉克斯坦首都杜尚别进行的元首理事会第14次会议上，习近平主席在《凝心聚力精诚协作，推动上海合作组织再上新台阶》的讲话中，再次呼吁充分发挥能源俱乐部的作用，加强成员国能源政策协调和供需合作，强调要加强跨境油气管道安保合作，确保能源安全的重要性。② 俄方也做出积极回应，积极推动上合组织能源俱乐部的尽快建立。上合组织能源俱乐部的筹建得到中俄双方的高度重视和积极推动。

2015年7月，在俄罗斯的乌法召开了上海合作组织元首理事会第十五次会议。虽然能源合作不是乌法峰会的重点讨论议题，但无论是此次峰会所通过的纲领性文件、领导人发表的《乌法宣言》以及习近平主席的重要讲话，还是2015年5月中俄两国签署的《中华人民共和国与俄罗斯联邦关于丝绸之路经济带建设和欧亚经济联盟建设对接合作的联合声明》，均为推动上合组织多边能源合作提供了充分的物质基础和制度条件。

（三）俄罗斯推进上合组织多边能源合作中存在的局限性

目前，上合组织内的多边能源合作面临的最大问题是能否将双边合作

---

① “习近平在上海合作组织成员国元首理事会第十三次会议上的讲话”，新华网，http://news.xinhuanet.com/politics/2013-09/13/c_117365545.htm。

② “习近平在上海合作组织成员国元首理事会第十四次会议上的讲话”，人民网，http://politics.people.com.cn/n/2014/0912/c1024-25653353.html。

扩溢为多边合作，这在很大程度上取决于区域内最大的能源生产国俄罗斯和最大的能源消费国中国。就俄罗斯而言，虽然多边能源合作对俄罗斯具有重大战略和经济意义，但是俄罗斯对多边能源合作的复杂态度，以及俄罗斯对俄—中能源合作的考量，却成为构建上合组织能源俱乐部最大的不确定性。

俄罗斯对当前国际能源组织缺乏基本的认同和遵从，其对多边能源合作的根本意图是建立由自己主导的国际能源组织。俄罗斯虽然是油气生产大国，但俄罗斯既不是主要国际能源组织的成员，更不是国际油气交易规则的制定者。俄罗斯一直试图建立由自己主导的油气交易规则。作为石油出口大国，俄罗斯政府至今都没有加入欧佩克的意向。俄罗斯与能源宪章条约组织的关系也很复杂。俄罗斯在多边能源合作中一贯坚持和追求俄方掌握主动权，不愿意接受其他国家或组织的主导，这一特性集中体现在俄罗斯与能源宪章条约组织的关系上。① 俄罗斯虽然没有完全拒绝能源宪章条约，但是俄罗斯国家杜马拒绝批准该条约。除去为了确保俄罗斯天然气工业股份公司在中亚油气生产和运输中的垄断地位，排斥欧洲国家介入中亚的油气业务等原因以外，俄罗斯在根本上不愿意接受一个由欧盟发起的条约。② 与一个有欧盟、中亚以及其他国家参加的能源宪章多边合作框架相比，俄罗斯更加擅长和倾向于同中亚国家进行双边合作。鉴于俄罗斯在多边合作中的主导权偏好，俄罗斯甚至可能在特定条件下成为中亚区域能源合作的阻力，③ 从而削弱中亚国家参与上合多边能源合作的信心与意愿。

---

① Andrei V. Belyi，“A Russian Perspective on the Energy Charter Treaty”，*Real Instituto Elcano*，*ARI*，2009，No. 98，http：//www. realinstitutoelcano. org/wps/ portal/rielcano_eng/Content? WCM_ GLOBAL_CONTEXT =/ elcano/elcano_in/zonas_in/europe/ari98 – 2009 ；Andrei V. Belyi，“Russia's Position on the Energy Charter”，http：//www. chathamhouse. org/sites/default/files/ public/ Research/Russia% 20and% 20Eurasia/ 270412summary. pdf.

② Andrei V. Belyi，“A Russian Perspective on the Energy Charter Treaty，” *Real Instituto Elcano*，*ARI*，2009，No. 98，http：//www. realinstitutoelcano. org/wps/portal/ rielcano_eng/Content? WCM_ GLOBAL_CONTEXT =/ elcano/ elcano_in/zonas_in/europe/ari98 – 2009，Andrei V. Belyi，“Russia's Position on the Energy Charter”，http：//www. chathamhouse. org/sites/ default/files/public/Research/ Russia% 20and% 20Eurasia/270412summary. pdf.

③ Virginia Marantidou and Ralh A. Cossa “ China and Russia's Great Game in Central Asia”，*The National Interest*，October 2014.

三、中国与中亚能源合作

中国与中亚产油国的能源合作始于20世纪90年代末，在上合组织成立后中国与中亚油气生产国的能源合作进程明显加快，双边合作取得丰硕的成果，多边能源合作也实现了零的突破。中国与中亚油气生产国的能源合作在很大程度上得益于上合组织的成立，也受益于中国对上合组织合作机制的推进。

（一）中国和中亚油气生产国及过境国的石油和天然气合作

在石油合作和输油管建设领域，中国的国有石油公司中国石油天然气总公司（CNPC）、中国石油化工股份有限公司（Sinopec），依靠双边政府签署的合同，在中国政府的财政支持下，以政府间协议以及收购股权等方式，对哈萨克斯坦的油田勘探开发与管道建设进行了大规模的投资。2006年第一条由中石油承建的中哈原油管道正式投入运营，从而使中国首次以管道方式从境外进口原油，也是中国的第一条陆路能源管道。① 中哈石油与管道合作不仅在一定程度上提高了中国的石油进口安全，也帮助哈萨克斯坦实现了石油出口渠道的多元化，成为中国与中亚国家能源合作互利双赢的典范。

在天然气开发和管线建设方面，中国与中亚国家之间的合作进展迅速效果显著，中亚—中国天然气管道（CAGP）被誉为“世纪管道”。2006—2014年，中国分别与土库曼斯坦、乌兹别克签署了多项天然气贸易协议和管道建设合同。2009年12月纵贯土库曼斯坦、乌兹别克和哈萨克斯坦的中国—中亚天然气管道A线正式建成并向中国输送天然气，这也是中国首次以管道方式从境外进口天然气。2010年，中亚—中国天然气管道B线投入运营，AB两线年输入天然气170亿立方米。2013年底C线完工，产自乌兹别克的天然气向中亚—中国天然气管道增加了100亿立方米的输送量。2014年9月，中国与土库曼斯坦启动了中亚—中国天然气管道D线建设，由土库曼斯坦经乌兹别克斯坦、塔吉克斯坦、吉尔吉斯斯坦进入中国。与中哈石油管线一样，中亚—中国天然气管道不仅保障了中国获得稳定可靠

① 王海燕：《上海合作组织成员国能源合作：趋势与问题》，《俄罗斯研究》2010年第3期，第94—103页。

的天然气来源，也使中亚国家突破了在天然气出口渠道和价格上受俄罗斯的限制，同时中亚的天然气获得了更加有利的价格并实现了出口的多元化。

（二）中国通过上合组织为中国—中亚能源合作提供公共产品

中国之所以在与中亚国家的能源合作中取得长足进展，得益于中国在上合组织中的与中亚成员国之间享有充分的政治互信、在上合组织内建立的能源合作关系最为广泛、而且有足够的能力和强烈的意愿提供包括能源合作在内的区域公共产品。

中国与上合组织国家所开展的安全合作已在一定程度上为能源合作提供了必要的区域性公共产品，包括安全的承诺和政治的互信。绝大多数上合组织国家对中国持有积极良好的政治信任，这一点保证了中国与中亚国家的能源合作连续取得突破性进展，甚至在中亚能源合作中获得某种“特殊”地位。随着中亚国家与中国双边关系不断深化和提高，政治互信不断加强，中亚国家与中国的能源合作也达到前所未有的高度。在中亚国家对油气资源进行国有化经营的情况下，中国于2007年与土库曼斯坦签署了产品分成协议（PSA），成为在土库曼斯坦第一家也是迄今唯一一家获许开发土库曼斯坦陆上天然气田的外国公司。中国与中亚油气生产国以及过境国之间已经建起四条跨境天然气管线，中亚—中国天然气管道的ABC三线将沿途的土库曼斯坦、乌兹别克斯坦和哈萨克斯坦三国连接起来，D线则进一步将塔吉克斯坦和吉尔吉斯斯坦纳入天然气管道，首次实现将中亚五国与中国贯通在一张天然气管网中，也是上合组织中覆盖范围最广的跨境天然气管网。

（三）上合组织也是中国与中亚国家发展能源合作的重要平台

中国通过上合组织以及双边渠道，向中亚国家以及俄罗斯提供了大量贷款。由中国提供贷款、中石油负责设计和施工，带有多边合作雏形的中亚—中国天然气管道既使得沿线中亚国家直接在经济上受益，也增加了这些国家与俄罗斯在天然气谈判中的议价能力。而中国政府于2013年提出“一带一路”倡议，更是成为当前中国在上合组织框架内推动多边能源合作重要的区域公共产品。2009年中国向上合组织提供了100亿美元，供成员国应对经济危机。2014年9月在习主席访问中亚期间，中石油以约50

亿美元的价格收购哈萨克斯坦国家石油和天然气公司所持有的卡沙干油田权益，中石油获得该油田 8.33% 的股权。2014 年 9 月由中石油承建的土库曼斯坦“复兴”气田一期工程竣工投产。哈萨克斯坦的卡沙干油田是目前世界上最大的油田，土库曼斯坦的“复兴”气田是世界第二大单体气田，两国都将最好的油气区块作为与中国合作的新平台，这标志着中亚国家与中国之间的政治互信加深，经济相互依存水平不断提高。

四、“一带一路”倡议与上合组织能源合作

能源合作在“一带一路”倡议中发挥着非常重要的作用，丝绸之路经济带的能源合作对于中国减轻中东的进口压力，实现油气进口来源多元化和能源安全具有不可替代的战略意义。“一带一路”作为中国向世界提供的公共产品，与上合组织能源合作存在战略上的对接和利益上的契合，为上合组织能源合作提供了一种新的合作模式和制度选择。

（一）“一带一路”是中国参与中亚区域能源合作的战略新布局，而上海合作组织则是中国参与国际多边能源合作的首选试验平台

中亚的能源政治格局令中国在这一地区有更多意愿和能力投入多边能源合作。由于种种原因，中国作为现行国际能源秩序的后来者，参与国际能源合作机制以及国际能源治理的程度都非常有限。中国与 IEA 的关系仅处于对话和沟通阶段。在中国于 1993 年成为石油净进口国之前，发达国家已经形成相对成熟的多边能源机制，如旨在加强消费国能源安全的国际能源署（IEA）。中国不是 OECD 成员，因而不能成为国际能源署的一员，只能作为国际能源署的特别观察员。中国当时尚无法达到 IEA 所要求的相当于 90 天石油消费量的紧急石油储备的要求。中国也难以参加 IEA 成员国的集体行动应对石油紧急事件。① 另外，中国与能源宪章条约组织（ECT）

---

① Wilfrid L. Kohl, “Consumer Country Energy Cooperation: The International Energy Agency and the Global Energy Order”, in Andereas Goldthau and Jan Martin Witte, eds., *Global Energy Governance: The New Rules of the Game*, Berlin: Global Public Policy Institute, 2010, pp. 217 – 219.

的关系也与中国和IEA的关系相似。中国在国际能源体系中仍是一个弱势的资源寻求者，中国既对进口油气存在高度依赖，又不具影响国际能源交易规则的能力。中国只能作为国际能源交易规则被动的接受者，而不是有能力影响规则的参与者，更不是主动的规则制定者。

鉴于国际多边能源合作机制对维护参与者的能源利益影响重大，而当前国际能源秩序的规则并不有利于维护包括中国在内的新兴经济体的能源利益；又由于中国已经成为最大的油气进口国，在全球的能源利益不断扩大，而中国作为油气消费大国的地位与其在多边国际能源机制中的话语权越来越不相匹配。因此，无论为了更好地维护自身能源利益，还是推动国际能源秩序朝着有利于新兴经济体能源利益的方向改革，中国都有必要参与国际能源多边合作机制。

上合组织能源合作是中国锻炼自身参与国际多边能源合作的能力和积累经验的首选平台。第一，就中国的外交战略而言，上合组织是中国建立周边睦邻友好带、战略稳定带和经济合作带的重要依托，也是构建和谐周边、破解敌对势力战略围堵、推行新型国际关系准则、展示新型区域经济合作理念的重要平台。第二，从中国能源外交的角度看，中国是上合组织中经济实力最强的国家，是增长强劲的能源战略买家，也是与上合组织国家能源合作最密集的国家，因而中国有能力和意愿将现有的双边合作成果扩溢为多边合作机制，成为上合组织多边能源合作机制的规则制定者，避免该机制为其他大国所垄断。第三，从区域能源政治格局的角度看，上合组织是最有利于中国尝试推行多边能源合作机制的区域。相对中东产油区而言，上合组织区域内的能源政治结构中尚不存在绝对的支配力量，发达国家及其跨国石油公司对中亚的油气资源并不占据任何的垄断权。而随着越来越多的区域外行为体加入中亚—里海地区的油气开发和管道建设，俄罗斯自苏联继承下来的对中亚油气资源和运输的垄断已逐渐下降。另外，相对于撒南非洲的苏丹、尼日利亚等产油国而言，上合组织国家的治理程度和政治稳定程度普遍较高，因此成为更加安全的能源投资目的地。第四，与其他投资方相比中国具备更多的战略优势。中国在中亚面临能源投资条件和处境与西方国家相似，但是中国与中亚的政治互信则明显超过西方国家。中国在中亚国家中所拥有的政治信任和经济合作的需求都超过俄罗斯，中亚也因此成为中国能源外交成果最丰硕的地区。

虽然中国政府一贯倾向于分别同油气生产国进行双边能源合作，而不擅长在多边机制中与油气生产国进行合作，① 但是，中国与中亚国家的能源合作已经初步凸显多边合作的雏形和势头。在上合组织地域中，中国有机会和条件在多个油气生产国之间建立多边联系。中亚—中国天然气管道的建成可谓中国在中亚开启能源多边合作的一次先例，也是中国在多边能源合作中提供区域公共产品的一次尝试。“一带一路”的互联互通更是有助于将中亚国家在地缘经济上联系起来，为多边合作机制奠定物质基础，提高中国与中亚油气生产国建立多边能源合作框架的意愿，加强我国在上合组织框架内构建多边能源合作机制的能力。

（二）“一带一路”对上合组织构建多边能源合作的战略意义

2014 年习近平总书记提出了能源的“四个革命和一个合作”，即能源消费、供给、技术和体制革命，要求全方位加强能源国际合作。② 在国家能源局的具体落实方案中，拟定了丝绸之路经济带能源生产和消费革命行动计划，即以丝绸之路经济带沿线的能源资源富集省区为重点，打造绿色能源示范带、能源生产和消费革命示范带。由此可见，“一带一路”倡议的实施将成为加强我国能源国际合作提高安全保障能力的重要抓手。而上合组织多边能源合作机制的建立将有利于推动环里海油气东流，增强我国保障能源安全的能力。

丝绸之路经济带与多数上合组织国家发展战略高度契合。对于中亚能源生产国来说，既要实现能源出口渠道的多元化，摆脱俄罗斯对中亚能源生产和运输的垄断和控制，同时也要谨防大国主导中亚能源产业；既需要引进外资和技术发展本国能源产业和基础设施，也强调发展的自主权。而对与中亚能源资源匮乏的国家来说，希望融入到地区经济合作中，利用邻国的能源资源发展本国经济。哈萨克斯坦 2014 年的总统国情咨文，就将能源交通基础设施建设列为七大优先发展方向之一。中国与中亚的油气合作以及管道建设，给中亚油气生产国带来了能源产业发展的机遇，也帮助油气匮乏的国家提供

---

① Suyuan Sun, “Energy Acquisition, Usage, and China's Engagement in Northeast Asian Energy Cooperation”, in Bo Kong and Jae H. Ku, Eds., *Energy Security Cooperation in Northeast Asia*, New York: Routledge, 2015, pp. 38 – 61.

② “积极推动我国能源生产和消费革命”，新华网，http: //news. xinhuanet. com/politics/2014 – 06/13/ c_1111139161. htm。

了融入区域经济发展的机会和渠道。而随着“丝绸之路经济带”在上合组织国家及其周边的部署和实施，将进一步提升上合组织区域内多边能源合作的水平。

2015 年 5 月在习近平主席访俄期间，中俄两国发表了关于“丝绸之路经济带”建设和欧亚经济联盟建设对接合作的联合声明。该声明表示，双方将通过双边和多边机制，特别是上海合作组织平台开展合作。对中俄领导人做出的这一重要战略选择，莫斯科国际关系学院东亚及上合组织研究中心主任亚历山大·卢金做出了这样的评价，“中国提出的丝绸之路经济带构想正好可以打开目前上合组织在经济领域的僵局，上合组织的作用，特别是经济方面的作用将显著增强”。① 在 2015 年 7 月俄罗斯乌法峰会所批准的《上海合作组织至 2025 年发展战略》中，提出上合组织成员国应对丝绸之路经济带倡议形成统一立场，利用该倡议为推进上合组织经济合作创造有利条件。可以说，中国的“一带一路”倡议不仅与上合组织多边能源合作存在高度的战略对接，而且已经得到上合组织国家的普遍认可和积极支持。

五、中俄能源合作与上合组织能源合作

中国除了与中亚成员国建立了良好的油气合作关系以外，与俄罗斯之间也存在长期的能源合作关系，并在最近的十多年取得良好的发展，不断迈向新的高度。一方面，中国与中亚国家油气合作所取得的进展，在一定程度上刺激了俄罗斯在中俄油气合作中采取积极合作的姿态；另一方面，2008 年金融危机、2014 年乌克兰危机后西方对俄罗斯的制裁，以及近年来的国际油价持续低迷等政治和经济因素，也迫使俄罗斯加强与中国发展油气合作。目前，中俄两国既在双边层面也在上合组织框架内展开了积极的能源合作。

（一）中俄两国既能在双边层面开展平行于上合组织的能源合作，也能在上合组织中给予对方高度的战略支持

中俄能源合作早于上合组织的成立，在进入 21 世纪后中俄在双边层面开

① “上合组织国际影响力越来越大”，新华网，http：//news. xinhuanet. com/2015 - 07/08/c_1115853947. htm。

展了平行于上合组织框架的能源合作，并不断取得突破性进展，在多边层面则给予政策和战略上的相互支持。2008 年 10 月，中俄两国总理就能源合作达成多个协议。根据协议，中国向俄罗斯提供 250 亿美元贷款，俄罗斯在未来 20 年中向中国供应 3 亿吨原油。中俄还就共建俄远东石油管道（ESPO）中国支线（俄罗斯斯科沃罗季诺—中国大庆，全长 980 千米）签署了合作文件，并决定启动中俄石油管道支线俄罗斯境内部分的修建计划。2014 年 5 月，中国石油天然气集团公司和俄罗斯天然气公司签署了《中俄东线供气购销合同》。双方商定，从 2018 年起，俄罗斯每年对中国供气 380 亿立方米，累计 30 年，总价 4000 亿美元。

除了原油和天然气的开采领域，中国与俄罗斯的能源合作现已进入到石油加工行业。中俄在俄罗斯的阿穆尔州建起了合资石油加工厂，加工来自东西伯利亚油田的原油，生产煤油、柴油和重油，石油产品供应中俄双方的能源市场。2014 年中国方面在黑河边境经济合作区规划了面积 20 平方公里的化工（跨境）产业园区，作为阿穆尔—黑河边境油品储运与炼化综合体项目和中俄天然气合作项目落地和产业扩展区域，重点培育石油与天然气化工领域跨境深加工产业。中石化还参加了生产液化天然气的俄罗斯“萨哈林—3”勘探项目，并拥有该项目中韦宁区块开发项目 25.1% 的股份。

除了在双边层面开展的能源合作，中俄不仅参与了上合组织框架内的能源合作，而且以上合组织为平台相互支持多边能源合作。主要体现在两方面：一方面是中国对俄罗斯所倡导的上合组织能源俱乐部的支持与推动；另一方面是俄方对中国“一带一路”倡议的支持，比如在 2015 年上合组织乌法峰会上，中俄两国签署了关于丝绸之路经济带建设和欧亚经济联盟建设对接合作的联合声明。① 既确立了中国的“一带一路”倡议为上合组织多边能源合作提供区域公共产品的合法性，也明确了中俄两国在建立上合组织能源共同体中共同的主导地位。

（二）中俄能源竞争

俄罗斯对外能源关系的战略竞争性和不稳定性集中体现在俄中能源关系

① “中华人民共和国与俄罗斯联邦关于丝绸之路经济带建设和欧亚经济联盟建设对接合作的联合声明”，新华网，http：//news. xinhuanet. com/2015 – 05/09/c_127780866. htm。

上。与中俄在政治和军事上的战略伙伴关系相比，两国的能源关系更多地表现出利益竞争和不稳定性。如果这种竞争性和不稳定性得不到有效控制和管理，将成为阻碍上合组织建立能源共同体最大的障碍。

俄罗斯政府不仅将能源视为经济资源，更是将其视为一种用来谋求相对别国战略优势的权力杠杆，那么在同消费国的能源贸易或合作中，俄罗斯政府无论如何都要竭力避免出现一种由买家垄断市场的情形。更确切地说，俄罗斯在能源合作中最不希望出现买家联合起来共同与俄罗斯谈判的局面。比如，面对东北亚地区的中国、日本和韩国等主要进口国，俄罗斯政府强调分别与三个进口国单独开展能源合作，而不是与三个消费国组成的买方联盟一起合作。在东北亚地缘政治中，俄罗斯政府显然试图用油气影响东北亚的地缘政治秩序。① 在中国和日本竞争俄罗斯东西伯利亚石油管道的事件上，俄罗斯政府分别抛弃了中国提出的安大线和日本建议的安纳线，以东西伯利亚—太平洋石油管道（ESPO）取而代之，ESPO 的建成足以提高俄罗斯在东北亚地区的战略地位。从俄罗斯在与中国和日本的石油管道谈判的过程可以判断，如果俄罗斯坚持从保持战略优势的角度与其他消费国进行能源合作的话，那么战略利益考量和地缘政治竞争将会贯穿俄罗斯与其他国家的能源合作。

不过，目前在上合组织能源合作中尚未出现与东北亚地区相似的能源竞争状况，也就是说最大的能源消费国中国、消费势头增长迅速的印度及其他能源消费国还没有陷入共同竞争俄罗斯油气来源的矛盾。而且在中国与中亚油气合作取得长足进展的情况下，以及俄罗斯近年来先后陷入经济和政治困境的条件下，俄罗斯正在学会更多地从长远战略利益的角度对待能源合作问题，其积极推动的上合组织能源俱乐部可以理解为是俄罗斯在当前国际政治经济条件下做出的长远战略选择。

尽管在2014年乌克兰危机之后，俄罗斯进一步明确能源战略“向东看”的调整措施，以亚太市场作为未来发展方向，但是在俄罗斯的能源战略调整中，亚太市场不等于中国市场，“向东看”不等于向“中”看。中

① Leszek Buszynski, “Oil and Territory in Putin’s Relations with China and Japan”, *The Pacific Review*, Vol. 19, No. 3, 2006, pp. 287 – 303.

俄能源合作在较长一段时期中都不是一帆风顺，而是充满了矛盾和摩擦。①两国能源合作只是在2009年和2014年才分别取得石油管道合作和天然气贸易的重大突破，其背后的契机都是由于俄罗斯遭遇严重经济危机和国际政治困境，从而不得不改变对中国能源合作的姿态，放松与中国能源合作的条件，以换取中国的贷款和市场。

六、上合组织新成员与上合组织能源合作

如果说中亚国家的独立对于上合组织能源合作具有奠基石般的意义，那么随着上合组织的扩员，新成员的加入也扩大了上合组织能源合作的空间，增添了新的研究议题。例如，在印度成为上合组织新成员后，能否通过上合组织改善其能源安全状况，印度与上合其他成员国的能源关系等成为上合组织能源合作的新议题。总体来说，印度对上合组织内合作的关切重点是打击恐怖主义，加强区域互联互通和保障能源安全。在能源方面，印度与中亚国家以合作寻求能源来源的活动早于其加入上合组织，而且所参与的区域能源基础设施的合作也不局限于上合组织。虽然毋庸置疑的是上合组织中的油气生产国对于印度的能源安全具有比较重要的价值，但是印度在上合组织的能源合作还面临地缘政治、大国政治等方面的制约。

（一）上合组织对于印度能源安全的重要性

印度所参与的跨境联通项目和区域能源合作项目大多受阻，加强与中亚国家的能源关系对印度就更加迫切。相比之下，上合组织为印度提供了

① Suyuan Sun, "Energy Acquisition, Usage, and China's Engagement in Northeast Asian Energy Cooperation", in Bo Kong and Jae H. Ku, Eds., *Energy Security Cooperation in Northeast Asia*, New York: Routledge, 2015, Pp. 38 – 61; Bobo Lo and Andy Rothman, "China and Russia: Common Interests, Contrasting Perceptions", *Asian Geopolitics Special Report*, No. 15, 2006, www.chathamhouse.org.uk/files/6619_russiachinamay06.pdf.

一条“加大印度在中亚影响力的低成本的途径”。① 上合在促进成员国经济贸易发展的同时，明确将实现中亚各国之间及中亚与周边地区的互联互通作为基础。以上合能源俱乐部为例，这一倡议旨在将上合组织内的能源生产国、过境国和消费国纳入一个完整的利益链条。上合组织则充当了一个多边协商平台，协调各成员国的利益和消除彼此的分歧。上合组织还能够为成员国提供一个从首脑到部长的多层级多边会晤机制，这可以弥补印度在连接中亚的事务中多边沟通机制的缺失。在印度与中亚国家的能源合作和跨境运输问题上，双边渠道遇到很大的局限性，阻碍跨境能源基建项目的实施。上合组织所具有的多边、多层面的会晤机制，能够为参与各方提供统一的游戏规则，多样化的会晤渠道，以及平等、密切且制度化的协商平台，避免相互间的恶性竞争。②

在融资方面，除了中国能够为上合组织的互联互通项目提供有力的财政支持，还有丝路基金、亚洲投资与开发银行等多边金融机构，也能够为大型跨区域基建项目提供资金和贷款保障。实际上，印度是区域金融机构的受益者，是从亚洲投资与开发银行中获得贷款较多的国家。在 2017—2018 年度，印度得到亚投行总放贷额的 28%，这在一个拥有 80 多个成员国的多边发展银行中是一个相当高的比例。此外，从地缘政治安全上来说，加入上合组织为印度推进其连接中亚的计划提供了机制性的保障，获得进入中亚的某种合法性和正当性，也为印度发展与中亚的能源关系增加了地缘上的联系。概而言之，上合组织为印度提升与中亚的能源关系，寻求连接中亚与南亚，提供了充分的资金保障，有效的合作平台和合理的合作机制。

（二）印度与上合组织能源俱乐部

上合组织能源俱乐部成立的目的旨在深化上合组织国家及观察员国中

① Manu Balachandran, “Could India and Pakistan’s armies come together with a little help from China”, *Quartz India*, https: //qz. com/india/1001317/india - and - pakistan - join - sco - could - their - two - armies - come - together - with - a - little - help - from - china/.

② 杨恕、李亮：《寻求合作共赢：上合组织吸纳印度的挑战与机遇》，《外交评论》2018 年第 1 期，第 36—65 页。

的能源生产国（俄罗斯、哈萨克斯坦、乌兹别克斯坦以及伊朗）与能源消费国（中国、塔吉克斯坦、吉尔吉斯斯坦、印度以及巴基斯坦）之间的能源合作。对于上合组织的新成员印度和巴基斯坦来说，上合能源俱乐部为它们拓展与上合国家的能源合作提供了一个重要平台。

天然气是印度改善能源安全降低碳排放的替代性清洁能源，印度计划到2030年将天然气在能源结构中的比重从目前的6%提高到15%。俄罗斯则利用上合组织能源俱乐部为其丰富的天然气储备寻找新的市场和跨欧亚管道建设。印度学者认为积极参与上合组织能源俱乐部是印度维护其能源安全的重要支柱，可以确保印度在GDP快速增长中的能源需求，并有利于印度在上合组织内对能源领域的上下游进行战略性投资。① 目前，复杂的地缘政治环境使印度无法在短期内从中亚和伊朗获得管道天然气供应，来自卡塔尔的液化天然气也面临海上安全威胁。截至目前印度还无法从上合组织中获得有规模的液化天然气来源，仅从俄罗斯进口少量的产自北极地区亚马尔半岛的天然气，而亚马尔天然气的运输成本高于来自俄罗斯远东西伯利亚的天然气。印度学者认为，印度应该设法从俄罗斯进口成本更低的天然气。为此，印度应该努力加入上合组织能源俱乐部，并积极响应俄罗斯组织的东方经济论坛等活动。

（三）印度的能源安全需求与中亚政策的演变

在上合组织及周边国家中，印度寻求能源安全的目标主要集中在中亚地区。中亚国家成立初期，由于当时印度的国际处境以及国内经济、政治和社会矛盾等原因，印度并没有给予中亚国家足够的重视。② 20世纪90年代，印度对中亚地区缺乏清晰的定位，中亚政策的内涵空洞而模糊，缺乏

---

① Chaitanya Giri and Aashna Agarwal, "India and the influential SCO energy club", https://www.gatewayhouse.in/india-sco-energy/.

② J. N. Dixit, "Emerging International Security Environment: Indian Perceptions with Focus on South Asian and Central Asian Predicaments", in K. Santhanam and Ramakant Dwivedi eds., *India and Central Asia: Advancing the Common Interest*, New Delhi: Anamaya Publishers, 2004, p. 19.

明确的政策愿景和实施路径。[①] 这一时期印度的中亚政策勉强被学界定义为“北向政策”，[②] 其目的只是为了突出印度作为崛起大国的影响，并没有探索切实的合作与接触途径。[③]

进入21世纪后，印度才真正开始重视中亚的地缘战略意义。2000年印度外交部第一次将中亚地区定位为“扩展的邻国”，2003年印度外长在第三届印度—中亚会议上将中亚称为印度的“近邻与战略邻国”。印度开始发展与中亚国家的政治、经济和能源伙伴关系。[④] 实质上，印度的能源来源和地区安全才是印度提升中亚战略地位的关键考量。2005年印度成立石油天然气米塔尔能源有限公司，竞购哈萨克斯坦石油公司股份。虽然此次竞价失败，但却标志着印度开始主动参与中亚能源的开发。在这一阶段，印度同土库曼斯坦及哈萨克斯坦签订了油气勘探和开采合同，推动TAPI管线项目，还积极谋求中亚的核燃料供应。[⑤] 能源合作也成为印度与中亚国家高层互访的主题之一，例如2009年哈萨克斯坦总统访问印度时，签署了向印度出口天然铀的合作协定。

此后，印度中亚政策的重点从发展与中亚的政治经济关系，逐渐转向经营与中亚的地缘政治联系。印度在2012年第一届印度—中亚对话中提出了“连接中亚政策”，其目的在于维护和促进印度在中亚的利益。除了塑造地区安全格局和彰显印度大国影响，确保能源安全和拓展能源利益也是“连接中亚政策”的核心驱动力。印度与中亚的能源合作面临诸多现实困难，即缺少直接的陆路通道和恶劣的地缘政治环境阻碍了印度获取中亚油气资源，印度参与中亚的油气开发也落后于俄罗斯、西方国家，因此印度需要拓展和深化与中亚的多渠道合作。印度不仅要从投资和贸易的角度谋求中亚的油气来源，而且更要从地缘政治的角度构建油气运输通道，以确

---

① 吴兆礼：《印度“连接中亚政策”：推进路径与成效》，《国际问题研究》2019年第6期，第67—83页。

② Nirmala Joshi, “Central Asia: India’s Extended Neighbourhood”, *Dialogue*, July - September, 2009, p. 32.

③ Bhavna Dave, “Resetting India’s Engagement in Central Asia: From Symbols to Substance”, RSIS Policy Report, January 2016, pp. 4 - 5.

④ David Scott, “India’s Extended Neighborhood Concept: Power Projection for Rising Power”, *India Review*, No. 2, 2009, pp. 107 - 143.

⑤ P. Stobdan, “India and Central Asia: Untying the Energy Knot”, *Strategic Analysis*, Vol. 40, No. 1, 2016, pp. 14 - 25.

保油气来源的可靠性。

印度将获取中亚的能源资源和参与阿富汗战后重建、打击恐怖主义，以及参与中亚的地缘政治博弈紧密地联系在一起。阿富汗局势的稳定对于印度能否打通连接中亚与南亚的通道至关重要，不仅如此，印度也希望通过与阿富汗建立战略伙伴关系来平衡巴基斯坦在阿富汗不断扩大的影响力。

印度将“连接中亚政策”作为在整体上改善地缘政治处境，加强能源安全和谋求大国地位的战略，其具体措施包括推进国际南北运输走廊（INSTC，International North - South Transport Corridor）倡议、积极参加土库曼斯坦—阿富汗—巴基斯坦—印度天然气管线（TAPI）、对接欧亚联盟和加入上海合作组织等。[①] 南北运输走廊是印度绕过巴基斯坦进入中亚、高加索和欧洲市场的通道设计，通过伊朗和中亚将印度与俄罗斯连接起来的多模式运输走廊，也是印度版的“新丝绸之路”。[②] TAPI项目是美国版“新丝绸之路”的主打项目，其目的是打通连接南亚和中亚的交通设施和能源通道。[③] 这一项目非常符合印度对中亚能源的需求，印度可借助美国的力量促进该项目的落实，因此印度积极支持和参与TAPI。对接欧亚经济联盟则是为了与俄罗斯中亚国家发展全面经济伙伴关系，最终建立自由贸易区。虽然经过政府换届，莫迪政府上任后仍继续前任政府的这一政策，将与欧亚联盟建成全面经济伙伴关系作为工作重点，先后与俄罗斯和中亚国家的领导人表达了与欧亚联盟建立自由贸易区的意愿，并着手开启建立自贸区的行动。相比之下，加入上合组织也是印度作为提升与中亚国家政治经济联系和保障自身能源安全的一个途径。印度借助上合组织，可以提高自身在阿富汗和平进程中的作用，扩大在中亚地区事务中的影响力，深化与中亚地区的经贸联系，实现与中亚地区的连接。[④] 由此可见，印度的“连接

---

① 王志：《印度“连接中亚政策”的战略评析》，《国际关系研究》2017年第1期，第139—153页。

② Sreemati Ganguli, “The Revival of the Silk Roads Topic: Topic: A Contemporary Analysis”, in Marlene Laruelle eds., *Mapping Central Asia: Indian Perceptions and Strategies*, London and New York: Routledge, 2016, pp. 85 - 90.

③ S. Frederick Starr, “A Partnership for Central Asia”, *Foreign Affairs*, Vol. 84, No. 14, 2005, pp. 164 - 178.

④ 吴兆礼：《印度“连接中亚政策”：推进路径与成效》，《国际问题研究》2019年第6期，第67—83页。

中亚政策”与加入上合组织之间不存在替代关系或竞争关系，印度将加入上合组织视为实现“连接中亚”这一战略目标的工具或渠道，但是印度不会局限在上合组织框架中谋求与中亚地区的“连接”。

（四）印度在上合组织中追求能源安全的制约因素

首先，印度与上合组织国家的能源贸易关系进展缓慢。从印度与俄罗斯中亚地区的石油贸易来看，在印度加入上合组织后从该组织的油气进口状况并没有明显改善的趋势。印度对上合组织的能源外交中还有很大一部分是基于与中亚既有的能源与基础设施合作的延续，而不是从零开始另起炉灶的能源战略部署和外交活动。① 根据英国石油公司世界能源统计年鉴的数据分析，印度加入上合组织后从俄罗斯和中亚能源输出国进口的油气增量非常有限，甚至还出现倒退的现象。2017 年印度从俄罗斯和中亚地区进口石油分别为 280 万吨和 320 万吨，但是 2018 年却分别下降为 220 万吨和 160 万吨，总共减少了 220 万吨。② 英国石油公司的世界能源统计年鉴从 2018 年开始才有印度进口俄罗斯液化天然气的可统计数据，而且数量非常低，只有 5 亿立方米，而印度同期从卡塔尔进口的液化天然气则达到 148 亿立方米，从美国进口的液化天然气也有 13 亿立方米。③ 受地理条件的制约，至今仍没有来自俄罗斯和中亚地区的管道天然气输往印度。

虽然印度加入上合组织只有短短 2 年多时间，天然气管道建设不可能立竿见影，但是印度在上合组织内的液化天然气贸易量也没有随着印度加入上合而出现增加的趋势，石油进口量甚至有所下滑。虽然从短期的数据不足以判断加入上合组织对印度能源安全的实际促进作用，但是从这一现象也不能对印度与俄罗斯中亚地区的能源关系做出乐观的预期。从印度对

---

① 关于印度能源安全与上合组织关系的讨论基本上置于印度中亚政策和战略的讨论中，相关文献参见吴兆礼：《印度“连接中亚政策”：推进路径与成效》，《国际问题研究》2019 年第 6 期；张杰、石泽：《莫迪政府的中亚政策》，《国际论坛》2019 年第 4 期；王志：《印度“连接中亚政策”的战略评析》，《国际关系研究》2017 年第 1 期。

② BP Statistic Review of World Energy 2018, p. 24; BP Statistic Review of World Energy 2019, p. 28.

③ BP Statistic Review of World Energy 2018, p. 34; BP Statistic Review of World Energy 2019, p. 40.

上合组织能源安全的诉求来看，加入上合组织后并没有提高印度的能源来源多元化水平。印度与中亚地区的贸易关系在印度加入上合后也面临相似的境遇。在中亚国家独立后，印度与中亚国家的经贸关系一直比较平淡。虽然上合组织给印度提供了一个提高与中亚国家经济关系的贸易环境，但是印度与中亚的贸易规模仍然非常有限，且印度与中亚国家贸易的单一性问题非常突出。根据印度商工部的进出口数据，2000—2001 年度，印度与中亚地区的贸易额占年度印度对外贸易总额的 0.12%；而在 2018—2019 年度，印度与中亚贸易额约占印度对外贸易总额的比重为 0.15%。① 印度在 2018—2019 年度与中亚地区的贸易额甚至比 2017—2018 年度还有所下降，仅为 13 亿美元，而且印度在中亚地区的大部分贸易发生在印度与哈萨克斯坦之间。

其次，印度在上合组织中的权力地位决定其利益诉求与实际收益必然存在差距。印度在上合组织中的实力和地位决定其在扩大地缘政治空间和经济利益方面落后于其他大国，② 也决定其不可能按照自己的意愿实现在中亚的经贸、安全和能源等方面的利益诉求。印度作为发展中经济体，对外投资能力相当有限。据联合国贸发会议统计，截至 2018 年印度对外直接投资（FDI）存量约为 1662 亿美元，同期美国的 FDI 存量 6.47 万亿美元，中国 FDI 存量为 1.94 万亿美元，俄罗斯 FDI 存量为 3441 亿美元。③ 印度与中亚、俄罗斯的经贸联系远低于中国。2017 年印度与中亚的贸易额约为 20 亿美元，与俄罗斯的双边贸易额约为 100 亿美元。中国与中亚的贸易额在 2018 年超过 500 亿美元，中俄贸易额已突破 1000 亿美元。硬实力的欠缺导致印度在上合组织中追求能源安全的能力大打折扣，严重阻碍印度推动其雄心勃勃的国际南北运输走廊等连接中亚的基础设施计划。

印度在上合组织中的实力决定其所处的地位。作为上合成员中的后来者，印度自身的实力明显弱于中国和俄罗斯，在上合地区的影响力也远不如中国和俄罗斯。有学者用金字塔模型比拟大国在中亚博弈的权力结构，

---

① 吴兆礼：《印度"连接中亚政策"：推进路径与成效》，《国际问题研究》2019 年第 6 期，第 67—83 页。

② K. B. Usha, "India's Foreign Policy Priorities in Central Asia", *Foreign Policy Research Centre Journal*, Vol. 2, 2012, p. 105.

③ UNCTAD: "County Fact Sheets 2019: Special Economic Zones", http://unctad.org/en/Pages/DIAE/World Investment Report/Country – Fact – Sheets. aspx.

中俄稳居第一梯队，美欧处于第二梯队，而印度与日本、土耳其等国仅位于第三梯队。① 第三梯队国家尚未在中亚地区的某一方面如安全、能源、经贸等获得权威话语权，只是在大国博弈之下寻找机会实现自己的利益。② 如果不考虑美欧因素，中亚地区权力博弈的结构在很大程度上也能折射出上合组织中的权力博弈态势。

印度在上合组织中的能源安全利益主要来自中亚国家，但是与大国在中亚的战略地位相比，印度既不具备经营多年的战略安排，也不具备超强实力。美国通过“C +5”和“美国中亚贸易和投资框架协议”对中亚进行战略投入，俄罗斯依靠欧亚经济联盟和集体安全条约组织影响中亚。③ 虽然印度已成为上合组织正式成员并于 2019 年与中亚建立“C5 +1”对话机制，但在未来相当长的时期内仍处于后来者的位置。作为上合组织新吸纳的成员，印度在上合组织中的地位决定了其在该组织中的话语权和影响力，也直接影响印度通过上合谋求在中亚能源利益的效果。

第三，地缘政治的局限性也在客观上制约了印度发展与上合组织国家的能源关系。打通地理上的隔断建立连接中亚的通道与印度的能源安全利益直接相关。印度在地理位置上缺少直接连接中亚的纽带，与中亚地区最短和最直接的陆路通道是巴基斯坦和阿富汗。印度在地缘政治上的劣势是与巴基斯坦长期处于敌对状态，相互将对方视为安全威胁。巴基斯坦的地理位置以及有时故意采取的阻隔政策，阻碍印度与中亚的直接联系，导致印度连接中亚的能力脆弱。④ 印度过境巴基斯坦连接中亚面临重大风险和不确定性。印度与巴基斯坦对连接中亚与南亚的方案也有着各自不同的考量。印度重点关注的互联互通项目是国际南北运输走廊（International North – South Transport Corridor，INSTC）、阿什哈巴德协议（The Ashgabat Agree-

---

① 杨恕、李亮：《寻求合作共赢：上合组织吸纳印度的挑战与机遇》，《外交评论》2018 年第 1 期，第 36—65 页。

② 张淑兰、康静：《中印两国在中亚地区的存在与互动》，《山东大学学报（哲学社会科学版）》2016 年第 1 期，第 52—60 页。

③ 吴兆礼：《印度“连接中亚政策”：推进路径与成效》，《国际问题研究》2019 年第 6 期，第 67—83 页。

④ Ivan Campbell，“India’s role and interests in Central Asia”，https：//www. saferworld. org. uk/ downloadfile. php？ filepath = downloads/pubdocs/indias – role – and – interests – incentral – asia. pdf.

ment）、恰巴哈尔港（The Chabahar port）和印缅泰高速公路（India – Myanmar – Thailand highway）。

印度外交中常用的对冲战略使其在中亚大博弈中处于战略被动的局面。“通过采取多种相反、相抵的手段消解风险，保障自身长远利益”成为印度在对外交往中的较优选择。① 加入上合组织也是印度运用对冲战略的重要举措。印度既积极参与美国的“新丝绸之路”，加深与美国的战略协作关系，在阿富汗问题上与美国保持一致，与此同时又通过加入上合组织，期望在地区基础建设中获益。实际上这种“多面下注”的手段并不利于印度实现在中亚地区的利益最大化，反而会把有限的战略资源分散掉，其结果是每个印度“下注”的“面”都不能实现最大化的收益。

印度与俄罗斯的战略关系也体现出对冲的意图，并且是彼此试图利用对方实现特定的对冲。无论是俄印关系还是美印关系，都是屈居于俄罗斯和美国的总体战略下的次级战略安排，按照印度的战略思维逻辑，加入上合组织也是一种出于对冲战略的选择，但是这一战略的运用恰恰在上合组织内的权力博弈中暴露出消极的一面，印度将难以通过加入上合组织实现能源安全的收益预期。

第四，印度发展与上合组织成员国的能源关系还受制于大国政治的束缚。对冲战略在中亚大博弈中失灵这一现象，很大程度上也反映了印度在上合组织中的获益不免要受大国政治的制约，印度在中亚的利益只能服从于大国政治的游戏。因此，印度加入上合后仍需要面对一系列外交压力和挑战，很难成为独立的博弈者，只能作为大国在中亚博弈的棋子的角色，利用大国博弈的需要，争取自己的利益空间。

特朗普政府时期，美国重启对伊朗的制裁使得印度连接中亚的管道计划受挫。在 TAPI 进展受阻的情况下，印度试图开辟另一条从伊朗穿过海底到印度的 PI 管线，将来自哈萨克斯坦、土库曼斯坦和阿塞拜疆的天然气输送到印度。但是这条替代线路因美国制裁伊朗而不得不搁置起来。因此，除了印度与周边国家的地缘政治关系制约其与中亚的连接，大国在中亚周边的战略安排也直接影响印度的能源安全。而且即使是加入上合组织，也难以避免来自美国和伊朗之间根深蒂固的冲突给印度能源安全所造成的负

① Kuik Cheng – Chwee，“The Essence of Hedging：Malaysia and Singapore's Response to a Rising China”，*Contemporary Southeast Asia*，Vol. 30，No. 2，2008，pp. 159 – 185.

面影响。印度与中亚的合作能否取得预期收益，除了与俄印关系有关，还要取决于印度如何应对大国在中亚的战略竞争。

印度成为上合成员国后，在上合中的机会相对有限，并且面临很多挑战。正因为如此，印度对在上合组织内的参与必须非常谨慎。莫迪政府与上合组织成员国交往的原则是，在谋求自身利益的同时在不直接相关的问题上保持中立。

在印度加入上合组织至今的2年多时间中，与上合组织油气生产国的能源关系进展缓慢，两者的能源贸易并没有因印度成为上合组织成员国而有明显改善和增加的趋势。而且阻碍印度连接中亚和南亚通道建设的地缘政治困境也没有在根本上得到纾解。如果说短期的能源贸易数据缺乏足够的说服力，那么印度在上合组织中既没有获得能源合作的新进展，也没有在连接中亚能源通道的基础设施建设上取得哪怕是意向性的突破，这可以为印度加入上合组织后的中短期能源安全安全收益提供一个不太乐观的预期，即加入上合组织并不能在中短期内为印度创造一个前景广阔的能源安全渠道。

结　语

通过以上分析可以发现，严格意义上的上合组织框架下能源合作只有上合组织能源俱乐部，此外存在一系列与上合组织成员国相关的能源合作。它们在空间关系上与上合组织之间存在一定的平行或交叉的关联，比如，中国—中亚次区域多边能源合作，中俄能源合作、俄罗斯—中亚能源一体化、印度—中亚能源合作，以及分别由俄罗斯和中国提出的欧亚经济联盟和“一带一路”倡议等。既有的能源合作在功能上与上合组织的关系也比较丰富多样，比如：中国—中亚能源合作在很大程度上得益于上合组织的形成和合作机制的发展，同时也带动了上合组织合作机制的进展，两者之间存在一种良性的相辅相成的关系；中国—俄罗斯能源合作的逻辑和动力并不完全依赖于上合组织，在发展进程上与上合组织平行，同时也能推进上合组织合作的进展，两者之间也存在相互促进的关系；俄罗斯—中亚能源一体化同样也不直接隶属于上合组织的框架，而上合组织则是俄罗斯借以推动与中亚能源一体化的重要平台；新成员印度和巴基斯坦与油气生产国的能源合作受制于地理条件，难以成为上合组织能源合作增长的新空间，对上合组织能源合作的贡献也非常有限。另外，分别由俄罗斯和中国发起的多边合作倡议，即欧亚经济联盟和“一带一路”倡议通过上合组织平台实现了战略上的对接。因此，上合组织虽然尚不能涵盖所有成员国之间的能源合作，但是为成员国之间的能源合作提供了一个重要的平台，与成员国之间的能源合作形成相辅相成的良性互动。

在根本上，未来上合组织能源合作的发展将取决于成员国之间的能源合作能否与上合组织能源合作的发展方向保持一致。只有成员国自身的能源发展及能源合作与上合组织的发展高度融合，成员国才能借助上合平台提高自身的能源安全以及扩大能源合作的成果。在2018年6月上合组织发布的《上海合作组织黄皮书：上海合作组织发展报告（2018）》指出，上合组织能源合作大有可为，未来上合组织国家能源合作应该在三个方面加强合作：深化油气供需双方的合作，努力保障能源供应安全；深化油气贸易及资源采购领域的合作，共同谋求价格安全；深化清洁能源技术和装备等领域的合作，实现双方互利共赢。因此，在传统能源领域的资源开发、能源贸易及市场规范等，以及在可再生能源领域的研发创新将是未来上合组织能源合作的总体目标，也是成员国能源发展与合作的大趋势。

报告十三

上海合作组织农业合作
——以中国与上合组织成员国合作为例

张庆萍　汪晶晶　邓羽佳　罗晓琪　翟荣花*

【内容提要】农业是上合组织国家国民经济的重要组成部分，农业领域合作始终是各成员国开展务实合作的重要抓手之一。中国与上合组织国家在农业领域的合作不断深入，“一带一路”倡议与上合组织各成员国发展战略有效对接，为各成员国实施多边农业合作提供重要平台支撑。本文通过系统回顾2001年上合组织成立以来中国与上合组织国家农业合作的发展历程，详细分析了中国与上合组织国家在农产品贸易、农业投资与农业科技合作三个方面呈现的主要特征，在此基础上分析了中国与上合组织国家在农业合作中面临的主要障碍并提出政策建议与前景展望，旨在消除农业合作障碍，为进一步推动中国与上合组织国家农业合作实现高质量发展提供建议。

【关键词】农产品贸易；农业投资；农业科技合作；中国；上海合作组织

上海合作组织于2001年6月正式成立，目前有8个成员国（中国、俄罗斯、哈萨克斯坦、吉尔吉斯斯坦、塔吉克斯坦、乌兹别克斯坦、印度、巴基斯坦）、4个观察员国（阿富汗、白俄罗斯、伊朗、蒙古国）和6个对话伙伴（阿塞拜疆、亚美尼亚、柬埔寨、尼泊尔、土耳其、斯里兰卡）。

---

* 张庆萍，新疆农业大学经济与贸易学院副教授；汪晶晶：新疆农业大学经济与贸易学院副教授；邓羽佳，新疆农业大学经济与贸易学院副教授；罗晓琪，新疆农业大学经济与贸易学院硕士研究生；翟荣花，新疆农业大学经济与贸易学院硕士研究生。

2017年印度和巴基斯坦的加入，使上合组织成为世界上幅员最广、人口最多的综合性区域合作组织。

农业是上合组织国家国民经济的重要组成部分，农业领域合作始终是各成员国开展务实合作的重要抓手之一。2003年《上海合作组织多边经贸合作纲要》把农业领域合作作为经济合作的优先方向之一。2006年上合组织部长级会议再次把农产品贸易和农业合作列为重大合作领域。2010年首届上合组织农业部长会议签署《上海合作组织成员国政府间农业合作协定》，上合组织国家间开展农业领域合作的协商机制确立。2014年上合组织第三次农业部长会议审议通过《〈上海合作组织政府间农业合作协定〉2015—2016年农业合作计划》。2018年《青岛宣言》再次强调进一步加深各成员国间农业合作的重要意义。开展农业国际合作已经成为上合组织成员国共建利益共同体和命运共同体的最佳结合点。尤其在当前受新冠肺炎疫情影响，全球粮食危机加剧的情况下，充分利用上合组织机制，制定成员国间联合行动措施，构建成员国间更紧密合作关系，提高各成员国农业优势资源配置与使用效率，深挖上合组织国家在农业和粮食安全领域的合作潜力，降低因供应链中断、食品价格上涨等给上合组织国家粮食安全带来的不利影响，通过农业合作切实提高上合组织国家粮食安全保障能力变得尤其重要。

走过20年发展历程，中国与上合组织国家在农业领域的合作不断深入，“一带一路”倡议与上合组织各成员国发展战略有效对接，为各成员国实施多边农业合作提供重要平台支撑。2019年中国与上合组织国家农产品进出口贸易总额达到108.43亿美元，截至2018年年底，中国对上海合作组织国家的农业投资存量为13.2亿美元，中国在上海合作组织国家投资成立的农业企业达117家。① 随着“一带一路”倡议实施稳步推进，作为上合组织重要成员国，中国与其他成员国在农业合作领域中将呈现出新的特点和发展趋势。本文系统回顾了2001年上合组织成立以来中国与上合组织国家农业合作的发展历程，详细分析了中国与上合组织国家在农产品贸易、农业投资与农业科技合作三个方面呈现的主要特征，在此基础上分析了中国与上合组织国家在农业合作中面临的主要障碍并提出政策建议，旨

① 农业农村部国际合作司、农业农村部对外经济合作中心编：《中国对外农业投资合作报告（2019年度）总篇》，中国农业出版社2019年版。

在为消除农业合作障碍，为进一步推动中国与上合组织国家农业合作有效融入国内国际双循环，实现中国与上合组织国家农业合作高质量发展提供政策依据。

一、中国与上合组织国家农业合作的基础条件

（一）上合组织国家农地资源丰富，能够为开展农业合作提供资源保障

上合组织国家农地资源丰富，农地储备数量大、价格低，与其他新兴农业国家，如阿根廷和巴西相比，未来该地区未利用的和弃耕土地的大量供应而可能使其农地使用价格保持更低。① 根据FAO的研究，世界仅有四个国家未开发的土地资源能够对满足未来全球粮食需求增加产生重要影响，其中有两个是上合组织成员国，即俄罗斯和哈萨克斯坦（另外两个国家是乌克兰和阿根廷）。② 世界绝大部分未使用的农业用地分布在这一地区，据FAO/EBRD③ 的估计，大约有2300万公顷的废弃农地，只要条件具备，就可以很快恢复粮食生产，并且在较短时间内实现粮食生产能力的大幅提高。在俄罗斯，有百万公顷的土地在休耕，根据俄农业部门在2009年的估计，认为俄罗斯潜在耕地可以为4.5亿人提供粮食，是俄罗斯当前人口的3倍。④

表13—1　上合组织国家农地资源情况

	中国	印度	哈萨克斯坦	吉尔吉斯斯坦	巴基斯坦	俄罗斯联邦	塔吉克斯坦	乌兹别克斯坦
农业用地面积（千公顷）	486327	179721	216992	10541	36844	217722	4738	26770
耕地面积（千公顷）	135698	169463	29527	1364	31844	124722	863	4770

① Oane Visser and Max Spoor：Land grabbing in eastern Europe：global food security and land governace in post - soviet eruasia, *EAAE*, 2010.

② DAVIS, J.：Ukraine's role in increasing world food security, *Unian 2 March* 2008, www. unian. net/ eng/ print/244459.

③ EBRD - FAO：Grain production and export potential in CIS countries, *European Bank for Reconstruction and Development/ Food and Agriculture Organization*, 2008.

④ POPOVA, N.：Farmers Look at Soaring Food Prices and Sigh, *The Moscow Times*, 19 June 2008.

续表

	中国	印度	哈萨克斯坦	吉尔吉斯斯坦	巴基斯坦	俄罗斯联邦	塔吉克斯坦	乌兹别克斯坦
农业用地占国土面积比（%）	56.08	60.43	80.02	54.96	47.09	13.16	34.06	58.06
耕地面积占农地面积比（%）	22.61	87.06	13.77	12.22	84.04	55.45	14.84	15.89
永久性草场、牧场占国土面积比（%）	41.68	3.45	68.95	47.84	6.49	5.62	27.92	47.93
配备灌溉设备的土地面积占国土面积比（%）	14.03	39.18	0.96	9.71	55.65	2	17.39	16.84
农村人均耕地面积（公顷/人）	0.23	0.19	3.24	0.35	0.27	3.19	0.13	0.23

数据来源：FAO 统计数据库，http：//www.fao.org/faostat。

丰富的农地资源为中国与其开展农业合作提供了资源保障。根据 FAO 统计，2018 年上合组织国家农业用地面积合计 11.80 亿公顷，耕地面积合计 4.98 亿公顷。其中，印度和巴基斯坦的耕地面积占农地面积的比重高达 80% 以上，适合发展种植业。哈萨克斯坦、吉尔吉斯斯坦和乌兹别克斯坦三国永久性草场和牧场占国土面积的比重高于 47%，牲畜业发展有一定优势。哈萨克斯坦和俄罗斯的农村人均耕地面积更是高达 3.24 公顷/人和 3.19 公顷/人，是中国农村人均耕地面积的 14 倍。

（二）上合组织国家农业生产潜力巨大，能够为农业贸易提供充足供给

充裕的农地资源为上合组织国家从事农业生产提供了有利条件。种植业是上合组织国家重要的农业生产部门，中国、印度、俄罗斯和哈萨克斯坦是世界重要粮食生产国和贸易国，中国、印度、巴基斯坦、乌兹别克斯坦是世界重要棉花生产国和贸易国，中国和印度也是世界主要糖料生产国。根据 FAO 统计，2018 年上合组织国家三大粮食作物的收获面积合计达到 2.36 亿公顷，粮食作物产量合计达到 10.54 亿吨；籽棉、大豆和油料的收获面积均

在2000万公顷左右，糖料和烟茶的收获面积虽然较低，但也在400万公顷以上。

表13—2　2018年上合组织国家种植业主要农产品收获面积（单位：公顷）

	粮食			薯类	籽棉	大豆	油料		糖料		烟茶	
	小麦	玉米	稻米				油菜籽	向日葵籽	甜菜	甘蔗	茶叶	未加工烟叶
中国	24268794	42158995	30460956	4813542	3354410	7973877	6550617	880000	216130	1414973	2347726	1003746
印度	29580000	9200000	44500000	2151000	12350000	11400000	6700000	280000	/	4730000	628193	417754
哈萨克斯坦	11354380	150062	101480	192326	132590	123623	365408	849583	16526	/	/	506
吉尔吉斯斯坦	253804	105063	11346	84428	23045	1623	32	15496	16261	/	/	696
巴基斯坦	8797227	1318104	2810030	193992	2372968	30	223402	104736	5313	1101946	/	46331
俄罗斯	26472051	2375641	180177	1313495	/	2740850	1499205	7953338	1105339	/	594	5
塔吉克斯坦	255549	15944	11825	49643	185817	75	509	4391	/	/	/	96
乌兹别克斯坦	1311376	39813	42141	86443	1108246	5998	1999	7593	/	/	/	2433
合计	102293181	55363622	78117955	8884869	19527076	22246076	15341172	10095137	1359569	7246919	2976513	1471567

注：“/”表示无该数据。

数据来源：FAO统计数据库，http：//www.fao.org/faostat。

虽然上合组织国家是世界主要农产品的重要生产国和贸易国，收获面积广大。部分国家在个别农产品的单产生产水平并不高，农产品生产潜力尚未完全发挥出来。哈萨克斯坦和俄罗斯都是世界重要小麦出口国，但其小麦单产水平明显低于中国，巴基斯坦和乌兹别克斯坦是世界重要棉花出口国，但其棉花单产水平也远低于中国，较低的单产水平使其土地优势无法得以发挥。开展农业合作，使各成员国农业生产优势资源得到有效配置，有助力于提高上合组织国家农业生产能力，进一步释放农业生产潜力，为农产品国际市场提供更加充足的供给。

表 13—3　2018 年上合组织国家种植业主要农产品单产水平（单位：吨/公顷）

	粮食			薯类	籽棉	大豆	油料		糖料		烟茶	
	小麦	玉米	稻米				油菜籽	向日葵籽	甜菜	甘蔗	茶叶	未加工烟叶
中国	5.42	6.10	7.03	18.76	5.28	1.78	2.03	2.90	55.88	76.83	1.12	2.23
印度	3.37	3.02	3.88	22.56	1.19	1.21	1.26	0.71	/	79.68	2.14	1.80
哈萨克斯坦	1.23	5.74	4.76	19.79	2.59	2.07	1.08	1.00	30.53	/	/	3.17
吉尔吉斯斯坦	2.43	6.59	3.59	17.13	3.24	1.77	1.50	1.28	47.54	/	/	2.52
巴基斯坦	2.85	4.79	3.84	23.67	2.03	0.97	1.17	1.41	55.79	60.96	/	2.30
俄罗斯	2.72	4.81	5.76	17.05	/	1.47	1.33	1.60	38.06	/	0.85	1.20
塔吉克斯坦	3.05	14.89	7.65	19.43	1.62	0.35	0.54	2.50	/	/	/	1.44
乌兹别克斯坦	4.13	10.38	5.25	33.69	2.07	1.90	0.66	3.51	/	/	/	2.29

注："/"表示无该数据。

数据来源：FAO 统计数据库，http：//www.fao.org/faostat。

二、中国与上合组织国家农业合作发展历程回顾及主要特征

（一）中国与上合组织国家农产品贸易发展历程和主要特征

1. 发展历程

国际农产品贸易是各国有效利用国际市场农业资源满足本国国内农产品需求日益增加的重要途径之一。作为世界农产品重要生产和消费大国，中国农产品贸易规模不断扩大。根据商务部统计，中国农产品出口总值已由 2001 年的 133.83 亿美元增加至 2019 年的 1422.31 亿美元，农产品进口总值由 2001 年的 291.60 亿美元增加至 2019 年的 1498.53 亿美元。

农产品贸易也是中国与上合组织成员国间开展农业合作的重要方式之一。2001—2007 年，中国与上合组织国家农产品贸易出口快速增加，由 2001 年的 2.8 亿美元扩大到 2007 年的 14.3 亿美元，扩大了近 5 倍，进口则在 2014 年达到 32.94 亿美元之后开始，2005 年大幅下降，之后又逐渐增加，2007 年中国从上合组织国家进口农产品总额为 18.29 亿美元。在这一时期，中国与上合组织国家农产品贸易平均规模为 29.16 亿美元，农产品出口和进口占中国农产品出口和进口总额的平均比重分别为 1.99% 和 7.81%。2008—2012

年，中国与上合组织国家农产品贸易小幅增长，出口和进口的年均增长率分别为 2. 43% 和 2. 97%，农产品贸易平均规模为 39. 51 亿美元，农产品出口占中国农产品出口总额的平均比重提高至 2. 18%，但农产品进口占中国农产品进口总额的平均比重则下降为 2. 67%。2013—2016 年，中国提出的“一带一路”倡议得到上合组织国家的积极响应，中国与上合组织国家农产品贸易总体规模不断扩大，这一时期的平均规模达到 47. 41 亿美元，但其在中国农产品贸易中所占的比重并没有提高，出口占比降至 2. 01%，进口占比降至 1. 93%。2017 年，印度和巴基斯坦成功加入上合组织，扩大了上合组织国家农产品贸易的合作领域和市场边界，带动中国与上合组织国间农产品贸易规模大幅增加，2019 年农产品进出口总额达到 108. 43 亿美元，其中，农产品出口总额增加到 33. 66 亿美元，农产品进口总额增加到 74. 77 亿美元。

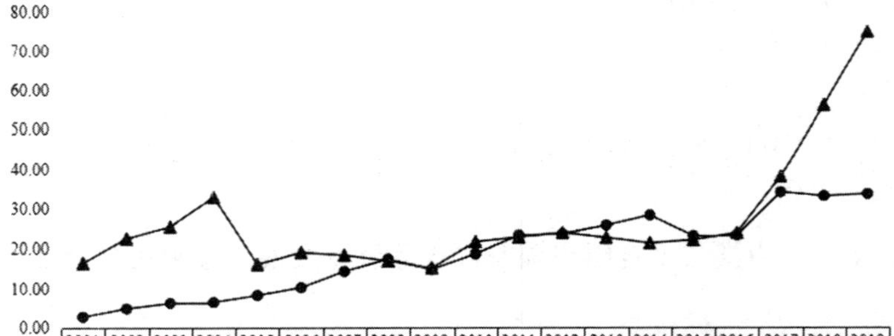

	2001	2002	2003	2004	2005	2006	2007	2008	2009	2010	2011	2012	2013	2014	2015	2016	2017	2018	2019
中国-上合国家出口	2.80	4.90	6.26	6.52	8.25	10.25	14.30	17.32	14.76	18.59	23.19	23.56	25.68	28.26	22.99	23.14	34.11	33.14	33.66
中国-上合国家进口	16.38	22.46	25.40	32.94	16.07	18.98	18.29	16.89	15.10	21.58	22.73	23.85	22.57	21.23	22.00	23.78	38.13	56.01	74.77

图 13—1　2001—2019 年中国与上合组织国家农产品贸易进出口总额（单位：亿美元）

注：中国对上合组织国家进出口加总数据中 2001—2016 年的数据不包括印度和巴基斯坦，2017 年及之后的数据包括印度与巴基斯坦。

数据来源：商务部外贸司《中国农产品进出口月度统计报告》、中国海关统计快讯。

2. 主要特征

（1）农产品贸易规模有显著增长，但贸易地位并没有增强

上合组织成立有力地推动了中国与上合组织各成员国农产品贸易的发展。2019 年中国对上合组织国家农产品出口总额为 33. 66 亿美元，是 2005 年的 4. 1 倍，中国从上合组织国家进口农产品总额为 74. 77 亿美元，是 2005 年的 4. 7 倍。但农产品进出口贸易规模的扩大并没有带来上合组织国家在中国农产品贸易中所占地位的提高，2019 年中国对上合国家的农产品进出口占中国

农产品进出口的比重分别为2.37%（出口）和4.99%（进口），与2005年的占比相比，出口占比仅增长了0.67个百分点，进口占比不增反下降了0.68个百分点。

与之相比，2019年，中国对东盟农产品出口总额为185.97亿美元，是2005年的7.7倍，中国从东盟进口农产品总额为209.78亿美元，是2005年的5.7倍，中国对东盟农产品出口占中国农产品出口的比重为13.07%，较2005年提高了8个百分点，中国从东盟进口农产品占中国农产品进口的比重为14%，较2005年提高了1.15个百分点。中国与东盟农产品贸易在实现规模扩大的同时，贸易地位也得到加强，贸易关系更加紧密。

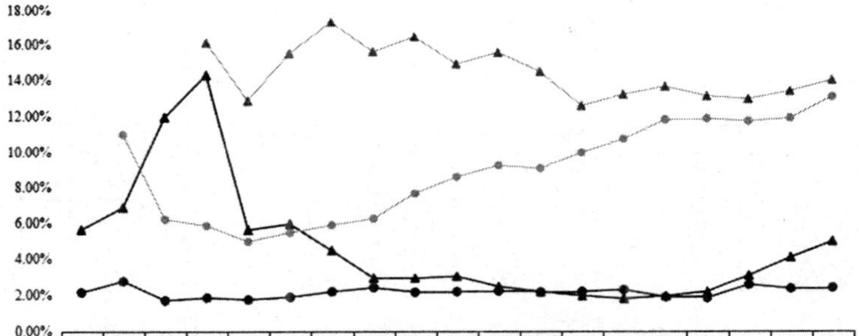

	2001	2002	2003	2004	2005	2006	2007	2008	2009	2010	2011	2012	2013	2014	2015	2016	2017	2018	2019
中国-上合/中国农产品出口	2.09	2.72	1.65	1.80	1.70	1.83	2.14	2.36	2.11	2.13	2.17	2.11	2.15	2.24	1.84	1.79	2.53	2.32	2.37
中国-上合/中国农产品进口	5.62	6.84	11.96	14.26	5.61	5.93	4.46	2.90	2.89	3.00	2.42	2.14	1.91	1.75	1.90	2.15	3.06	4.08	4.99
中国-东盟/中国农产品出口		10.98	6.19	5.84	4.98	5.46	5.88	6.23	7.63	8.56	9.22	9.05	9.95	10.73	11.83	11.90	11.75	11.92	13.07
中国-东盟/中国农产品进口				16.09	12.85	15.48	17.29	15.58	16.43	14.89	15.54	14.48	12.59	13.20	13.64	13.11	12.95	13.38	14.00

图13—2　2001—2019年中国与上合组织国家农产品贸易占比变化（单位:%）

注：中国对上合组织国家进出口加总数据中2001－2016年的数据不包括印度和巴基斯坦，2017年及之后的数据包括印度与巴基斯坦。

数据来源：商务部外贸司《中国农产品进出口月度统计报告》、中国海关统计快讯。

（2）农产品贸易总体呈逆差态势，并有进一步扩大的趋势

2001—2007年，中国与上合组织国家农产品贸易逆差在逐渐缩小，由2001年的13.38亿美元下降至2007年的3.99亿美元，贸易逆差主要来自中国与俄罗斯和乌兹别克斯坦的农产品贸易。2008年中国与上合组织国家农产品贸易首次实现顺差，顺差值为4223.2万美元，2014年达到最大顺差值7.03亿美元，之后贸易顺差逐步减小，2016年再次呈现逆差状态。这一时期，中国与上合组织国家农产品贸易能够实现逆差缩小，顺差扩大的主要原因在于中国与俄罗斯的农产品贸易总体呈现顺差，最高顺差额达到2014年的

7.51亿美元。2017年上合组织实现扩员，印巴加入后，中国与上合组织国家农产品贸易总体规模增加的同时，贸易逆差开始逐步扩大，2019年逆差达到41.12亿美元。一方面是因为2017后中国与俄罗斯的农产品贸易都呈逆差状态，且逆差不断扩大，2019年中俄农产品贸易逆差达17.05亿美元。另一方面，中国与印度的农产品贸易也基本呈逆差状态，印度的加入，使中国与上合组织国家农产品贸易逆差态势加剧。

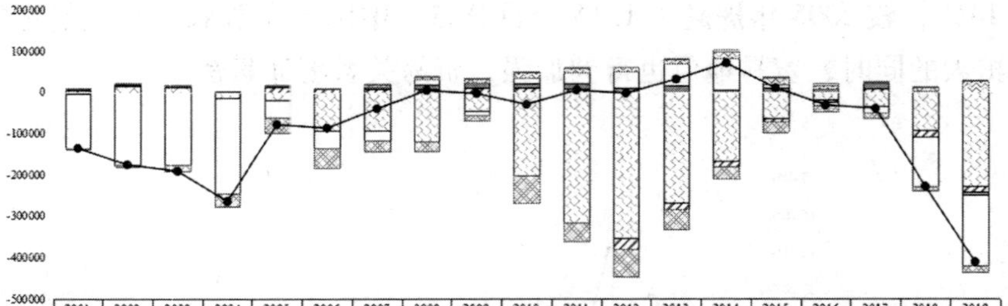

	2001	2002	2003	2004	2005	2006	2007	2008	2009	2010	2011	2012	2013	2014	2015	2016	2017	2018	2019
乌兹别克斯坦	895.8708	-1269.32	-15220.4	-32388.7	-37380.2	-49280.9	-28840.6	-24327.5	-14954.7	-67674.6	-47711.5	-64489.2	-49087.1	-29205.5	-24165.9	-16670.2	-13553	-10420.3	-15566
塔吉克斯坦	-160.536	36.8294	-944.33	-109.21	-300.1	-360.6	532.2	598.5	902.1	764.3	1202.2	-289.8	889.4	1409.2	464.6	1078.6	1909.8	313.6	179.6
吉尔吉斯斯坦	-983.437	213.2244	110.73	-561.58	514.4	3326.7	4418.1	5072.9	8580.6	11338.4	10654	11640.1	10878.2	16651.1	13895.5	8917.9	3054.1	7175.2	25249.1
俄罗斯联邦	-132436.	-175795.	-174017.	-229065.	-42171.4	-40509.1	-21794.3	11590.5	-9735.6	14981.7	25452.3	38586.2	52969.6	75071.7	8153.9	-7028	-16338.2	-118860.	-170470.
哈萨克斯坦	-3136.45	1218.047	-1288.67	-2021.87	1226.9	-443.4	5790.2	11288.8	11824	10762	15009	11634.1	15443.5	6375.8	11515.4	7313.8	12000.9	3316.1	-9708.7
巴基斯坦	1072.032	4559.343	2438.28	3481.17	13402.5	7945.8	8321.7	7716.1	11628.1	9313.8	6977.9	-28462.4	-14948.8	-12757.6	-9983.1	-5514.7	7705.8	-17169.2	-12176.6
印度	6125.352	15027.72	13122.86	-12778.3	-18483	-93551.8	-94149.4	-119604.	-45066.5	-201768.	-315180.	-352646.	-269088.	-168313.	-63265.6	-19863.9	-35006.8	-93113.9	-228659.
中国-上合国家	-135820.	-175596.	-191360.	-264146.	-78110.4	-87267.3	-39894.4	4223.2	-3383.6	-29828.2	4606	-2918.6	31093.6	70302.3	9863.5	-31766.5	-40227.4	-228758.	-411152.

图13—3　2001—2019年中国与上合组织成员国农产品贸易差额（单位：万美元）

注：中国对上合组织国家进出口加总数据中2003—2016年的数据不包括印度和巴基斯坦，2017年及之后的数据包括印度与巴基斯坦。

数据来源：商务部外贸司《中国农产品进出口月度统计报告》、中国海关统计快讯。

（3）农产品贸易的市场集中度过高

在上合组织合作框架下，中国与各成员国间农产品贸易发展明显不均衡，农产品贸易市场高度集中。虽然受上合组织阵容增扩所产生的“稀释效应”影响，俄罗斯在中国与上合组织成员国农产品进口、出口贸易中的占比大幅下降，① 但俄罗斯始终是中国在上合组织成员国中最大的农产品贸易伙伴国，中国与上合组织国家的农产品贸易市场高度集中于中俄农产品贸易上。2017年之前，中国与俄罗斯农产品贸易占中国与上合组织国家农产品贸易的平均比重为81.81%，其中，出口平均占比为84.86%，进口平均占比为78.93%。

---

① 郑国富：《中国与上海合作组织成员农产品贸易合作：时空特征、竞合关系与前景展望》，《区域与全球发展》2019年第5期，第116—159页。

乌兹别克斯坦排第二位，平均占比为 10.29%，哈萨克斯坦排第三位，平均占比为 4.92%，吉尔吉斯斯坦和塔吉克斯坦的平均占比分别为 2.58% 和 0.39%，两国占比合计还不足 3%。2017 年印、巴加入上合组织后，中国与上合组织国家农产品贸易的市场集中程度有所下降，但俄罗斯在其中所占的份额仍然保持在 55.2%，印度则超过乌兹别克斯坦位居第二，平均占比为 24.79%，巴基斯坦平均占比为 8.29%，排在第三位。

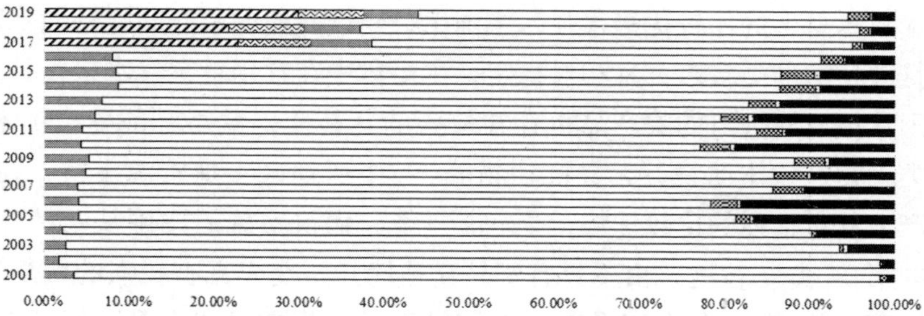

	2001	2002	2003	2004	2005	2006	2007	2008	2009	2010	2011	2012	2013	2014	2015	2016	2017	2018	2019
印度																	22.78	21.73	29.85
巴基斯坦																	8.48%	8.75%	7.65%
哈萨克斯坦	3.50%	1.71%	2.63%	2.12%	4.03%	4.04%	3.91%	4.83%	5.24%	4.37%	4.54%	5.93%	6.82%	8.68%	8.37%	8.04%	7.29%	6.73%	6.47%
俄罗斯联邦	94.74	96.58	90.87	88.20	77.33	74.37	81.76	80.92	82.97	72.79	79.28	73.70	76.06	77.82	78.23	83.38	56.42	58.61	50.56
吉尔吉斯斯坦	0.85%	0.30%	0.46%	0.55%	1.63%	3.11%	3.45%	3.98%	3.57%	3.52%	2.96%	3.07%	3.11%	4.23%	3.93%	2.50%	0.93%	1.10%	2.53%
塔吉克斯坦	0.14%	0.07%	0.56%	0.14%	0.33%	0.38%	0.25%	0.40%	0.52%	0.48%	0.33%	0.60%	0.49%	0.54%	0.74%	0.35%	0.37%	0.26%	0.26%
乌兹别克斯坦	0.78%	1.34%	5.48%	9.00%	16.68	18.10	10.62	9.87%	7.70%	18.83	12.89	16.70	13.53	8.73%	8.73%	5.73%	3.72%	2.82%	2.69%

图 13—4　2001—2019 年各成员国占中国与上合组织国家农产品贸易比重的变化（单位:%）

注：中国对上合组织国家进出口加总数据中 2001—2016 年的数据不包括印度和巴基斯坦，2017 年及之后的数据包括印度与巴基斯坦。

数据来源：商务部外贸司《中国农产品进出口月度统计报告》、中国海关统计快讯。

（4）农产品进出口种类不断丰富，且大额单项货值种类有所增加

上合组织成立以来，中国与上合组织国家农产品贸易规模增加的同时，农产品进出口种类也不断丰富。中国从上合组织国家进口的农产品种类由 2001 年的 106 种增加至 2018 年的 212 种，中国对上合组织国家出口的农产品种类由 2001 年的 218 种增加至 2018 年的 375 种。农产品进出口大额单项货值的种类也有所增加，2001 年，中国与上合组织国家农产品进出口货值超过 1 亿美元的只有 1 种，超过 1000 万美元有的 15 种，2018 年，中国与上合组

织国家农产品进出口货物超过1亿美元的有20种。① 2019年，中国出口到俄罗斯的柑桔属水果货值为1.69亿美元，中国从俄罗斯进口的锯材货值达32.33亿，进口的冻鱼货值达17.21亿美元。

（5）在国际农产品市场上互补性强、互竞性弱

中国和上合组织国家在国际农产品市场上相互竞争性弱、互补性强。中国在劳动密集型农产品上具有优势，上合组织国家在土地（或资源）密集型农产品上具有优势。俄罗斯自然资源丰富，在谷物及谷物制品、天然橡胶、软木及木材上的比较优势很强，中国出口到俄罗斯的农产品互补性不断增强，而且涉及的种类较多，且相对稳定，主要集中在食用蔬菜、水果及其制品上，中国从俄罗斯进口的农产品也存在较强的互补性，主要有鱼类、软体类、甲壳类动物、软体动物、无脊椎动物等。② 中亚地区土地资源丰富，在谷物的生产上具有很强的比较优势，“一带一路”倡议实施后中国从哈萨克斯坦进口的第04类（谷物）由不具有贸易互补性开始变成具有较强的贸易互补性，与第22类（油籽和橄榄果实）的贸易互补性指数迅速上升，贸易互补性强度迅速增强，未来将成为中国与哈萨克斯坦双边重要的农产品贸易商品。③ 南亚地区气候、地理等条件适合小麦、水稻、棉花的生长，印度和巴基斯坦在谷物及谷物制品、咖啡、茶、可可粉及香料、纺织纤维等的比较优势很强。④ 从贸易强度看，巴基斯坦是中国农产品出口的重要伙伴，而中国目前还不是巴基斯坦农产品出口的主要市场，但中国市场对巴基斯坦的重要性在不断增强。⑤

---

① 郑国富：《中国与上海合作组织成员农产品贸易合作：时空特征、竞合关系与前景展望》，《区域与全球发展》2019年第5期，第116—159页。

② 胡国良、骆秋怡、王岩冰：《中俄农产品贸易的竞争性与互补性分析》，《市场研究》2020年第5期，第24—28页。

③ 王晨、姬亚岚、张玫：《“一带一路”战略下中国与哈萨克斯坦主要农产品贸易竞争性与互补性分析》，《湖北经济学院学报（人文社会科学版）》2018年第9期，第37—40页。

④ 别诗杰、祁春节：《中国与“一带一路”国家农产品贸易的竞争性与互补性研究》，《中国农业资源与区划》2019年第11期，第166－173。

⑤ 胡晓雨、祁春节、向云：《中国与巴基斯坦农产品贸易的竞争性与互补性研究》，《世界农业》2017年第8期，第58—66页。

（二）中国与上合组织国家农业投资合作的发展历程和主要特征

1. 中国对上合组织国家总体投资规模持续增长，但对农业投资规模较低

根据商务部统计，中国对上合组织国家直接投资合作规模不断增加，尤其是2013年以来，作为推进“一带一路”共建合作的重要节点国家，中国对上合组织国家的直接投资增速愈加明显，对外直接投资存量已由2003年的1.06亿美元增加至2016年的218.74亿美元，其占比也由2003年的0.32%增至2016年的1.61%。2017年随着印、巴两国加入，中国对上合组织国家的直接投资存量规模显著提高，2019年达到352.08亿美元。目前，中国已成为塔吉克斯坦和巴基斯坦的第一大投资来源国，乌兹别克斯坦的第二大投资来源国和哈萨克斯坦的第四大投资来源国。根据俄官方统计，中国投资占俄罗斯远东地区外国投资总额的85%，俄罗斯远东地区正逐渐成为中俄合作的新亮点。中国对印度总体投资规模较小，缺乏集约式投资，投资模式和投资领域都较为单一，主要投向电子商务、手机、电信设备、家用电器、电力设备、钢铁、工程机械等。

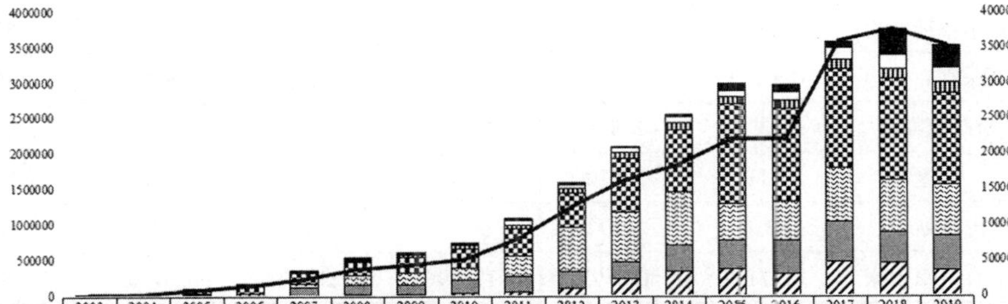

	2003	2004	2005	2006	2007	2008	2009	2010	2011	2012	2013	2014	2015	2016	2017	2018	2019
乌兹别克斯坦	327	423	1198	1497	3082	7764	8522	8300	15647	14618	19782	39209	88204	105771	94607	368988	324621
塔吉克斯坦	512	2154	2279	3028	9899	22717	16279	19163	59941	47612	59941	72896	90909	116703	161609	194483	194608
吉尔吉斯斯坦	1579	1926	4506	12476	13975	14681	28372	39432	52505	66219	88582	98419	107059	123782	129938	139308	155003
俄罗斯联邦	6164	12348	46557	92976	142151	183828	222037	278756	376364	488849	758161	869463	1401963	1297951	1387160	1420822	1280397
哈萨克斯坦	1971	2478	24524	27624	60993	140230	151621	159054	285845	625139	695669	754107	509546	543227	756145	734108	725413
巴基斯坦	2748	3645	18881	14824	106819	132799	145809	182801	216299	223361	234309	373682	403593	475911	571584	424682	479798
印度	96	455	1462	2583	12014	22202	22127	47980	65738	116910	244698	340721	377047	310751	474733	466280	361009
上合组织国家	10553	19329	79064	137601	230100	369220	426831	504705	790302	1242437	1622135	1834094	2197581	2187434	3575776	3748671	3520849

图13—5　2003—2019年中国对上合组织国家直接投资存量（单位：万美元）

注：上合组织国家数据，2003—2016年的数据不包括印度和巴基斯坦，2017年及之后的数据包括印度与巴基斯坦。

数据来源：商务部2003—2019年度《中国对外直接投资统计公报》。

中国农业对外直接投资是中国对外直接投资的重要组成部分，2018年中国农业对外直接投资流量为22.0亿美元，截至2018年年底，中国农业对外直接投资存量达197.2亿美元。上合组织是中国农业对外直接投资的主要经济合作组织之一。根据农业农村部国际合作司统计，2018年中国对上合组织国家农业投资流量为2.1亿美元，占中国对外直接投资流量总额的11.59%。截至2018年年底，中国对上合组织国家的农业投资存量为13.2亿美元，占中国对外直接投资存量的21.88%。总体看，中国对上合组织国家农业领域的投资在其对外直接投资流量和存量中所占的比重较低，流量占比最高为22.90%（俄罗斯），占比最低为0.29%（吉尔吉斯斯坦），存量占比最高为8.54%（塔吉克斯坦），占比最低为0.14%（巴基斯坦）。

表13—4 2018年中国对上合国家农业投资比较

	农业投资流量（万美元）	对外直接投资流量（万美元）	流量占比（%）	农业投资存量（万美元）	对外直接投资存量（万美元）	存量占比（%）
塔吉克斯坦	1743	38824	4.49	16621.0	194608	8.54
俄罗斯	16609.3	72524	22.90	97059.5	1280397	7.58
吉尔吉斯斯坦	29	10016	0.29	3953.3	155003	2.55
乌兹别克斯坦	1302.2	9901	13.15	5432.2	324621	1.67
哈萨克斯坦	893.8	11835	7.55	5988.5	725413	0.83
印度	611	20620	2.96	2665.2	466280	0.57
巴基斯坦	83.4	19873	0.42	674.2	479798	0.14
上合组织国家	21271.7	183593	11.59	132393.9	3626120	21.88

数据来源：商务部2018年度《中国对外直接投资公报》，农业农村部《中国对外农业投资分析报告总篇（2019）》。

2. 种植业是中国对上合组织国家农业投资的主要产业

分产业类别看，种植业是中国企业对上合组织国家农业投资的最主要产业类别，截至2018年年底，中国在上合组织国家投资成立的农业企业已达117家，占我国境外企业总数的13.2%，其中，从事种植业的企业有73家。2018年中国企业对上合组织国家种植业投资流量为1.6亿美元，其中，粮食作物0.9亿美元，经济作物0.7亿美元。截至2018年年底，中国对上合组织国家种植业投资存量为103亿美元，其中，粮食作物7.4亿美元，经济作物2.8亿美元。中国在上合组织国家主要种植的粮食作物是大豆、玉米和水稻，分布于俄罗斯和塔吉克斯坦；主要种植的经济作物为棉花，分布于塔吉克斯坦和巴基斯坦。

表13—5　2018年中国对上合组织国家农业投资流量与存量分产业类别及占比

	中国对上合组织国家农业对外投资流量（亿美元）	中国农业对外投资流量（亿美元）	流量占比（%）	中国对上合组织国家农业对外投资存量（亿美元）	中国农业对外投资存量（亿美元）	存量占比（%）
种植业	1.6	7.8	20.51	10.2	103.0	9.90
畜牧业	0.02	8.3	0.24	0.6	24.3	2.47
林业	0.00515	1.6	0.32	0.04	8.6	0.47
渔业	0.0052	1.1	0.47	0.06	8.2	0.73
农资	0.07	0.1	70.00	0.3	2.7	11.11
其他	0.4	2.9	13.79	2.1	50.4	4.17

数据来源：农业农村部《2019年中国对外农业投资分析报告总篇》。

3. 境外合作园区成为中国与上合组织国家开展国际农业合作的重要平台

境外经济贸易合作区是我国企业与上合组织国家开展国际农业合作的重要平台和抓手。根据商务部统计，截至2020年12月，我国通过商务部确认考核的境外经贸合作区共有20个，其中，与上合组织国家建立的合作区有7个。这7个合作区中，涉及农、林、牧、渔业的合作区4个，有3个为综合类经贸合作区。

表13—6　通过商务部考核确认的中国与上合组织国家建立的境外经贸合作区

	合作区名称	境内实施企业名称	合作领域
1	俄罗斯乌苏里斯克经贸合作区	康吉国际投资有限公司	轻工、IT、皮衣、皮草、服装等
2	俄罗斯中俄托木斯克木材工贸合作区	中航林业有限公司	各类木制品加工

续表

	合作区名称	境内实施企业名称	合作领域
3	中俄（滨海边疆区）农业产业合作区	黑龙江东宁华信经济贸易有限责任公司	农业种植、养殖、加工
4	俄罗斯龙跃林业经贸合作区	黑龙江省牡丹江龙跃经贸有限公司	林产品加工、展示与贸易
5	吉尔吉斯斯坦亚洲之星农业产业合作区	河南贵友实业集团有限公司	食品加工
6	乌兹别克斯坦“鹏盛”工业园	温州市金盛贸易有限公司	宠物食品、肠衣制品、制革、瓷砖、制鞋、手机、水龙头阀门等
7	巴基斯坦海尔—鲁巴经济区	海尔集团电器产业有限公司	家电、汽车、纺织、建材、化工等

数据来源：商务部 http：//fec. mofcom. gov. cn/article/jwjmhzq/article01. shtml。

具体看，中国在哈萨克斯坦在建的中哈金土地高科技产业园区和哈萨克斯坦农产品加工物流园区，中国新疆中泰新丝路农业投资有限公司在塔吉克斯坦丹加拉投资建设的农业产业园都在稳步推进；由中国企业河南贵友实业集团有限公司牵头设立的吉尔吉斯斯坦亚洲之星农业产业合作区已成为目前在“一带一路”中亚地区产业链条最完整、基础设施最完善的农业产业合作区；由浙江温州金盛贸易有限公司投资建立的乌兹别克斯坦“鹏盛”工业园是中国民营企业在当地最大投资项目，被誉为乌中经贸合作的一面旗帜。截至2018年末，已有16家企业入园，涉及皮革加工、肠衣加工、宠物食品、瓷砖生产、卫浴五金、钢材生产、农业种植等。俄罗斯是中国对上合组织国家农业直接投资最重要的国家，由四川铁投现代农业发展股份有限公司在俄罗斯楚瓦什共和国投资建设的“四川楚瓦什农业园”项目①被列入俄罗斯楚瓦什共和国优先发展项目和中俄投资合作国家重点项目，2020年被认定为四川省省级“境外农业合作示范区”，该园区将建设2万公顷草场、2.4万头存

① 农业对外合作部际联席会议办公室：“四川‘境外农业合作示范区’中俄项目全面铺开”，2020－11－23，http：//www. gjs. moa. gov. cn/ydylhzhhnyzcq/202011/T20201123_6356793. htm。

栏规模的牧场、日处理鲜牛奶500吨的乳业加工园及年处理肉牛2万头的屠宰场，形成集牧草种植、奶牛养殖、乳制品加工、肉牛屠宰加工、农产品国际贸易于一体的全产业链发展格局，满足国内对优质奶制品和肉制品的巨大需求。

（三）中国与上合组织国家农业科技合作的发展历程和主要特征

农业科技合作是中国与上合组织国家开展农业合作的重要内容，是提高上合组织国家农作物产量和农产品质量，提高粮食安全保障能力的有效措施。在上合组织成立之前，中国主要通过国家级、省部级以及各类科研机构组织的研讨会和培训班等渠道与中亚国家开展农业科技合作，农业科技合作范围和渠道较为有限。2001年，上合组织的成立为中国与上合组织各成员国开展农业科技合作提供了重要合作平台，有力推动了双方在农业科技领域的合作深度和合作广度，提高了各国农业科技水平，有效推动了各国现代农业的发展。

1. 农业种质资源与品种交流日渐成效

农业种质资源与品种交流是中国与上合组织国家开展农业科技合作的主要形式之一。依托上合组织平台，中国与上合组织国家农业种质资源与品种交流成效显著。中国从俄罗斯引进了马铃薯、小麦、亚麻、大豆、玉米和黄瓜等种质资源，从中亚国家引进了小麦、玉米、水稻、棉花、油料、甜菜、豆类、蔬菜、特产园艺、花卉等农作物新品种，① 各国通过引进和培育农作物新品质，有效提高了各国农作物产量和抗病虫害的能力。

2. 农业技术交流逐步推进

农业技术交流能够有效提升各成员国农业生产能力，使农地生产效率得到有效提高。俄罗斯从中国引进了先进的农业机械、农田灌溉技术和转基因育种技术等，② 中国从哈萨克斯坦引进了作物秸秆微贮饲料技术、微生物杀虫剂和防治作物根病的木霉制剂，从乌兹别克斯坦引进了赤眼蜂工厂化繁殖

---

① 王志明、刘维忠：《新疆与中亚农业科技合作发展研究》，《新疆农业科技》2017年第2期，第10—11页。

② 刘佛翔、苏尔托诺夫·苏合洛伯，伊丽娜·安东纽克：《西方国家经济制裁背景下的中俄农业合作前景探析》，《农业经济》，2018年第1期，第135—136页。

技术等，中国新疆天业集团通过引进巴基斯坦较为先进的节水灌溉系统，开发出一套引领世界的农业节水技术系统，巴基斯坦则从中国引进了杂交水稻培育技术，[①] 哈萨克斯坦借助中国技术和资金，培育出有较高产量和抗病虫害能力的马铃薯新品种和亩产达到319千克的冬小麦，比当地小麦品种平均亩产高出144千克。[②] 中国向印度积极推广智能农业技术，2017中国天鹰兄弟在印度的EI MA展上，推出了多旋翼植保无人机TY－D10，中印两国还围绕大数据、生物技术和机器人等技术，不断创新农业科学技术，使两国农业投资合作逐步向智能化方向发展。[③] 2020年初，为应对巴基斯坦蝗灾和新冠肺炎疫情叠加对当地粮食安全造成的严重威胁，中国帮助巴基斯坦制订救灾方案，开展灭蝗培训，向巴援助药物药械，双方并签署相关合作文件，将在巴建立植物病虫害可持续治理中心，实现长效防控。[④] 中国还向上合组织成员国农业部门援助防疫物资，赢得有关国家的积极支持。

3. 农业科技合作平台相继建成

通过实施国际科技项目，有效带动了中国与上合组织国家农业科技合作基地、园区、实验室等平台建设。中国与中亚国家相继设立了“中国新疆—哈萨克斯坦（哈萨克斯坦—中国新疆）畜牧业研究中心”“哈国阿拉木图—新疆畜产品合作科学研究室”“中国新疆畜牧科学院—哈萨克斯坦农业科学院畜牧技术合作促进中心”“新疆农作物主要害虫天敌繁育中心”等农业科技联合机构；2012年“中塔农业技术合作园”建立，2013年“新疆中亚现代农业科技创新与交流中心”成立，2015年“中哈现代农业产业创新示范园”建成，2018年中俄国际微生态研究中心和中波园艺科技园区正式揭牌，2020年上合组织农业技术交流培训示范基地在陕西杨凌揭牌。农业科技合作平台相继建成，农业科技合作实现落地落实，上合组织成员国的农业生产产量和质量得到有效提高，在哈萨克斯坦农业科技示范园区试种的冬小麦WW5

---

① 苏红：《中国与巴基斯坦农业投资合作的障碍及升级途径》，《对外经贸实务》2018年第2期，第37—40页。

② 林炳坤、郭国庆：《“一带一路”农业科技合作及其发展态势分析》，《国际贸易》2020年第6期，第89—96页。

③ 陈德洲：《中国与印度农业投资合作的基本状况与完善途径》，《对外经贸实务》2018年第2期，第79—82页。

④ 龙新：“农业对外合作实现稳中有进”，《农民日报》2020年12月25日，http：//www. rmlt. com. cn/ 2020/1225/603146. shtml。

比当地品种增产57.4%，春玉米M27较当地品种增产27.5%，塔吉克斯坦的纺织产业园通过采用先进的数字智能化农业机械和纺织设备，不仅提高了棉花加工能力，还使其纱织产品跻身全球高端市场行列。

4. 农业科技合作模式日益成熟

经过20年发展，中国与上合组织国家国际农业科技合作模式日益成熟，主要形成技术培训、技术示范和技术研发等模式。① 例如，中国科学院于2015年在新疆成立中亚生态环境研究中心及其在阿拉木图、比什凯克和杜尚别与外方联合成立具有独立法人资格的分中心，通过建立联合实验室开展技术研发；通过中科院新疆生态与地理研究所实施的“新疆棉花现代种植技术在塔吉克斯坦的试验示范”项目进行棉铃虫防治示范；新疆石河子大学每年都会承办上海合作组织现代农业技术培训班，对来自俄罗斯、吉尔吉斯斯坦、哈萨克斯坦、塔吉克斯坦、乌兹别克斯坦等中亚国家的专家进行现代农业技术专题培训。② 截至目前，杨凌农业高新技术产业示范区已累计举办20多期面向上合组织成员国的农业技术研修班，为哈萨克斯坦、吉尔吉斯斯坦等中亚国家培训了一批农业官员和技术人员。③

三、中国与上合组织国家农业合作面临的主要障碍

回顾中国与上合组织国家在农业贸易、农业投资与农业科技方面的合作，虽成绩斐然，但由于以下障碍的存在，严重阻碍了双方农业合作实现高质量发展。

（一）上合组织国家内部缺乏政治互信，地缘政治风险高

确保地区安全和稳定是实现上合组织成员国贸易与投资合作顺利开展的基础。但现阶段，上合组织成员国内部由于缺乏政治互信，在诸多问题上依

---

① 吴淼、张小云、郝韵、贺晶晶、王丽贤：《面向中亚的农业科技合作机制与模式研究》，《决策咨询》2018年第5期，第40－45＋51页。

② 王志明：《新疆与中亚农业科技合作发展研究》，新疆农业大学，2016年，第16—27页。

③ 周翰博：“开拓农产品贸易 强化农技培训交流 中国与中亚农业合作稳步推进（国际视点）”，《人民日报》，2020年12月4日第16版。

然矛盾重重，加大了地缘政治风险。中亚国家间长期因为领土边界划分、水资源纠纷、民族宗教等问题失和，导致彼此间合作难度加大。① 印度和巴基斯坦因克什米尔、恐怖主义等问题长期处于对立状态，中印之间也因为边界等问题两国关系长期处于较低水平，缺乏深入合作的基础和意愿。② 这些都势必会对上合组织成员国开展经贸合作的稳定性和安全性产生不利影响。

（二）上合组织国家投资环境复杂多变，投资不确定性、不稳定性增强

虽然上合组织各成员国都与中国签署了双边投资保护协定，但在具体开展投资活动过程中，受国际政治、经济、公共安全等因素影响，各成员国出现政策内顾倾向，国内政策法规多变，投资环境日益复杂，投资不确定性、不稳定性不断增强。乌兹别克斯坦新政策层出不穷，且经常与已有政策相互矛盾，使其政策缺乏延续性，增加了投资者对未来趋势判断的不确定性；哈萨克斯坦政府为维护本国利益，加大对外资企业管控力度，频繁出台针对外资及外资企业的诸如企业注册、劳务许可、税收、企业采购等新政策，并且提高对外企在企业税收、安全、环保等方面的要求。以政策法规形式设置的农业投资壁垒也有所增加。2016 年 6 月，哈萨克斯坦总统纳扎尔巴耶夫签署《土地法》修正案，暂停向非哈萨克斯坦公民以及外籍公民或外国法人注册资本占比超过 50% 的外国公司或法人出租土地，同时暂停向上述个人或实体出售土地。这无疑给投资者带来严重影响，迫使一些投资项目无疾而终。尤其是 2020 年为应对新冠肺炎疫情等公共突发事件影响，部分成员国纷纷采取各种限制性措施，给中国对上合组织国家农业贸易与投资带来不稳定因素和不利影响。

（三）上合组织国家贸易便利化程度低，跨境贸易成本高

虽然，中国、巴基斯坦、印度和塔吉克斯坦这四个上合组织成员国被列

---

① 王会鹏：《中亚边界争端形势新动向及前景展望》，《新疆社会科学》2018 年第 6 期，第 85 页。

② 王会鹏：《进展、问题与对策：上合组织成员国间铁路互联互通研究》，《昆明理工大学学报（哲学社会科学版）》2019 年第 5 期，第 59—66 页。

入 2018—2019 年度营商环境改进最大的十个国家行列，并且这四个国家为提高跨境贸易便利化程度都采取了相应的改进措施，例如，中国实行了货物预报、改善港口基础设施、优化海关管理等措施，塔吉克斯坦对易腐货物采取优先清关措施，巴基斯坦整合了海关电子系统并协调港口联合检查，印度升级港口基础设施并加强电子文件提交等。[①] 但是，由于上合组织成员国多数地处内陆腹地，基础设施落后，交通不便，虽然他们都采取各种措施提高跨境贸易便利化程序，但要使贸易便利化程度得到大幅提高，难度依然较大。例如，塔吉克斯坦与中国之间只有一个每年通关时间仅有半年，且地理条件十分恶劣的陆路口岸，中国与塔吉克斯坦的大宗货物贸易只能绕行吉尔吉斯斯坦、乌兹别克斯坦、哈萨克斯坦等国，不但运输周期和成本增加，手续繁杂，还容易受到邻国牵制；俄罗斯公路交通较落后，铁路和航空、水运虽有一定基础，但多为苏联时期建造，较为陈旧，近年来虽然俄罗斯政府大力投资改善基础设施建设，但除莫斯科、圣彼得堡等大型城市外，其他地区基础设施陈旧的现状并未得到根本改变；巴基斯坦的基础设施也相对滞后，根据世界银行物流绩效指数，其基础设施在参与排名的全球 180 个国家和地区中仅排 121 位。

因此，从世界银行 2020 年对全球 190 个国家和地区跨境贸易便利化度排名可以看到，上合组织成员国与美国、加拿大等国际农产品贸易发达国家相比，除中国和印度外，其他成员国跨境贸易便利化排名都较为靠后，跨境贸易便利化水平低，跨境贸易成本高。并且由于中国与上合组织国家在农产品检验检疫方面还没有实现互认，更增加了农产品跨境贸易的成本。以出口为例，在美国，办理出口边境合规手续只需要 1.5 小时，成本 175 美元，办理出口单证合规只需要 1.5 小时，成本 60 美元，全部出口手续共计花费 3 小时，235 美元。而在乌兹别克斯坦，办理全部出口手续则需花费 128 小时，570 美元，所花费的时间是美国的 43 倍，费用是美国的 2.4 倍。所以，过境手续繁琐、耗时长、过境成本高依然是制约中国与上合组织国家农产品贸易往来的重要因素。

---

① World Bank Group：Doing Business，2020，p. 8，https：//www. doingbusiness. org/en/reports/ global - reports/doing - business - 2020.

表 13—7 2019 年上合组织成员国与世界主要农产品出口国跨境贸易便利度[*]比较

	出口贸易				进口贸易					
		出口时间：边界合规（小时）	出口时间：单证合规（小时）	出口成本：边界合规（美元）	出口成本：单证合规（美元）	进口时间：边界合规（小时）	进口时间：单证合规（小时）	进口费用：边界合规（美元）	跨境贸易便利度得分	跨境贸易便利度排名
美国	1.5	1.5	175	60	1.5	7.5	175	100	92.0	39
加拿大	2	1	167	156	2	1	172	163	88.4	51
中国	20.7	8.6	256.2	73.6	35.7	12.8	241	77.3	86.5	56
印度	52.1	11.6	211.9	58	65.3	19.9	266.1	100.0	82.5	68
吉尔吉斯斯坦	5	72	10	110	69	84	499	200	74.7	89
俄罗斯	66	25.4	580	92	30	42.5	520.0	153	71.8	99
哈萨克斯坦	105	128	470	200	2	6	0	0	70.4	105
巴基斯坦	58	55	288	118	120	96	287	130	68.8	111
塔吉克斯坦	27	66	313	330	107	126	223	260	60.9	141
乌兹别克斯坦	32	96	278	292	111	150	278	242	58.2	152

注：跨境贸易的时间和成本包括进出口时在港口或边界装卸以及报关报检过程中获取、准备和提交单证的时间和成本。

[*]跨境贸易便利度：衡量的是出口及进口物流过程中所需的时间和费用，是由与货物进出口总过程中单证办理、通关放行和国内运输三个程序的累计时间和成本（不包括关税）。

数据来源：世界银行 Do Business 2020。

四、政策建议

经过 20 年的发展，上海合作组织已经形成较为稳定的合作机制，有力地推动了成员国间经贸合作不断向前发展。印度和巴基斯坦的加入更是在扩大上合组织“朋友圈”、提高上合组织影响力和维护安全稳定水平的同时，使各成员国间的经济合作与发展动力不断增强。① 中国与上合组织国家农业合作已凸显成效，但在中国与上合组织国家开展农业合作的过程中仍然面临成员国地缘政治风险高、投资不确定性风险高、跨境贸易成本高等障碍。为进

① 郭连成，陆佳琦：《上海合作组织扩员：新机遇与新挑战》，《财经问题研究》2019 年第 3 期，第 106—115 页。

一步深化中国与上合组织国家农业合作，实现国际农业合作高质量发展，提出以下政策建议。

（一）政策建议

1. 积极推动上合组织命运共同体建设，降低地缘政治风险，确保农业合作顺利开展

构建命运共同体就是通过结成共同命运的方式提升区域内国家的战略互信。① 利益共同体是命运共同体的重要基础和必由之路，积极推进共商共建共享的互利共赢机制，谋求共同发展与繁荣，是命运共同体的内在本质要求。② 上合组织国家政治互信基础薄弱，地缘政治风险高，通过推动上合组织命运共同体建设，有利于增强各成员国政治互信，为各成员国开展农业合作提供稳定基础。开展国际农业领域务实合作，是上合组织国家实现农业农村发展战略、提高各成员国粮食安全保障能力、提高农产品国际市场竞争力的重要路径，关乎各成员国利益与发展，具有压舱石作用。以农业合作为利益切入点，拓展务实合作空间，也有助于推进构建发展共同体，进而推动命运共同体建设。

2. 积极推进构建上合自贸区，升级农业贸易投资合作平台，降低农业合作壁垒

上合组织国家与东盟国家都具有丰富的农业资源和巨大的农业潜力，但是依托中国—东盟自贸区平台，中国与东盟国家经贸合作飞速发展，农产品贸易规模由 2010 年的 58.34 亿美元，增加到 2019 年的 395.74 亿美元，增加了近 7 倍，截至 2018 年年底，中国对东盟国家的农业投资存量为 50.5 亿美元，在东盟国家投资成立的农业企业达 365 家。2020 年 RCEP 协定的签署必将中国与东盟的农业合作推向新高度。与之相比，中国与上合组织国家间的农业合作在合作范围、合作方式、合作水平上都远远落后于中国与东盟国家的农业合作。哈、吉、塔、乌是上合组织重要成员国，但中国与这四个中亚国家至今尚未签署任何双边自由贸易协定。在南亚地区，中国也仅与巴基斯

① 张蕴岭：《中国与周边关系：命运共同体的逻辑》，《人民论坛》2014 年第 6 期，第 36—38 页。

② 王毅：《携手打造人类命运共同体》，《人民日报》2016 年 5 月 31 日，第 7 版。

坦签署了《中巴自由贸易协定》。而俄罗斯和四个中亚国家都是独联体自贸区成员国，彼此可以实现贸易与投资自由化。因此，与俄罗斯相比，中国在推进与上合组织国家农业贸易与投资过程中所面临的壁垒要远远大于俄罗斯。

在当前我国加快推进自贸易区建设，构建对外开放新格局下，中国应当充分利用“一带一路”倡议为上合组织各成员国开展多边农业贸易合作提供的契机，推动构建上海合作组织自贸区，升级农业贸易合作平台，减少贸易与投资壁垒，确保地区内产业链供应链畅通，促进中国与俄罗斯、中亚、南亚各成员国农业贸易合作潜力释放，提升农业贸易与投资效率。上海合作组织自由贸易区建成，将有助于发挥规模化市场优势，促进中国与俄罗斯、中亚、南亚，西亚等国家农产品贸易的连续性和稳定性，促进地区多双边农业贸易与农业投资发展，推动整个地区农业整体发展水平提高。

3. 全力打造农业全产业链合作，提升国际农业合作水平

农产品贸易合作、农业投资合作与农业科技合作是国际农业合作的重要组成内容，在国际农业合作中，充分发挥农产品贸易、农业投资和农业科技合作在国际农业合作中的不同作用，将三者有机地融入农业全产业链合作当中，通过形成农业全产业链合作，共同推动各成员国的农业高速发展，提升国际农业合作水平。通过农业投资与农业科技合作，能够有效改善农业生产环境，提高农产品产量、质量与生产效率，保障农业产业链供应链畅通，实现农产品国际市场供给的连续性和稳定性，提高农产品国际市场竞争力，解决各成员国在农业产业发展中的短板，实现农业价值链升级，达到各成员国农业合作共赢局面。

（二）前景展望

国际农业合作是上合组织国家务实合作的重要抓手，是中国与上合组织国家产能合作的重点与亮点。面对新冠疫情下经济衰退给全球粮食安全带来的不利影响，通过进一步夯实上合组织成员国国际农业合作基础，提高国际农业合作效果，拓宽国际农业合作空间，有效带动成员国农业发展是确保上合组织国家实现粮食安全、社会稳定和可持续发展的重要途径。但受当前新冠疫情等不确定因素影响，传统方式下的国际农业合作更易于受到外来因素冲击，给农业合作增加了不安全性和不稳定性。数字经济是未来经济增长的重要源泉，能够有效提高全要素生产率，在发生特殊情况时，能够通过数字

平台智能化迅速寻找匹配可供替代或调整的方案，快速修补原有断裂的产业链，通过形成多点连接的产业网链，大大提高全球分工体系的稳定性和安全性。以数字经济发展为契机，积极打造中国与上合组织国家农业合作数字化新模式，能够有效降低上合组织国家间因不确定性因素增加给农业合作带来的风险。

数字贸易是数字经济发展的重要动力，是未来贸易的发展方向，是未来实现上合组织国家国际农业合作优化升级的重要抓手。近年来，上合组织在多个发展纲要中将发展数字贸易作为上合组织成员国合作的重点方向，2019年11月，我国也正式出台《中共中央国务院关于推进贸易高质量发展的指导意见》提出加快发展数字贸易。将数字化应用到国际农业合作中，依托上海合作组织农业技术交流培训示范基地，构建国际农业数字化合作运行机制，整合各成员国农业科技优势资源，搭建上合组织成员国数字技术服务与交易平台，运用现代信息技术对成员国传统农业生产进行数字化指导与改造，形成各成员国间农业资源优势互补，提高成员国农业风险的预测预警能力，提高农产品产量、质量和国际市场竞争力，打通农产品国际供应链条，提高上合组织国家粮食安全保障能力，确保国际农业合作的稳定性和安全性。

附　　录

上海合作组织大事记

杨雯晶*辑录

2001 年

6 月 14—15 日，由中国、俄罗斯、哈萨克斯坦、吉尔吉斯斯坦、塔吉克斯坦组成的“上海五国”元首和乌兹别克斯坦元首在上海举行会议，宣布正式成立上海合作组织。六国元首签署了《上海合作组织成立宣言》《打击恐怖主义、分裂主义和极端主义上海公约》和关于吸收乌兹别克斯坦加入“上海五国”机制的《联合声明》，并发表了《新闻公报》。会晤期间，六国外长批准了《上海合作组织成员国家协调员理事会活动暂行条例》，六国国防部长举行会晤并发表了《联合公报》。

9 月 13—14 日，上海合作组织成员国总理首次会晤在阿拉木图举行。六国总理讨论了区域经贸合作、上海合作组织发展等问题，并签署《上海合作组织成员国政府间关于开展多边经济合作的基本目标和方向及贸易投资便利化进程的备忘录》，发表新闻公报。六国总理还针对“9·11”事件发声明，谴责恐怖主义，表示决心与国际社会一道，与恐怖主义做毫不妥协的斗争。

10 月 10—11 日，上海合作组织在比什凯克举行“比什凯克小组”紧急会议。各方就当前阿富汗及中亚地区形势、加强打击“三股势力”合作等问题进行磋商并发表声明。

---

* 杨雯晶，华东师范大学国际关系与地区发展研究院 2020 级博士生。

2002年

1月7日，上海合作组织成员国外长非例行会议在北京举行。六国外长就阿富汗局势、国际反恐、打击“三股势力”以及发挥上海合作组织作用等迫切问题交换意见，达成广泛共识。各方签署联合声明，并批准上海合作组织应急机制原则。

4月11—12日，上海合作组织首次文化部部长会晤在北京举行。六方共同签署并发表《文化部长联合声明》。

4月26日，上海合作组织成员国外交部长例行会议在莫斯科举行。六国外长讨论了即将举行的圣彼得堡元首峰会的准备工作，并就当前国际和地区形势及加强组织建设与合作等重大迫切问题深入交换意见，达成广泛共识。会后六国外长发表了新闻公报。

5月15日，上海合作组织国防部长会晤在上海举行。各方讨论了加强六国军事相互协作问题，同意保持和完善六国国防部长和军队总参谋部代表的定期会晤机制。

5月23日，上海合作组织成员国执法安全部门领导人例行会晤在哈萨克斯坦首都阿斯塔纳举行。会议签署了《关于上海合作组织地区反恐怖机构的协定（草案）决议》，通过《上海合作组织成员国关于地区反恐怖机构的协定》（草案），建议加快制定反恐怖机构协定后续文件，以尽快启动反恐怖机构。

5月28—29日，上海合作组织经贸部长首次会晤在上海举行。各方就区域经济合作和经贸部长会晤机制建设问题深入交换意见并达成共识，正式启动经贸部长会晤机制和贸易投资便利化谈判。会后签署《〈成员国政府间关于区域经济合作的基本目标和方向及启动贸易和投资便利化进程的备忘录〉的议定书》和《经贸部长首次会晤联合声明》。

6月7日，上海合作组织成员国元首第二次会晤在圣彼得堡举行。六国元首签署《上海合作组织宪章》《上海合作组织成员国关于地区反恐怖机构的协定》《上海合作组织成员国元首宣言》等三个重要文件，为上海合作组织的机制化和法律化建设奠定了基础。

10月30日，上海合作组织成员国总检察长会议在上海举行。各方讨论了进一步扩大和深化六国安全合作的有效途径，并就司法合作方面共同感兴趣的问题交换了意见，会后发表了《联合声明》。

11 月 20—21 日，上海合作组织交通部长第一次会议在比什凯克举行。各方讨论了在上海合作组织框架内开展交通运输合作问题，确定交通运输合作的主要方向为消除交通运输壁垒，建立和完善国际交通运输走廊，大力发展过境运输。会议正式启动上海合作组织交通部长会议机制，商定下次会议在俄罗斯举行。会后各方发表了《联合声明》。

11 月 23 日，上海合作组织成员国外长会议在莫斯科举行。会议批准国家协调员理事会关于下一步机制化建设工作的建议，签署《上海合作组织与其他国际组织及国家相互关系临时方案》。

2003 年

1 月 20—23 日，上海合作组织成员国国家协调员会议在阿斯塔纳举行。各方讨论了上海合作组织机制化建设、预算与会费分摊、今年组织高层活动计划等问题，达成广泛共识并签署了会议纪要。

2 月 28 日—3 月 3 日，上海合作组织成员国国家协调员会议在北京举行。会议重点讨论了上海合作组织 2003 年高层活动安排、秘书处和地区反恐机构筹建工作、组织预算等重要问题，并商谈了组织各机构条例草案内容。

4 月 26—28 日，上海合作组织国家协调员会议在阿拉木图举行。会议主要为 5 月底莫斯科峰会和 4 月底外长会议作准备，并商谈了上海合作组织机制化建设和财政预算制度等有关问题。

4 月 29 日，上海合作组织成员国外长会议在阿拉木图举行。会议就组织机制化建设、安全经济等领域合作、对外交往及共同关心的重大国际地区问题深入交换意见。会后，六国外长共同签署一系列决议，通过关于规范上海合作组织各会晤机制和常设机构及组织财政预算问题的法律，组织会徽、会旗方案以及首任秘书长人选，决定提交 5 月底莫斯科峰会批准或签署。会后发表了新闻公报。

5 月 26—27 日，上海合作组织国家协调员会议在莫斯科举行。会议敲定了莫斯科峰会政治文件—成员国元首宣言内容，核对了峰会将签署和批准的九份文件，并商定了有关文件和秘书长人选及组织徽标等五个峰会议案。会议还进一步讨论了加快筹建秘书处和地区反恐机构和组织预算有关问题，商定下半年协调员理事会主要任务。

5月28—29日，上海合作组织成员国元首第三次会晤莫斯科举行。六国元首发表了《元首宣言》，批准了《成员国元首会议关于上海合作组织各机构条例的决议》《关于上海合作组织徽标的决议》和《关于秘书长人选的决议》，任命中国前驻俄罗斯大使张德广为上海合作组织首任秘书长。元首们还签署了《上海合作组织预算编制和执行协定》《元首会议条例》《总理会议条例》《外长会议条例》《国家协调员理事会条例》《各部分领导人会议条例》《秘书处条例》《地区反恐怖机构执行委员会细则》和《成员国常驻秘书处代表条例》。

8月8—12日，上海合作组织成员国哈萨克斯坦、中国、吉尔吉斯斯坦、俄罗斯和塔吉克斯坦五国在中哈边境举行了代号为“联合2003”的联合反恐演习。

9月5日，上海合作组织成员国外长非例行会议在塔什干举行。各方讨论了上海合作组织机制化建设、准备即将召开的六国总理会晤及国际地区形势等问题、签署关于修改《上海合作组织宪章》《打击恐怖主义、分裂主义和极端主义上海公约》《上海合作组织成员国关于地区反恐怖机构的协定》的议定书，并发表联合公报。

9月10日，上海合作组织成员国交通部长会议在圣彼得堡举行。会议研究了制订多边公路运输协定、各成员国加入《欧洲综合运输重要干线协定》及进一步完善和发展成员国间现有公路运输线等问题。

9月23日，上海合作组织成员国总理会晤在北京举行。各方讨论了深化上海合作组织区域经济合作、加快组织机制化建设等问题，签署《关于技术性启动上海合作组织常设机构的备忘录》，批准《上海合作组织成员国多边经贸合作纲要》《上海合作组织2004年预算》《上海合作组织常设机构编内工作人员工资、补贴和保障条例》发表联合公报。

10月31日，上海合作组织地区反恐怖机构理事会第一次会议在塔什干举行。会议选举吉方代表出任反恐机构理事会首任主席，通过反恐机构理事会程序规则会配额岗位分配方案，并就加快反恐机构组织建设、开展合作及制订2004—2006年组织合作措施计划等问题交换了意见。

12月9—10日，上海合作组织国家协调员会议在杜尚别举行。会议讨论了上海合作组织常设机构正式启动和北京举行六国外长非例行会议等问题，批准了上海合作组织常设机构编内人员合作范本和秘书处有关人事任命。

2004 年

1 月 15 日，上海合作组织秘书处在北京举行正式成立仪式，六成员国外长和国家协调员、联合国、欧盟、欧安组织、独联体等国际组织代表、部分驻华使节及东道国有关部分领导人应邀出席。

3 月 9—11 日，上海合作组织成员国国家协调员理事会例行会议在北京举行。会议讨论了即将举行的莫斯科外长会议和塔什干峰会等活动的准备工作情况，审议了有关文件草案。张德广秘书长出席并通报了秘书处的工作进展情况及组织工作的有关设想。

4 月 23 日，上海合作组织成员国外长会议在莫斯科举行。会议审议通过了塔什干峰会准备工作及有关文件草案，并就国际和地区形势交换了意见。各方指出，上海合作组织常设机构——设在北京的秘书处和设在塔什干的地区反恐怖机构已于今年年初启动，地区反恐怖机构理事会也已开始运作。会上通过了上海合作组织第一个年度（2004 年）预算，批准了成员国多边经贸合作纲要，特权与豁免公约。

6 月 3—4 日，上海合作组织首次安全会议秘书会议在乌兹别克斯坦首都塔什干举行。六国秘书出席了会议并通过《成员国安全秘书会议规则》。

6 月 17 日，上海合作组织成员国元首第四次会议在乌兹别克斯坦首都塔什干举行。元首们发表了《塔什干宣言》，签署了《观察员地位条例》《上海合作组织特权与豁免公约》《关于设立上海合作组织日的决议》《给予蒙古上海合作组织观察员地位的决议》、《成员国外交部协作议定书》，以及中国、乌兹别克斯坦与上海合作组织常设机构的东道国协定等文件。

9 月 23 日，上海合作组织成员国政府首脑（总理）第三次会议在比什凯克举行。会议讨论了进一步发展和深化上海合作组织框架内经贸、投资、交通、环保、人文及其他领域的合作问题，批准了组织 2005 年预算和《成员国多边经贸合作纲要》落实措施计划。该计划涉及六国 11 个领域的 127 个项目。这次峰会标志着上海合作组织进入以安全和经贸为重点的务实合作时期。

11 月 1—2 日，上海合作组织成员国第三次交通部长会议在塔吉克斯坦首都杜尚别举行。各方商定建立和完善上海合作组织区域内交通走廊，并建议在交通部长会议框架内建立经常性的“发展交通走廊工作组”和处理有关问题的临时工作组。各方认为有必要将上海合作组织经贸部长会议下的发展过境运输潜力工作组和交通部长会议的工作结合起来，以便更好地发展成员国的交通事业。

2005 年

2 月 25 日，上海合作组织成员外长在哈萨克斯坦阿斯塔纳举行会晤，就共同关心的国际问题交换了看法，决定向吉尔吉斯斯坦和塔吉克斯坦两国的议会选举派遣上海合作组织观察员。

3 月 30 日，上海合作组织地区反恐怖机构理事会例行会议在塔什干举行。理事长强调恐怖主义、分裂主义和极端主义继续对本组织成员国的稳定与安全构成威胁，表示将共同努力进一步维护本组织成员国的稳定与安全，表示将共同努力进一步发展本组织成员国的反恐潜力，联合打击“三股势力”。会议还就反恐机构目前的工作及进一步建立合作打击“三股势力”的法律基础作出了一系列决议。

4 月 12 日，上海合作组织秘书处与独联体执行委员会在北京签署《上海合作组织秘书处与独立国家联合体执行委员会谅解备忘录》，独联体成为第一个与上海合作组织以签署具有法律效力的文件来确立合作关系的国际组织。

4 月 21 日，上海合作组织秘书处与东盟秘书处在雅加达东盟总部签署了谅解备忘录，规定了双方合作的基本方向和领域，包括经济、财政、旅游、环保、自然资源利用、社会发展、能源和打击跨国犯罪等。

7 月 5 日，上海合作组织成员国元首第五次会议在哈萨克斯坦首都阿斯塔纳举行。六国元首签署《上海合作组织成员国元首宣言》等重要文件，并决定给予巴基斯坦、伊朗、印度观察成员国地位。会议决定，进一步采取一系列加强团结、合作反恐、发展经济的具体措施。

8 月 18—25 日，中俄两国举行代号为“和平使命—2005”的首次联合军事演习。中俄双方派出陆、海、空军和空降兵、海军陆战队，以及保障部队参加演习，演习包括战略磋商、战役筹划和实施交战三个阶段，近万人参加。

10 月 11 日，上海合作组织成员国经贸部长例行会议在杜尚别举行。会议批准了多边经贸纲要落实措施计划的实施机制和专业工作组工作条例，听取了上海合作组织秘书处关于建立发展基金、实业家委员会和银联体合作进展情况。

10 月 25 日，上海合作组织实业家委员会理事会第一次会议在莫斯科召开，通过了《上海合作组织成员国实业家委员会章程》《大会规章》及《理事会规章》草案，决定将其提交上海合作组织实业家委员会成立大会批准。

10 月 26 日，上海合作组织成员国政府首脑（总理）第四次会议在莫斯科举行。六国总理同意加强在基础设施建设、能源、通信、资金以及文化、科技、旅游等领域合作，继续加大对“三股势力”的打击力度。蒙古国、巴基斯坦、伊朗、印度等观察员国领导人出席了会议。

11 月 4 日，上海合作组织与阿富汗签署了《建立上海合作组织——阿富汗联络小组的议定书》。

11 月 16 日，上海合作组织银行联合体在莫斯科正式成立。该银联体是俱乐部式的合作机构，不设法律实体，由各成员国指定的开发性或商业性银行组成，根据市场原则对上海合作组织通过的区域合作项目组织银团贷款。

2006 年

2 月 17 日，“上海合作组织——阿富汗联络组”第一次会议在北京举行。

4 月 26 日，上海合作组织成员国国防部长会议在中国北京举行。部长们就当前国际和地区形势，在上海合作组织成立五年来所取得的成就基础上加强成员国防务部门之间的合作等有关问题进行了讨论，并就实质问题达成一致意见。

5 月 22 日，首届上海合作组织论坛在莫斯科国立国际关系大学举行。各国代表着重讨论通过了上海合作组织论坛规则，确定了论坛的主要目标和组织机构，并就一些共同关心问题进行探讨。

5 月 30 日，上海合作组织首次议长会晤在莫斯科举行，各方就立法领域和合作深入交换了意见，并签署了《上海合作组织成员国首次议长会晤联合声明》。

6 月 15 日，上海合作组织成员国元首会议暨该组织成立五周年大会在上海举行。六国元首围绕弘扬“上海精神”、深化务实合作、促进和平发展的主题，提出了上海合作组织发展的远景规划，签署了《上海合作组织五周年宣言》等 10 份重要文件，为上海合作组织下一步发展确定了方向和任务。

8 月 24 日，上海合作组织成员国经贸部长会议在塔什干举行。各方就区域内经贸和投资合作的现状与前景、《〈上海合作组织成员国多边经贸合作纲要〉实施措施计划》的落实情况交换了意见，就如何推动上海合作组织框架下实业家委员会和银行联合体的合作、扩大多边经贸合作的法律基础等有关问题进行了探讨。会议还成立了旨在促进能源、信息技术领域合作的专业工作组。

9 月 15 日，上海合作组织成员国政府首脑（总理）理事会第六次例行会议在塔吉克斯坦首都杜尚别举行。六国总理结合上海合作组织成立五周年峰会的共识，研究了本组织成员国经济合作的优先方向，提出了六国在经贸、科技、社会、文化和其他领域合作的一系列具体措施。

9 月 21—22 日，成员国首届最高法院院长会议在上海举行。会议主旨议题“司法公正和司法合作”，包括“法院在促进社会发展的作用”“保障司法公正”“提高司法效率”及“完善上海合作组织成员国法院合作机制”四个子议题。会后各方共同签署了《上海合作组织成员国最高法院院长会议联合声明》。

10 月 18 日，上海合作组织成员国首次教育部长会议在北京举行。会议的任务是落实上海合作组织上海峰会和杜尚别政府首脑会议关于教育合作的有关事项，研究落实《上海合作组织成员国政府间教育合作协定》，推进成员国多边教育合作。

11 月 21—22 日，上海合作组织成员国第二次紧急救灾部门会议在北京举行。部长们介绍了在预防和消除灾害领域开展多边合作的经验和前景，商定要采取积极措施，切实落实 2005 年 10 月 26 日签署的《上海合作组织成员国政府间救灾互助协定》。会议通过了《上海合作组织成员国 2007—2008 年救灾合作行动方案》。

2007 年

1 月 22—25 日，上海合作组织成员国国家协调员理事会例行会议在北京举行。会议就筹备上海合作组织各领导机构会议，以及进一步开展政治、经济和人文等领域合作通过了决议。

3月13—16日，上海合作组织成员国国家协调员理事会例行会议在北京举行。会议讨论了上海合作组织2007年一系列活动的筹备问题，包括成员国元首理事会议，以及下一步开展政治、经济、人文领域合作等问题。

4月10—12日，上海合作组织成员国第二次最高法院院长会议在莫斯科举行。与会国最高法院院长签署了联合声明。会议围绕有关极端主义犯罪和毒品犯罪的审判实践等议题展开了交流和磋商。

4月24—25日，上海合作组织成员国文化部部长例会在杜尚别举行。各方审核了2005—2006年度和2007—2008年度上海合作组织成员国多边合作计划的执行情况，一致同意采取必要措施及时落实列入计划的各个项目。各方表示，会积极推动上海合作组织框架内多边文化合作，加强与观察国协作。各方通过了《上海合作组织成员国政府间文化领域合作协定》草案，并建议在2007年8月上海合作比什凯克峰会期间签署。

5月14—16日，上海合作组织成员国国家协调员理事会例行会议在北京举行。会议的议题是筹备即将于2007年夏季在比什凯克举行的上海合作组织元首和外长会议。协调员们讨论了筹备会议的组织问题，以及拟提交元首和外长在会议上审议的文件清单。

5月25日，上海合作组织成员国第三次安全会议秘书会议在比什凯克举行。与会各方就国际和地区安全的迫切问题以及上海合作组织成员国特工及执法机关通缉进行或涉嫌恐怖、分裂、极端性质犯罪人员名单的情况。

6月18—19日，上海合作组织成员国经贸部门高官会在北京举行。会议讨论了2006年9月15日杜尚别总理会议共识措施计划的落实情况，听取了海关合作、现代信息及通信技术专家工作情况介绍，听取了上海合作组织实业家委员会、银行联合体及上海合作组织区域经贸合作网站工作情况介绍。

6月27日，上海合作组织成员国国防部长会议在比什凯克举行。会议分析了国际和地区安全形势，研究了上海合作组织成员国武装力量联合反恐军事演习的准备情况，讨论了上海合作组织在防务安全领域进行合作的优先方向。会议发表了《上海合作组织成员国国防部长会议联合公报》，并签署了《上海合作组织成员国关于举行联合军事演习的协定》。

7月9日，上海合作组织成员国外长理事例行会在比什凯克举行。外长们就即将举行的上海合作组织成员国元首峰会的一系列问题作出决议。各方还研究落实2006年在上海举行的上海合作组织纪念峰会决议及任务的情况，并就上海合作组织未来发展交换了看法。

8月9—17日，上海合作组织成员国举行“和平使命—2007”联合反恐军事演习。演习在中国乌鲁木齐和俄罗斯车里雅宾斯克举行。

8月16日，上海合作组织成员国元首理事会第七次会议在吉尔吉斯斯坦首都比什凯克举行。六国元首签署了《上海合作组织成员国长期睦邻友好合作条约》，把成员国人民“世代友好，永葆和平”的思想以法律形式确定下来。

10月24日，上海合作组织成员国经贸部长例行会议在阿斯塔举行。各方就上海合作组织框架内未来开展多边经济合作面临的迫切问题建设性地交换了看法。各方代表团长指出，本组织各国在经贸和投资领域积极开展合作，强调应切实落实上海合作组织成员国多边元首及总理理事会会议的各项共识，重点是落实多边经贸合作纲要落实措施计划。各方商定进一步加强遴选和实施示范项目专家工作组的工作，以及就进一步扩大上海合作组织框架内经贸和投资联系采取具体措施。

11月2日，上海合作组织成员国总理第六次会议在乌兹别克斯坦首都塔什干举行。与会领导人一致强调，深化和扩大务实合作、实现共同发展以及构建和谐地区是成员国的共同愿望和目标，也是上海合作组织不断发展的关键所在。各国总理就加强贸易、投资、交通、能源、电信、海关及人文等领域合作深入交换了意见，并在完善贸易投资环境、推动实施网络性项目和拓宽融资渠道等方面达成多项共识。成员国代表团团长签署了联合公报等，会议还签署了《上海合作组织成员国政府海关合作和互助协定》。

12月11日，上海合作组织秘书处与经济合作组织秘书处在阿什哈巴德签署谅解备忘录。文件确认了双方在经贸、交通、能源、生态、旅游及其他共同关心领域进行信息交流和开展相互合作。

2008年

1月26—27日，上海合作组织实业家委员会理事会会议在中国三亚举行。会议听取了有关卫生、环保、旅游领域项目的落实情况，以及未来发展计划、保险领域合作前景、新航线开通合作前景等问题的报告。会议专门研究了上海合作组织框架内银行领域合作的前景与工作方向。与会各方还探讨了开展租赁、物流、边贸和建立联合企业、扶持中小企业的可行性等问题。

2 月 18—20 日，上海合作组织成员国经贸部长会议电子商务专家工作组第四次会议在北京举行。与会各方就利用电子数字签名开展上海合作组织成员国跨境电子商务问题交换了看法。

3 月 27 日，上海合作组织地区反恐怖机构理事会第十一次会议在塔什干举行。会议通过了拟提交上海合作组织成员元首理事会审议的地区反恐怖机构理事会 2007 年工作报告草案，就落实 2008 年工作计划提出了设想和建议。会议通过了一系列涉及打击恐怖主义、分裂主义、极端主义的决议。

5 月 19—21 日，上海合作组织成员国最高法院院长第三次会议在阿斯塔纳举行。会议签署了联合声明，通过了上海合作组织成员国最高法院院长会议工作章程。

7 月 25 日，上海合作组织外长会议在杜尚别举行。外长们研究了即将在杜尚别召开的上海合作组织峰会的筹备情况；就当前重大国际和地区问题交换了意见，并讨论了加强本地区安全与稳定的问题。外长们确认了深化与观察员国在共同关心领域的务实合作的必要性。与会各方还对阿富汗局势予以关注，表示重视发挥“上海合作组织——阿富汗”联络组的作用。

8 月 28 日，上海合作组织成员国元首理事会第八次会议在塔吉克斯坦首都杜尚别举行。六国元首就上海合作组织发展和合作重点方向、相互关系准则、对外交往基本立场等达成新的重要共识。会议通过了《上海合作组织成员国元首杜尚别宣言》《上海合作组织对话伙伴条例》等重要文件。

10 月 30 日，上海合作组织成员国总理第七次会议在哈萨克斯坦首都阿斯塔纳举行。与会领导人就各方关心的涉及本组织发展问题交换了意见。会后成员国代表团团长签署了联合公报。

12 月 16—17 日，上海合作组织会成员国外交部代表在北京秘书处举行会议，就本组织与欧盟、欧安组织和其他非本地区组织合作等问题进行了磋商。

2009 年

1 月 17 日，上海合作组织实业家委员会在中国深圳举行。会上讨论了有关上海合作组织实业家委员会切实落实《〈上海合作组织成员国多边经贸合作纲要〉落实措施计划》的问题。

3 月 10—13 日，上海合作组织成员国国家协调员会议在北京举行。会议讨论了上海合作组织当前和发展前景的广泛问题。

4 月 1 日，上海合作组织成员国卫生部高官会在北京举行。各方审议了上海合作组织成员国卫生领域多边合作计划草案，并讨论了成立卫生工作组等有关问题。各方还就在上海合作组织范围内防止和打击传染病蔓延交换了意见。

4 月 21—23 日，上海合作组织成员国移民问题专家会议在北京举行。各方就上海合作组织成员国共同打击非法移民问题，包括制定多边文件交换了意见。

5 月 15 日，上海合作组织成员国外长理事会例行会议在莫斯科举行。外长们在建设性的气氛中研究了在本组织框架内进一步加强合作的一系列迫切问题，并就重大国际问题和地区局势交换了意见。

6 月 15—16 日，上海合作组织成员国元首理事会第九次会议在叶卡捷琳堡举行。六国元首签署了《叶卡捷琳堡宣言》和《反恐怖主义公约》等重要文件。会议决定给予斯里兰卡和白俄罗斯对话伙伴国地位。

7 月 22—26 日，“和平使命—2009”中俄联合反恐军事演习在俄罗斯哈巴罗夫斯克和位于中国东北的沈阳军区洮南战术训练基地举行。这是中俄两国继“和平使命—2005”“和平使命—2007”之后，在上海合作组织框架下举行的又一次大规模反恐演习。

8 月 18—20 日，上海合作组织成员国经贸部门高官委员会会议在北京召开。各方听取了海关合作、现代信息和电信技术、发展过境潜力、燃料能源综合体、电子商务、投资促进、技术法规、标准和合格评定专业工作组，以及上海合作组织实业家委员会和银行联合体的工作情况通报，并就已修订的《上海合作组织成员国多边经贸合作纲要落实措施计划》的落实情况交换了意见。

9 月 10 日，上海合作组织成员国经贸部长第八次会议在比什凯克市举行。各代表团团长就多边经贸和投资合作、应对全球金融危机等问题交换了意见，并就在上海合作组织框架内开展和加强上述领域合作提出了建议。

10 月 14 日，上海合作组织成员国总理第八次会议在北京举行。各方研究、分析了当前国际政治经济形势及其带来的机遇和挑战，就深化本组织各领域务实合作、共同应对国际金融经济危机等问题深入交换意见，达成广泛共识。

11 月 10 日，上海合作组织成员国交通部长第四次会议在北京举行。部长们对本组织框架内的交通示范项目中吉乌公路、E40 公路、以及塔乌公路等重要区域交通合作项目的落实情况表示满意。

12 月 9 日，上海合作组织成员国首次财长和央行行长会议在阿拉木图举行。各方就上海合作组织成员国在金融领域合作的迫切问题和合作前景交换了意见，并通过了联合声明。

2010 年

1 月 19—21 日，上海合作组织文化专家工作组会议在北京举行。会议讨论了上海合作组织文化合作问题和第七次上海合作组织文化部长会议的准备工作。

4 月 5 日，上海合作组织成员国签署了《联合国秘书处与上海合作组织秘书处合作联合声明》，商定与联合国机构在维护安全、发展经济、推动社会和人文发展等方面加强工作。

4 月 23 日，上海合作组织第五次安全会议秘书会议在塔什干举行。会议就地区安全形势，成员国在打击三股势力、非法贩运毒品和网络恐怖主义等领域开展合作和完善协作机制等方面交换了意见。

5 月 22 日，上海合作组织成员国外长理事会例行会议在塔什干举行。为筹备 2010 年 6 月 10—11 日在塔什干举行的上海合作组织成员国元首理事会会议，各方代表研究了在本组织框架内进一步加强协作的一系列重大问题。各方还就重大国际地区问题、国际形势基本走向、巩固中亚稳定与安全、进一步提升上海合作组织的国际地位和影响力，以及扩大与其他多边组织的交往等问题交换了意见。

6 月 10—11 日，上海合作组织成员国元首理事会第十次会议在乌兹别克斯坦首都塔什干举行。会议发表了《上海合作组织成员国元首理事会第十次会议宣言》，批准了《上海合作组织接收新成员条例》和《上海合作组织程序规则》。成员国授权代表签署了《上海合作组织成员国政府间农业合作协定》和《上海合作组织成员国政府间合作打击犯罪协定》。

9 月 23—24 日，上海合作组织成员国教育部长第三次会议在新西伯利亚举行。会议审议通过了 2006 年 6 月 15 日签署的政府间教育合作协定 2011—2012 年实施活动清单，以及教育领域合作常设专家工作组提交上海合作组织成员国教育部长的题为“上海合作组织成员国高等职业教育质量监控和保障”的报告。

10 月 26 日，上海合作组织成员国首次农业部长会议在北京召开。各国农业部长就加强上海合作组织框架内多边农业合作及其发展前景进行了探讨。

11 月 18 日，上海合作组织成员国首届卫生部长会议在阿斯塔纳举行。会议讨论了开展本组织成员国卫生领域多边合作和发展前景，签署了纪要，并通过了上海合作组织成员国卫生专家工作条例。

11 月 25 日，上海合作组织成员国总理第九次会议在杜尚别举行。成员国总理签署了《上海合作组织成员国政府首脑（总理）理事会会议联合公报》等文件。

2011 年

3 月 17 日，上海合作组织成员国国防部长会议在阿斯塔纳举行。与会各方就当前国际和地区安全问题交换了意见，决定继续全面发展和拓宽上海合作组织成员国防务部门间的合作。批准了《上海合作组织成员国国防部 2012—2013 年合作计划》，并签署了联合公报。

4 月 29 日，上海合作组织成员国第六次安全会议秘书会议在阿斯塔纳举行。为筹备上海合作组织 10 周年元首理事会会议，各方就上海合作组织地区安全局势，以及在打击恐怖主义、分裂主义和极端主义，打击非法贩卖毒品和武器领域深化合作问题交换了意见。

5 月 13—14 日，上海合作组织成员国外长理事会例行会议在阿拉木图举行。围绕筹备上海合作组织十周年成员国元首理事会会议，外长们研究了进一步提升上海合作组织在国际和地区架构中的作用和地位问题，就继续开展上海合作组织框架内各领域互利合作、巩固其作为有影响的国际组织的地位达成共识。

5月19日，上海合作组织成员国第八次文化部长会议在阿斯塔纳举行。会议讨论了上海合作组织框架内文化交流的现状与前景，各方还就合作保护非物质文化遗产、促进各国传统文化等问题交换了意见。

6月14—15日，上海合作组织成员国元首理事会第十一会议在哈萨克斯坦阿斯塔纳举行。六国元首围绕回顾过去、展望未来、凝聚共识、巩固团结的主题，总结了过去的成就和发展经验，并在深入分析国际和地区形势发展的基础上签署《上海合作组织十周年阿斯塔纳宣言》，对上海合作组织未来10年的发展方向作出战略规划。

10月18日，上海合作组织成员国最高法院院长会议在塔什干举行。各国代表团团长在发言中高度评价上海合作组织成立十年来在维护地区稳定、促进共同发展方面取得的伟大成就，强调最高法院院长会议机制成立五年来在促进成员国最高法院间的相互交流、共同开展打击“三股势力”的司法领域合作、相互借鉴司法体系改革经验等方面发挥的显著作用。各方表示愿继续深化司法经验交流，加强在刑事和民事司法等具体沟通合作，为地区安全稳定和区域经济一体化保驾护航。

11月7日，上海合作组织成员国问题第十次会议在俄罗斯圣彼得堡举行。成员国领导人签署了总理会议的联合公报，会议发表了《上海合作组织成员国政府首脑（总理）关于世界和上海合作组织地区经济形势的联合声明》等成果文件。

12月21日，上海合作组织成员国主管机关边防部门第一次会议在杭州召开。会议探讨了在上海合作组织框架下成员国主管机关边防部门在合作方向、范围和内容，并签署了会议纪要。

2012年

3月30日，上海合作组织在北京举行地区安全问题副外长级磋商。各国外长一致认为应加强地区合作，以维护地区安全、稳定与发展。

4月23日，上海合作组织参与国最高审计机关领导人第二次会议在上海举行。会议通过了《上海合作组织参与国最高审计机关合作谅解备忘录》《上海合作组织参与国最高审计机关合作工作计划（2012—2013）》等文件。

4月24日，上海合作组织成员国国防部长会议在北京举行。与会各方就国际和地区形势、加强军事信任措施和防备安全合作等问题交换了意见。

5 月 11 日，上海合作组织成员国外长理事会例行会议在北京举行。外长们研究了进一步深化和完善本组织框架内各领域合作、提升上海合作组织在国际和地区事务中的作用等问题，并就国际和地区形势、扩大上海合作组织同其他国家和多边组织交往等问题深入交换了意见。

5 月 17 日，上海合作组织第二次财长和央行行长会议在北京举行。与会各方就全球及区域宏观经济形势和应对国际金融危机的宏观经济政策，便利成员国间本币结算，筹建上海合作组织开发银行和专门账户，上海合作组织财金合作及未来重点合作领域等议题深入交换了意见。会后发表联合声明。

6 月 7 日，上海合作组织元首理事会第十二次会议在北京举行。六国元首签署了《上海合作组织成员国元首关于构建持久和平、共同繁荣地区的宣言》和《上海合作组织中期发展战略规划》等 10 个文件，北京峰会时值上海合作组织成立第二个十年的第一年，对于上海合作组织今后发展有着里程碑意义。

8 月 29—30 日，上海合作组织成员国海关工作级第十八次会议在中国深圳召开。各方进一步加强海关合作、海关商品价值监管信息交换以及保护知识产权合作等问题。

12 月 4—5 日，上海合作组织元首理事会（总理）第十一次会议在比什凯克举行。与会各方就地区经济形势的广泛议题，发展上海合作组织框架内的经贸和人文合作的现实问题交换了意见，并就广泛议题达成重要共识。会后上海合作组织成员国签署了多项重要文件。

2013 年

1 月 17 日，上海合作组织实业家委员会理事会会议在北京召开。各方讨论了加强经贸合作的问题。会议通过了实业家委员会主要工作计划，确定了上海合作组织工商论坛议题。

4 月 18—19 日，上海合作组织论坛第八次会议在北京举行。上海合作组织成员国、观察员国和对话伙伴国研究机构 150 多名代表参会。

6 月 26 日，上海合作组织成员国国防部长会议在比什凯克举行。会议就成员国防务部门间未来合作发展、国际和地区安全形势等问题交换了意见，批准了《上海合作组织成员国国防部2014—2015年合作计划》，并签署了《上海合作组织成员国国防部长会议联合公报》。

7月12—13日，上海合作组织成员国外交部长理事会例行会议在乔蓬阿塔举行。各方研究了进一步深化和完善本组织框架内全方位合作及提升上海合作组织在国际和地区事务中的作用等问题，并就重大国际问题和地区形势，以及加强上海合作组织与其他国家和多边组织交往问题充分交换了意见。

9月5—6日，上海合作组织成员国司法部长会议在北京举行。各方在友好和建设性的气氛中就司法部长会议在实现上海合作组织目标和任务中的作用，以及在法律领域建立和深化合作等问题交换了意见。会议签署了《上海合作组织成员国司法部长会议联合声明》。

9月13日，上海合作组织成员国元首理事会第十三次会议在吉尔吉斯斯坦举行。与会元首共同签署并发表了《上海合作组织成员国元首比什凯克宣言》。峰会批准《〈上海合作组织成员国长期睦邻友好合作条约〉实施纲要（2013—2017）》。

10月21—22日，上海合作组织成员国经贸高官会在塔什干举行。各方研究了拟提交上海合作组织成员国经贸部长会议审议的文件草案，讨论了秘书处关于《上海合作组织成员国多边经贸纲要》和《2012—2016年上海合作组织进一步推动项目合作的措施清单》落实进展情况的报告草案。

11月13日，上海合作组织经贸部长会议框架内发展过境潜力工作组第七次会议在塔什干举行。各方研究了发展上海合作组织成员国交通基础设施和过境运输问题，商定将采取切实措施落实在专业工作组活动中遴选的交通合作项目。

11月28—29日，上海合作组织成员国总理第十二次会议在塔什干举行。总理们就世界和地区经济发展的广泛议题，以及发展上海合作组织框架内的经贸和人文合作问题交换了意见，并发表了《上海合作组织成员国政府首脑（总理）理事会第二次联合公报》。

2014年

1月22日，上海合作组织地区安全问题副外长级磋商在莫斯科举行。各方就保障地区安全、重点打击国际恐怖主义、非法贩运毒品、有组织犯罪、网络犯罪以及应对其他跨国性威胁与挑战等问题交换了意见。

4月1日，上海合作组织成员国国防部长会议在塔吉克斯坦举行。各国国防部长就国际和地区安全问题，包括国际安全援助部队从阿富汗撤军议题交换了意见。会后，各方签署了会议纪要，并通过了《上海合作组织成员国国防部长会联合公报》。

5月20日，上海合作组织秘书处与亚洲相互协作与信任措施会议秘书处签署谅解备忘录。

7月30—31日，上海合作组织成员国外交部长理事会例行会议在杜尚别举行。外长们研究了进一步完善和发展本组织框架内各领域合作、提升上海合作组织在国家和地区事务中的作用和地位等广泛议题，还就世界和地区形势发展，重要国际问题，以及扩大上海合作组织与有关国家、其他国际组织和机构的联系等问题交换了意见。

8月24—29日，上海合作组织成员国“和平使命—2014”联合反恐军事演习在中国朱日和训练基地正式举行。

8月28日，上海合作组织成员国军队总参谋长第三次会议在北京举行。各方就国际和地区形势、成员国在军事领域的合作前景以及其他共同关心的问题交换了意见。

9月4日，上海合作组织成员国最高法院院长第九次会议在阿斯塔纳举行。各方就司法实践、法院判决相互承认与执行、法院工作优化及考评、法官管理体系建设、司法公开与法院工作信息化等问题进行了深入交流，并就最高法院在打击恐怖主义中的作用进行了专题研讨。

9月12日，上海合作组织成员国元首理事第十四次会议在塔吉克斯坦举行。与会各方围绕进一步完善上海合作组织工作，发展上海合作组织区域内长期睦邻友好关系、维护地区安全、加强务实合作，以及当前重大国际和地区问题交换意见。成员国元首签署并发表了《杜尚别宣言》《上海合作组织成员国政府间道路运输便利化协定》，批准了《给予上海合作组织成员国地位程序》和《关于申请国加入上海合作组织义务的备忘录范本》修订案等文件。

10月8日，上海合作组织成员国第五次教育部长会议在俄罗斯举行。与会各方介绍了本国教育发展情况，一致同意继续交换有关部际和校际在教育领域开展现代化建设，举办教学与研究论坛、学术研讨会和专题研讨会的相关信息。

10 月 9 日，上海合作组织成员国第三次农业部长会议在俄罗斯举行。与会代表就上海合作组织成员国在农业领域可能开展的合作项目交换了意见。各方签署了会议纪要，审议通过了《〈上海合作组织政府间农业合作协定〉2015—2016 年农业合作计划》。

12 月 14—15 日，上海合作组织成员国第十三次总理会议在哈萨克斯坦举行。发表了《上海合作组织成员国政府首脑（总理）理事会第十三次会议联合公报》，李克强总理出席会议并提出三点建议：筑牢地区安全稳定屏障，打造区域合作新亮点，更加注重民生和人文交流合作。

2015 年

1 月 20—22 日，上海合作组织成员国国家协调员理事会会议在北京举行。会议讨论了 2015 年上海合作组织有关工作，上海合作组织乌法峰会和莫斯科外长会的筹备等问题，确定了上海合作组织 2015 年主要活动计划。

4 月 14 日，上海合作组织成员国第十次安全会议秘书会议在莫斯科举行。与会各方就地区安全与稳定，进一步加强合作打击恐怖主义、分裂主义、极端主义、毒品走私和跨国有组织犯罪以及保障国际信息安全等问题交换了意见。

5 月 15 日，上海合作组织成员国第七次交通部长会议在乌法举行。各方指出，未来的首要任务是实施共同受益的基础设施项目，要确保扩大区域交通运输潜力，发展高速铁路运输，建立多式联运物流中心，采用先进的交通创新技术等；应积极发挥与观察员国、对话伙伴国的合作潜力，并积极发展与国际金融机构的合作。

6 月 3 日，上海合作组织成员国外交部长理事会例行会议在莫斯科举行。外长们讨论了上海合作组织的现状和未来发展前景，研究了完善组织的主要方向。会议通过了上海合作组织元首理事会关于启动接收印度和巴基斯坦加入上海合作组织程序的决议等草案，并提请上海合作组织成员国元首理事会批准阿利莫夫任上海合作组织秘书长。

6 月 30 日，上海合作组织成员国国防部长会议在圣彼得堡举行。会议讨论了地区和国际安全问题，以及共同应对挑战和威胁的可行方法，并通过了上海合作组织成员国国防部 2016—2017 年合作计划等。

7 月 10 日，上海合作组织成员国元首理事会第十五次会议在俄罗斯乌法举行。会议主题是规划组织未来发展，就本组织发展及国际和地区重要问题协调立场，东道国俄罗斯总统普京主持会议。各国元首共同签署并发表了乌法宣言。批准了包括《上海合作组织至2025年发展战略》在内的一系列文件，签署了《上海合作组织成员国边防合作协定》，通过关于上海合作组织启动接收印度、巴基斯坦加入上海合作组织程度等决议，发表了成员国元首关于世界反法西斯战争胜利70周年的声明、关于应对毒品问题的声明，以及会议新闻公报。

11月17—20日，上海合作组织成员国国家协调员会议在北京举行。会议期间，各方讨论了上海合作组织成员国政府首脑（总理）理事会会议的筹备情况，以及拟提交政府首脑审议和批准的文件草案，并研究了关于与印度和巴基斯坦成为上海合作组织正式成员国的程序问题。

12月14—15日，上海合作组织成员政府首脑（总理）理事会第十四次会议在郑州举行。总理们就国际和地区经济发展的议题广泛交换了意见，讨论了深化上海合作组织经济和人文合作的前景与措施，表示愿进一步巩固成员国人民的相互理解与传统友谊。会后，发表了《上海合作组织成员国政府首脑（总理）理事会第十次会议联合公报》《上海合作组织成员国政府首脑（总理）关于区域经济合作的声明》等文件。

2016年

2月2日，上海合作组织成员国国家协调员理事会在北京举行。会议主要就2016年塔什干元首峰会的准备工作，以及成员国、观察员国和对话伙伴国在政治、经贸、人文交流等领域30多项问题的合作进行了协调。

4月13—14日，上海合作组织成员国安全会议秘书第十一次会议在塔什干举行。与会各方就上海合作组织区域内的安全与稳定形势交换了意见，就打击“三股势力”、非法贩运武器和毒品，以及应对其他挑战与威胁继续开展合作、完善协作机制等问题交换了意见。

5月23—24日，上海合作组织成员国外交部长理事会例行会议在塔什干举行。会后各方发表了新闻公报，表态支持中国在南海问题上的立场。

6月8日，上海合作组织成员国国防部长会议在阿斯塔纳举行。会议就当前国际和地区安全问题交换了意见，并讨论了“和平使命—2016”联合反恐军事演习准备工作的进展情况。

6 月 24 日，上海合作组织成员国元首理事会第十六次会议在乌兹别克斯坦首都塔什干举行。与会各方就携手应对地区和国际新挑战、全面提升上海合作组织各领域合作水平以及上海合作组织未来发展等问题深入交换意见。成员国元首发表《上海合作组织成立十五周年塔什干宣言》和新闻公报，批准《〈上海合作组织至 2025 年发展战略〉2016—2020 年落实行动计划》等文件，见证签署印度、巴基斯坦加入上海合作组织义务的备忘录，有关部门授权代表签署了《上海合作组织成员国旅游合作发展纲要》。

9 月 29—30 日，上海合作组织成员国第三次财长和央行行长会议在比什凯克召开，与会各方通报了本国中期社会经济发展情况和加快经济增长的国家举措。各方讨论了建立上海合作组织开发银行和上海合作组织基金问题，并建议将《2017—2021 年上海合作组织进一步推动项目合作的措施清单》中关于金融领域合作的章节提交 2016 年政府首脑（总理）理事会审议。

10 月 12 日，上海合作组织成员国第十五次经贸部长会议在比什凯克召开。各方对进一步发展和深化上海合作组织区域经济合作问题进行了广泛研究。会议批准了《上海合作组织成员国贸易便利化工作组章程》，并要求专业工作组为落实《上海合作组织成员国多边经贸合作纲要落实措施计划》积极开展工作。

10 月 28 日，上海合作组织成员国第四次司法部长会议在阿拉木图举行。各方总结了第三次司法部长会议后成员国司法部门间的合作，并根据与会代表加强成员国法制建设达成的共识，同意就共同关心的问题进行交流与合作。

11 月 2—3 日，上海合作组织成员国政府首脑（总理）理事会第十五次会议在吉尔吉斯斯坦举行。会议发表了《上海合作组织成员国政府首脑（总理）理事会第十五次会议联合公报》。各国总理批准《上海合作组织成员政府间科技合作协定 2016—2020 年落实措施计划》和《上海合作组织科技计划》，支持 2014 年 9 月 12 日在杜尚别签署的《上海合作组织成员国政府间国际道路运输便利化协定》尽快生效并予以落实，加紧制订《上海合作组织公路协调发展规划》草案。

11 月 29—30 日，上海合作组织成员国第十四次总检察长会议在中国举行。各方讨论了总检察院在本组织框架下合作打击恐怖主义的作用等问题。

2017 年

1 月 19—20 日，上海合作组织银行联合体研讨会在三亚举行。与会者就银联体发展、金融合作交换意见，表示国家银行在保发展、促稳定方面发挥着重要作用。与会期间，各方就研讨会成果、上海合作组织秘书处同上海合作组织银联体下一步合作计划等问题交换了意见。

4 月 8—9 日，上海合作组织成员国第十二次安全会议秘书会议在阿斯塔纳举行。会议就成员国进一步加强共同打击恐怖主义、分裂主义、极端主义、跨国有组织犯罪、非法移民、非法贩运武器、麻醉品和精神药物等议题进行了讨论。会议签署了国际和地区现实问题一致立场议定书，确定了未来的工作目标，并为即将举行的阿斯塔纳元首理事会进行了筹备部署。

4 月 20—21 日，上海合作组织成员国外交部长理事会例行会议在阿斯塔纳举行。会议通过了《上海合作组织成员国元首阿斯塔纳宣言》及《上海合作组织成员国元首理事会会议新闻公报》草案，会议就关于完成接收印度和巴基斯坦加入上海合作组织程序并给予成员国地位的问题提交上海合作组织成员国元首理事会审议。

6 月 7 日，上海合作组织成员国国防部长会议在阿斯塔纳举行。会议签署了《上海合作组织成员国国防部门关于研究、保护和推广军事历史文化遗产意向议定书》，批准了《上海合作组织成员国国防部 2018—2019 年合作计划》。

6 月 9 日，上海合作组织元首理事会第十七次会议在哈萨克斯坦首都阿斯塔纳举行。与会各方围绕上海合作组织发展现状、任务和前景，以及国际和地区重大问题等交换意见，达成广泛共识。成员国元首签署并发表了《阿斯塔纳宣言》，发表了《新闻公报》《上海合作组织成员国元首关于共同打击国际恐怖主义的声明》，签署了《上海合作组织成员国元首关于共同打击国际恐怖主义的声明》，签署了《上海合作组织反极端主义公约》，批准了给予印度、巴基斯坦上海合作组织成员国地位等 7 份决议。

9 月 17 日，上海合作组织地区反恐怖机构理事会第三十一次例行会议在北京举行。会议审议了地区反恐怖机构理事会先前通过决议的落实情况，批准了《关于上海合作组织成员国主管机关打击恐怖主义、分裂主义和极端主义组织成员的联合措施》和《上海合作组织地区反恐怖机构与负责打击恐怖主义、分裂主义和极端主义的国际组织提高合作效率的措施》。

9 月 20 日，上海合作组织成员国外长理事会非例行会议于第 72 届联合国大会期间在纽约举行。与会各方就上海合作组织发展前景、国际地区迫切问题，以及加强上海合作组织与联合国及其他多边组织协作、上海合作组织成员国在联合国及其他国际和地区组织框架内深化合作等问题交换了意见。

10 月 20 日，上海合作组织成员国第五次司法部长会议在塔什干举行。会议就如何对上海合作组织各成员国的民事和刑事案件提供法律援助并开展合作等问题展开了广泛的讨论。与会者商定，为发展法律服务领域的信息技术，各方将继续开展信息交换工作。会议确定了司法鉴定和法律服务专家工作小组章程，并签署共同声明。

11 月 15 日，上海合作组织成员国第十六次经贸部长会议在莫斯科举行。会议审议了关于进一步发展区域经济合作的广泛议题，各方就上海合作组织区域经贸投资合作的现状与前景交换了意见。

12 月 1 日，上海合作组织政府首脑（总理）理事会第十六次会议在索契举行。会议讨论了当前国际和地区经济形势，以及上海合作组织框架下开展经济和人文合作等广泛议题，并就提高上述领域合作效率商定具体措施。各方代表通过了《上海合作组织秘书处关于〈上海合作组织成员国多边经贸合作纲要〉落实情况的报告》，批准了上海合作组织 2018 年预算，并就上海合作组织常设机构的财务和组织问题签署决议。

2018 年

4 月 5 日，上海合作组织地区反恐怖机构理事会第三十二次会议在塔什干举行。通过了拟提交的上合组织成员国元首理事会审议的《地区反恐怖机构 2017 年工作报告》《上海合作组织成员国打击恐怖主义、分裂主义和极端主义 2019 年到 2021 年合作纲要（草案)》等重要文件。

4 月 24 日，上海合作组织成员国外交部长理事会例行会议在北京举行。各方原则通过了《上海合作组织成员国元首理事会青岛宣言》及《上海合作组织成员国元首理事会会议新闻公报》草案。

5 月 15—18 日，上海合作组织成员国文化部部长第十五次会晤在三亚举行。各方就如何加强和深化上海合作组织文化合作等问题展开探讨交流，签署了《上海合作组织成员国文化部长第十五次会晤纪要》，通过了《上海合作组织成员国政府间文化合作协定2018—2020年执行计划》和《上海合作组织成员国文化部长第十五次会晤新闻声明》。

6月9—10日，上海合作组织元首理事会第十八次会议在中国举行。与会各国领导人就当前重大国际和地区问题及深化上海合作组织各领域合作深入交换意见，达成广泛共识。成员国元首签署并发表了《青岛宣言》，批准了《〈上海合作组织成员国长期睦邻友好合作条约〉实施纲要（2018—2022年）》等12份决议。峰会期间，各授权代表还签署了《2019—2022年落实〈上合组织成员国旅游合作发展纲要〉联合行动计划》和《上海合作组织成员国经贸部门间促进中小微企业合作的谅解备忘录》。

8月24日，上海合作组织成员国第六次司法部长会议在乔蓬阿塔举行。与会部长总结了第五次上海合作组织成员国司法部长会议以来的交流与合作成果，强调了借助信息技术提供法律服务、合作应对现代国际安全威胁以及加强政府部门间合作的重要性。会上通过了《上海合作组织成员国司法部长会议司法鉴定专家工作组2018—2020年合作计划》《上海合作组织成员国司法部长会议法律服务联合工作组2018—2020年合作计划》。根据与会部长在推进上海合作组织成员国法治建设问题上达成的共识，并考虑到《上海合作组织至2025年发展战略》确定的共识和任务，各方发布了联合声明。

8月28—29日，上海合作组织成员国军队总参谋长（联合参谋部参谋长）会议在莫斯科举行。与会各方就国际和地区安全以及在上合空间内打击国际恐怖主义等领域的热点问题交换了意见。与会各国军队代表还出席观看了在车里雅宾斯克州切巴尔库尔市靶场举行的“和平使命—2018”联合反恐军演。会后，各方就继续参与反恐演习一事达成一致，进一步深化各国在打击国际恐怖主义方面的相互理解。

9月14—17日，上海合作组织成员国协调员会议在北京召开，吉尔吉斯斯坦担任轮值主席国。各国协调员就上海合作组织青岛峰会期间各国元首提出的倡议落实工作交换了意见，讨论了2018年下半年大型活动的举办计划以及上海合作组织框架内务实合作计划。与会各方详尽地探讨了《上海合作组织2019年主要活动计划》和《2019年上海合作组织成员国外交部合作规划》，为文件和决议制定了具体的落实步骤。

9月19日，首届上海合作组织成员国铁路部门领导人会议在塔什干召开。除了各成员国铁路部门管理层之外，上海合作组织观察员国阿富汗、白俄罗斯、伊朗和蒙古以及对话伙伴国阿塞拜疆相关部门人员也出席了本次活动。会上，各国铁路部门领导就有效利用及进一步开发成员国铁路运输潜力交换了意见，还讨论了一系列与交通运输机制和运输一体化管理办法相关的国际法律文件。

9 月 19 日，上海合作组织成员国第十七次经贸部长会议在杜尚别召开。与会部长总结了成员国多边经贸合作文件和规划的落实成果，讨论了其他经贸领域合作的重要问题。会议期间还举办了上合信息展，主要展示了上海合作组织经贸合作现状，以及上海合作组织成员国各类经济数据。会后，各方签署了会议纪要。

9 月 20 日，上海合作组织成员国第十六次总检察长会议在杜尚别召开。会上，各方就一系列问题展开讨论，包括加强打击极端主义和恐怖主义力度，消除促使国际恐怖主义和极端主义蔓延的因素，禁止利用互联网实施极端主义和恐怖主义活动，调查研究极端主义和恐怖主义犯罪以及深化该领域的合作和信息交流等。与会各方交流了成员国应对日益严峻的安全和利益威胁的经验，并根据交流结果签署了会议纪要。

10 月 11—12 日，上海合作组织成员国第十七次总理会议在杜尚别举行。会议发表了《上海合作组织成员国政府首脑（总理）理事会第十七次会议联合公报》。与会领导人和代表表示，当前形势下，本地区国家要进一步加强团结，共同维系地区安全、稳定、发展的良好势头，提高贸易投资自由化便利化水平，维护多边主义和自由贸易。各方应抓住机遇，继续秉持“上海精神”，全面落实青岛峰会成果，促进贸易、投资、能源、农业、人文交流合作，共同打击恐怖主义和极端势力，为地区国家合作营造安宁的氛围。各方批准了上海合作组织经贸、科技、环保等领域多项决议与合作文件。

10 月 17 日，第七届上海合作组织成员国教育部长会议在阿斯塔纳召开。与会各方对进一步开展双边和多边人员交流互换、科研合作、学术互访、语言教学、高等教育、职业教育和青年交流等事宜进行了深入讨论。各方团长遵照《上海合作组织成员国政府间教育合作协定（2006 年 6 月 15 日）精神，审议并通过了《2019—2020 年度活动计划清单》。

11 月 20—21 日，上海合作组织成员国地方领导人论坛法律文件协商专家会议在北京举行。与会人员指出，上海合作组织成员国各地区之间的联系日益密切，上海合作组织框架内地区间合作拥有广阔的发展前景，并且新的合作形式与合作领域也处于积极探索之中。专家们还就《上海合作组织成员国地方合作发展纲要》草案交换了意见，该纲要旨在实施一系列协商一致的措施，以支持和促进各成员国地方合作。

12月12—14日，上海合作组织国际道路运输便利化联合委员会首次会议在福建厦门举行。联合委员会是上海合作组织成员国政府间关于国际道路运输便利化协定（2014年于杜尚别签署）的重要协调落实机制。会议期间，联合委员会成员讨论了十几个切实问题，涵盖开发国际道路运输路线及投用、运输许可证份额分配以及相关文件起草、对道路和通行点的改革，以及在交通领域的合作项目。

2019年

1月1日，根据2018年上海合作组织元首理事会会议决议，弗拉基米尔·诺罗夫自本日起就任上海合作组织秘书长，任期至2021年12月31日。

1月15日，上海合作组织秘书长诺罗夫在北京总部会见了本组织各成员国常驻秘书处代表。各方讨论了筹备和举办2019年6月上海合作组织比什凯克峰会以及拟提交上海合作组织成员国元首理事会审议文件等问题，并就提高常驻代表机制与上海合作组织秘书处之间的合作效率交换了意见。

2月26日—3月1日，上海合作组织成员国国家协调员理事会会议在北京召开，吉尔吉斯斯坦担任主席国。会上讨论了即将举行的元首理事会、安全会议秘书会议、外长理事会等会议的筹备事宜，并通过了一系列议程草案。会上还讨论了计划在比什凯克举行的“上海合作组织—阿富汗联络组”会议、妇女论坛、上海合作组织媒体论坛以及在吉尔吉斯斯坦共和国担任主席国期间将开展的其他活动的筹备情况。

3月15日，上海合作组织地区反恐怖机构理事会第三十四次例行会议在塔什干举行。会议研究了过去一个阶段地区反恐怖机构理事会决议落实情况，并就下一步开展务实合作达成一系列重要共识。会议就举办上海合作组织成员国主管机关联合反恐演习、应对“三股势力”利用互联网开展破坏活动、开展边防联合行动等重要议题达成共识，决定继续举办上海合作组织成员国和观察员国打击国际恐怖主义和极端主义合作研讨会。各方还就地区反恐怖机构执委会组织、干部、财务以及完善上海合作组织成员国打击恐怖主义、分裂主义和极端主义领域法律基础问题通过了一系列决议。

4 月 29 日，上海合作组织成员国第十六次国防部长会议在比什凯克举行。各方就加强安全领域合作进行讨论，并就国际和区域议程内的热点问题交换意见。会上通过了《2020—2021 年上海合作组织国防部合作计划》，并签署《上海合作组织成员国联合反恐军事演习协定的修正补充议定书》。

5 月 15 日，上海合作组织成员国文化部部长第十六次会议在比什凯克举行。与会各方讨论了上一阶段文化和艺术领域的合作发展情况，就上海合作组织成员国政府间文化合作协议及上次会议成员国文化部长达成的约定执行情况进行了交流。各方表示将进一步完善与上海合作组织观察员国、对话伙伴国在文化和艺术领域的双多边合作。

5 月 15 日，上海合作组织成员国安全会议第十四次秘书会议在比什凯克举行。成员国安全秘书听取了关于上海合作组织地区反恐怖机构对去年在青岛峰会上通过的《上海合作组织成员国打击恐怖主义、分裂主义和极端主义 2019—2021 年合作纲要》的实施情况介绍。此次会议特别关注成员国为打击毒品威胁所做的努力。会上通过了《2018—2023 年上海合作组织成员国禁毒战略》落实行动计划草案，并拟提交上海合作组织成员国元首峰会进行审议。

5 月 15—16 日，第二届上海合作组织妇女论坛在比什凯克举行。各方就在上海合作组织框架内开展性别层面合作的必要性达成一致。与会人员审议并讨论了上海合作组织成员国在落实《北京行动纲要》和《2030 年可持续发展议程》方面所获得的成就和先进经验、所面临的新挑战和新问题，以及在上海合作组织框架内开展性别层面合作的可能性。

6 月 10—13 日，上海合作组织银联体理事会第十五次会议在乔蓬阿塔举行。会议签署了《上海合作组织银联体理事会第十五次会议纪要》《上海合作组织银行联合体（合作）协议的议定书》，正式授予印度基础设施金融公司上合银联体成员行地位。各方商定将继续建设开放的多边金融合作机制，积极倡导与上海合作组织区域内的国际金融机构开展合作，在上合银联体框架下加强多边投资合作，进一步完善项目筛选和信息交换机制，以及深化人员交流培训。

6 月 13—14 日，上海合作组织元首理事会第十九次会议在比什凯克举行。与会各方讨论了青岛峰会成果落实情况，围绕当前世界政治经济形势下上海合作组织发展状况和前景及重大国际和地区问题交换意见，达成广泛共识。习近平主席发表题为《凝心聚力，务实笃行，共创上海合作组织美好明天》的重要讲话。成员国元首签署《比什凯克宣言》以及关于信息通信技术、禁毒、地方合作等13个合作文件。会议发表了《新闻公报》。此外，本次峰会决定俄罗斯接任上海合作组织轮值主席国。

9月12日，上海合作组织地区反恐怖机构理事会第三十五次会议在圣彼得堡举行。会议总结了上海合作组织地区反恐怖机构合作成果，并就下一步合作内容达成重要共识。会议批准了地区反恐怖机构执委会及有关专家组工作计划，决定进一步加强各领域务实合作，共同打击威胁成员国安全的“三股势力”组织和团伙，加强对实施或涉嫌实施恐怖主义、分裂主义或极端主义犯罪人员的国际通缉工作，应对“三股势力”利用互联网开展破坏活动，推进边防合作。

9月19日，上海合作组织成员国铁路部门负责人第二次会议在努尔苏丹举行。与会者讨论了有效利用和进一步开发上海合作组织成员国铁路过境潜力的热点问题以及为提高铁路客运质量而采取的措施，并就有助于有效利用和进一步开发上海合作组织成员国铁路过境潜力的基础设施项目信息交换了意见。会上批准了《上海合作组织成员国铁路合作构想》草案，决定将文件草案提交至上海合作组织成员国政府首脑（总理）理事会会议审议。同时批准了《工作组条例》和《2020—2022年上海合作组织成员国铁路部门负责人会议工作计划》。

9月26日，上海合作组织成员国第十八次经贸部长会议在塔什干举行。与会各方就进一步发展区域经济合作的广泛问题进行了研究，包括就上海合作组织成员国间经贸和投资合作发展现状及前景交换了意见。各代表团团长批准了新版《上海合作组织成员国多边经贸合作纲要》草案，并建议上合秘书处将其提交至即将举行的政府首脑（总理）理事会会议审议批准。会上还批准通过了《上海合作组织成员国在数字化时代发展偏远和农村地区的合作构想规划》以及《关于上海合作组织经济智库联盟的章程》草案。

10月1日，上海合作组织成员国第十七次总检察长会议在比什凯克召开。会议的主题是“加强上海合作组织成员国检察机关的合作，严厉打击走私、贩卖、运输、制造毒品犯罪”。会议期间，各代表团团长讨论了加强上海合作组织成员国检察机关在打击麻醉药品、精神药物及其前体非法贩运领域合作的问题。

10月31日—11月1日，上海合作组织成员国国防部长会议专家工作组第七次会议在莫斯科举行。会议期间，专家工作组讨论了上海合作组织成员国国防部门之间合作的紧迫话题，包括2020年俄罗斯担任轮值主席国期间所举办活动的相关问题。专家们还就上海合作组织地区的重要安全问题交换了信息意见，研究了进一步组织和开展联合反恐军事演习“和平使命”的措施。

11月1—2日，上海合作组织成员国政府首脑（总理）理事会第十八次会议在塔什干举行。会议发表了《上海合作组织成员国政府首脑（总理）理事会第十八次会议联合公报》。与会领导人和代表表示，推动建设相互尊重、公平正义、合作共赢的新型国际关系，确立构建人类命运共同体的共同理念十分重要。各方将继续秉持“上海精神”，支持构建开放型世界经济，巩固多边贸易体制，反对单边主义和保护主义。各方指出要继续深化本组织各领域务实合作，批准了《上海合作组织成员国至2035年多边经贸合作纲要》及关于经贸、交通、科技、环保、人文、对外交往等领域多项决议与合作文件。

11月21日，上海合作组织成员国第五次科技部长会议在莫斯科召开。会上，各方交换了各自国家科技发展政策信息，并满意地指出，各国在科技发展优先方向和机制具有一致性。各方商定，将利用这些重要的框架条件，进一步深化和密切上海合作组织框架内的科技合作。各代表团团长就拟定上海合作组织成员国多边科技合作资助与协调机制交换意见，并强调了在科技合作框架内开展专家和科学家交流的重要性。

12月3—6日，上海合作组织成员国国家协调员理事会会议在北京举行。会上讨论了筹备和举办2020年主要活动——上海合作组织圣彼得堡峰会的有关问题，并就拟定提交至上海合作组织成员国元首审议的文件清单交换了意见。各国国家协调员审议了《上海合作组织2020年主要活动计划》和《上海合作组织成员国外交部2020年合作纲要》草案，并讨论了2019年11月19日在纽约举行的第三届联合国与上海合作组织高级别会议成果以及2019年11月26—28日在上海举行的“巴黎进程”专家工作组会议成果。

2020 年

2月14日，上海合作组织发布关于新冠肺炎疫情的声明。声明指出，上海合作组织成员国欢迎中国政府和人民为抗击新冠肺炎疫情以及阻止疫情传播所采取的果断措施。成员国向病逝者家属致以诚挚的慰问，祝患者早日康复。根据2018年6月10日签署的《关于在上海合作组织地区共同应对流行病威胁的声明》精神，成员国愿向中方提供必要的协助并开展密切合作，呼吁国际社会在世界卫生组织框架内加强协作，共同维护地区和国际公共卫生安全。成员国坚信，各方通过协调努力和相互支持，必将有效制止疫情扩散并成功战胜疫情。

2月18—20日，上海合作组织成员国国防部长会议专家工作组第九次会议在伊斯兰堡举行。会上讨论了上海合作组织成员国国防部门合作的热点问题，包括与2020年在俄方担任轮值主席期间举行活动有关的若干问题。各方批准了上海合作组织成员国国防部长会议专家工作组今年的活动计划草案，并就上海合作组织成员国国防部门交换军事安全领域情报的路线图草案进行了探讨。

3月11—12日，上海合作组织打击非法贩运毒品专家例行会议在莫斯科举行。与会代表对《上海合作组织预防麻醉药品和精神药品滥用构想》的落实问题进行了研究，并分析了该领域目前的挑战和威胁，同意在减少对毒品需求方面继续合作。专家们还讨论了国家层面对贩运麻醉药品、精神药物及其前体领域内的活动进行法律法规监管的最新发展趋势，并对《〈2018—2023年上海合作组织成员国禁毒战略落实行动计划〉2019—2020年工作计划》内的各项行动成果进行了分析。

4月1日，上海合作组织卫生部长会议专家筹备会首次视频会议举行。与会成员国代表结合新冠肺炎疫情全球扩散情况，讨论了确保上海合作组织成员国生物安全的任务，并介绍了本国疫情发展情况。会议就加强上海合作组织框架内合作问题进行了讨论，旨在加强对新冠肺炎疫情发展情况的控制，寻求治疗确诊患者的有效方案。与会代表一致认为，在上海合作组织框架内凝聚各方共识，严格执行已通过的文件，将为抗击新冠肺炎疫情带来积极动力。

4月23—24日，上海合作组织银行联合体在莫斯科举行了视频研讨会。会议主办方为上海合作组织银联体轮值主席——俄罗斯对外经济银行国家开发集团。各方强调，及时交流国家经济状况、明确最薄弱行业、进一步制定具体方案，对于克服困难度过危机非常重要。各方一致同意，制定反危机措施共同路线图，以摆脱疫情带来的负面经济影响，促进投资、贸易和经济发展合作。各方讨论了在新版《上海合作组织成员国至2035年多边经贸合作纲要》框架内银联体的优先工作领域。各方还注意到，扩大使用本国货币以及加强中小微企业相互联系具有很强的现实意义。

5月13日，上海合作组织成员国举行外长视频会议。会议由俄罗斯外长拉夫罗夫主持，各成员国外长及上海合作组织秘书长、地区反恐怖机构执委会主任等出席。与会各方对新冠肺炎疫情对世界经济社会发展造成的巨大影响表示关切，强调国际社会应坚持多边主义，发挥联合国系统的领导和协调作用，团结一致携手抗击疫情。会议通过《上海合作组织成员国外长关于应对新冠肺炎疫情的声明》。

5月22日，上海合作组织成员国旅游部门领导人召开了视频会议。与会方就本国旅游市场现状以及为激发旅游业发展潜力所采取的措施交流了信息，就共同采取措施进一步加强上海合作组织成员国之间旅游交流交换了意见。各方商定将互相提供帮助和支持，抵御新型冠状病毒对成员国旅游业带来的影响。各代表团团长审议通过了《2021—2022年落实〈上海合作组织成员国旅游合作发展纲要〉联合行动计划》草案，并决定按照既定程序，将上述文件草案提交上海合作组织领导人峰会期间签署。

7月24日，上海合作组织成员国举行第三次卫生部长视频会议。会议由俄罗斯卫生部长穆拉什科主持。部长们讨论了上海合作组织成员国国内新冠肺炎疫情的现状。会议通过了《上海合作组织成员国应对新冠病毒肺炎传播的有效措施综述》。与会各方发言呼吁上合成员国同舟共济、团结协作，抗击新冠肺炎大流行，采取协调措施应对上海合作组织空间内流行病的威胁。

9月4日，上海合作组织、独联体、集体安全条约组织成员国国防部长联合会议在莫斯科举行。与会者就国际与地区安全、团结各方力量应对战争和武装冲突威胁及进一步加强现代条件下的军事合作问题交换了意见。各方高度重视就消除新冠肺炎后果交流经验，并就增强生化威胁应对能力的可能性措施进行了讨论，与会各方还就扩大反恐合作达成协议。会后，各方签署联合公报。

9月10日，上海合作组织成员国外交部长理事会会议在莫斯科举行。

会议期间，外长们研究了新冠肺炎疫情在全球持续蔓延背景下上海合作组织合作现状和未来发展前景。外长们指出，面对新冠肺炎疫情严峻形势，上海合作组织遵循互信、互利、平等、协商、尊重多样文明、谋求共同发展的“上海精神”，作为应对各类挑战的有效合作平台，充分展示出自身巨大潜力。外长们还围绕即将召开的上海合作组织成员国元首理事会会议的政治设计、组织保障及会议成果文件草案等进行了讨论。

9 月 10 日，上海合作组织成员国文化部部长第十七次会议在线上举行。与会部长们在友好、相互理解和信任的气氛中讨论了过去一个阶段文化和艺术领域合作的发展情况，就近几次文化部部长会晤所达成共识的落实情况交换了意见，并讨论了在新冠肺炎疫情防控期间对文化机构提供支持的问题。各方肯定文化在疫情期间发挥的作用及其对民众带来的积极影响，重申愿在电影、剧院、图书馆、博物馆领域开展“线上”合作项目，以加强人民之间相互理解，促进上海合作组织成员国人民文化、传统和习俗的传播。部长们欢迎在庆祝上海合作组织成立 20 周年框架内将 2021 年定为“上海合作组织文化年”。

9 月 15 日，上海合作组织成员国安全会议秘书第十五次会议在线上召开。与会代表们特别强调，当前需要密切关注的焦点仍然是共同打击恐怖主义、分裂主义、极端主义、毒品和武器非法贩运、跨境有组织犯罪、现代信息通信技术犯罪及非法移民问题。各方一致强调推进阿富汗军事政治局势正常化的重要性。各方谈到了上海合作组织在抗击新冠肺炎疫情方面所发挥的重要作用，各方还对将于 2020 年 11 月举行的上海合作组织成员国元首理事会会议的筹备情况进行了讨论。

10 月 21 日，上海合作组织第五次农业部长会议在俄方主持下以视频方式召开。各国农业部长参加了会议，会上秘书长弗拉基米尔·诺罗夫强调，各国继续按照 2019 年 11 月在塔什干会议上通过的新版《上海合作组织成员国至 2035 年多边经贸合作纲要》开展合作的同时，迫切需要发展以下几个方向：创新和智慧农业；扩大出口；制定兽医卫生安全、植物检疫安全和食品安全领域的有关措施；植物栽培、良种繁育和畜牧业经验交流；发展绿色农业；水资源合理利用，为农村人口提供优质基础设施。

10 月 28 日，上海合作组织成员国交通部长第八次会议通过线上方式召开。会议由俄罗斯联邦运输部副部长茨维特科夫主持。他指出，上海合作组织成员国交通运输部门在运输行业数字化、建立过境货物运输“绿色走廊”等方面开展了大量工作，协商确定了上海合作组织地区统一过境运输政策，建立货运统一监控系统，建立国家间信息交流以及统一海关和植物检疫要求等，将有助于在运输和物流领域的多边合作取得更大成果。副秘书长强调，在《上海合作组织成员国政府间国际道路运输便利化协定》框架内落实各项协议，将成为彰显上海合作组织真正“上海精神”的生动例证，将为改善交通领域合作关系作出重要贡献。会议期间，各方就落实运输和物流领域多边经贸合作纲要的协调工作交换了意见。

11月10日，上海合作组织成员国国家元首理事会会议以视频方式举行。会议批准了《〈上海合作组织至2025年发展战略〉2021—2025年落实行动计划》《上海合作组织成员国在数字化时代发展偏远和农村地区的合作构想规划》以及《上海合作组织成员国应对地区流行病威胁联合行动综合计划》。通过了上海合作组织秘书长和上海合作组织地区反恐怖机构执行委员会主任关于2019年主要活动结果的报告。吉尔吉斯斯坦共和国成立并运行比什凯克上海合作组织文化交流中心的计划获得支持。

11月30日，上海合作组织成员国政府首脑（总理）理事会以会议视频方式举行。各国首脑（总理）在建设性和务实的气氛中研究了当前国际和地区经济发展形势和前景，讨论了推动符合上合组织成员国人民利益的经贸和人文合作优先举措。指出应进一步深化合作，支持和共同发展以透明、开放、包容、公正和非歧视为原则，以世界贸易组织规则为核心的多边贸易体制，促进开放型世界经济。批准了《上合组织秘书处为落实〈上合组织成员国多边经贸合作纲要〉举行活动和会议情况的报告》和上合组织2021年预算，并就上合组织常设机构的一系列财务和组织问题通过决议。

12月2日，上合组织秘书长诺罗夫率团出席在上海举办的以“疫情形势下上合组织面临的挑战和机遇”为主题的2020年高端论坛。在会上秘书长指出，在国际关系发生持续、深刻变化的背景下，上合组织作为国际秩序的重要支柱、多边合作的重要机制，其地位不断巩固，作用不断加强，对维持世界和平与稳定，促进成员国发展作出重大贡献。同时还强调了在上合组织内部就数字经济、发展制造业产业链、定点金融扶持、开拓区域潜力、加强卫生健康合作、推动青年人创业等领域在今后的发展前景。本次论坛下设三个议题：“欧亚地区的新变化和趋势”“上合组织面临的新机遇与挑战”“上合组织发展的新要求和新任务”。在讨论中，中国专家们就上合组织成员国在疫情下的合作，克服新冠病毒影响等问题发表了意见，还就上合组织空间内区域政策等问题交换了看法。

2021 年

1月26日，上海合作组织成员国国家协调员理事会会议在杜尚别召开。会上，主席国提交了日程草案和成员国元首会议、外交部长会议期间计划签署的文件草案，各方就这些文件交换了意见。国家协调员同样还讨论了《上合组织2021年主要活动计划（草案）》和《2021年上合组织成员国外交部合作计划（草案）》。

2月9日，上合组织秘书长弗拉基米尔·诺罗夫在线会见联合国高级代表。双方就2020年上合组织的活动以及2021年的活动计划交换了意见，讨论了上合组织与联合国此后多层次合作的前景，包括在中亚地区开展合作、促进阿富汗重建等。诺罗夫表示，联合国根据联合国宪章，在维护世界和平与安全，促进全球发展和捍卫人权方面发挥着核心与协调的作用，上合组织愿意支持联合国这一多边合作组织的工作。

4月20日，上合组织秘书长弗拉基米尔·诺罗夫出席由中国国际问题研究院在海南主办的博鳌亚洲论坛，会议主题是“亚洲区域合作组织在促进全球治理方面面临的新机遇和挑战”。上合组织秘书长分享了他对亚洲各组织进一步合作的愿景。他建议应充分发挥亚洲区域组织参与现有论坛的作用，以协调保证区域一级全球治理可持续性方面的行动。他指出，需要通过协商来查明本区域和平、安全与稳定所面临的潜在威胁，并找到应对办法，开展多边合作以促进亚洲各组织的能力建设，包括通过安全领域的联合专题活动。

4月27—30日，上合组织成员国国家协调员理事会由塔吉克斯坦主持，采用线上线下相结合的方式举行。此次会议议程包括约60项议题，涉及塔吉克斯坦担任轮值主席国期间主要活动的筹备问题，以及拟在9月杜尚别峰会期间签署的文件的协商问题。

5月13日，国际道路运输便利化联合委员会第三次会议在塔吉克斯坦召开。会议期间，联委会成员结合各国为防止新冠肺炎疫情蔓延而采取的措施，讨论了运营经批准的国际运输路线的状态与准备工作、使用许可证进行运输的模式、检查站的工作制度以及简化司机签证（包括电子签证）

的程序等问题。

5月16日，上合组织秘书长弗拉基米尔·诺罗夫出席联合国亚太经社会第77届年会，会主题为“通过亚洲及太平洋区域合作，从危机中更好地重建”，会议在联合国曼谷（泰国）办事处以视频的形式召开。会议过程中，各方代表就新冠疫情背景下的区域合作和互联性挑战，以及如何增强危机抵御能力和加快后疫情时代恢复工作等问题交换了意见。

5月25日，巴基斯坦伊斯兰堡战略研究所以视频形式主持召开上海合作组织论坛第十六次会议。来自印度、哈萨克斯坦、中国、吉尔吉斯斯坦、巴基斯坦、俄罗斯、塔吉克斯坦、乌兹别克斯坦的30多名专家学者和政治学家出席会议。会议对新冠肺炎疫情蔓延背景下上合组织进一步发展的最具希望的方向进行了思考和分析。会议指出协调行动、交流信息和互助以克服后疫情时代社会经济不良后果的重要性。与会者高度赞赏了上合组织成立20年来取得的成就，呼吁要不断加强上合组织内部科学分析合作，扩大科学讨论议程；并表达了进一步加强论坛在上合组织中的作用，包括其体制改革的可能性的总体意向。

6月15日，上合组织成立20周年庆祝会在北京举办。中国外交部副部长乐玉成、中国人民对外友好协会会长林松添、中国政府欧亚事务特别代表李辉、上合组织秘书处领导和官员、上合组织大家庭成员国驻华大使、上合组织各成员国常驻秘书处代表、中华人民共和国有关部委、企事业单位代表、著名政治家、文艺工作者和国际媒体代表、联合国、欧盟、阿盟驻华代表出席本次招待会。中国国务委员、中国外交部部长王毅在上海合作组织成立纪念日发表视频致辞时指出，在“上海精神”指引下，上合组织历经国际风云变幻考验，不断深化各领域合作，走出了一条符合地区实际、契合各方需求的合作与发展道路，为构建新型国际关系和人类命运共同体作出了重要探索。

6月23日，上海合作组织成员国对外经济贸易部委高级官员委员会会议在哈萨克斯坦以视频会议形式召开。会议期间，与会者就抗击新冠疫情的进展情况交换了意见，讨论了《上合组织成员国应对新冠肺炎疫情对国民经济社会经济负面影响的联合措施计划》草案。各方就《上合组织成员国发展偏远地区最佳案例库（行动计划）》草案达成一致。会议就制定《上合组织经济论坛构想》草案和《上合组织成员国关于发展“绿色”贸易的声明》提出了进一步合作方案。各方还就《上合组织成员国经贸部长关于恢复和确保经济可持续增长的联合声明》草案、《经济区合作谅解备忘录》草案交换了意见。

6月30日，上海合作组织成员国卫生部长会议以视频会议形式在杜尚别召开。会议期间讨论了上合组织成员国疫情现状，以及各国遏制疫情蔓延的措施。各方交流了预防、诊断和治疗新冠肺炎的先进经验，强调了在上述领域开展国际合作的重要性，提出应扩大在药物、疫苗和检测系统研发等方面的科技协作。会议通过了《上合组织成员国第四次卫生部长会议成果声明》和《上合组织成员国卫生领域合作主要措施计划（2022—2024年)》。